中南财经政法大学"双一流"建设文库

文|化|传|承|系|列

跟随历史前进
——赵德馨与中华人民共和国经济史学

赵德馨 著

中国财经出版传媒集团
经济科学出版社
Economic Science Press

本书由
中央高校建设世界一流大学（学科）
和特色发展引导专项资金
资助

赵德馨教授

中南财经政法大学经济史研究中心教师合影

国家社科基金重大项目"中华人民共和国经济史"开题会合影

中华人民共和国经济史课题开题报告
（１９８３年１０月５日）
赵德馨

我介绍一些情况，提出几个问题与想法，请同志们讨论。

一、开题的条件

(一) 十一届三中全会决定党的工作重点转到社会主义经济建设上来，十二大提出建设有中国特色的社会主义的任务。党中央提倡研究与此密切关系的经济问题。研究我国三十多年来社会主义经济建设实践的经验，以利于肯定和发扬成功的经验，否定和改正失败的经验成了迫切的需要。

(二) 十一届六中全会通过了《建国以来党的若干历史问题的决议》，总结了三十多年的基本经验，为我们提供了一个共同遵循的纲领，评价三十多年的历史事件有了统一的口径。

(三) 国家计委经济研究所、北京大学经济系、社会科学院经济研究所都已开始研究这个问题。中央宣传部决定编写《当代中国》。最近公布的材料、统计数字比过去多。大部分省已着手编纂地方志。大量的、准确的资料是研究的基础。有了同行又可以互相切磋。

(四) 学院党委、院长、科研处重视这个专题，把它列为院重点科研项目，在人员、时间、经费资料等方面大力支持。

(五) 经过三年时间的酝酿，在自愿的基础上已经组成了一个小型班子。到今天为止，已有１９人。其中教授２人，副教授５人，讲师６人，助教１人，前年毕业的研究生２人，大前年、前年毕业的本科生２人，资料员１人，包括政治经济学、工业、农业、商业、财政、金融、经济史等多种学科的教师（见附表一）。今后还可能增

— 1 —

赵德馨 主编

中华人民共和国
经济史纲要

中华人民共和国
经济史

1949——1966

赵德馨　主编

河南人民出版社

中华人民共和国
经济史

1967——1984

赵德馨 主编

河南人民出版社

中华人民共和国
经济
专题大事记
1949——1966
赵德馨 主编

河南人民出版社

中华人民共和国
经济
专题大事记
1967——1984
赵德馨 主编

河南人民出版社

ABCDE
中华人民共和国
经济史

1985——1991

赵德馨 主编

河南人民出版社

中华人民共和国经济专题大事记

1985——1991

赵德馨 主编

河南人民出版社

面向21世纪课程教材

Modern Economic History of China

中国
近现代经济史

1949—1991

赵德馨 著

Modern Economic History of China

河南人民出版社

中国近现代经济史

（1842—1991）

Modern Economic History of China（修订本）

下 册

赵德馨 ○ 著

中国近现代经济史

(1949—1991)

Modern Economic History of China(修订本)

赵德馨 ○著

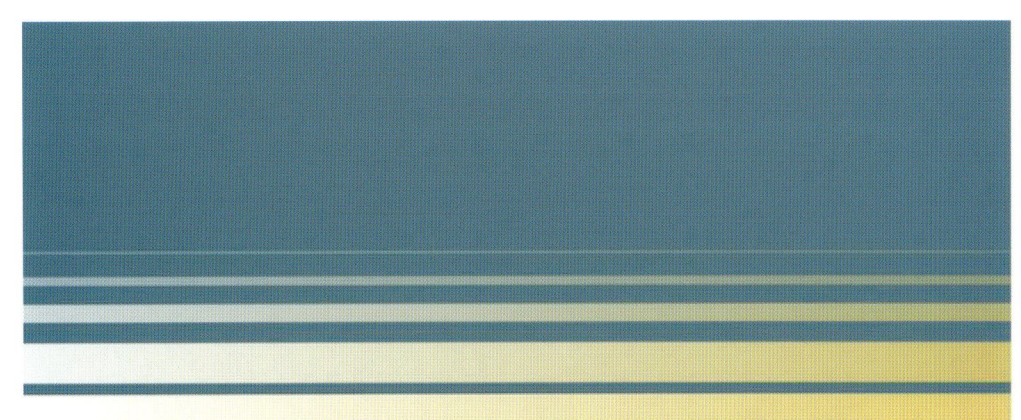

中国近现代经济史

Chinese Modern Economic History

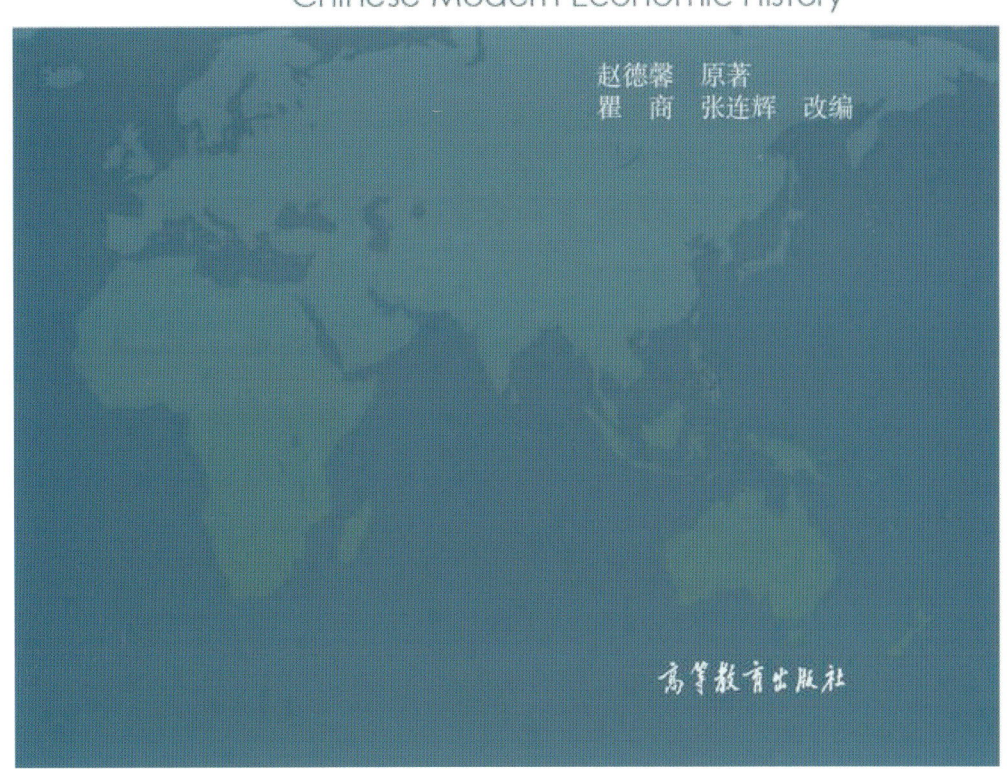

赵德馨　原著
瞿　商　张连辉　改编

高等教育出版社

总 序

"中南财经政法大学'双一流'建设文库"是中南财经政法大学组织出版的系列学术丛书,是学校"双一流"建设的特色项目和重要学术成果的展现。

中南财经政法大学源起于 1948 年以邓小平为第一书记的中共中央中原局在挺进中原、解放全中国的革命烽烟中创建的中原大学。1953 年,以中原大学财经学院、政法学院为基础,荟萃中南地区多所高等院校的财经、政法系科与学术精英,成立中南财经学院和中南政法学院。之后学校历经湖北大学、湖北财经专科学校、湖北财经学院、复建中南政法学院、中南财经大学的发展时期。2000 年 5 月 26 日,同根同源的中南财经大学与中南政法学院合并组建"中南财经政法大学",成为一所财经、政法"强强联合"的人文社科类高校。2005 年,学校入选国家"211 工程"重点建设高校;2011 年,学校入选国家"985 工程优势学科创新平台"项目重点建设高校;2017 年,学校入选世界一流大学和一流学科(简称"双一流")建设高校。70 年来,中南财经政法大学与新中国同呼吸、共命运,奋勇投身于中华民族从自强独立走向民主富强的复兴征程,参与缔造了新中国高等财经、政法教育从创立到繁荣的学科历史。

"板凳要坐十年冷,文章不写一句空",作为一所传承红色基因的人文社科大学,中南财经政法大学将范文澜和潘梓年等前贤们坚守的马克思主义革命学风和严谨务实的学术品格内化为学术文化基因。学校继承优良学术传统,深入推进师德师风建设,改革完善人才引育机制,营造风清气正的学术氛围,为人才辈出提供良好的学术环境。入选"双一流"建设高校,是党和国家对学校 70 年办学历史、办学成就和办学特色的充分认可。"中南大"人不忘初心,牢记使命,以立德树人为根本,以"中国特色、世界一流"为核心,坚持内涵发展,"双一流"建设取得显著进步:学科体系不断健全,人才体系初步成型,师资队伍不断壮大,研究水平和创新能力不断提高,现代大学治理体系不断完善,国际交流合作优化升级,综合实力和核心竞争力显著提升,为在 2048 年建校百年时,实现主干学科跻身世界一流学科行列的发展愿景打下了坚实根基。

"当代中国正经历着我国历史上最为广泛而深刻的社会变革,也正在进行着人类历史上最为宏大而独特的实践创新","这是一个需要理论而且一定能够产生理论的时代,这是一个需要思想而且一定能够产生思想的时代"[①]。坚持和发展中国特色社会主义,统筹推进"五位一体"总体布局和协调推进"四个全面"战略布局,实现"两个一百年"奋斗目标、实现中华民族伟大复兴的中国梦,需要构建中国特色哲学社会科学体系。市场经济就是法治经济,法学和经济学是哲学社会科学的重要支撑学科,是新时代构建中国特色哲学社会科学体系的着力点、着重点。法学与经济学交叉融合成为哲学社会科学创新发展的重要动力,也为塑造中国学术自主性提供了重大机遇。学校坚持财经政法融通的办学定位和学科学术发展战略,"双一流"建设以来,以"法与经济学科群"为引领,以构建中国特色法学和经济学学科、学术、话语体系为己任,立足新时代中国特色社会主义伟大实践,发掘中国传统经济思想、法律文化智慧,提炼中国经济发展与法治实践经验,推动马克思主义法学和经济学中国化、现代化、国际化,产出了一批高质量的研究成果,"中南财经政法大学'双一流'建设文库"即为其中部分学术成果的展现。

文库首批遴选、出版二百余册专著,以区域发展、长江经济带、"一带一路"、创新治理、中国经济发展、贸易冲突、全球治理、数字经济、文化传承、生态文明等十个主题系列呈现,通过问题导向、概念共享,探寻中华文明生生不息的内在复杂性与合理性,阐释新时代中国经济、法治成就与自信,展望人类命运共同体构建过程中所呈现的新生态体系,为解决全球经济、法治问题提供创新性思路和方案,进一步促进财经政法融合发展、范式更新。本文库的著者有德高望重的学科开拓者、奠基人,有风华正茂的学术带头人和领军人物,亦有崭露头角的青年一代,老中青学者秉持家国情怀、述学立论、建言献策,彰显"中南大"经世济民的学术底蕴和薪火相传的人才体系。放眼未来、走向世界,我们以习近平新时代中国特色社会主义思想为指导,砥砺前行,凝心聚力推进"双一流"加快建设、特色建设、高质量建设,开创"中南学派",以中

---

① 习近平:《在哲学社会科学工作座谈会上的讲话》,2016年5月17日。

国理论、中国实践引领法学和经济学研究的国际前沿，为世界经济发展、法治建设做出卓越贡献。为此，我们将积极回应社会发展出现的新问题、新趋势，不断推出新的主题系列，以增强文库的开放性和丰富性。

"中南财经政法大学'双一流'建设文库"的出版工作是一个系统工程，它的推进得到相关学院和出版单位的鼎力支持，学者们精益求精、数易其稿，付出极大辛劳。在此，我们向所有作者以及参与编纂工作的同志们致以诚挚的谢意！

因时间所囿，不妥之处还恳请广大读者和同行包涵、指正！

中南财经政法大学校长

编者的话

值此中华人民共和国成立70周年之际，我们将赵德馨教授在建设中华人民共和国经济史学科过程中发表的一些言论编辑成册，以资纪念。

"跟随历史前进"是赵德馨1955年形成的一个理念。此理念一直伴随他的治学生涯。1955年，他是中国人民大学教师研究班经济史学专业的学员。彼时，中国历史学界普遍将中国近代史的上限定为1840年，下限断于1919年，给赵德馨等人讲授中国近代史课的戴逸先生亦遵循这一断限标准。1954年，胡绳发起的中国近代史分期问题讨论，就是探讨1840～1919年的历史分期问题。1956年1月26日，中国人民大学历史教研室举行学术研讨会（即中国人民大学1956年科学讨论会历史学分会场），讨论戴逸先生的论文《对中国近代史分期的意见》。赵德馨在发言中着重说明，在1949年之前，将1919年作为中国近代史的下限和中国现代史的上限，是合理的。但随着中华人民共和国的成立，中国半殖民地半封建社会正式成为历史，中国进入了中华人民共和国历史时期。随着历史时代的更迭，仍沿用此前的断代年份与术语的做法，值得商榷。对历史时期的断代以及与之相应的称谓，应跟随历史前进的步伐而变化。当前，中国近代史的上限是1840年（中国近代经济史的上限是1842年），下限应是1949年。其社会性质的内涵是半封建半殖民地社会形态。中国现代史则是中华人民共和国史，其上限是1949年，下限应跟随历史前进的步伐而后延。其社会性质的内涵，1949年起是新民主主义社会形态，现在处于从新民主主义社会形态到社会主义社会形态的过渡时期，过渡时期完成后便是社会主义社会形态。

1956年9月，赵德馨赴中南财经学院（1958年改名湖北大学，后复名中南财经学院，是中南财经政法大学的前身之一）任教，讲授中国近代经济史。他主持编写的教材《中国近代国民经济史讲义》，即贯彻了他的上述主张。1958年8月，高等教育部（现教育部）举办全国高等学校教材展览会。在参展的16部

— 1 —

中国经济史教材中，经高等教育部组织专家评审，《中国近代国民经济史讲义》被评为最优，随即被高等教育部批准为全国推荐教材（第一部由中央教育行政部门推荐的经济史教材），并于同年12月由高等教育出版社出版。后该书于1969年在美国被节译为英文，于1971年在日本被全文译成日文出版。其所以能被评为最优并被外译，一个共同原因是它写到了1949年，对中国的半封建半殖民地社会经济形态进行了完整的叙述与分析。在美国被节译为英文的是1927~1949年的部分，并被加上"从旧中国到新中国"标题，即较明确地显示了他们的关注点。赵德馨也发现，在本科生教学，特别是在函授生（干部）教学中，学生最感兴趣的也是1927~1949年时段的经济演变。学生们反映，他们可以从中了解半封建半殖民地经济形态走向崩溃的过程和原因、新民主主义经济形态从局部地区产生走向全国胜利的过程和原因、资本主义道路在中国没有走通的原因，以及中国共产党在这20多年间的经济实践中，在对待地主土地所有制、农民个体经济、私人资本主义经济上所积累的经验教训及现行经济政策的形成过程与合理性。他们认为，这是以事实为根据的中国社会发展道路的教育，是对经济政策最具体、最具说服力的解读，对他们增长学识和提高思想认识都有帮助。中国近代经济史成为受学生欢迎、领导重视的课程。国内同行专家的肯定、国外的移译、教学的效果、给赵德馨践行跟随历史前进理念以鼓励。他从中得到一种认识：经济史学的研究与教学跟随历史前进，有利于充分发挥经济史学的社会功能。

1957年，赵德馨认为，1956年完成的对生产资料私有制的社会主义改造，使始于1927年的新民主主义经济形态成为历史，标志着中国进入了社会主义（后来称为社会主义初级阶段）经济形态时期。因此，也就可以而且应该将1949~1956年之间的中国经济发展过程纳入中国经济史研究与教学的范围内，应开始着手研究中华人民共和国经济史和开设中华人民共和国经济史课程。赵德馨与周秀鸾、张郁兰、谭佩玉花了近一年时间，研究了1949年10月~1956年12月的经济发展情形，撰写了《中华人民共和国经济史讲义（1949~1956年）》，并向学生讲授其内容。由于课程设置的限制，《中华人民共和国经济史》与《中国近代经济史》合为一门课程——"中国近现代经济史"，使用两本讲义——《中华人民共和国经济史讲义》与《中国近代国民经济史讲义》。1962年，毛泽东指示大学要精简课程和讲义。从1963年起，该课程中的中华人民共和国经济史内容被精简掉。1965年之后，原来的4人研究集体不复存在。但赵德馨对中华人民共和国经济史的研究与观察未曾停止。

1978年，中共十一届三中全会号召总结建国以来经济建设的经验。1979年，由于赵德馨教授具备开展中华人民共和国经济史研究的学术追求、兴趣和能力，中南财经学院洪德铭院长和赵德馨商讨开展中华人民共和国经济史研究一事。在强烈使命感的驱使下，赵德馨决心承担此项任务。在当时的环境下，开展此项研究并非易事。一是一些老师对研究新中国经济史有思想顾虑，怕犯错误而受批判；二是能否组织起一个具有相当科研力量的课题组，心中无底。经过三年多的酝酿，一个跨系科、老中青结合的中华人民共和国经济史课题组于1983年10月5号正式成立。在课题组成立前的准备过程中，赵德馨与苏少之、赵凌云、王秀兰收集并编辑了100余万字的《中国经济文献目录索引（1949~1982）》。该索引收录了1949~1982年论述新中国经济的著述与资料目录，为课题组成立后迅速开展研究工作打下了坚实基础。

课题组成立时，赵德馨作了开题报告，提出到1990年，也就是用7年的时间，就1949~1985年的中华人民共和国经济史，分四卷写出可供主编审定的书稿。其所以将下限定在1985年，目标是跟随历史前进的步伐，希望出版时离下限的时间距离不至太远。按当时的设想，若能于1990年写出初稿，再经过主编审定和出版过程，出版时间最快也在1992年之后，此其一。其二，当时估计，用农户联承包制和乡镇政府代替政社合一的农村人民公社制度，由农村为重点的改革转到城市为重点的改革，也就是转到全面改革，可能还需要两年的时间，即到1985年才能完成。后来发现，经济改革的进度比当时的估计快了一年，于是将下限调整为1984年。四卷本写作的进度比开题时的估计也快了两年多，主编的审定工作于1988年完成，全书1989年就出版问世了。

在研究对象跟随历史前进的同时，赵德馨的教学工作也跟随历史前进。一是在本科生中开设中华人民共和国经济史课程；二是从1985年开始招收经济史专业中华人民共和国经济史研究方向的硕士研究生，培养中华人民共和国经济史学的专门人才。这些研究生们一边学习一边参与课题组工作，其中有的日后成为了中华人民共和国经济史研究领域的翘楚。

中华人民共和国经济史课题组的成立，引起了国内学者的关注。1983年，陶兴文等人开始编纂的《经济科学学科辞典》，邀请赵德馨写"中华人民共和国经济史"辞条释文（1984年《投资与信用研究》等杂志先后转载）中华人民共和国经济史学从此作为学科被列入学科辞典。

1984年，湖北省中国经济史学会成立，赵德馨被选为会长。1985年10月，赵德馨主持召开"湖北省中华人民共和国经济史研讨会"。这是中国举办的第一次中华人民共和国经济史专业学术研讨会。1986年12月，中国经济史学会成立，下设中国现代经济史分会，赵德馨被推选为副会长。1987年3月，赵德馨主持召开了有国家计划委员会（现国家发展和改革委员会）和17个省市学者参加的"中华人民共和国经济史学术研讨会"。赵德馨召开这两次会议的目的，一是为了获得人们对课题组工作的帮助，二是为了扩大中华人民共和国经济史学的影响。会议的影响是显著的。在国内，表现之一是会后多所大学开始讲授中华人民共和国经济史课程。

在1987年3月的这次会议期间，国家计划委员会的吴群敢先生（《中国社会主义经济简史》的主编之一）说，一部多卷本专著的出版、一门同名课程在大学的开设以及同名专业研究生的招收，是一门学科产生的标志。赵德馨认为，还可以补充几个标志，即提出更严格的要求：同名的或同内涵的学术团体的成立并有经常性的学术活动，同名的或同内涵的专业刊物的出现并能长期存在，同名的或同内涵的专业研究机构的建立并能成为常设机构。无论从哪个标准看，1989年，中华人民共和国经济史这门学科已经诞生。

中华人民共和国经济史课题组的成立，也引起了国外的学者的关注。下面仅举两例。1986年5~6月，美国达姆斯大学的肯铂尔教授和雷恩斯教授来中南财经大学讲学，他们从一个在我校工作的美国教师马思德处知道了赵德馨研究的课题，回国时提出的唯一要求是希望能得到新中国经济史方面的书。遗憾的是，当时书尚未出版。同年12月，正在复旦大学访问的日本东京大学田岛俊雄副教授与东京经济大学村上胜彦副教授，从复旦大学讲师尤宪迅处得知中华人民共和国经济史学术研讨会即将举办的消息。他们一边立即买赴武汉的船票，一边请尤宪迅先期写信到中南财经大学，提出如果由中南财经大学和赵德馨接待，他们便以访问学者的身份到访，不然则以游客身份来访。当然，赵德馨热忧地接待了他们。

赵德馨领衔研究中华人民共和国经济史的成果，分为论文与著作两类。论文从1984年开始出现在学术期刊上。著作从1987年开始先后问世：1987年《中华人民共和国经济史纲要》教材由湖北人民出版社出版，1988年《中华人民共和国经济史》和《中华人民共和国经济专题大事记》的第一、第二卷由河南人民出版社出版，1989年随后的第三、第四卷亦由该社出版。《中华人民共和国经济史》四卷本发行时，责任编辑辛发林告知，像这样的大型学术著作，成本大而销路窄，出版社领导担心亏大本，经反复讨论后将印数初定为1 000册，后听取各方面的反映，逐渐增加印数，最后定为4 140册，但其实都捏着一把汗。一年之后，辛发林兴奋地告知赵德馨，该书已售罄，约有一半销往国外，社领导决定加印3 090册，并请赵德馨审核初版中的印刷错误。1996年，中南财经大学委派赵德馨率团到日本进行学术交流。前来接待的东京大学、神户大学、名古屋大学和福岛大学研究中国经济的教授，人手一套四卷本《中华人民共和国经济史》。即便充任访问东京导游的福冈大学讲师，也有一套。在交流时，好几位教授教提到，研究中国的经济，20世纪80年代（改革开放）之后的资料，因为中国政府公布的和中国报刊报道的比较多，较易搜集，而之前的资料则因公开的数量非常少而零碎，很难搜集，也不便使用。他们认为，赵德馨主编的《中华人民共和国经济史》和《中华人民共和国经济专题大事记》将他们无法看到的资料集中起来，进行了系统化整理和分析，对他们了解中国经济情况很有帮助，也很及时，所以个人购置较多，大学图书馆收藏亦较多。经在日本大学图书馆网站搜索，收藏《中华人民共和国经济史》1～4卷的有44馆，收藏《中华人民共和国经济专题大事记》1～4卷的有36馆。日本国会图书馆和县市地区图书馆也有收藏。

1992年春，邓小平从理论上阐明了社会主义和市场经济是可以兼容的，提出应该加快经济增长速度。随后召开的中共十四大，决定以社会主义市场经济作为经济体制改革的目标，同时作出了提高经济增长速度的决策。赵德馨认为，这标志着从1979年开始的，在计划经济框架内、以市场化为导向的改革格局的历史阶段已于1991年结束。从1992年开始，中国经济改革进入以市场经济为框架的新阶段和经济增长提速的新阶段。为了验证这种认识，他花了4年时间

（1992～1995）细心观察经济的变化，并将这4年的情况与1992年之前的变化进行对比，认定1991年与1992年之间，确实是两个阶段的分界线，于是下定决心启动《中华人民共和国经济史》第五卷的研究工作。该卷上起1985年，下迄1991年，于1999年出版。诺贝尔经济学奖获得者罗纳德·哈里·科斯和王宁在其合著《变革中国——市场经济的中国之路》中，列出了他们所收集的关于1949年以来毛泽东时代与后毛泽东时代中国政治经济的中、英文著作，认为"最为综合全面的资料可参见赵德馨（1988～1999）主编的五部系列著作"。

在主持编写第五卷的过程中，赵德馨对自己的跟随历史前进的理念和40年的研究实践进行了反思，得出了两点认识。第一，自1956年以来的每一次"跟随"，都是在某一历史阶段结束之后，才将其作为研究对象。1956年赵德馨开始中国近代经济史学教学时，把下限断在1949年，是因为从1842年开始的中国半封建半殖民地经济形态，到1949年已走完了它的全部历程，已完全成为历史。1958年他开始中华人民共和国经济史学的研究与教学时，把下限断在1956年，亦是因为中国新民主主义经济形态已完全成为历史。1989年出版《中华人民共和国经济史》1～4卷本时，他把下限断在1984年，是因为从1958年开始的中国农村人民公社制度，到1984年已走完了它的全部历程。与此同时，从1977年开始的、以农村为重点的中国经济体制改革第一阶段已经结束。他认为，对这几次下限的判断，经过时间的检验，是准确、合理的，这条经验应该坚持下去。第二，从价值判断的角度看，研究成果问世的时间与研究对象时间下限的时间间隔越长，判断往往越准确，认识越深刻。反之则相反。这是因为，一种历史事物，在其演变过程结束后，经历的沉淀时间越长，其后续的影响显现得越充分。所以，跟随历史前进应与历史沉淀时间相结合。基于实践经验得到的这两点认识，以及同行学者（如南开大学郭士浩教授、中国社会科学院董志凯研究员）的提示，赵德馨得出了跟随论与沉淀论相统一的新理念。作为第五卷前言的《跟随历史前进》和后记《跟随论与沉淀论的统一》，阐述了这一新理念的内涵。这一新理念也成为编纂该卷及此后诸卷的重要指导思想。

1990年，赵德馨主编的《中国经济史辞典》和《财经大辞典·经济史篇》出版。他在其撰写的有关中华人民共和国经济史学的辞条释文中，第一次比较全面地阐述了此学科的对象、理论、方法、功能、分期等学科建设的基本问题。

顺便说一句，赵德馨主编的《中国经济史辞典》，也是跟随历史前进的。《中国经济史辞典》下限止于1949年，《财经大辞典·经济史篇》止于1984年，即将出版的《中国经济史大辞典》分上下两卷，上卷从远古到1949年，下卷从1949年到2019年，即中华人民共和国经济史辞典[①]。

1998年9月，时年66岁的赵德馨退休。但此后，赵德馨没有停止对中华人民共和国经济史的研究。中南财经政法大学长期返聘他，他继续参与中华人民共和国经济史课题组的工作。2010年，苏少之教授主持申报的国家社科基金重大项目"中华人民共和国经济史"获准立项，在前五卷的基础上增设了第六卷和第七卷。在立项之前，中南财经政法大学经济史研究中心已组织科研力量对前五卷进行修订，赵德馨教授提出了具体的修订提纲。第六卷和第七卷开题时，赵德馨主要就断限、主题和基调发表了自己的看法。关于第七卷的时间下限问题，赵德馨认为应以2008年为宜。经过几年的讨论与实践，课题组接受了这一观点。该项目仍是赵德馨关于中华人民共和国经济史学科建设理念的实践的延续。

七卷本《中华人民共和国经济史》和《中华人民共和国经济专题大事记》于2019年底出版，《中国经济史大辞典（下卷）》于2020年出版。赵德馨撰著或主编的关于中华人民共和国经济史的研究成果，涵盖了文献资料目录索引（待刊）、大事记、史著、辞典、论文等多种形式，构成了一个比较系统的、颇具风格的基本学术框架体系。

赵德馨的跟随历史前进的理念，引导了他的中华人民共和国经济史研究。他撰写或主编的中华人民共和国经济史系列论著，体现了他的跟随历史前进的理念。

张连辉
2019年7月31日

[①] 因经济史辞典仅为记事，故下限尽可能贴近现实。

编辑说明

本书萃选了赵德馨教授在建设中华人民共和国经济史学科过程中的思考与实践成果。其中既有他关于学科建设的思考，也有记录他建设学科的实践的文字和研究中华人民共和国经济史的实践成果。

书中文献按照十个具有内在逻辑联系的问题进行编排。这些问题是否成立、排序是否得当，都值得深入思考。其中，我们认为最重要的是三个：对象、方法（含理论和分析方法）和人才的培养。所收文献难免存在一文涉及多个问题的情况。我们主要据其论述侧重点编入某一问题之下。

书中在每一部分末尾罗列了未被收录的相关文献的目录，供感兴趣的读者自行查阅。

书末附录了一篇苏少之教授和杨祖义教授合著的文章，供读者进一步深入了解赵德馨教授建设中华人民共和国经济史学科的探索与成就。

目 录

第一部分　研究对象与学科属性

《中华人民共和国经济史纲要》导言　　5

重提经济史学科研究对象的问题　　20

跟随历史前进

　　——再论经济史学的研究对象　　29

我们想写一部怎样的《中国经济通史》　　38

跟随论与沉淀论的统一　　45

经济史学科的分类与研究方法　　63

《中国近现代经济史：1842~1949》导言之第一、二部分　　70

学科与学派：中国经济史学的两种分类

　　——从梁方仲的学术地位说起　　77

第二部分　意义

中华人民共和国经济史课题开题报告　　89

大力开展对新中国经济史的研究是时代的要求　　98

《中华人民共和国经济史（1949~1966）》导言　　107

发扬面向现实、反思历史的优良传统　　124

为了现在和未来的需要

　　——答《中州书林》记者问　　132

第三部分　任务与功能

经济史学的发展障碍及其解除路径

　　——基于功能、素养、学科定位视角的分析　　141

经济史学学科功能论的反思与重构	156
经济的稳定发展与增长速度	172
我国经济增长方式转变的合理道路	185
1842～1984年湖北省经济管理演变的轨迹	187

第四部分 理论

（一）指导思想	209
（二）抽象出理论	212
经济史学科的发展与理论	213
"之"字路及其理论结晶	
——中国经济50年发展的路径、阶段与基本经验	219
新中国六十年经济发展的路径、成就与经验	242
经济史与经济理论的有机结合	
——当代经济学发展的趋势之一	249
经济史学：理论经济学的基础学科	258
让中国经济史学研究的理论色彩更浓厚一些	267
中国需要一门中国经济发展学	276
中国经济发展学论纲	288

第五部分 方法

（一）分析与叙述框架	307
（二）处理几个重大关系的方法	317
对中国经济1949～1999年发展阶段的几点认识	318
中华人民共和国经济史研究方法中的几个问题	321

第六部分 主线

市场化与工业化：经济现代化的两个主要层次	343
对中国经济史教学改革的两点建议	366

第七部分　分期
　　中华人民共和国经济史的分期　　　　　　　　　　375
　　简论国史分期问题　　　　　　　　　　　　　　　387

第八部分　工作程序与规范
　　《1949～1982年中国经济文献索引》前言　　　　395
　　《中华人民共和国经济专题大事记（1949～1966）》前言　　397
　　资料工作：科学研究真与伪的分水岭　　　　　　400

第九部分　组织工作与专业人员的培育
　　中华人民共和国经济史课题组的成立与工作　　　409
　　我与导师工作　　　　　　　　　　　　　　　　420
　　长期规划　横向联合
　　　　——我在建设中国经济史学科中的一些做法　　435

第十部分　工作态度
　　《中华人民共和国经济史纲要》后记　　　　　　451
　　《中华人民共和国经济史（1967～1984年)》后记　　453
　　65年的探索之路　　　　　　　　　　　　　　　455

附录　中华人民共和国经济史学科的开创者　　　　　465
致谢　　　　　　　　　　　　　　　　　　　　　　479

第一部分
研究对象与学科属性

赵德馨教授认为，经济史学科包括两个分支学科，即经济史学与经济史学理论（经济史学概论）。经济史学是经济史学科的主体，又可分为经济史实与经济史理论两个分支学科。经济史学科区分分支学科的一个主要依据是研究对象的不同。

经济史实研究以人类社会经济生活的演变过程和状态为对象，是整个经济史学科的基础和主体。其研究对象最为丰富，主要包括人类社会生产力发展水平的演变、人类社会生产关系的演变、人类生产方式的演变、人类的经济生活状况等内容。

经济史理论是在经济史实研究的基础上，按照理论逻辑的框架，分析经济生活演变过程中各种因素的内在联系与规律，进而对经济生活演变过程与机制进行的概括与抽象。经济史理论支学科担负着从经济历史中提炼经济发展规律和抽象经济理论的重任。经济史理论来源于对经济史总体运行的分析，这就决定它的研究对象应该侧重于宏观经济史，特别是其中的经济结构、经济规律、经济运行机制。

经济史学理论以经济史学为研究对象，主要研究经济史学科的产生与发展，经济史学的研究对象、结构、性质、功能、分期、研究方法、理论，经济史学科与相关学科的关系，经济史学者的素养，等等。

赵德馨教授作为中华人民共和国经济史学科的开拓者和奠基人，在研究对象与学科属性研究上着墨较多，故此处收录了八篇相关文献。

《中华人民共和国经济史纲要》 导言

一、研究中华人民共和国经济史的意义

中国人民在中国共产党的领导下，艰苦奋斗，建设社会主义的新中国已经历了三十八个年头。这三十八年，对具有六千年文明史的中华民族来说，只是一瞬间；对人类历史长河来说，不过是一朵浪花。然而，对从苦难的半殖民地半封建社会走过来的并有幸参与创造新的社会经济形态的中国人民来说，这三十八年是何等辉煌的历程！甘苦自知，每一步都值得回首品味。对世界人民来说，在这三十八年间，看到在极端贫穷落后的半殖民地半封建国家里创建社会主义社会的第一个范例，佩服惊异，欲穷其究竟。

在三十八年中，我们创造性地开辟了适合中国特点的社会主义改造的道路，建立和发展了社会主义经济制度，消灭了几千年的剥削制度，开创了中华民族历史的新纪元。三十八年来，我们努力与贫穷和不发达作斗争，建立起了独立的、比较完整的国民经济体系，初步改变了旧中国遗留下来的落后面貌。每人占有的粮食已接近世界平均水平，十亿人民的温饱问题基本得到解决。我们国家从来没有像现在这样繁荣昌盛，我国人民从来没有像今天这样安居乐业，中华民族从来没有像今天这样生机勃勃。在我国悠久的历史中，没有哪一个阶段的三十八年，可以和这个三十八年相提并论。这是一个创业的时代。它彪炳人寰，无比壮丽。

三十八年来，我们从事的是社会主义建设事业。这是前人没有干过的事业，经济变化空前剧烈。我们在探索前进的过程中，曾出现跟跄、踟蹰、迂回，步伐或快或慢，是不可避免的，关键在于总的趋势是前进，方向是正确的。我们为成功、胜利高兴过，也为挫折、失败痛苦过。这三十八年，是探索的年代、变革的年代、胜利的年代，是一部新旧经济形态交替史，社会主义经济形态建立和巩固

史，是社会主义经济建设的创业史。在中国经济史上，这是最新的篇章，也是最辉煌的篇章。为了有利于当前和今后的现代化进程，这篇章——中华人民共和国经济史应该及时谱写出来。这篇章是全国人民用行动谱写出来的，理应由我们从事中国经济史学研究工作者用文字表述出来，并有责任写出一部创业时代的信史。

建国以后的这三十多年的经济发展过程，从历史即过去的事这个意义上，可以称之为"中华人民共和国经济史"；从其所属的时代为当代的事这个意义上，又可称之为"当代中国经济"。研究这个阶段的经济史，除了有研究经济史的一般功效外，还有其特殊的意义。

（一）经济建设与改革的需要

中国共产党十一届三中全会决定将工作重心转移到经济建设上来。为了迎接社会主义现代化建设的伟大任务，这次会议回顾了建国以来经济建设的经验教训，为实事求是地总结建国以来经济建设工作确立了正确的指导思想，指出了基本经验教训的要点，为进行这种总结创造了良好条件。在这以后，中共中央和国务院多次强调，为了搞好经济建设，必须深入地研究建国后经济发展过程，并为此作出了一系列的安排。

在今后，全国人民的中心任务是经济建设。为了搞好经济建设，必须进行改革。改革是为了经济建设。在一定时期内，比如在当前，在整个"七·五"计划时期，要把改革摆在工作的首位。改革是多方面的，中心环节是经济体制的改革。改革经济体制是一项艰巨的事业，它需要比较长的时间才能完成。其所以需要较长时间，除了其他原因外，很重要的一条是社会主义经济体制正在实践中，正在创造中，至今还没有一种完善的、现成的样板可以照搬。历史的经验已经告诫我们，即使在别的国家出现了一种被称为完善的模式，我们也不能照搬。斯大林和一些社会主义国家的领导人曾认为苏联的社会主义经济体制是唯一合理的。经过这么多年来的实践的检验，说明不是那么一回事。凡是照搬照抄苏联的都未成功，后来都提出要改革。苏联的经济体制也在改革。经济体制本来就应因不同国度的情况而异，因不同时期的情况而异，不可能有一种适用于各个国家、各个时期的固定模式。为了探讨经济体制改革的正确方向，使改革顺利前进，需要做一系列的工作，其中首先是历史经验与理论的准备。中共中央在提出改革任务的同时，就提出了总结历史经验和研究有关理论问题的任务。1979年4月上旬举行的中共中央工作会议强调：为了做好当前的和今后一个比较长时间的改革工作，要立即组织各有关方面的力量，总结国内的经验，吸取国外的好经验，进行认真的调查研究。改革这件事如果缺乏正确的理论指导，缺乏对实践经验的系统总结，是办不好的。中共中央希望从事理论工作的同志和实际工作的同志，都能在这方面做出积极的贡献。

需要这样做的道理是不难明白的。因为，为了使改革进展顺利，必须弄清楚几个问题：为什么要改革？现存经济体制是在什么情况下形成的？在运行过程中有哪些利弊？其中哪些仍需坚持？哪些定要改革？怎样改革？今后应实行什么样的经济体制？改革的困难和阻力是什么？这些问题，可以从其他社会主义国家的改革中得到启示，根本的途径却是从本国人民实践的历史中寻求答案。事实正如邓小平同志在中国共产党第十二次代表大会开幕词中指出的："无论是革命还是建设，都要注意学习和借鉴外国经验。但是，照抄照搬别国经验、别国模式，从来不能得到成功。"本国的经验是最重要的，因为它符合国情，干部和群众有切身体验。问题在于对自己的经验要作深入、具体、系统、正确的总结，并用各种方法使干部群众了解它。中国共产党十一届三中全会之前，我国经济发展有过几次大的曲折，除了其他因素外，重要原因之一，是未能正确地总结经验教训，使之系统化，并为干部和群众所掌握。这次全会端正了中国共产党的思想路线，使正确地总结经验有了可能。中国共产党十一届六中全会通过的《中国共产党中央委员会关于建国以来党的若干历史问题的决议》，为正确认识建国以来的主要经验提供了依据。研究中华人民共和国经济史的基本任务之一，就是深入地、具体地、系统地、正确地对建国以来我国经济发展的实际过程，进行综合研究。分析何时做何事，成败得失如何，有何经验，有何教训，从总结正反两方面的经验中揭示其中带规律性的东西，为制定当前经济体制改革的方针、政策提供依据。

（二）认识国情的基本方法

要使经济改革和经济建设取得胜利，必须从中国的实际出发，即从我国的国情出发，建设具有中国特色的社会主义。这就要求深刻地认识国情。怎样才能正确地认识国情？可以采取两种方法：一种是解剖横断面的方法或静态分析法，如调查有多少土地、耕地、人口、资源、企业，等等。这种方法是研究国情必不可少的。另一种是解剖纵的发展过程的方法，或动态分析方法，从运动过程中认识各种因素（如人口、耕地、政策……）本身是怎样变化的？它们之间的相互关系是怎样的？用这种研究方法研究与经济发展有关的诸因素及其整体状况的变化，才能使我们认识中国经济运动的轨迹和规律——国情中最根本的部分。从我国当前对国情研究的情况来看，大都使用前一种方法，缺乏对后一种方法的使用。这是多年来研究国情问题在方法论方面的基本缺陷。认识过去和现在，是科学地预测未来的基本方法与基本依据。马克思、恩格斯之所以能科学地预见资本主义必将发展到社会主义社会——共产主义社会，靠的就是正确地分析人类社会的过去和现在，揭示了社会发展的规律。中国经济发展的客观规律要从中国经济发展过程中去发现。建国以来，我们的经济工作是在不断探索过程中前进的。可以说，过去的三十八年，是探索中国社会主义建设道路的年代。实践是检验真理的唯一标准。在马克思主义普遍真理同中国具体实践相结合的长期反复的过程中，一般地说，成功了的，表明做法是符合国情的；失败了的，表明措施可能与国情不相符。因此，只能经过一段时间（有时是很长的一个时期）的实践以后，回过头来研究一番，才能摸清、摸准中国的国情，也才能看清中国经济发展的规律。研究中华人民共和国经济史，以马克思主义毛泽东思想为指导，分析中国人民三十多年来的伟大实践，是从动态中认识国情的基本途径，对今天和今后的探索会有直接的帮助。

（三）社会主义经济理论健康发展的途径

社会主义经济同以往的一切经济不同，不是自发地产生发展的。社会主义经济是人们在马克思主义理论指导下自觉地建设起来的。在这方面，马克思主义的政治经济学占有特别重要的地位。恩格斯指出：政治经济学不可能对一切国家和一切历史时代都是一样的。只有首先研究具体国家的生产和交换的每一发展阶段的特殊规律，才能建立科学的、适用于该国的政治经济学。否则，只能照搬外国的政治经济学。过去我们这样做过，造成了严重的后果，吃够了苦头。我们再也不能走这条路了。我们的社会主义经济建设需要有适合我国国情的社会主义政治经济学为指导。怎样才能产生这样的政治经济学呢？中华人民共和国的成立，占人类1/4的中国人民建设社会主义的实践，为它提供了条件。在马克思主义指导下，研究我国社会主义经济发展的过程，从实践中正确地抽象出理论。在社会主义经济建设过程中，曾经有过多种理论主张，有的理论曾付诸实践，接受了实践的检验，可以在总结经济实践过程——经济史——中，逐一地检验哪些理论已被实践所否定，哪些理论已被实践所证实，哪些理论已被实践证明一部分是正确的，另一部分是错误的，在实践中得到修正与补充。这样，就可能建立起具有中国特色的社会主义政治经济学。也只有这样的政治经济学，才能用以指导中国的社会主义经济建设。社会主义经济建设在不断地向前发展，不断地出现新情况、新问题，解决这些新问题，需要新的理论作指导。新的理论从何而来？只能从研究人们的实践经验中抽象出来。邓小平同志说得好，没有前人或今人、中国人或外国人的实践经验，怎么能概括、提出新的理论？在这个意义上，我们可以说，"历史出科学"。经济史是经济学的基础学科，离开了经济史，即离开了对经济发展过程的研究，是不能抽象出正确表述经济规律的理论的。马克思写《资本论》，研究资本主义经济发展规律，是以英国为典型的。恩格斯认为，马克思的全部理论是他毕生研究英国的经济史和经济状况的结果。马克思如果不做这番研究，就不可能揭示资本主义经济发展规律，建立马克思主义的政治经济学。同样，如果不研究新中国经济发展的历史和现状，就不可能揭示中国的社会主义经济运动的规律，不可能建立马克思主义的中国社会主义政治经济学。过去三十八年，是我国社会主义经济建设的实践过程，又是我们对中国社会主义经济建设认识提高和深化的过程。认识与历史一同前进，历史从哪里开始，思维逻辑也应该从该处开始，认识的历程也应从该处开始。中华人民共和国经济史，分析中国社会主义经济发展的过程，做到马克思主义基本原则同中国实际相结合，必将有助于经济理论研究，丰富并发展社会主义经济理论。中国共产党十一届三中全会以来，我们正在建设适合国情，能指导中国经济发展的社会主义经济理论。在这起初的时候，应充分重视中国现代经济史学科的研究，使经济理论的建设少走弯路，健康地发展。

（四）政治思想教育的教材

要使经济建设和经济改革顺利进行，关键的一条是全国人民认识一致，步伐一致。全国人民对经济建设与改革有思想准备，加上有一批对此有清醒认识、行动一致的干部，是建设与改革取得成功的条件。人民的思想准备和干部的成熟，靠参与建设与改革的实践，也靠思想教育。一部中华人民共和国经济史，有助于人民认识国情，了解中国经济发展的规律，懂得加速经济建设与改革是顺乎民心与历史要求的，有益于统一认识，增强信心，增长才干。一部好的中华人民共和国经济史，必然是进行政治思想教育的好教材。在一部分青年学生、干部、群众中，还存在一些认识问题，究其实质，大都涉及中国经济发展应该走什么道路的问题。这需要用马克思主义、毛泽东思想的理论以及不可改变的历史事实来回答。从经济史这门学科来说，中国近代经济史证明了资本主义道路在中国走不通，旧中国留下的遗产是贫穷的落后的。新中国经济史则证明，是中国共产党以马克思主义、毛泽东思想为指导，为中国开辟了社会主义道路，创造了进行经济建设的条件，只有社会主义才是国家强盛、人民共同富裕之路。常常遇到一些青年提出这样的问题：既然社会主义制度比资本主义制度优越，为什么我们的经济不如某些资本主义国家？通过学习新中国经济史，了解我国社会主义经济发展的起点和过程，他们就会懂得：简单地对比是不科学的；必须将工作上的失误、经济体制上的弊病与社会主义经济制度本身区别开来。每一个读了中华人民共和国经济史的人都会从确凿的事实和正确的对比中得出应有的结论：保持必要的社会政治安定，按照客观经济规律办事，我们的国民经济就高速度地、稳定地向前发展。反之，国民经济就发展缓慢，甚至停滞倒退。社会主义经济制度为生产力的发展开辟了广阔的场所。问题在于经济体制要改革。我们能够自力更生、独立自主地解决中国经济建设问题，我们有跻身于先进民族之林的能力。有了这种认识的人，当然会加强民族自信心，热爱社会主义祖国，积极参加社会主义建设和经济体制改革。

（五）对外宣传的内容

我国实行对外开放政策以来，许多国家、公司、企业团体和个人，都与我国发生经济交往。他们都想了解中国经济的过去和现在，以预测发展趋势。有相当数量的第三世界国家，他们有与中国相似的苦难经历，又面临着我们在过去三十多年中曾经面临的问题，希望了解和研究中国的经验教训。当前社会主义国家也有着许多共同的问题，需要互相了解情况，彼此借鉴。我们有责任编写新中国经济史，为他们了解我们走过的道路与经验提供方便。这对于我国经济的发展，对发展中国家的经济建设，对国际共产主义运动的发展，都是十分必要的。

在当前和今后一个相当长的历史时期内，资本主义与社会主义两种制度谁优谁劣的思想理论斗争将继续进行。在国际上，有一些人有意诋毁中国三十多年来建设的成就；也有一些人在研究中国经济发展过程中，由于他们没有能掌握系统的符合真情的材料，加以观点、方法的偏颇，结论往往不符合实际，歪曲了我们走过的道路。编写出新中国经济发展史，可以为希望了解中国的人们提供真实的情况，同时也是用无可辩驳的事实回击那些对我国社会主义建设的诋毁。

去旧创新、开辟历史新纪元的经济变化需要记录；几亿人民的创业活动要求有信史；正在进行的经济体制改革和经济建设事业需要有历史经验借鉴；社会主义经济理论要向前发展；世界人民需要了解新中国。加强中华人民共和国经济史的研究是时代的需要。

二、中华人民共和国经济史的研究对象与方法

（一）研究对象

中华人民共和国经济史属于经济史学科中的国民经济史。它以中华人民共和国国民经济的发展过程及其规律，即中华人民共和国管辖境内的生产力与生产关系矛盾与统一的发展过程及其规律作为研究对象。

国民经济史的特点是研究一个国家的经济整体的发展过程。它包括国民经济的各个部门，生产、分配、交换、消费各个环节，各种所有制、经济成分、经济形式，各个地区、各个民族的经济。所谓整体，当然不是它们简单相加的总和，而是有机结合的统一物。

一门学科的研究对象及学科名称，与它的时间界限和空间界限密切相关。中华人民共和国经济史要从动态中阐明国情，要从经济发展过程中探讨规律，就必须根据历史事实作纵向的研究。这不能不首先确定研究的上下限时间问题。中华人民共和国经济史以1949年10月1日中华人民共和国的成立时作为上限。这样确定上限，是与本门学科的名称一致的。它的下限将随着经济发展的进程不断延伸。在当前阶段，它应以前一经济发展阶段终结之年，即1984年为下限。在时间界限问题上，涉及可不可以将这门学科称为"中国社会主义经济史"的

问题。"社会主义经济史"这个名称的好处,是能与"中国封建主义经济史""中国半殖民地半封建经济形态史"等并列,突出了"社会主义经济"这个特定的社会性质。"社会主义经济"这个概念,可以指"社会主义经济成分",也可以指"社会主义经济制度"。我国革命的特点,民主革命和社会主义革命是文章的上篇与下篇的关系,二者直接衔接,但完成的任务是不同的。在民主革命阶段,在中国共产党领导的工农武装割据的地区里,建立了新民主主义政权和新民主主义经济。新民主主义经济形态中包括了社会主义性质的公营经济和具有社会主义因素的合作经济。中华人民共和国的成立,标志着新民主主义革命的胜利。革命胜利后,建立的是新民主主义社会,紧接着是实现从新民主主义到社会主义的转变,从新民主主义经济形态过渡到社会主义经济形态。用"中国社会主义经济史"这个名称,其内含若指"社会主义经济成分史",则这部历史应从1927年社会主义经济成分在革命根据地出现时为上限;其内含若指"社会主义经济制度史",则应从1956年社会主义经济制度在我国建立时为上限。我们需要写出从1927年以来的中国社会主义经济成分史的著作,也需要写出1956年以来中国社会主义经济制度史的著作。用"中国社会主义经济史"来命名一门以1949年以来中国经济发展过程为研究对象的学科,在时间界标上是不够确切的。

中华人民共和国经济史研究对象的地理界限,是中华人民共和国政府已经实现管辖的地区。在空间界限的问题上,涉及可不可以将本门学科定名为"中国现代经济史"的问题。"中国现代经济史"这个名称的好处在于与"中国古代经济史""中国近代经济史"相对应。"中国现代经济史"的内含在地理界限上包括台湾、香港、澳门等地区经济发展状况在内。我们需要而且一定会写出研究包括台湾、香港、澳门地区在内的、1949年以来的中国经济发展过程的中国现代经济史。

(二)指导思想

科学研究中的任何一种系统的方法,本身就是一种理论。马克思、恩格斯多次说过,他们的理论不是教条,而是一种研究方法。研究中华人民共和国经济史必须以马克思列宁主义、毛泽东思想作指导,即以马克思列宁主义、毛泽东思想的立场、观点、方法分析建国以来的经济发展过程。马克思、恩格斯在

19世纪40年代发现历史唯物主义，与他们在这个时期用求实的态度研究人类经济发展历史有重要关系。没有后面这种研究，不可能知道经济在社会发展中的正确地位，不可能把社会关系归之于生产关系，把生产关系归之于生产力，即归之于物，不可能把人类社会的历史看作一个自然历史过程，有其自身的即客观的发展规律。一句话，没有这种研究，便不可能创立历史唯物主义。当马克思、恩格斯发现了历史唯物主义，并将它运用于研究经济学、历史学、经济史学、法学等社会学科时，便使这些社会学科发生了一场革命：从传统的历史唯心主义的体系中解放出来，建立在历史唯物主义的基础之上，变成了科学。在此以后，研究经济史的学者，一部分人以马克思主义为指导，另一部分人则不是。百余年来，这两部分人都取得了成果，但成果的性质和大小，不可同日而语。马克思主义学者认为是这样的，严肃的非马克思主义学者也认为是这样。英国著名的经济学家，新剑桥学派的主要代表人物琼·罗宾逊夫人1980年访问我国时说，新剑桥学派和近来的学院派都遵循着自己的道路，达到了与马克思体系大体相似的境地。两派都认为资本主义蕴含着它自身崩溃的种子。她还说，马克思的研究是从长远看问题的，这就同长期动态的分析有关，而在现代西方经济学理论中，还没有超出短期分析的局限。可见，以马克思主义指导我们的研究工作，是一种正确的选择。

以马克思主义指导我们的研究工作，是运用马克思主义分析社会现象，特别是经济现象的方法，而不是搬用马克思、恩格斯的现成结论。当中华人民共和国经济在地平线上出现时，马克思、恩格斯早已作古。他们未曾见到这种经济，未曾对它作过分析或发表过意见。因此，不可能搬用他们的现成结论——根本不存在这种结论——作为我们的结论。列宁和列宁主义的情况也是相同的。以毛泽东为主要代表的中国马克思主义者，运用马克思列宁主义的普遍原理，结合中国的实际，解决了中国革命和建设中的一系列问题，领导中国人民创建了中华人民共和国，把半殖民地半封建经济形态改造成新民主主义经济形态，又从新民主主义经济形态过渡到社会主义经济形态，同时进行社会主义建设，使社会生产力得到中国历史上未曾有过的迅速发展。一部中华人民共和国经济史，是中国马克思主义者创造性运用马克思列宁主义解决中国经济问题的历史，是马克思列宁主义、毛泽东思想胜利的历史。我们今后的经济工作仍以马克思列宁主义、毛泽东思想作指导。现在回过头去研究建国以来的经济历程，也必须用马克思列宁主义、毛泽东思想的立场、观点和方法，才能正确地总结经验教训，评价其得失，为今后的经济建设提供有益的借鉴，并抽象出适合中国国情、对中国经济建设实践起指导作用的经济理论。马克思列宁主义、毛泽东思想是一个不可分割的理论体系。基于上述情况，对于研究中华人民共和国经济史来说，马克思列宁主义基本原理与中国实际相结合的毛泽东思想，具有更直接的关系。

中国共产党从十一届三中全会起，倡导准确地完整地理解马克思列宁主义、毛泽东思想，坚持马克思列宁主义，发展马克思列宁主义。在这次全会精神的指导下，全党解放思想，实事求是，总结了建国以来的经验教训，在1981年6月27日，中国共产党十一届六中全会上，通过了《中国共产党中央委员会关于建国以来党的若干历史问题的决议》（以下简称《决议》）。这篇重要的历史文献，标志着在中国共产党的指导思想上胜利地完成了拨乱反正的历史任务；体现了用马克思列宁主义、毛泽东思想作指导分析建国以来的重要问题（包括经济问题在内）作出的结论，即对这些问题的马克思主义的观点。在这个《决议》之后，中共中央又通过了几个重要的决定，制定了一系列重要文件，其中主要是对许多新问题的马克思主义的分析，也包括对过去的一些问题的新的分析，补充和发展了《决议》的内容。我们在研究建国以来的经济发展过程时，运用中国共产党十一届三中全会以来的决议、文件中阐明的观点，分析经济现象，衡量得失，判断是非。是在中国共产党十一届三中全会以后，我们才明确，马克思主义的核心是发展社会生产力；革命的目的是为了解放生产力；经济建设就是发展生产力。建国以后，重要的失误之一，是未能及时地将工作重心转移到发展生产力方面来。一切经济工作，一切经济变革，是否必要，是否成功，要从对社会生产力起何种作用来判定。基于对现实生产力的水平、性质的分析，我们认为中国目前处在社会主义的初级阶段。一个社会发展阶段，当然不是指几年或十几年的社会性质。这是我们认识中国过去三十多年、当前以及今后若干年经济问题与社会问题的立足点。也是在中国共产党十二届三中全会以后，我们才明确，我国现阶段社会主义经济是在社会主义公有制基础上的有计划的商品经济。获得这样一种认识，经历了三十多年的经济工作实践过程，我们不能要求任何人一开始就有这种认识。分析经济史上的任何一个问题，都必须置于当时的历史环境之下。在既获得这种认识之后，就必须站在今天的认识水准之上,去考察过去的事物。这是历史问题被不断重新研究、评价的原因,也是历史学既最古老又永远年轻的原因。探究建国以来每一项经济工作的经验教训,就不能不看它对有计划的社会主义商品经济的发展是有利,还是不利。对于改革和开放,也应该是这样的。我们要以改革、开放的精神和眼光,分析建国后的经济史。这样做,就是以中国共产党十一届三中全会以来的决议与文件正确解释并发展了的马克思列宁主义、毛泽东思想作指导的。很显然,这不仅不会限制我们的研究,还为这种研究提供了极为有利的条件。中国共产党十一届三中全会以来的重要决议是我们分析三十多年来经济发展历史的理论依据。

(三) 研究方法

经济史学科分类中,中华人民共和国经济史属于国民经济史。研究国民经济史的一般方法,也适用于研究中华人民共和国经济史。国民经济史的一般研究方法,就是历史唯物主义方法,即运用历史唯物主义观点,分析一国经济的发展过程,从中揭示该国经济发展的特点与规律。国民经济史的研究对象是生产力和生产关系的矛盾统一过程。这决定了它在本质上是一门经济学科,它的研究方法必须是经济学的方法。国民经济史以一国的国民经济整体过程为对象,应该采用宏观经济的分析方法。国民经济史与以经济学为研究对象的其他经济学科的区别之一在于,它研究经济的具体发展过程,即按照历史发展的顺序,从长期动态中研究以往的经济运动的轨迹。这决定了它又具有历史科学的特性。它的研究方法必须具有历史学方法的特点,首先是动态分析方法的特点。国民经济史的研究方法是将经济学方法与历史学方法融为一体。

历史比较研究法是经济史研究中的一种重要方法。有比较才能看到异同,才能有鉴别。比较,可以纵比,也可以横比。无论是纵比还是横比,都必须是科学地比,首先要有可比性,要顾及历史的、自然的、统计方法、收支构成等的不同及其他方面的因素。横向比较,如与我国类似的其他国家比,可以看出我国经济发展的特点和社会主义经济制度的优越性;在分配上,我们没有百万富翁与贫无立锥之地的两极悬殊;在经济增长速度上,从整体上看,我国是快的,在各个时期,有时快,有时慢,找出快慢并分析其原因,便于总结经验教训。研究历史,不可能不作纵向的比较。与旧中国的经济对比,可以看出社会主义制度的优越性,得出只有社会主义才能救中国的认识。在我国三十多年的经济发展过程中，也可以分成若干时期，前后对比。将中国共产党十一届三中全会前后对比，可以看出，在此之前的某些时期，由于指导思想上出了偏差与经济体制等方面的原因，未能使社会主义经济制度的优越性充分发挥出来，从而加深对这次全会以后中国共产党的路线的正确性与经济体制改革的必要性的认识。

如何正确处理经济和政治的关系，是研究经济史，当然也是研究中华人民共和国经济史必然遇到的问题。由于中华人民共和国的经济是以国营经济领导的、建立在国家所有制基础上的经济，在国民经济中起主导作用，经济与政治的关系这个问题就更加突出。建国以后一个相当长的阶段，政治事件、政治运动频繁，几乎是一个接着一个，它们对经济发展的影响很大。研究这个阶段的经济史，不涉及这些政治运动，经济发展过程是说不清楚的，重大的经验教训也就得不出来。问题在于研究的方法是用经济决定政治、政治反作用于经济的观点，还是用政治决定经济、经济反作用于政治的观点来研究经济史，这是两种根本对立的经济史研究方法。前一种方法从经济出发，从生产力与生产关系的矛盾统一运动出发，揭示一些政治运动，政治事件发生的必然性、合理性，另一些政治运动、政治事件不是经济发展所要求的，是偶然的、人为的、可以避免的；它们对经济发展起着根本不同的作用：或促进，或阻碍。后一种方法从政治出发，先认定政治事件、政治运动都是必然的、合理的，对经济总是起着推动作用，把经济史作为政治史的后果。我们的研究将表明，那些违反经济发展要求的政治运动，是如何破坏了经济发展所必需的条件，压抑着生产力的发展。通过学习中华人民共和国经济史，会使人们得到结论：要记住这类政治运动干扰，冲击经济建设的教训；要想国家富强，人民富裕，必须珍惜安定团结的局面。

研究经济史，必须重视资料工作。这是经济史学科研究方法的特殊性所要求的。经济史研究的是以往的经济运动的轨迹。以往的经济运动的轨迹就是已经过去的存在，它既不会重现，人们也无法重演，更不能通过实验去观察，只能借助于反映经济运动轨迹的各种现象的资料，即史料，通过研究，近似地复原它的本来面貌。这些资料从不同的侧面，在不同的程度上，正确地或歪曲地反映过去存在的事实。它们一经产生，具有相对的独立性。人们通过对它们的分析，可以得出不同的结论。经济史研究工作者是认识的主体，以往的经济运动的轨迹及相关的经济现象是认识的客体，由主体到客体，必须经过经济史料这个中介。就思维活动及研究方法的特点而言，这个过程中存在着主体、中介、客体这三极。没有丰富的经济史料,或对经济史料不做认真的整理工作,所谓研究工作及其结论,只能是无稽之谈。资料是研究工作的基础,资料工作是研究工作的一部分。阅读本纲要,首先要注意通过资料所反映的事实,才能知道从中抽象出的结论是否正确。

在经济史研究工作中,数量的概念表明经济现象的或增或减,或升或降,或快或慢,或发展或萎缩,等等。本书用的数字,凡国家统计局编历年《中国统计年鉴》中有的,均以此为据。其他数据,都是来自公开发行的报刊,虽不能说一切准确,但每一条有来源。限于篇幅,未在书中一一注明。

三、中华人民共和国经济史的分期

研究经济史,必须考虑分期问题。正确地分期,即对经济发展过程阶段性的正确认识,有利于科学地说明经济变化各阶段的特点及其发展规律。

要正确地分期,首先要有正确的分期标准。经济史的分期标准是由经济史的对象决定的。中华人民共和国经济史的分期标准是我国建国后生产力与生产关系发展变化的重要表现,即国民经济变化的重要表现。根据这个标准,1949年10月至1984年的中华人民共和国经济发展过程,呈现四个阶段,即分为四个时期。

第一个时期:1949年10月~1956年。经济形态转变和生产由恢复走向发展时期,可以称为过渡时期,其特征是经济形态的转变。这个时期包括两个阶段:(1) 1949年10月~1952年。继续改造半殖民地半封建经济形态为新民主主义经济形态和国民经济恢复阶段。(2) 1953~1956年。新民主主义经济形态转化为社会主义经济形态和开始有计划大规模经济建设的阶段。从社会主义革命时期到社会主义建设时期的转折发生于1956年。

第二个时期:1957~1966年。全面进行经济建设的时期,也是第一次探索中国社会主义经济建设应该走什么道路,在探索中发生严重失误,进行大调整的时期,其特征是探索与大起大落。这个时期包括两个阶段:(1) 1957~1960年,即一次不成功的改革尝试阶段。以社会主义建设总路线、"大跃进"、人民公社"三面红旗"的提出与实践为基本内容,想把从苏联学来的模式加以改革。因为"左"的指导思想、主观主义和没有经验，这次试验以失败告终。（2）1961～1966年，即总结经验教训，摸索新方法阶段。以"调整、巩固、充实，提高"方针（"八字方针"）的提出、贯彻为基本内容。在总结经验教训和调整经济的过程中，在理论上对中国社会主义建设道路有新的认识；在实践上，出现了农村三级所有、队为基础的所有制等许多新的形式，着手试行按照经济规律管理经济的体制改革。

第三个时期：1967～1976年。对前一时期探索的否定与经济曲折、畸形发展时期，特征是大动乱带来大损失。"文化大革命"中批判"修正主义路线"，主要是否定前一时期探索所取得的成果。在经济领域中，大批判、大动乱带来大损失。经济发展几上几下，由于不适当地贯彻"备战"方针，使产业结构畸形发展。具体情况，前期与后期不同，可分为两个阶段：（1）1967～1971年。"文化大革命"造成的全面内战，林彪、江青反革命集团的破坏，"左"的指导思想，使经济从大下降到新冒进，带来"三个突破"。（2）1972～1976年。其间虽有"四人帮"发动的1974年"批林批孔"和1976年"反击右倾翻案风"，给经济带来挫折，但在周恩来、邓小平主持下的经济调整与全面整顿，使经济发展出现转机，取得成效。

第四个时期：1977～1984年。经济建设走上新道路和起飞的时期，特征是改革。其间经历着转折、调整、改革的过程，依此分为三个阶段：（1）1977～1978年。粉碎"四人帮"以后到中国共产党十一届三中全会召开之前，为恢复经济与酝酿新道路的阶段。"文化大革命"结束，中国实现了安定团结。在指导思想上，虽然对长期以来存在的"左"的错误未能认真清理，在经济工作中出现急于求成的失误，但在思想理论上已经开始对"左"的思想进行拨乱反正，提出并讨论了一些重大经济理论问题，为经济发展新道路和实行新的方针准备了条件。（2）1979～1982年。以调整为主的阶段。中国共产党十一届三中全会开始全面纠正"左"倾错误，拨乱反正，确定了解放思想、开动脑筋、实事求是、团结一致向前看的指导方针，解决了工作重点转移问题。全会结束后4个月，正式提出"调整、改革、整顿、提高"的新八字方针，标志着经济建设思想的根本转折。这个时期，贯彻新的"八字方针"，首先和主要的是调整。对国民经济管理体制的改革是局部的、探索性的。在这个阶段，国民经济走上了稳步发展的健康轨道。（3）1983年以后，进入了以改革为主的阶段，全面贯彻中国共产党第十二次代表大会制定的"走自己的道路建设有中国特色的社会主义"的根本战略方针和经济建设的战略目标、战略重点和战略部署。1985年起进入了以城市为中心的全面改革阶段。这个阶段目前尚未结束，所以本书写到1984年止。

（本文节选自《中华人民共和国经济史纲要》，湖北人民出版社1988年版）

重提经济史学科研究对象的问题

一

中国经济史学科的建设,需要理论的指导。事实是,这门学科的任何一次较为重要的进步,都是以理论的开拓为先导的。在中国经济史学科取得巨大成就,面临如何深入的今天,加强理论的研究,已成为学科进一步发展的关键。

关系到学科发展的理论,大体上可以分为两类:一类是学科研究对象的有关理论,如研究中国商品经济史时,讨论有关商品经济与自然经济的理论;研究中国封建主义经济史时,讨论有关封建主义经济的理论;研究中国土地制度史时,讨论有关土地制度的理论,如此等等。另一类是学科本身的有关理论,诸如中国经济史学科的对象、任务、社会功能、指导思想、研究方法、叙述方法、历史等。前一类属于经济学的一般理论,或广义政治经济学。后一类属于本学科的专门理论,或中国经济史的学科理论。本文仅就后一种学科理论中的对象问题谈点意见。

二

从20世纪50年代起,关于经济史学科研究对象的讨论,时断时续,步步前进。其中的分歧,主要涉及两个问题。

一是对象的横断方面,即研究的面有多宽。三十多年的讨论,基本上是限于这个方面。在20世纪50年代,对此有三种见解:(一)生产关系[1];(二)生

---

[1] 孙健:《国民经济史的对象、方法和任务》,载《经济研究》1957年第2期。

产关系为主、生产力为次或生产方式①；（三）社会经济整体的发展过程，即生产力和生产关系的矛盾和统一发展过程②。有人说："五十年代，曾有一场关于经济史研究对象的讨论，认为经济史研究的对象是生产关系，不应包括生产力。这显然受当时苏联经济理论的影响。"③ 这种概括，就其对国内50年代的讨论情况而言，没有全面包括上述三种意见，以致给人一个错觉，似乎经济史学科应研究生产力的观点是后来才提出的；就其受苏联经济理论的影响而言，也不尽合乎实际。在苏联，从30年代到50年代，对经济史学科对象的提法也是多样的。占主导地位的其著作后来有中译本，在中国影响较大的是梁士琴科和琼图洛夫的观点。他们认为，国民经济史"乃是研究生产的发展，研究数十世纪以来生产方式的新旧更替，研究生产力与人们生产关系的发展"④，"国民经济史这门学科的对象是研究生产，研究它在许多世纪内依次更替的生产方式的发展，研究历史上一定的生产关系形态中的生产力的发展"⑤。看来他们很重视对生产力发展的研究，其研究对象并不限于生产关系。

进入20世纪80年代，关于经济史研究对象的见解纷呈，值得注意的新提法有三种：（一）各个时期的社会经济运行的规律。⑥（二）既不是生产关系，又不是生产力，也不是生产方式，而是社会经济结构或全部社会经济的总和，包括生产力结构和生产关系结构，包括各部门、各产业、各地区之间的相互关系和国民经济的各种比例。诸如各种产业结构、经济技术结构、所有制结构、商品生产和商品交换的产品结构和进出口产品结构，赋税结构、金融政策结构、阶级结构⑦。（三）既要研究生产关系，又要研究生产力。生产关系一定要适合生产力的性质。反映这两者的适合或不适合，就是经济史的全部内容。不讲生产力，生产关系也就无规律可言了。不讲生产力，经济史就变成抽象的历史，经济史就愈讲愈空⑧。

---

① 李运元：《试论国民经济的研究对象》，载《经济研究》1957年第6期；邵敬勋：《国民经济史的对象任务和方法——兼评孙健同志对国民经济史对象的看法》，载《东北人民大学人文科学学报》1957年第4期。
② 赵德馨：《关于中国近代国民经济史的分期问题》，载《学术月刊》1960年第4期。
③ 吴承明：《关于研究中国近代经济史的意见》，载《晋阳学刊》1982年第1期。
④ [苏]梁士琴科：《苏联国民经济史》，人民出版社1959年版，第5页。
⑤ 琼图洛夫：《外国经济史》，上海人民出版社1962年版，第4页。
⑥ 傅筑夫：《进一步加强经济史研究》，载《天津社会科学》1982年第6期。
⑦ 魏永理：《中国近代经济史纲》（上），甘肃人民出版社1983年版，绪论第3~4页。
⑧ 吴承明：《关于研究中国近代经济史的意见》，载《晋阳学刊》1982年第1期；许涤新《中国资本主义发展史（总序）》，载许涤新、吴承明主编：《中国资本主义发展史》第1卷，人民出版社1985年版，第14~15页。

二是对象的纵向方面，即研究的时限有多长。中国经济史研究对象的时间界限，上起远古或原始社会，可以说是一致的认识。至于下限，实际上早有不同见解。1958年，我们着手研究中华人民共和国成立以后的经济发展过程。有人认为这不属于经济史学科的范围。这种观点见之于文字，是近十年内的事。有一位著名的中国经济史学者给"中国经济史（Chinese economic history）"下的定义是："中国自远古至1949年中华人民共和国建立之前经济发展演变的历史。"[①] 在这个定义中，不包括中华人民共和国成立后经济发展演变的历史。按照这种观点，研究这段历史，能否称为"中华人民共和国经济史"或"中国现代经济史"，是否属于中国经济史学科范围之列，便也成为值得斟酌的了。另一些人的观点不同，他们认为中华人民共和国成立后的经济发展过程，不仅是中国经济史学科的研究对象，而且应当是研究的重点或重点之一，应当是今后的主攻方向[②]。研究中华人民共和国经济史中的一些人，在实践中已经将他们的著作的下限写到1984年（中国经济体制改革第一阶段结束之年）[③]或1985年（第六个五年计划的最后一年）[④]，个别的写到了1988年，即成书的前一年[⑤]。

从上述分析中可以看出，中国经济史学科对象这个理论问题，是怎样关系着这门学科的基本内容与前进方向，关系着这门学科研究的实践。重新提出这个问题来讨论，是学科发展的迫切要求。

三

为了学科对象问题的研究步步深入，为了使讨论取得有效的成果，有利于学科建设的实践，注意以下几点或许是有益的。

[①] 吴承明：《中国经济史》，引自《中国大百科全书·经济学》，中国大百科全书出版社1988年版，第1341页。许涤新、吴承明主编的《中国资本主义发展史》的第四卷写的是中华人民共和国成立后的事情，对资本主义经济的社会主义改造。
[②] 梁秀峰：《经济史研究应重点深入》，载《中国经济史研究》1990年第1期。
[③] 赵德馨主编：《中华人民共和国经济史纲要》，湖北人民出版社1988年版。赵德馨主编：《中华人民共和国经济史1949~1966》，河南人民出版社1988年版，《中华人民共和国经济史1967~1984》，河南人民出版社1989年。李宗植、张寿彭：《中国现代经济史》，兰州大学出版社1989年版。
[④] 柳随年、吴群敢主编：《中华人民共和国经济史简明教程》，高等教育出版社1988年版。李德彬：《中华人民共和国经济史简编》，湖南人民出版社1987年版。
[⑤] 陈昌智主编：《中华人民共和国经济简史》，四川大学出版社1990年版。

（一）从对实践的分析中抽象出理论，并以实践检验理论，将理论与实践结合起来。20世纪50年代的讨论中，除个别人有著作，可以从其著作即实践中检验其理论主张外，多数人没有论著，缺乏以其实践检验其理论的条件。那时的有些文章，因为无实践的体会或无从实践中得到的认识作基础，显得议论空乏，讨论也限于概念之争。对于研究中国经济史学科对象这个问题来说，与50年代比，现在的条件好多了。其中之一是大多数立论者不仅有对对象的理论说明，而且亲身实践，写出著作，他们的著作理应是他们的理论主张付诸实践的产物与范本。这样，作者从实践中会对研究对象有新的体会，读者可以对其著作进行具体的分析。

严中平先生多年强调经济史是研究生产关系的学科，并以此指导由他主编的《中国近代经济史1840～1894》。1987年书成，他在"编辑说明"中写道："本书原想写成体系完整、内容全面、结构严密的通史型专门著作，但因受编写人员和专题研究范围所限，作为通史所应该处理的问题，如生产力问题、人口问题、商业问题、少数民族地区的问题，等等。有的未能着力研究，有的完全未能涉及"①。从他的这个说明中看不出他是否已改变了关于经济史学科对象的观点，可以知道的是，他坦率地承认生产力是经济通史"应该处理"或应该"着力研究"的问题。通过实践，他认识到，不如此做，就造成了经济通史中的缺空。

许涤新先生、吴承明先生明确提出经济史既要研究生产关系，又要研究生产力。作为他们主编的《中国资本主义发展史》第一、第二卷的读者，我认为作者们是在努力实践他们的主张，尽可能地对中国资本主义生产力发展的水平，提供一些具体内容，并对生产力发展的速度作出某些估量。第二卷实际上是以叙述生产力的发展为主。这两卷在处理生产力与生产关系的相互关系方面，给人耳目一新的感觉。正由于它注重了生产力演进过程，在分析生产关系的变化趋势、特点、消极或积极作用时，具有很强的说服力。在其他发表过国民经济史研究对象观点的人中，孙健先生编有《中国经济史——近代部分》（中国人民大学出版社出版），魏永理先生写有《中国近代经济史纲》（甘肃人民出版社出版），李运元先生和我主编了《中国近代国民经济史教程》（高等教育出版社出版）。我还主编过前面注脚中提到的几本书。读者可以对这些书进行分析，看看

---

① 严中平主编：《中国近代经济史1840～1864》上册，人民出版社1989年版，"编辑说明"第1页。

我们这些人在自己的著作中,是否贯彻了本人主张;若是,是如何贯彻的,给著作带来什么特色、长处与不足,社会功能怎样,若否,又是为什么。进行这样的解剖,可以使讨论具体化、有针对性和更有说服力。从已有的实践中抽象出理论,为以后准备写著作的人提供有益的借鉴,可以避免空泛的议论或只在概念上打圈子,有利于防止那种提出某些无法实践,或自己并未弄清其含义却又将自认为是"时髦"的概念,作为"创新"标志的现象出现。

（二）以开放的态度,听听台湾、香港地区及国外同行的意见,汲取其合理的因素,美国经济史学会主席诺思（Douglass C. North）"把按时序解释经济结构及其实绩作为经济史的任务。"他"所关心的'实绩'是经济学家们通常所注意的问题,诸如生产多少、成本与收益的分配和生产的稳定性。"[①] 另一届主席希德（Raiph W. Hidy）认为,经济史是研究"人们过去如何从事生产、分配、劳动诸问题,又要用不同方法测定上述活动的相对效率。"[②] 据日本林善义先生说:"经济史学的研究对象是人类的经济生活,这一观点在今天拥有更多支持者。"[③] "人类的经济生活"包括衣、食、住、行在内,这样,经济史的研究领域不仅限于生产、分配和交换,而且包括消费,即社会再生产的全过程。对于这些意见,首先是要介绍,更重要的是要予以分析。在这方面,许涤新先生在介绍上引希德的观点之后写道:"他们注意资源和劳动力的利用,注意科学技术的发展,以及用计量的方法研究各时期的生产效率,这是可取的。然而,他们的研究是以资本主义生产关系作为永久存在为前提的,其目的是掩盖私有制生产关系的矛盾。把资本主义生产关系作为永久存在的前提,忽视生产关系的变化,在历史问题上也会得出荒谬的结论。"[④] 吴承明在引述希德这句话后说,这"未免太实用主义了"[⑤]。这种分析,为我们提供了范例。只有具备了宽阔的眼界,认真考虑各种见解,吸取当代世界优秀成果中一切科学的因素,我们的讨论才不会停留在已有的水平上。

（三）必须研究作为客观存在的经济史与经济史学科对象的区别,以有利于科学地确定学科对象的下限,扩大中国经济史学科的研究领域,充分发挥它的

---

① 道格拉斯·C. 诺思:《经济史中的结构与变迁》,上海三联书店1991年版,第3页。此书将"经济史学会主席"译为"经济史协会会长"。
② 转引自前引许涤新文。
③ 株善义:《一般经济史序说》,晃详书店1988年版,第1页。
④ 转引自前引许涤新文。
⑤ 前引刊载于《中国经济史研究》的吴承明文。

社会功能。国内外都有人主张把经济史写到成书之日，即"今天"。在国内，中华人民共和国成立之前和之后，都有过这种经济史著作。在国外，熊彼特等人便持这种主张。熊彼特说："经济'科学'家与一般对经济问题想过、谈过和写过文章的人之间的区别在于'科学'家掌握了三门基础学问：历史、统计和'理论'。这三门学问合在一起，构成我们所谓经济分析。""三门基础学问之中，包括直至今天为止的事实在内的经济史是最重要的一门。"[①] 笔者认为，对"今天"，必须有所界定，否则便会混淆客观存在的经济历史与作为经济史学科研究对象的区别。人们之所以需要历史，原因之一在于，事物的发展有其自身的阶段性，事物本质的暴露需要经历一个过程。已发生的、昨天的或"直至今天为止的"经济事件，都成了客观存在的、不能再改变的经济历史。但是，当某种经济事件的发展阶段尚未终结，因而它的结局、后续性及本质还不可能被人们认识，它也就不可能成为一门科学的经济史学科的研究对象。只有当某种经济（事件）运动的一个阶段已告终结，人们才可以开始将它作为经济史学科的研究对象。故中国经济史研究对象的下限，随着经济发展的进程不断延伸，不可能限定于某一年。一般地说，研究的对象越贴近现实，对现实的借鉴意义也越大，社会对它的要求愈迫切。但愈是贴近现实，深刻地揭示历史进程本质的难度愈大，犯错误的机会愈多，对研究者洞察力的要求愈高。因为，研究的对象愈贴近现实，其显示出的后果愈少，与研究者开始研究它之间的间隔时期愈短。这种间隔时间即客观的历史沉淀期，研究者以及社会中各种人们对研究对象的历史反思时间，这个沉淀期与反思期的时间愈长，认识可能愈接近研究对象的本质。当然，这种"接近"是一个长期的、无止境的过程，因而总是相对的。

　　区分经济历史与经济史学科研究对象的界标是经济事件是否已告一个段落，而不是绝对时间，不是研究对象与开始研究它的时间一定要隔多少年。研究对象的运动只要告一段落了，便可立即着手研究，即便当年的事也是可以的。例如，1982年，人民公社从产生到取消的全过程已完结，在这一年开始研究人民公社史是可以的。又如，治理经济环境、整顿经济秩序的阶段到1991年已经完结。从1992年起，把它列入经济史的研究对象，也是可以的。明确经济历史与经济史学科研究对象的区别是很重要的。一方面，可以避免匆匆忙忙地研究那

[①] 熊彼特：《经济分析史》，1954年英文版，第12~13页。转引自陈振汉：《熊彼待与经济史学》，引自《经济思想史论文集》，北京大学出版社1983年版，第56页。

些尚未成为研究对象的事物，其后果，往往得不出符合事物本质的历史性结论。1982年以前众多的农村人民公社史论著，大都是这样的。另一方面，可以不断扩展学科的研究领域，使学科的内容更加丰富尽可能地贴近现实，使学科的研究成果直接成为决策的重要依据，充分发挥学科为现实与未来服务的功能，使这门学科更受社会各界的欢迎与重视。这说明这种区别关系到学科的科学性，关系到经济史学科研究的时间长度与范围，关系到处理好历史与现实的关系，关系到中国经济史研究工作者有无能力对中国经济现实的或未来的走势作出有根据的预测。有一种现象值得引起我们的注意：国外对历史的发展趋势，包括对现实及未来的发展趋势，发表权威见解的，往往是包括经济史学家在内的历史学家。在中国，至少在近三四十年间，包括经济史学家在内的历史学家们，只能对中国的过去发表意见。这大概与下述事实有关，中国的今天是社会主义初级阶段经济形态，它有自身的发展规律，经济史工作者研究的范围如果不包括这种经济形态产生和成长规律，要对它的发展趋势发表见解，自然也会感到困难的。

（四）要弄清楚经济史学科的分类与组成情况。从20世纪50～80年代，人们在讨论学科对象问题时，着眼点限于经济通史或国民经济史。在国民经济史方面，也只涉及对象的横向方面。经济史学科是一个有层次的系统，它包括多个分支，除了国民经济史之外，还有部门经济史、生产要素演变史、企业史等，这些分支学科处于中国经济史学科结构中的不同层次上。属于中国经济史学科对象范围的，除了国民经济史或经济通史的对象以外，还有部门经济史等经济专史的对象。研究中国经济史学科的对象，要从这门学科的整体出发考虑问题。如果着眼点仅限于中国经济通史或中国国民经济史，以国民经济史代替经济史学科，其结果只能是以偏概全。中国经济史学科所包括的各个分支各有自己的研究对象。有些分支学科，如中国土地制度史、中国商业史等，其对象属于生产关系发展过程。有些分支学科，如中国农学史（中国农业生产力史）、中国青铜工具史等，其对象属于生产力发展过程。作为分析中国经济整体发展过程及其规律的中国经济（通）史，既要阐明生产关系的演变，也要说明社会生产力的变化（包括在不同时期的发展水平、布局状况、结构特征、性质、变化的速度、动因与后果等）。缺乏这两个方面中的任何一方，就会造成经济通史内容的残缺不全，就不可能揭示生产关系与生产力之间的相互关系，就不可能坚持唯物论与辩证法。只有考虑并分析到了中国经济史各个分支学科的研究对象,才能概括出并准确地表述中国经济史学科的研究对象。

笔者过去没有写过关于经济史学科研究对象的论文,但在很多处表达过自己的观点①。愚以为,在横向上,就经济史学科中的各个分支而言,其对象,有的是生产力,有的是生产关系,有的是生产力与生产关系及其相互关系。若就整个学科而言,则只能表述为"经济",即物质资料的生产以及相应的交换、分配、消费。这包括社会生产力及社会生产关系。在纵向上,就经济史学科中的各个分支而言,其对象,有的是古代,有的是近代,有的是现代,有的是从远古到最近的一个发展阶段的终止之日。若就整个学科而言,则只能表述为"史",即已成为学科研究对象的过程,而非绝对时间意义上的昨天。换言之,经济史学科的对象,横向上,宽到经济全领域,纵向上,长到历史全过程,包括整个的经济的全部历史。它只受"经济"与"史"的限制。

(五)还必须提到,一门学科有自己特定的对象,这是由学科的本质决定的,不受时代的影响。但时代会影响学者的注意力,并影响对学科对象的认识。从20世纪初近代形态的中国经济史学科萌生时起,一直到20世纪50年代,中国人民在经济方面关注的重心,是哪些生产关系束缚了中国生产力的发展,应该予以变革和怎样变革,以促进生产力的发展。50年代是中国大地上生产关系发生几千年来未曾有过的翻天覆地的、轰轰烈烈变化的时期,在那种环境下,产生中国经济史工作者注意研究生产关系的现象,是可以理解的。中国人民当前阶段和今后长期的中心任务,是解放和发展社会生产力。要使社会生产力得到协调、持续、稳定的发展,必须或在某个时期改革即完善生产关系,或在某个时期稳定生产关系,这既要求有研究生产关系的专史和研究生产力的专史,更要求有研究生产力与生产关系之间关系与发展规律的国民经济史为之服务,并对当前及今后的经济建设提供有价值的知识和借鉴。中国社会今后会越来越关注与生产力发展有关的知识,包括生产力与生产关系相互关系的规律,以及生产力本身内在的矛盾与发展规律的知识。如果对学科对象与学科发展趋势的这种认识没有大的错误,那么,"中国经济史"的内容将更加丰富,"中国经济

---

① 除前引《学术月刊》1960年第4期一文外,请看《中华人民共和国经济史的分期》,载《青海社会科学》1989年第1期;《中国近代国民经济史教程》,高等教育出版社1988年版,第1~2页;《中华人民共和国经济史导言》,引自《中华人民共和国经济史1949~1966》,河南人民出版社1988年版。

史教学与研究者"将更加广泛，中国经济史学会发展会员的对象，便可以扩展到那些专门研究生产力发展史或以研究生产力为主要任务的机构与人员，如中国水利史研究的机构与人员，中国纺织史研究的机构与人员，中国农业遗产研究的机构与人员，中国冶金史研究的机构与人员，等等。这样，中国经济史工作者的队伍将更加壮大，中国经济史学会的活动将更加活跃，多姿多彩。

（本文原载于《中国社会经济史研究》1992年第3期）

跟随历史前进

——再论经济史学的研究对象

我在《重提经济史学科研究对象的问题》一文中①，提出"经济史研究对象的下限，随着经济发展的进程不断延伸"的观点，并略有论证；因受篇幅限制，言犹未尽，现申论之。

一、40 年中的实践

40 年来，我们在理论上认为经济史的研究要跟随经济发展的历史步伐前进，在实践时也是这样做的。② 20 世纪 50 年代前期，当我们开始从事中国经济史的研究与教学时，就把它的下限定在 1949 年。1958 年高等教育出版社出版的、我们编写的《中国近代国民经济史讲义》写到 1949 年，因为 1949 年是中国半殖民地半封建经济形态的历史终止之时，中国新民主主义经济形态在全国规模上形成之时，也就是新旧经济时期转换之时。从 1958 年开始，我们把中国经济史研究与教学的下限延至 1956 年。1960 年由湖北大学（现为中南财经大学）出版、我们编写的《中国近现代经济史教学大纲》，写到 1956 年。因为 1956 年完成了对生产资料私有制的社会主义改造，是新民主主义经济形态终止之时，中国社会主义初级阶段经济形态建立之时，另一个新旧经济时期转换之时。从 1965 年起，我们先后离开经济史研究与教学岗位，直到 1979 年重操旧业。1983 年，当我接受中华人民共和国经济史课题任务时，就把研究的下限延至 1978 年，因为该年年末举行的中共十一届三中全会宣布要对经济体制进行改革，且作出了一些改革的决定；在 1979～1983 年实行了一系列改革的措施。以后，随着改

---

① 赵德馨：《重提经济史学科研究对象的问题》，载《中国社会经济研究》1992 年第 3 期。
② 这里所说的"我们"，指包括周秀鸾教授等人在内的中南财经大学（及其前身）经济史教研室集体。

革的深入，到 1984 年 10 月，中共十二届三中全会决定将改革的重点从农村转向城市，即全面开展经济体制改革之后，我又把研究的下限延至 1984 年。1988 年定稿、1989 年河南人民出版社出版的由我主编的《中华人民共和国经济史》第一至第四卷，写到 1984 年。从 1988 年至今，又有七八年了，其间中国经济发展经历了一个完整的周期，一个有头有尾的发展阶段。我们的研究跟随经济前进的步伐而前进，编写这部史的第五卷，也是势所必然的了。

经济史学的研究要跟随经济发展的历史步伐前进，这个命题的含义，除了经济史学研究的客体（即研究对象的时间下限），要随着历史的前进而不断延伸，使研究的范围不断扩大之外，还包括研究的主体即研究者，要随着经济的变化而站在最新的历史高度，从最新的经济状况去看（观察、分析、解释）过去的经济变化，揭示今天的经济与过去的经济变化的关系，说明当前经济状况的历史渊源。为了达到这个目的，研究者必须采用反映当前经济状况及其与以往经济之间关系的概念，以及相关的分析方法与表达方式。这就是说，研究者的眼界、立足点、学识、方法、范畴等，也要随着经济发展而不断变化、丰富、更新。正因为如此，在编写这本第五卷时，我们力争站在 20 世纪 90 年代中期的高度，回顾本卷所述历史时期经济演变的轨迹。

二、及时地总结经验

经济史学的研究要跟随经济发展的历史步伐前进，既是经济史学研究对象题中应有之义，也是经济史学社会功能得到充分发挥的前提，又是经济发展对经济史学的要求。在中国经济发展的现阶段，这种要求显得特别迫切。

中国当前正在进行有中国特色的社会主义经济建设与经济体制改革，这是一项崭新的事业。唯有靠自己在实践中探索，积累经验，总结经验，并升华为理论，用自己的经验、理论指导下一步的行动。邓小平同志在 1985 年 3 月 28 日一次关于改革的谈话中说："我们的方针是，胆子要大，步子要稳，走一步，看一步。我们的政策是坚定不移的，不会动摇的，一直要干下去，重要的是走一段就要总结经验。"[①] 他将走一段就要总结经验，即走一步，看一步，列入改革

---

① 邓小平：《改革是中国的第二次革命》，引自《邓小平文选》第三卷，人民出版社 1993 年版，第 113 页。

方针的内容。正因为如此，他在 3 年之后将"要同人民一起商量着办事，决心要坚定，步子要稳妥，还要及时总结经验"，作为改革能否成功的两个关键之一①。16 年来，正是在这条"走一步，看一步，回过头来总结一步"② 方针的指导下，改革才进展得比较顺利。

经济史学本来就承担着总结经济工作经验并从中抽象出经济理论的任务。只有跟随着经济发展历史步伐前进，不断延伸研究对象下限的经济史学，才能及时地总结经验。上升为理论，更好地完成这项任务，充分地发挥指导经济工作的功能。

三、经济史学的研究对象必须是有首有尾的事物

所谓及时总结经验，就是邓小平同志讲的"走一段就要总结经验"。从经济史学科来说，所谓"一段"，就是经济发展的一个阶段。"走一段就要总结经验"，就是总结刚刚结束的那个阶段的经验。只有在一个完整的阶段完成之后，事物的过程与特征，才会全部显示出来，人们才能看到该事物的头与尾、始与终，才有可能揭示它的本质与规律，并据以抽象出经济概念，升华为经济理论。所以，作为国民经济史学科研究的对象，只能是发展阶段已经结束的事物，有头有尾的经济周期。

明确了这一点，便能了解经济史学"及时总结经验"与人们日常工作中"及时总结经验"的区别。后者可以按年或按月总结，如年度总结、几年工作总结、月度总结、季度、半年或几月工作总结等；可以是在一项工作完成之后总结，也可以是在某项工作仍在进行中总结；可以归纳出几条经验教训并在此基础上从理论上进行概括，也可以不进行这样的概括，且一般都没有理论的抽象。而作为科学研究的对象，经济史学研究的对象，则必须是研究对象——国民经济或其中的某个部分——运行中已经结束的阶段。这样，研究的对象才是一个整体。也正因为这样，经济史工作者在从事研究国民经济或其中某个部分的运行阶段，其起步可以与该阶段同时开始（当然可以在已经开始，甚至结束很久

---

① 邓小平：《在改革中保持生产的较好发展》，引自《邓小平文选》第三卷，人民出版社 1993 年版，第 268 页。
② 转引自薄一波：《若干重大决定与事件的回顾》（下），中共中央党校出版社 1993 年版，第 649 页。

之后），但其结束必须在该阶段结束之后。换言之，经济史学研究工作的节奏，就其完成的时间来说，必须比研究对象结束的时间至少慢"半拍"。这就给经济历史本身留下了沉淀的时间，给研究者本身留下了沉思的时间。

四、历史沉淀的时间与反思历史的时间

在经济史学以至于一切历史学的研究者与其研究对象之间，要不要有一个历史的沉淀时间和历史学家的沉思时间？在这个问题上，学者们的意见是不一致的。

有些学者，如约·阿·熊彼特，主张研究"包括直到今天为止的事实在内的经济史"①。在他看来，凡是已经发生了的经济事实，就已成了经济史学的研究对象；研究这已发生的经济事实的过程与规律，便是经济史学。这种观点疏忽了经济史实（经济历史）与经济史学研究对象之间的区别。到今天为止的经济事实，确实是已经发生的经济历史，但它却不一定立即成了今天的经济史学的研究对象。换句话说，它可以是经济史学的研究对象，也可以不是。这里的关键是，到今天为止的事实，是不是一种发展阶段的完成形态。因为经济史学是一门科学，它担负着揭示经济运行规律的任务，因而研究的对象必须是有始有终、有运行全过程的事物。已经发生但未完成全过程的经济史实，不应作为经济史学的研究对象；一旦它运行到了终点，便成了这样的研究对象。故区分经济历史与经济史学研究对象的界标是经济事实是否已告一个段落，而不是它是否已经发生，已经成为历史，更不是研究对象与开始研究它的时间只需隔一天（昨天与今天）或一定要间隔多少年，即不是某种绝对时间。在人类演奏的经济进行曲中，正在奏出声音而未完成的那一"拍"，不是经济史学的研究对象；一旦完成了，它就是的了。经济史学工作者研究某对象时，他的研究工作可以与研究对象同时起步，而将该事物作为一个完整的研究对象开始研究的时间，必须在该对象终止时间之后，在这两者之间会有一个时间上的距离，即有历史的沉淀时间与历史工作者的反思时间，这段时间至少应有"半拍"之久。

---

① ［美］熊彼特：《经济分析史》第一卷，商务印书馆1991年版，第29页。

五、慢"半拍"

我在这里说的是至少应有"半拍"之久,是说这种"半拍"的时间间距,是保证经济史学之所以是经济史学所需最低的条件,而并非充分的条件。经济史上的事物,其范围(内含)有大有小,其存在的时间有长有短,其结构有繁有简,其影响有久有暂。无论是哪一种情况,慢"半拍"都可以做到描述研究对象发生、发展与终止的过程,并对它作出初步的但却是既能定量又能定性的,即最基本的评价。这已能达到经济史学研究的最低标准,保证经济史学科长处的最低程度的实现。例如,中国半殖民地半封建经济形态在 1949 年终止,在 1949 年以后便可以将这种经济形态作为经济史学的研究对象;中国新民主主义经济形态在 1956 年终止,在 1956 年以后,便可以以这种经济形态作为经济史学的研究对象;农村人民公社在 1983 年终止,在 1983 年以后便可以以这种经济组织作为经济史学的研究对象。在这样的情况下,研究者至少可以了解研究对象的产生、发展过程、终结局面、发展趋势及其历史地位,并作出相应的评价以及某种理论抽象。

1987 年,有一位经济理论研究者对我说起,在全国,他既是第一个著文论述农村人民公社是通向共产主义的金桥的人,也是 20 世纪 80 年代初第一个著文论述农村人民公社应该废止的人。他的体会是,认识一个事物的本质很不容易。我的看法是,他研究农村人民公社最后的结论,即他的研究工作的最后成果是正确的,对于一个科学研究工作者来说,这是个了不起的成就。对于研究现实问题的人来说,在研究过程中,随着研究对象本身的变化而发展改变自己的观点,是不可避免的。经历过 50 年代以来学术生涯的我国经济理论工作者,在诸如计划经济、1957 年以来的经济体制等问题上,未曾改变观点的人大概很少。我由此想到,在农村人民公社、计划经济、1957 年建立的经济体制结束自己的历史以后,才将它们作为研究对象,才完成对它们的研究结论,或许可以避免上述理论工作者的某些烦恼,从而显示出经济史学一个方面的优点。各个学科都有自己的特点、长处、难处。对于经济史学来说,只有慢"半拍",给历史留下沉淀时间和经济史学者留下沉思的时间,才能形成和显示自己的长处。但慢

"半拍"——充当"事后诸葛亮",也是它的短处。

六、应不应该有当代史

有些学者,如中国著名的经济史学家,现任中国经济史学会会长吴承明教授,在 20 世纪 80 年代给中国经济史下的定义是:"中国自远古至 1949 年中华人民共和国建立之前经济发展演变的历史。"① 在这个定义中,中国经济史的下限止于 1948 年或 1949 年,止于中国半殖民地半封建社会经济形态结束之年。从 1949 年之后的 30 多年的中国经济发展演变的历史不在中国经济史研究对象之内。这 30 多年及其历史可能被列入了历史沉淀时间和历史工作者反思时间。在经济史学界和历史学界的一些以"历史""经济史"命名的著名刊物、刊登的文章以 1949 年为下限,论述中国 1949 年以后历史的论文一般不予采用,大概也可以看成是这种观点的表现。这种理论、观点和实践涉及应不应该有当代史、当代经济史,当代史、当代经济史是否不在学科研究对象范围之内的问题。中国当代史迟迟不能建立,与此理论问题未能解决不无关系。

在 1949 年以后的 30 多年或至今为止的 46 年中,有两个经济形态阶段,即 1949~1956 年的全国范围的新民主主义社会经济形态阶段和 1957 年以后的社会主义初级阶段社会经济形态阶段。中国新民主主义经济形态已成历史,为什么不可以列入经济史学的研究对象予以研究?它终止之时距今已 30 年,为什么还不研究它?在理论上似乎难以说明白。中国进入社会主义初级阶段社会已经近 30 年,其间已经历几个发展阶段,人民公社等一类经济组织经历了从产生到消亡的全过程,为什么不应该列入经济史学的研究对象予以研究?在理论上也似乎很难说明白。

有一种事实是有目共睹的,即经济史学研究的对象距现实(今天)的时间愈短,其研究的经济政策得失、所总结的经济工作经验、揭示的经济运行特点与规律、抽象出的理论能成为社会各界认识现实经济与预测经济发展趋势的直

---

① 吴承明:《中国经济史》,引自《中国大百科全书·经济卷》Ⅲ,中国大百科全书出版社 1988 年版,第 1341 页。

接依据，成为他们作出决策的直接依据，从而对现实工作的借鉴意义越大，作用越大，社会对它的需求越迫切。这有利于充分发挥经济史学科为现实服务的功能，有利于使经济史学科受到社会各界的欢迎与重视。研究贴近现实的对象，是经济史学发挥自身功能、影响并获得发展机会的内在要求。

在经济史学史以及史学史、经济学史上，未曾有过30多年前或40多年前的历史仍未列入研究对象、未被研究过的事实，更没有一种经济形态已经终止三四十年后尚未被研究的事实。将历史研究延续到当代，是史学史特别是中国史学史的传统，否则无法"通古今""观古今之变"。马克思、恩格斯在《德意志意识形态》一书中主张历史研究要有沉淀时间，他们有关历史的论著中，当代史或从古代、近代写到当代的占很大的比重。现代形态的中国经济史学科自20世纪头30年诞生时起，就将当代经济演变过程列入研究对象。检索一下中国经济史著作的出版情况便可看到，20世纪20年代末期出版的，不仅有写到1911年的，也有写到20年代前期的；30年代、40年代出版的，不仅有写到20年代的，还有写到30年代前期的；50年代出版的，不仅有写到30年代的，也有写到1949年的。问题发生在50年代中期以后。在1958年以后至80年代初，这种跟随历史前进的步伐而延长研究对象下限的做法不见了。这是由50年代中期至70年代末期阶级斗争严重扩大化和"左"的学术批判造成的。这种斗争和批判使研究现（当）代经济史成了畏途。研究者研究远离现实的对象，一则可以保平安，二则可以不受一些流行的、违背了就要作为政治错误受到批判、被禁止的观点的直接约束，从而实现科学的追求。可见，60~70年代经济史学不研究现代经济史，是错误指导思想下造成的。我们要将它看成一种不正常的情况，一种暂时的现象，而不应以它为据，反映到理论上，似乎经济史学的研究对象不包括现代经济史，中国经济史的研究下限只应到1949年为止。

七、要求与风险

经济史学研究对象的时间下限跟随经济发展的历史步伐而不断后延，给经济史学的研究工作提出了更高的要求。经济发展是连续的，经济现象本质的暴露与经济发展规律的被认识，都需要经过一个过程。一种经济现象的产生，一项经济政策的出台，其后果与影响如何，需要经过一定的时间与后续的事实才能看出来。研究的对象离研究它的时间愈远，虽然有研究者与研究对象之间时代隔膜愈厚的不利条件，但研究对象的后续时间愈长（沉淀时间愈长），其后续情况与对历史发展的影响愈明显，人们对它的认识时间愈长（反思时间愈长），积累的知识愈多，故研究的成果（结论、认识）接近研究对象的本质，接近客观真理的可能性愈大。相反，研究的对象离研究它的时间愈近，虽然有研究者与研究对象之间时代隔膜愈薄（甚至是研究者亲身经历过的时间代）的有利条件，但研究对象的后续时间短，其后续情况与对历史发展的影响未充分表露出来，使人们陷于"不识庐山真面目，只缘身在此山中"的境地；人们对它的认识积累尚少或没有积累，甚至有些情况、资料尚未公开，研究者无法知晓，从而研究的成果接近研究对象的本质，接近客观真理的可能性愈小，犯错误的可能性愈大。这就是说，研究的难度愈大，对研究者洞察力的要求愈高，风险度大。这里且不说因研究成果（认识、评价）冒犯某些在世的权威，还有与某些并不符合历史实际却甚为流行、被认为正确的观点不符，而存在受到批判、围攻、压制的风险。在一个时期，正是这种风险使许多人视当代史为畏途。

我们这个中华人民共和国经济史课题组正式成立于1983年。在成立时我就提了一个意见，即我们的研究工作将跟随中国经济发展的历史步伐而延续下去，从而要求课题组的成员随时关注、研究亲身经历的经济变化，收集、整理有关的资料，对一些问题展开讨论。就这种情况而言，本卷研究工作的起始与研究对象的起始同步。到了1992年秋季，我们认为从1985年开始的中国经济发展的新阶段，已于1991年结束；1992年，中国经济进入了另一个新的发展阶段。于是我们将1985~1991年作为一个完整的阶段，作为第五卷的研究对象予以全面研究。这项研究到今日才告一个段落，比对象结束之年晚4年，也就是慢了"半拍"。作为历史沉淀的时间和对历史的反思时间，4年时间是很短的，而我们对历史的洞察能力又不高，这使本卷中存在粗糙与错误之处不可避免。这种初试者的错误总是要人去犯的，我们不怕而且心甘情愿犯这种错误。本着跟随历史前进而前进的态度，在本卷完成之后，我们立即开展第六卷即从1992年开始的新的经济发展阶段的研究工作。这项工作何时完成，则有待于该发展阶段在那一年结束，并一定是在结束之年之后。希望这套《中华人民共和国经济史》能够跟随历史前进的步伐，长期地写下去，在第六卷之后，出版第七卷、第八卷，以至于若干卷。在某卷之后，虽然我不再担任它的主编，却希望它如同既往，新的一卷以慢"半拍"的速度问世。与此同时，根据新公布的资料和新的研究成果，对已出版的各卷作补充、修改或者重写一些章节，使它随着历史前进的步伐而不断完善。

（本文原载于《中南财经大学学报》1995年第6期，后被人大复印报刊资料《社会主义经济理论与实践》1996年第2期全文转载，后成为《中华人民共和国经济史（1985~1991）》导言中的一部分）

我们想写一部怎样的《中国经济通史》

1996年4月，本书作者聚首长沙时，我在会上作了两次发言，就成书中涉及的问题呈献鄙见。经过讨论，对这些问题获得一致的认识。会后，我将发言中关于研究对象和研究方法等部分整理成文，以《我们想写一部怎样的〈中国经济通史〉》为题，送交各位作者审阅[1]。因为它是大家认可并作为成书过程中共同遵守的意见，原拟将它作为前言，放在各卷之首。后来考虑到：它在5年之前已经公开发表[2]，且得之甚易；经过30多位教授、研究员6年多的辛勤劳作，它已变成800多万字的著述。从这些著述中去了解本书的研究对象、研究方法、主线与评价标准等，比读我的那篇拙作要具体、丰富、生动得多。当一座建筑物已经落成之后，要人们再去看那最初的设计方案，既没有必要，也是乏味的。这样，我便放弃了将它作为前言的想法，改为在这篇序里，介绍我在发言中提出、经过讨论获得一致认识却未写进上述书面文字中的、对读者了解本书或许有益的三点意见。

一、关于社会经济形态

本书划分历史阶段和分卷，不以社会经济形态为标准；对没有充分依据作出社会经济形态性质判断的历史阶段，淡化社会经济形态的判断与描述，即既不作经济形态性质的结论，也不对这个历史阶段的经济现象作社会经济形态性质的分析。

研究长时段的经济历史和撰写多卷本的经济史学著作，有一个分划阶段和

---

[1] 赵德馨：《我们想写一部怎样的〈中国经济通史〉》，载《〈中国经济通史〉编辑工作简报》第2期，1997年1月20日。
[2] 先在中南财经政法大学内部学术刊物《经济管理论丛》1997年第2期上刊载，随后发表在《中国社会经济史研究》1997年第3期。2002年收入《赵德馨经济史学论文选》，中国财政经济出版社2002年版。

分卷问题。鉴于现有的资料与研究情况，本书分期和分卷以朝代而不以社会经济形态作为标准。具体地说，从出现第一朝代（夏代）起，按朝代的起讫年代分期和分卷；朝代时间短的，与经济特征相同之处甚多的上一个（或几个）或下一个（或几个）朝代划为一个时期和一卷。每卷依其字数，可以为一册，也可以两册。据此，本书分为 10 卷：先秦（夏、商、周三代及夏以前）、秦汉、魏晋南北朝、隋唐五代、宋辽金夏、元、明、清、中华民国、中华人民共和国，其中清代分为 2 册，中华人民共和国分为 2 册，共 12 册。

对目前尚无充分依据作出社会经济形态性质判断的历史时期不作社会经济形态性质的判断；对于这些时期内的经济现象，提倡用中国历史文献中用过的词语、概念和范畴去描述和分析，而不必加上社会经济形态的判断。譬如，先秦时期的"众""众人"，按先秦文献中关于"众""众人"的实在内涵，指明其身份（如"群众""群臣""务农者"等）即可，而不必在他们身上贴上"原始社会的氏族成员""奴隶社会的奴隶""封建社会的农奴"等一类带有社会经济形态性质的标签。又如秦汉时期的"奴""婢"，按秦汉文献中关于"奴""婢"的实在内涵，指明其身份（如是其主人家赀的一部分，可以买卖，从事农业、手工业生产和家庭劳务，主人杀奴要受法律惩罚，等等）即可，不必作出"奴隶社会的奴隶"或"封建社会的奴隶残余"（秦汉文献中无"奴隶"连称的）一类的判断。

我向作者们介绍，20 世纪 80 年代，我主编的《中国经济史辞典》便是这样做的。事实证明，这种办法行得通，且效果甚好。

为什么要对没有充分依据作出社会经济形态性质分析的历史阶段，淡化社会经济形态的判断与描述？这既不是因为社会经济形态学说不正确，也不是我对中国社会经济形态的演变没有自己的看法，而是因为，在没有充分依据的情况下，不必、也不可以对社会经济形态性质作判断，这是经济史学科学性的要求。

从 20 世纪 20~30 年代开始，一些中外学者用马克思的社会经济形态理论分析中国的社会与历史，使人们对中国社会与历史的认识进入了一个新的境界。这是他们对社会科学，特别是对中国经济史学的一大贡献。他们对中国古代各个时期，特别是魏晋以前时期社会经济形态性质的判断，众说纷纭，归纳起来，有十数种之多。仅就进入封建经济形态的时间来说，有殷商说，西周说，东周说,春秋战国之交说,秦汉说,东汉说,魏晋说,北宋说,等等。关于中国进入封建经济形态的时间,西周说与魏晋说,相距1200多年,与北宋说相距2000年,分歧之大,令人难以想象。关于这个问题,争论了七八十年,至今没有得出令学者们普遍公认的结论。仅此一点足以表明,在现存的各说中,任何一种说法都不能令人信服。其原因在于没有充分的论据以服人。对这样历史阶段的经济形态,不予以定性的判断,比勉强地去肯定是什么性质的经济形态,是一种留有余地的、求实的做法。换言之,在此情况下,不作性质判断是一种科学的态度,而不是相反。

我的关于淡化社会经济形态性质的意见,在会上引起了争论,但最终达成一致的认识。从实践的结果看,个别作者的笔下留下了他原有认识的明显痕迹。当我们谈及此种情况时,他开玩笑地说,这是思维定式惯性的表现。对于这类表现,我在主编《中国经济史辞典》时的做法是一律删掉,而在主编这套《中国经济通史》过程中,却是一字未动,其原因在于:主编前者时,我事先申明实行主编负责制;主编后者时,我事先申明的是,主编只要求最低限度的统一,各卷作者有最大限度的自由,文责自负。

二、关于上限与下限

《中国经济通史》中的"通",贯穿于经济史学研究对象三个要素之中,因而具有三重含义:在经济的内涵上,贯穿于经济的各个方面,把中国经济作为一个整体来研究。在这个意义上,中国经济通史是相对于部门经济史、专项经济史而言的。在空间上,贯穿于全国各地的经济,把中国各地的经济作为一个整体来研究。在这个意义上,中国经济通史是相对于地区经济史而言的。在时间上,贯穿于经济发展的全过程,把中国经济史的全过程作为一个整体来研究。在这个意义上,中国经济通史是相对于断代史或短期历史而言的。

贯穿于中国经济发展全过程,就是在时间上通古今。这里的问题是"古"到何时和"今"到何时,即上限与下限问题。

关于上限,引起我们思考的是英国剑桥大学出版社1986~1991年出版的15卷本《剑桥中国史》的做法。它上起秦汉。该书的总编辑告诉读者,他们之所以不从先秦写起，是因为20世纪20年代，特别是70年代以来，大量的考古发现一再改变人们对先秦史的看法，"而且至今还没有对这些新的证据和传统的文字记载作出任何普遍公认的综合"。他们估计，对所有的新发展作出有一定持久价值的综合，"很可能还需要十年工夫"①。这是一种严谨的科学态度，同时也给我们提出一个问题：

现在是否具备了从先秦写起的条件？（《剑桥中国秦汉史》出版于1986年，到我们启动这部《中国经济通史》写作的1996年，恰好10年）为了解决这个问题，我学习了20世纪80年代以来的有关先秦史的考古报告，请教了一些先秦经济史专家和考古学专家，得出如下认识：在这10多年来，出土了大批先秦时期的文物；对先秦史的研究成果，特别是综合性研究成果，空前丰富；在许多重大问题上取得了突破性的进展，获得普遍公认的、有一定持久价值的一致认识。先秦的经济，有些方面，诸如生产关系的性质等，由于资料仍不充分，至今尚未得到一致的判断；在某些时期，特别是在夏以前，仍有一些空白。但是，从总体上说，在人们经济生活的物质方面，诸如用什么工具生产和生产什么物品，吃什么，穿什么，住得怎样，用怎样的交通运输工具，交换什么和在交换中用什么作为中介物等，基本情况已比较清楚，变化的轨迹已比较清晰。我们已经有条件将中国土地上有人类经济活动以来至秦帝国建立这段时间内经济变化情况的轮廓描绘出来。只要我们大量收集资料，用资料，特别是出土文物说明问题（这是本卷使用资料多、篇幅大的原因之一），对没有充分依据作结论的问题，不轻易下断语（如前文所说淡化社会经济形态等，便是解决这类问题的方法），这一卷的科学性是有保证的。

关于下限，中国经济史学界有不同的认识与做法。一种观点认为，中国经济史的下限止于1949年，1949年以后属于现实，不是经济史学的研究对象。20世纪80~90年代出版的两部《中国经济通史》，即止于1949年。另一种观点认为，昨天就是历史，经济史可以写到止笔之日。1992年出版的一本《中国经济史》写到1991年。1999年出版的三部《中华人民共和国史》，两部写到1998年，一部写到1999年上半年。这两种观点中的前一种排斥中国现代经济史，使经济史学远离现实经济，削弱经济史学为现实服务的功能。历史在发展，现实

---

① 费正清、崔瑞德：《〈剑桥中国秦汉史〉总编辑序》，引自《剑桥中国秦汉史》，中国社会科学出版社1992年版，第1页。

在前移，对历史的研究应跟随历史前进的步伐而前进，也就是跟随现实的前移而前移，使之接近现实，更好地为现实服务。后一种是由于不知道绝对时间上的"历史"与作为史学研究对象的"历史"的区别，以至于泯灭历史与现实的界线，将历史与现实混同。历史和现实有别。作为经济史学研究对象的历史，必须是可以从中找出全过程和规律的、有首有尾的事物，即已经结束的完整的经济运行阶段，这样，才会给经济现象留下沉淀的时间，给研究者留下沉思的时间。

基于这种跟随论与沉淀论的统一[①]，以及我们对史料、研究现状及历史进程的判断，本书上起远古，下接现实。具体而言，首卷为先秦经济史，从中国土地上有人类经济活动时写起；末卷为中华人民共和国经济史，写到经济运行最近一个阶段结束之时（1991年）。[②]

三、主编只要求最低限度的统一与各卷作者最大限度的自由，是处理本书主编、作者集体与各卷作者关系的准则

作为设有主编的、由几十位作者集体撰写的多卷本著作，在工作过程中存在主编与作者、全书作者集体与各卷作者的关系问题。主编的想法只有得到全体作者的同意，才会成为大家都愿遵守的意见。在长沙开会的目的，是谋求取得这种意见一致。作为主编，我认为这种需要一致的意见越少越好，留给各卷作者自由发挥的空间越大越好，以便利于他们发挥创新精神与专长。本书要写出特色，关键在于各卷作者将他们特有的见解贡献出来。我提议实行"两特方针"：各卷就本卷对象内有时代特色的内容多写一点；作者将自己研究的专题，即自己特长所在之处多写一点。为此，我提出，需要全书统一的，只是最低限度的。归纳起来，无非是这六条：（一）各卷有自己特定的时限。各卷之间在时间

[①] 参见拙作《跟随历史前进》和《跟随论与沉淀论的统一》两文。它们引自《中华人民共和国经济史1985～1991》（河南人民出版社1999年版）的"前言"和"后记"，曾发表在《中南财经大学学报》1995年第6期、1998年第5期。又见《赵德馨经济史学论文选》，中国财政经济出版社2002年版，第722～755页。

[②] 1999年12月，我主编的《中华人民共和国经济史1985～1991》由河南人民出版社出版。在写作过程中，该社希望我们写到1999年，以纪念中华人民共和国50周年。我请他们看了上述两篇拙作后，他们同意了我的意见。这次，湖南人民出版社希望我们的末卷写到2000年，以与现实衔接。当我说了上述见解后，他们也同意在当前以写到1991年为妥。

上，从而在内容上是衔接的，卷与卷之间，既不留下空白，也不彼此重复。（二）研究的对象是中国经济的整体。（三）采取经济史学的研究方法。（四）以生产力为主线和评价标准。（五）对没有充分依据作出社会经济形态性质判断的历史阶段，淡化经济形态分析。（六）各卷的第一章，叙述本时期经济发展概况。

对于大家都同意统一的这几条，各卷作者根据本卷实际情况也有自由处置之权。

在研究对象上，我们都同意本书是把中国经济作为一个整体来研究。作为经济整体，它不仅包括社会经济各个部门，中国境内的各个地区，再生产过程中的各个环节，还包括这些部门、地区、环节之上和之外的，作为经济整体的结构、体制，等等。这些内容各卷都要写，但如何写，各卷不同。例如，以写消费而言，以往的经济通史著作往往把消费排斥在研究对象之外，本书想克服这个缺陷，使读者了解各个时期人们的衣食住行情况，了解他们过着怎样的生活，力争使这一点成为本书的特色之一。以至于如何写衣食住行，是设置专门的一章，或分散在几章中写：农业中写食的，纺织业中写穿的，建筑业中写住的，交通业中写行的，由各卷作者自行安排。又如中国疆域辽阔，各地经济结构差异大，发展不平衡，因而必须有区域经济的分析。我们力争把写好区域经济成为本书的特色之一。至于区域如何划分，作者可依据本卷时期的具体情况而定。如在国家分裂时期，可按多个地方政权管辖区叙述；在国家统一时期，既可按民族地区叙述，也可按经济区域叙述。

在研究方法上，我们都同意本书采用经济学方法与历史学相结合的经济史学的分析方法与叙述方法。这种方法的关键在于按时序把事实叙述清楚和进行经济学分析。以至于对某个时期或该时期中的某个问题，是偏重经济学分析方法，还是历史学叙述方法，由各卷的作者根据研究对象的特点与本人的偏好而定。但无论采取哪种方法，都要力争全面些。在说明经济兴衰、变化、发展快慢的原因与后果时，尽可能地指出影响经济发展的各种要素（多要素或全要素），既要着重考察各种社会因素（诸如经济政策、经济思想、政治制度、民族关系、文化传统等），也要分析自然因素，使从可持续发展的角度研究经济史，总结长时段的生态环境变化及相关的历史经验，成为本书的特色之一。至于怎样写生态环境的变化，是集中写在某一章中，还是分散在农业章写农业生态，工业章写工业资源环境与工业污染，均由各卷作者自己做主。

文化传承系列

这样，有所统一，使各卷的内容构成一套书，是本书特色的一个方面；有所不统一，表达形式多样，生动活泼，是本书特色的另一个方面。

（本文原载于《中国社会经济史研究》1997 年第 3 期，后作为《中国经济通史（第一卷）》（湖南人民出版社 2002 年版）的序）

跟随论与沉淀论的统一

《跟随历史前进》一文在1995年发表时，脚注中说明此文是《中华人民共和国经济史第五卷·导言》中的一部分[①]。当时，我写了这个导言的初稿。及至读到苏少之教授写的书稿的最后一章，我改变了主意，将这篇文章作为本卷的代前言，而不设导言了。这是因为导言初稿中的其余部分，与书稿中这一章重复之处甚多，没有必要将那些部分留下来并放在本卷之首了。

把《跟随历史前进》一文作为本卷的代前言是合适的，因为它原是为本卷而写作的。它说明了我们为什么现在要动手、现在才动手写第五卷；说明了为什么这一卷的上限起于1985年，下限断在1991年。《跟随历史前进》发表之后，中国社会科学院经济研究所现代经济史研究室主任董志凯研究员称该文的观点为"沉淀论"。在此之前已故的南开大学经济系经济史教研室主任郭士浩教授称我的这个观点为"跟随论"。董志凯研究员和郭士浩教授的概括都很精当，在经济史研究工作中，在对待历史与现实的关系上，我既是沉淀论者，也是跟随论者。我的观点是沉淀论与跟随论的统一。在这篇后记里，将结合与本卷有关诸事的叙述，进一步说明跟随论与沉淀论相统一的观点。

一

本卷是《中华人民共和国经济史》第一至第四卷的续编。

《中华人民共和国经济史》第一、第二卷和第三、第四卷由河南人民出版社分别于1988年和1989年出版。当我接到样书后，一看印数4 140册（平装本2 370册，精装本1 770册），便为出版社的发行捏了一把汗。因为当时正是学术

[①] 《跟随历史前进》，载《中南财经大学学报》1995年第6期。

著作出版难、销售更难的时期；这套书不仅是道道地地的学术著作，而且是难以写得生动并吸引读者的经济学著作；不仅是经济学著作而且是充满数字、史实的经济史著作；经济史又是门小学科、冷学科，它从来就非显学；这套书部头又大，共计 123 万字，因而价格甚高（平装本共 16.7 元；精装本共 20.1 元。从现在看，真是太便宜了）。根据这些因素，我估计能卖出一半，也算好的了，这次河南人民出版社要亏大本。可书出之后，它一上市，很快销售一空。一些人给出版社和我写信，希望帮助他们买到此书。在此情况下，河南人民出版社于 1991 年加印了平装本 3 090 册，到 1992 年又脱销了。这次，趁《中华人民共和国经济史》第五卷面世之机，河南人民出版社决定将第一至第四卷第三次印刷，并且重新排版，一律精装。对于作者来说，没有比这更令人高兴的消息了。

这套冷门学科的、读起来颇为枯燥的书，之所以出乎意料地能一印再印，并不是因为它的完美和深刻（我在该书第一至第四卷的《后记》中说过："我深知此书的不足与浅薄之处是很多的"）。人们之所以买它，除了评论者指出的某些优点之外，还得益于国家实行开放政策和本书贯彻了跟随历史前进的思想。由于贯彻了跟随历史前进的思想，使这套书既叙述了中华人民共和国经济发展的历史，又贴近了现实。它在 1988、1989 年出版时，下限已写到 1984 年。这使它在当时被同行专家认为是贴近现实的一部中华人民共和国经济史。物以稀为贵，因此不仅在国内有市场，在国外也有市场。当然，国外市场更得益于国家实行开放政策。我在《中华人民共和国经济史》导言中指出："中国实行对外开放政策以来，许多国家、政党、团体、公司、企业和个人与中国发生经济交往。他们想了解中国经济的过去和现在，以预测发展趋势。"他们"了解中国经济的过去与现在"的渠道和手段很多，本书有幸成了这些渠道与手段之一。外国一些图书馆和研究中国学者藏有此书。青岛海洋工程大学班耀波教授告诉我，他在德国访问时，在三个城市参观了三所大学图书馆，它们都收藏了《中华人民共和国经济史》第一卷至第四卷。这是国外图书馆收藏此书之例。国外个人藏有此书的情况，可以以我 1996 年访问日本时接触到的情况为例。我访问的是东京大学、神户大学和福岛大学，在负责接待的人中，都有研究中国的学者，他们分别是田岛俊雄教授、加藤弘教授、藤村俊郎教授，帮助我们访问的是新房大学营沼圭浦讲师。他们四人在与我见面之前，都已买了《中华人民共和国经济史》第一至第四卷。这本书能为国际学术交流和中外经济交流做出自己的贡献，也是令作者非常高兴的事。

二

郭士浩教授在把我的观点称之为"跟随论"并予以鼓励的同时，提出了他的担心，认为跟随历史前进的做法会泯灭历史与现实的关系，取消作为一门独立科学的经济史学自己的研究对象。他的担心是由于没有注意到我在讲"跟随论"时，还讲"沉淀论"，强调了作为经济史学研究对象的事物与现实事物的区别。但是，他的这种担心是事出有因的。有几本中华人民共和国经济史著作，就是不分具体情况，写到交稿之时或交稿的前一年，且对为什么将自己的著作时间下限断在这一年，又没有作说明。其所以出现这种情况，有多种可能性。

一种可能是著者根本没有考虑过或没有研究过经济史学研究对象时间上的断限问题。他们很可能认为，已经过去的经济事实都是经济史，因而随便写到哪一年哪一月都可以。笔者认为这是不妥当的，不妥之处在于没有将绝对时间意义上的经济史与经济史学的研究对象区分清楚。在中华人民共和国经济史课题组开展工作之初，我在《中华人民共和国经济史研究方法中的几个问题》一文中[①]，特别强调这一点："在绝对时间的意义上，凡是已经过去的，昨天的经济活动，都已成为不可改变的经济史了。但并不是所有客观的经济史都应成为经济史学的对象。当某一经济事物尚处在发展之中，即目前的阶段尚未结束时，人们不可能根据实践的效果，对它作出历史性的结论与评价。这样的经济事物或其发展阶段，不属于经济史学的研究对象。作为中华人民共和国经济史学的研究对象来说，必须是作为一个整体的国民经济运动过程中已经结束的阶段。某些研究者对作为绝对时间意义上的经济历史与作为科学研究对象的经济历史没能分开，过于追求历史与现实的衔接，企图泯灭历史感与现实感之间的界限，把尚未完成的过程纳入经济史研究对象之中"。经济史学是一门科学，在研究对

[①]《中华人民共和国经济史 1967~1984》，河南人民出版社 1989 年版，第 819~843 页。

象上应该有科学的界定，而不能随意处置。

另一种可能性是出自出版社或书商的要求。在这方面，我有亲身的体验。以本卷言，河南人民出版社的有关同志几次提出，希望能写到1998年即交稿之时，或写到1997年即交稿的前一年。理由是：第一，这样更接近现实，因而会受到关心现实经济的读者重视。第二，1998年是中国共产党十一届三中全会20周年，1999年是中华人民共和国成立50周年，是中国开展经济体制改革的第20个年头。写到1998年或1999年会使《中华人民共和国经济史》第一至第五卷，给读者一个完整的中华人民共和国50年（1949～1998）经济史和完整的中国经济体制改革20年（1979～1998）历史。对于河南人民出版社的这项建议，我的答复是：无论是从社会效益来看，抑或从经济效益来看，他们提出的这种希望是正当的，理由也是充分的。基于这些理由，他们可以组织出版《中华人民共和国经济50年》《中国经济体制改革20年》一类的书，但最好不要加上"史"或"经济史"字眼。因为历史学科和经济史学科都是一门科学，都有学科的严格的研究对象，都要对研究对象作科学的分析和科学的判断。当一个事物的运行阶段尚未结束时，是不可能对它作出这样的分析和判断的。而《中华人民共和国经济50年》《中国经济体制改革20年》一类的书，是以记事为主旨的，它可以作这种分析和判断，也可以不作这种分析和判断。事实上，对运行阶段已告结束的事物，它可以作出这种分析和判断；对正在运行的即未告一个阶段的事物，它不可能作出这样的分析和判断。我建议他们看看拙作《跟随历史前进》，了解鄙见。他们看了，同意我将本卷的时间下限定在1991年。

在《跟随历史前进》一文中，强调了作为经济史学科的研究对象必须是史，而不是现实。历史和现实是不同学科的不同研究对象，研究历史的任务与研究现实的任务由不同的学科承担。这种区分是就一门学科的研究对象而言的，而不是就某本书而言，也不是就某人而言。作为研究成果的书，可以同时包括历史的部分和现实的部分。作为研究者个人，可以在研究经济历史的同时研究经济现实。经济史学者与经济现实学者可以兼于一身，而且应该兼于一身（当然，不同的个人必然会有不同的偏重）。研究经济历史的目的本来在于说明现实和预见未来。只有能深刻认识现实经济的人，才能深刻地认识经济的历史。研究经济史的人应该研究现实经济。如果没有时间研究，至少应该对现实经济有所了解。跟随历史前进的步伐，研究或了解现实经济，是经济史工作者应具备的素质要求。同样研究经济现实的人应该对经济历史有所研究。如果没有时间研究，至少应该对经济史有所了解。因为现实是历史的现实，不了解一件事物历史的人，是不可能对它的现实说清楚的。在经济学史中，有成就的经济学家几乎都是既研究经济现实，又研究经济历史的。以近世而言，从亚当·斯密、马克思到罗斯托、希克斯、科斯、诺思等莫不如此。他们都是外国的。在中国，当代人熟知的王亚南、许涤新、薛暮桥亦莫不如此。其中马克思是这类学者中的杰出代表。恩格斯认为：马克思"这个人的全部理论是他毕生研究英国的经济史和经济状况的结果"[①]。从现存的马克思的著作和笔记来看，他研究经济史的对象，在空间上，除英国外，还有罗马、德国等多个国家；在时间上，上起远古，下到他去世之前夕。他将对经济历史的研究与对经济现实的研究紧密地衔接起来。这是他能发现人类经济发展历史规律的途径与原因。近年来，以"培养＋他揠（揠，拔也。其所以用'揠'而不用'拔'，用人所熟知的'揠苗助长'之成语也）＋自揠"方式（或称"短、平、快"方式）揠出来的某些经济学家，因为他们学习与研究的时间太短，成名太快，成名之后忙于"名人事务"，以致研究现实经济的，没有时间学点经济史；研究经济历史的，没有时间了解点现实经济方面的知识，以致经济学基础知识偏颇，对经济国情（包括历史与现实）缺乏全面了解。想以这样的方式培养出有重大贡献的经济学家，难矣！我是多么希望这一代青年人中能出一个至几个能够真正对12亿人口的中国经济的来龙去脉说出个所以然，从而对人类的经济学做出独特贡献的人物啊！对他们，我的忠言是：做学问自有它的规律，欲速则不达。

三

按照"跟随论"去实践，在科学研究上容易犯认识上的错误。我在《跟随历史前进》一文中已经提到这一点，其中写道：研究对象离研究它的时间愈近，也就是研究对象的后续时间愈短，沉淀时间愈短，人们认识它的时间愈短，"从而研究的成果接近研究对象的本质，接近客观真理的可能性愈小，犯错误的可

[①] 恩格斯：《〈资本论〉英文序言》，引自《马克思恩格斯全集》第23卷，人民出版社1972年版，第37页。

能性愈大"。这就是要求研究者跟随历史的步伐不断地提高认识,修正错误。

这种认识得自我1958年以来研究中华人民共和国经济史的切身体会。《中华人民共和国经济史》第一至第四卷出版以后的这10年,又加深了这种认识。这套书出版以后,我常翻阅,每次翻阅,都感到有要修改之处。因而想趁重印之机,来一次大修改,出修改本。然而,上次重印和这次重印都未能如愿。其原因,主要是原作者中个别的已辞世,还有几位离开了学校,各章都由原作者修改已不可能;若全由我来修改,又无此时间。这些年来,我的日程总是排得满满的。我希望在第四次印刷时,一定将它修改一遍。

我之所以同意再次重印这个未修改的本子,除了有读者需要它之外,主要的是因为它本身并没有记事上的重大错误,它是一部信史。我之所以想对它进行修改,一是补充一些原来没有写的方面,使之更全面些更系统些;二是因为过了10年后,经过历史的沉淀,我对中华人民共和国经济史上的许多问题有了新的认识,在修改时把这些新的认识写上去,使该书的分析显得更深刻些,对一些事实的评价更准确些。

获得了新认识,从而需要对原著进行修改的地方很多,不胜枚举。下面说的是其中的一个。这就是对中华人民共和国经济发展的大势大略即发展阶段的认识,也就是对中华人民共和国经济史分期的认识。这也是对《中华人民共和国经济史》这部书的分卷问题。

《中华人民共和国经济史》第一至第四卷的读者知道,在写这部书时,我认为从1949年10月中华人民共和国成立时起,到1984年,中华人民共和国的经济发展经历了(呈现为)四个阶段：1940~1956年,1957~1966年,1967~1976年,1977~1984年。据此,将1949~1984年中华人民共和国经济的发展过程分为4个时期,将记述1949~1984年的《中华人民共和国经济史》的这部书分为4卷,每卷记述一个时期的经济发展过程。

在1985年开始启动《中华人民共和国经济史》第四卷的研究工作时期,我们将下限断在1984年;历史进入1992年后,不久我们就开始了第五卷的研究工作,将下限断在1991年。现在看来,以这两个年份断限,大概没有错。1984年和1991年刚过,就认定它们是中国经济运行一个阶段结束之年,这反映了我们的大胆,也表明了我们的敏锐。这种大胆、敏锐与"跟随论"有关,因为,研究工作跟随历史步伐前进,就时刻注意历史的步伐,能够察觉到历史的转折。

"跟随论"也会带来认识上的局限性。原因在于沉淀的时期太短。就中华人民共和国经济史的分期问题而言，原有的局限性表现在两个地方。

第一，是上述第三个时期与第四个时期的分界线，应断在1976年与1977年之间还是1978年与1979年之间。1976年是"文化大革命"结束之年。1977年是中国经济从长期停滞转入恢复、发展之年。1978年12月中国共产党举行十一届三中全会。1979年中国开始了经济体制改革。在1984年研究第二卷与第三卷分期问题时，经济体制改革起步不久，主要在农村进行，城市仅在试点。对于经历过"文化大革命"及"文化大革命"时期那种政治生活与经济生活状况的人来说，在当时，几乎没有任何事情的意义会大于"文化大革命"的结束和"文化大革命"时期经济状况的终结。所以，当我提出第三卷的下限是止于1976年还是1978年的问题请大家讨论，并表示我的初步意见应是前者之后，课题组的同志一致同意断在1976年，并认为事实很清楚，对这个问题不必多讨论。十几年之后的今天，经过历史的沉淀，人们脑子里的"文化大革命"的影响被时间冲淡了；经济体制改革的成就在脑子里的影响却一天比一天浓厚，对1979年开始的经济体制改革历史意义的认识越来越清楚；加上对1977～1978年的经济状况作了专题研究，使我对上述断限年份的认识发生了变化：应该是1978年而不是1976年。

第二，在1986年发表的拙撰《中华人民共和国经济史的分期》一文中，我在将1949～1984年分为个阶段的同时，还提出这35年实际上是两大阶段，即对生产资料私有制的社会主义改造完成之前（1949～1956）和之后（1957～1984）各为一个大阶段①。这就是说，对1949～1984年的中国经济，是在两个层次上进行分期。过了12年之后，我现在的认识是，1949～1984年的中国经济，明显地呈现为三个大阶段：1949～1956年，1957～1978年，1979～1998年或今后的某一年。这三个大阶段，就经济增长速度而言，是快速—基本停滞—快速。就经济波动幅度而言，是小—大—小。就经济效益而言，是高—低—高。就经济结构而言，是多种所有制并存—单一公有所有制—多种所有制并存。就经济体制言，是市场经济—（转向）计划经济—（转向）市场经济。总之，呈现螺旋形上升状况。中国经济50年走的是一条"之"字路。新的认识与原来的区别在

---

① 《青海社会科学》1986年第1期。又见《中华人民共和国经济史·导言》，引自《中华人民共和国经济史1949～1966》，河南人民出版社1988年版，第20页。

于，1957～1984年的中国经济不是属于同一个大阶段，而是1957～1978年属于一个大阶段，1979年以后属于另一个大阶段。

上述3个大阶段是分期的第一个层次。在每个大阶段内，还可以划分若干小阶段（第二个层次的分期），如1949～1956年这个大阶段可分为1949～1953年和1954～1956年两个小阶段，1957～1978年这个大阶段可分为1957～1966年和1967～1978年两个小阶段，1979～1998年或今后某年这个大阶段，可分为1979～1984年、1985～1991年、1992年至今后某年等几个小阶段。如此，《中华人民共和国经济史》第一卷写的就是这个新分期法第一大阶段的内容，第二、第三卷则是第二大阶段的内容，第四、第五卷是第三大阶段的内容。《中华人民共和国经济史》第一至第四卷初版和第二次印刷，是第一卷和第二卷合为一本，第三卷和第四卷合为一本。这样做的好处是本子厚、好看，缺点是将分属不同大阶段的内容合为一本，为了纠正这个不足，此次重印改为一卷一本。

在说到中华人民共和国经济史分期问题时，必须提及中华人民共和国经济史专家董志凯研究员的意见。她在《读赵德馨主编的〈中华人民共和国经济史〉》一文中写道：这部史书以时序为经，经济要事和部门经济状况为纬，将1949～1984年的经济史分成了四段，即1949～1956年为第一卷，1957～1966年为第二卷，1967～1976年为第三卷，1977～1984年为第四卷，全书123万字。这种分期基本上反映了新中国成立以来经历的几个比较大的历史阶段，特别是政治领域和经济关系的重大变化，确是一种很有见地的分期方式。国民经济史所探讨的范围很宽，可以各有侧重考虑，分期也可能有多种。譬如循国民经济史的基本研究对象——经济体制的变化和生产力的发展线索，1952年国民经济主要指标是否达到和超过历史最好水平；1956年开始探索有中国特色的社会主义经济体制；20世纪60年代中叶工业体系的初步建立；70年代末期加快对外开放的步子等，也可以看作是一个个阶段的里程碑。按照马克思主义政治经济学的理论指导，经济研究要从生产力和生产关系，经济基础和上层建筑的关系中去探索规律。中华人民共和国经济史的研究无疑要遵循这一总的指导原则。在这一原则的指导下，有必要对生产力的各个方面，如投资规模、结构和布局，劳动力、劳动对象和劳动手段、经济效益、经济波动以及人口、就业和消费等进行相对独立的深入研究；对于生产关系和上层建筑的各个方面，如路线、方针、政策、经济成分、经济运行机制、国民收入分配以及政治运动对经济的作用等，也要进行各有侧重的探讨。这样，不同著作的分期方法也可能有多种①。

《中华人民共和国经济史》第一至第四卷出版以后，除介绍中国经济史学科、中华人民共和国国史学科、经济学科、历史学科成就的论著涉及此书外，评介此书的专文有14篇。它们各有侧重，各具特点。董志凯研究员此文的特点在于认真探讨学科建设中问题（在书评中，我最喜欢的是这一类，因为它是内行人才能写得出来的）。上引的分期问题是其中之一。

经济史学包含多个分支和种类。国民经济史只是其中范围最广、层次最高的一类，但也只是一类而已。国民经济史包括该国的农业经济、工业经济、交通经济、银行、企业等，但它却不是农业经济史、工业经济史、交通经济史、银行史、企业史等专门经济史（包括部门经济史、行业经济史、经济组织史等）简单相加的总和。当然，国民经济史也不能代替农业经济史、工业经济史、交通经济史、银行史、企业史等专门经济史。国民经济史与各种专门经济史的研究对象不同，分期的标准、标志与具体年份也都不同。例如，中国近代国民经济史分期的起点应是1842年，中国铁路史的起点应是1862年（该年，英国驻广州领事馆翻译梅辉立向广东当局提议修筑广东至江西铁路）或1876年（该年英国怡和洋行修筑的吴淞铁路全线通车，直隶总督李鸿章提出中国应修铁路），中国银行史的起点应是1845年（该年，英资丽如银行在香港和广州设立分行）或1897年（该年中国第一家银行——中国通商银行成立）。这仅是就起点而言，就近代而言。又如，中华人民共和国（国民）经济史的起点是1949年，它的分期已如上述。中国农村人民公社史的起点应是1958年，它的分期似乎应分为建立阶段（1958~1961）、坚持阶段（1962~1977）、解体阶段（1978~1983）。很显然，中华人民共和国（国民）经济史的起点和分期，与人民公社史的起点与分期是不一致的。这种不一致是因为二者的研究对象不同，即二者分别属于经济史中的不同类别。研究不同对象、反映它们不同发展阶段的各类经济史著作，其分期方法不同，分期的时间断限也不同。在这里，需要强调的是，这种不同是因为它们属于不同类的经济史，而不是由于它们都是国民经济史。

就国民经济史这一类别而言，如果研究者对一个国家（如中国）某个时期（如：1842~1948，近代；1949~1991，现代；1842~1991，近现代）的发展阶

---

① 董志凯：《读赵德馨主编的〈中华人民共和国经济史〉》，载《中共党史研究》1991年第5期。

段研究透彻，如果分期的角度相同，那么，他们写这个时期的国民经济史著作，其分期则应是一致的。因为，客观的国民经济发展阶段只有一个，正确地反映这种国民经济发展阶段的历史分期也只能是一种。

在研究经济史和历史的过程中，我对楚国货币的发展史进行过分期①，对汉代的商业发展史进行过分期②，对中国近代史进行过分期③，对中国近代国民经济史进行过分期④，对中华人民共和国国民经济史进行过分期⑤。就经济史学科而言，前两项属于专门经济史，后两项属于国民经济史。比较起来，研究对象在国民经济中的层次越低，如货币，因其简单和具体，判断它的分期（发展阶段）比较容易；研究对象在国民经济中的层次越高，因其复杂，要准确地判断它的分期就比较难。国民经济史的研究对象属于最高层次，要对其正确分期最难。

国民经济史分期之所以难，难在确立一个合理的分期标准。对这个难题的解决，依赖对经济史分期理论的探讨。在这个问题的探讨中，我正走在"上下求索"的道路上。

我在1958年开始研究中华人民共和国经济史时，将它的下限断在1956年，是认为该年基本完成了对生产资料私有制的社会主义改造，在这年之后，中国进入了社会主义经济形态时期，中国新民主主义经济形态阶段在1956年结束了。从1959年开始，我对自己这个断限产生过怀疑。因为眼见经济状况从1958年的繁荣，跌入了1959年的短缺，特别是粮食的紧缺，从少数地方发生饥荒迅速发展至全国性大饥荒。到了1960年，在过了两年饿肚子的日子之后，我认为中国经济从1959年起进入了一个经济危机时期，1958年是中华人民共和国经济第一个高速发展时期结束之年。我将"中国近现代经济史"的下限延至1958年⑥。这样做，是使经济史的教学与研究内容跟随历史前进了，但在理论上却感到有

---

① 拙著《楚国的货币》，湖北教育出版社1995年版。
② 拙文《两汉的商品生产与商业》，引自中国人民大学历史教研室编：《中国奴隶制经济形态的片断探讨》，生活·读书·新知三联书店1958年版，第76～166页；《商品货币关系发展水平与生产结构的关系——以公元1世纪前后为例》，引自武汉大学中国三至九世纪研究所编：《中国前近代史理论国际学术讨论会论文集》，湖北人民出版社1997年版，第621～651页。
③ 拙文《对中国近代史分期的意见》，载《历史研究》1957年第3期。
④ 拙文《关于中国近代国民经济史的分期问题》，载《学术月刊》1960年第4期。
⑤ 拙文《中华人民共和国经济史的分期》，载《青海社会科学》1986年第1期。
⑥ 将下限断于1956年，写入了《中国近现代经济史教学大纲》，印成了文字。将下限延至1958年，仅限于口头讲授。

矛盾。将下限断于 1956 年，是以经济形态的变化为标准，即以生产关系的变化为标准。将下限断于 1958 年，是以经济增长的变化为标准，即以生产力的变化为标准。很显然，这是两个不同的标准。将下限断于 1956 年和断于 1958 年，反映了我在断限（分期）标准上的改变。在理论上，对同一经济发展过程划分历史时期，不应该采用两个不同的标准。在实践上，当我分别用这两个标准对中华人民共和国经济史和中国近代经济史划分经济发展时期，得出的结论是：断限年份相同的（一致的）是个别的，不相同（不一致）的却占大多数。这就是说，用两个标准去对同一经济发展过程划分历史时期，是行不通的。这使我陷入矛盾之中。当时，想出来的解决矛盾的办法，就是在 1960 年 4 月发表的拙作《关于中国近代国民经济史的分期问题》一文中所表述的分期标准："整个社会经济史应以生产方式为划分历史时期的根据（标准）""在一个社会经济形态内部，以国民经济变化的重要表现作为分期标准"。何谓"国民经济变化的重要表现"？我是这样解释的："首先是国民经济在各个时期发展得快或慢，生产力的增长或破坏，经济的高涨或危机，工、农、商、交等部门的发展或停滞、倒退，等等。"其次是中国近代国民经济在发展过程的某些性质的变化，这"主要的表现在新的经济成分的产生和发展、各种经济成分相互关系的变化上。"[①] 从字面上看，分期标准为"国民经济变化的重要表现"，是一个标准。从具体内容看，仍然是生产方式两个方面：生产力与生产关系。

1983 年成立中华人民共和国经济史课题组之后，在《中华人民共和国经济史》这部书编写工作开展之初，我向课题组提出了如何分期和分卷的问题与关于分期标准的见解："要正确分期，首先要有正确的分期标准。经济史的分期标准是由经济史学的研究对象决定的。中华人民共和经济史属于国民经济史。国民经济史的研究对象是生产力与生产关系的矛盾与统一的过程。中华人民共和国经济史的分期标准应是生产力与生产关系发展变化的重要表现，即国民经济变化的重要表现。"很明显，在分期标准上，这与上引 1960 年文章中的观点是一致的。我接着说："运用这一标准能否正确划分历史时期，关键在于根据分期对象的特征，分析和找出这些重要表现是什么。"[②] 这个观点与上述 1960 年文章

[①]《关于中国近代国民经济史的分期问题》，载《学术月刊》1960 年第 1 期。
[②]《中华人民共和国经济史·导言》，引自《中华人民共和国经济史 1949～1966》，河南人民出版社 1988 年版，第 19 页。

中写的下述意见也是一致的："在一个社会经济形态内部，以国民经济变化的重要表现作为分期标准，看来是很明显的。问题在于：（在划分中国近代国民经济发展时期时）我们必须结合中国半殖民地半封建社会经济即中国近代经济的特征，分析和找出这些重要表现是什么。这正是运用这一标准能否正确划分历史时期的关键所在"。30 余年的探索，在一条路上走着，似乎还是在一个地方踏步。

这个分期标准对吗？还有没有别的标准？

需要强调的是，我探讨的是国民经济史的分期标准。至于各专门经济史，它们各有自己的分期标准与时间断限，这个问题与本后记无关，待另文讨论。

四

区分经济发展阶段的，是各个阶段的特点。没有自身的特点，就不能与上下阶段区别开来，就不能成为一个独立阶段。划分历史时期与发现每个时期特点是同一个研究过程的结果。我在划分 1949～1984 年中华人民共和国经济发展为 4 个阶段的同时，也就自认为找到了它们的特点。

每个历史时期的诸多特点中，有一个是主要的。这个主要特点体现本时期的实质。

在撰写《中华人民共和国经济史》这部书时，按照对中华人民共和国经济发展阶段的划分，每个阶段为一卷。每个阶段的主要特点也就成了该卷的主题。

第一卷写的是第一个阶段（1949～1956）的经济变化。它的主题是经济形态的转变：经过新政权接收旧政权所有的资产、农村土地制度改革和城市民主改革，半殖民地半封建经济形态被改造为新民主主义经济形态；经过对生产资料私有制的社会主义改造，将新民主主义经济形态改造为社会主义初级阶段经济形态。这是两次经济形态的转变，以往我们将这个时期称为"过渡时期"，用"过渡"二字描述这个时期经济变化的本质。现在看来，"过渡"一词或许能表达上述第二次经济形态转变的基本特征，但却不符合第一次经济形态转变的实际。实际情况是，这两次经济形态的转变都是凭借强大的政权力量与群众动员，对既存经济形态实行改造。描述这个时期经济变化的特征，用"转变"

一词或"改造"一词，比用"过渡"一词更符合实际。"过渡时期"一词，在传统的社会主义理论中，特指从资本主义社会到社会主义社会的历史时期。中国没有经历过资本主义社会。如果说中国从新民主主义经济形态到社会主义初级阶段经济形态的过程也是一种过渡，那么过渡的起点不是资本主义社会，而是新民主主义社会；过渡的终点不是传统社会主义理论上的社会主义社会，而是社会主义初级阶段社会。因此称这个时期为"过渡时期"并不贴切，与其称为"过渡时期"不如名为"转变时期"或"改造时期"好。第一卷的主题词是"转变"。

第二卷写的是第二个阶段（1957~1966）的经济变化。它的主题是对中国社会主义建设道路的探索。1956年，刘少奇、毛泽东等人先后调查研究各经济工作部门的经验。1956年9月，中国共产党第八次全国代表大会系统地总结了这些经验。在这次会议前后，毛泽东发表了《论十大关系》《关于正确处理人民内部矛盾的问题》等讲话。其主旨是以苏联为鉴戒，总结中国已有的经验，以寻求一条适合中国情况的建设社会主义的道路。这10年是全面进行经济建设的时期，是探索中国社会主义经济建设道路的时期。在这个10年中，前几年是失误，后几年纠正和弥补失误。这次探索以失误为特征。这是一次探索的失误或失误的探索。第二卷的主题词是"探索"。

第三卷写的是第三个阶段（1967~1976）的经济变化。在这个时期，由于实行"备战、备荒、为人民"的方针，把"备战"摆在经济工作的首位；由于处于"文化大革命"的环境里，贯彻"抓革命、促生产"的方针，割"资本主义尾巴"和消除资本主义产生的土壤——小生产残余和商品货币关系；由于毛泽东要建立他在"五·七指示"和"理论问题指示"中描述的社会；由于在国际上"反帝、反修"，闭关搞建设，这个时期的经济几落几起，在总体上呈现为徘徊或基本停滞。"徘徊"，是第三卷的主题词。

第四卷写的是第四个阶段（1977~1984）的经济变化。它的主题是经济体制改革的起步。中国经济体制改革经历了酝酿、准备到正式起步的过程。就经济体制改革而言，1977~1978年处于酝酿、准备阶段。正式起步是在1978年12月中共十一届三中全会之后。1979~1984年，改革主要在农村进行，在城市及各经济领域尚未全面展开。1979~1984年，经济体制改革处于起步阶段。"起步"，是第四卷的主题词。

如同第一卷至第四卷开始写作时，我提出每卷的主题一样，在本卷研究工作启动时，我提出该卷的主题是新旧经济体制的摩擦。这个意见得到了大家的赞同。中国经济体制改革全面展开是在 1985 年初，即本卷时间的上限。经过 7 年时间理论上的探讨和实践上新体制的发展，到本卷时间的下限，即 1991 年末 1992 年初，中国经济体制改革要以建立社会主义市场经济为目标模式的观点，在指导思想已经占了上风。新体制的目标模式——社会主义市场经济——已经明确。对于中国经济体制改革来说，这一点极为重要。从 1979 到 1991 年，国家领导人中，有的说中国是社会主义国家，也可以搞市场经济；有的说中国是社会主义国家，只能搞计划经济，不能搞市场经济。1992 年以后，两种体制仍存在摩擦，但再也不会出现 1985~1991 年这段时间里那种两种体制不仅并存，而且谁胜谁负的前途未定那种局面。很可能再也不会出现两种体制的物价并存，给"官倒"制造了滋生土壤的经济环境。也可能不会再出现"官倒"横行加上物价飞涨，居民群起抢购商品，存户提款，某些银行储蓄所无钱可付，关门"休息"，人心惶惶，群起反对的那种紧张局面。所以，摩擦是这个时期的特征。"磨擦"，是本卷的主题词。

我之所以提出摩擦是本卷的主题，是因为新旧体制摩擦是 1985~1991 年这个阶段经济变化的主要特点，新旧体制的摩擦表现在经济生活的方方面面。在审读本卷书稿的定稿过程中，我一直处在兴奋状态。原因之一是每一章都体现了摩擦这个主题。为什么我们在本卷主题问题上如此容易地获得一致的观点，如此齐心贯彻？我想，这与"跟随论"有关。因为本卷是跟随历史前进的步伐写的，本卷的作者都经历了 1985~1991 年的经济生活，对这几年经济生活中的摩擦有亲身体会，记忆犹新。一经提示，大家都感到是这么一回事。

"跟随论"和"沉淀论"的统一，使作者站在历史和现实交汇点上。他们既是现实生活的体验者，又成了历史的见证人与记录者。这样的作者成了时代的儿子，亲身感受到时代的脉搏。经济生活中的每一项成就和失误，使他们欢乐，使他们痛苦。在他们的笔下，必然凝结着对刚刚成为经济历史也是人生历史的自省与激情。

五

最后，我要向读者简要地介绍本卷的作者和主编。

（一）作者。他们的姓名、学位、职称及在本卷中所承担的任务，已列于卷首。另外，黎浩、唐艳艳、毛丽莎（他们是中南财经大学经济史专业的硕士研究生）帮助主编做了不少工作。读过《中华人民共和国经济史》第一至第四卷的老读者一定会发现，本卷的作者大多数是老面貌。在本卷的作者中，只有5位新人。他们是张中华博士（教授），胡立君博士（副教授），王年咏硕士（讲师），张继久硕士（讲师），刘和平硕士（经济师）。后3位原来都是我校中国经济史专业研究生。除了这5位，其他人都参加过《中华人民共和国经济史》第一至第四卷的工作，是中华人民共和国经济史课题组的老成员。这个跨系、所、处、室的课题组，自1983年成立以后，15年来它一直是相对稳定的、团结的。对于一个长期存在的学术群体而言，人员的新老交替和局部变动是不可避免的、正常的。一个学术群体只要它所从事的课题（任务）继续存在，主持人和学术主旨（基本观点）不变，参加者认同这个课题的意义与主持人的学术观点，在名利问题上互让。这个学术群体就能在人员局部变动的情况下保持相对稳定，长期存在下去，并有可能成为一个学派产生的组织基础。我希望在我退休之后，我们的这个友好传统的学术群体还能长期存在下去，将《中华人民共和国经济史》以后各卷写得更精彩。

对于研究中华人民共和国经济史或其他当代史来说，"跟随论"给课题组的组成带来有利的条件。

中华人民共和国经济史属于国民经济史，它包括国民经济的各个方面，诸如农业、工业、商业、交通、邮电、投资、金融、财政、对外经济贸易、产业结构、地区经济结构、少数民族地区经济、特区经济、经济效益、经济波动、人民生活，等等。对于国民经济史，我又主张作全要素的分析。所谓全要素的分析就是除了要分析国民经济内含的各个因素之外，还应分析影响国民经济发展的、国民经济之外的各种因素，诸如人口、教育、科学、技术、意识形态（特别是经济工作指导思想）、经济政策、政治环境、生态环境变化，等等。对于内含与涉及面如此广泛的课题，要作比较全面、比较系统的开拓性研究，实非一个人的能力所能承担。即使是研究某一个时期的当代国民经济史，也非一个人所能完成①。除了时间等其他因素不说，这里的关键是人的知识结构。大概很少有人（事实上或许是没有一个）既懂农业经济学，又懂工业经济学、金融学、财政学、人口经济学、生态经济学，并在所有这些领域都积累了资料，进行过研究。因此，要完成这样的课题，需要有国民经济史内含及主要涉及领域的各个方面的具有专门知识的人才参加合作。

　　研究中华人民共和国经济史，一方面需要上述各个方面的专门人才，另一方面，在我们的研究所里，实际上没有这么多、这么全面的人才。这是一个矛盾。我解决这个矛盾的办法，是突破机构编制的框框，成立跨室、系、所、处的课题组，这为寻找研究国民经济各方面的专业人才创造了条件。在我们的课题组里，有几个系的专门经济史人才，如黄希源教授是农业经济系中国近现代农业史专家，余鑫炎教授是贸易经济系的中国商业史专家，叶青副教授是财政系研究中国财政史的专家，如此等等。而"跟随论"则为寻找研究现实与历史结合的专门人才提供了可能。有些人，本是研究国民经济某个方面现实问题的专家。由于历史在前进，他若干年前研究的现实问题到后来就成了历史问题。例如本卷作者之一投资经济系的张中华教授，他在 1985～1991 年期间研究 1985～1991 年的投资问题，是研究现实经济问题，当本卷的研究工作于 1992 年启动时，请他研究 1985～1991 年中国的投资，对他来说，是一件驾轻就熟、得心应手的事。他在本卷中写的投资一章，是本书精彩的部分之一。其他如工业经济系的胡立君副教授、金融系的王年咏讲师等，都是属于这种情况。他们本不是专门经济史人才，但历史的前进步伐与跟随历史前进的研究方法，使他们成了中华人民共和国经济史课题组合适的成员。他们的事例证实了《经济史理论》一书的作者、诺贝尔经济学奖获得者希克斯的如下论断："经济史是过去时期的应用经济学，后者则是当代的经济史学。"

　　（二）主编。《中华人民共和国经济史》这套书由我主编，每卷设分卷主编、副主编。本卷主编是苏少之教授，副主编余鑫炎教授。余鑫炎教授是中华人民

---

① 我在这里说的非一个人所能完成，是指比较全面、比较系统的开拓性研究。至于以别人研究成果为基础，写出一本中华人民共和国经济史的书，或写一本不求全面、不求系统、不求新意的中华人民共和国经济史著作，则是一个人可以完成的，而且已经有在短时间内就完成了的事例。

共和国经济史课题组的主要骨干,《中华人民共和国经济史》第一卷的作者与统编之一,第二卷的作者之一,第三卷的主编。这次请他任第五卷副主编,协助苏少之教授,乃以老带新。他欣然承诺,这表现了他愿做人梯的高尚风格。从1982年起,苏少之就是我的同事,他是中国经济史专业的研究生。方向是中华人民共和国经济史。对中华人民共和国经济史来说,他属科班出身。他从当研究生时起,就是我在中华人民共和国经济史研究方面的助手。他参加了我主编的《中华人民共和国经济史纲要》《中华人民共和国经济史》第一卷至第四卷、《中华人民共和国经济专题大事记》第一卷至第四卷、《毛泽东的经济思想》以及《当代中国经济文献目录索引(1949~1982)》的工作。我们还合作写过几篇有关中华人民共和国经济史的论文。能够这么长期合作,基于我们观点相同。我们都是爱独立思考的人,而所以能观点相同,得益于经常的讨论与彼此尊重。我尊重他,首先就在于他的敬业精神,不想当官,不追求名利,孜孜于中华人民共和国经济史的研究。同时,也是因为他勤奋认真。他读本科时,各门功课全优。研究生阶段,各门功课又全优。这是他天资聪慧加勤奋好学的结果。他学风严谨,厚积薄发,发表的论著都有新意;而所言之事皆有实据(以本卷言,所有数据他都与出处——核对过,因而是可信的)。而我对经济史著作的第一条要求就是必须是信史。基于此,我相信,也希望他以及我的另一个同事,另一位学生,另一位助手赵凌云教授等人,能接住《中华人民共和国经济史》主编这根接力棒,把这套书继续写下去。《中华人民共和国经济史》第六卷是肯定要写的。它的上限是1992年,即紧接本卷之后。问题在于它的下限应该断在何年。根据"沉淀论"的观点,国民经济史的研究对象必须是国民经济运行已告结束的阶段。1992年以后的中国国民经济是否已在某一年(例如软着陆成功的1997年)已告一个段落,1998年已开始一个新阶段(例如高增长率、低通胀率阶段),现在还难下断语[①]。事实上,从1992年起,我们就在细心观察第六卷研究对象的各个方面,并着手收集有关的资料(这是"跟随论"所要求的,也是它的优点)。一旦对1992年开始的国民经济运行新阶段结束的时间作出了判断,我相信中华人民共和国经济史课题组就会将它作为第六卷的研究对象,并立即

[①] 1992~1997年间,中国GDP的增长速度分别为14.2%、13.5%、12.6%、10.5%、9.6%、8.8%。1998年的预定目标是8%。看来,从抑制通货膨胀来说,到1997年,软着陆成功了,但从增长速度看,似乎仍在着陆过程中。

启动第六卷的研究工作。

《中华人民共和国经济史》一定会跟随中华人民共和国经济的历史前进而不停步。苏少之、赵凌云等我的学生以及他们的学生一定会长期地跟随下去。这样，中华人民共和国万岁——这是我的祝愿，《中华人民共和国经济史》也会跟着万岁——这是我的期望。

（本文载于《中南财经大学学报》1998年第6期，后作为《中华人民共和国经济史（1985~1991）》，河南人民出版社1999年版后记）

经济史学科的分类与研究方法

经济史学科中包括各种类型的经济史。研究不同类型的经济史，必须采取适合其性质与特点的方法。因此，要弄清楚各种类型经济史的研究方法，首先是要知道经济史学科有哪些类型？

第一，从学科研究对象区分，经济史学科分为两大类：一类是以人类经济生活演变过程及其规律为研究对象的经济史学；另一类是以经济史学为研究对象的经济史学概论（或简称"经济史论"）。

经济史学（习惯上简称"经济史"）这个大类中又可区分为两个小类：一类以研究经济生活演变过程为对象，着重揭示它是怎样演变和引起这种变化的具体因素。在分析方法与叙述方法中，在历史逻辑与理论逻辑的结合上，主要遵循历史逻辑。其论著一般是作者根据自己的观点，按时序叙述经济生活（或其中的某个方面）变迁的情况与变迁的环境、原因（包括必然的因素与偶然的因素），从史实中概括出就事而论的结论（论从史出）。总之，它们以时间为经，以史实叙述或具体（时间、地点、表现、数量等等）为特征。另一类是在前一类研究成果的基础上，对经济生活演变过程进行理论的分析、概括与抽象，着重揭示它为什么这么演变及其运行机制与规律。在分析方法与叙述方法中，在历史逻辑与理论逻辑的结合上主要遵循理论逻辑。其论著一般是作者根据自己的观点，按照理论逻辑的框架，运用经济学范畴和历史学范畴，分析经济生活演变过程各种因素的内在（本质）联系，或概括出特定空间（国家或地区），特定时间经济生活演变的特点，或抽象出经济发展模式、经济学范畴与理论。总之，它们以理论分析和抽象（舍弃了对经济生活演变过程的具体叙述和那些偶然的因素）为特征。

经济史学概论研究经济史学的研究对象、研究方法、叙述方法、理论、历史、学派、相邻学科、分期标准，等等。具体地说，严中平的《经济史研究方法十讲》、吴承明的《市场·近代化·经济史论》中的经济史论部分，就是属于经济史学概论的。

这样，经济史学科分类的第一、二个层次是：

$$经济史学科\begin{cases}经济史学\begin{cases}经济史\\经济史通论\end{cases}\\经济史学概论\end{cases}$$

经济史学概论以经济史学为对象，它不是经济史学科的主体。在经济史学的两个部分中，经济史是经济史通论的基础，是经济史学的主体，也是经济史学科的主体。下面讨论的，主要是有关这个主体部分的方法。

第二，按经济史的内容区分，经济史可以分成许多个类别。

经济史的内容包含时间、空间、经济生活三个要素。以时间而言，可以按绝对年代区分，如某年（1842~1948年；1953年）、某个世纪（15世纪；18~19世纪）。可以按相对年代区分，如古代、近代、现代。可以按朝代分，如唐代、宋代。以空间言，可以按地域区分，如世界、欧洲、中国、广东省、无锡县、长江流域、城市、农村。对经济史内容的分类来说，"经济生活"这个要素极为重要，也最为复杂。经济生活的方方面面都有自己的历史。因而可以从许多方面（角度）对经济生活和经济史进行分类，在每一类中又可以多层次分类。譬如：

（1）可以按产业分为农业、工业、商业、金融业、交通运输业、服务业，等等。其中的每种产业又可以分为若干行业，每一个行业又可分为若干小行业。

（2）可按生产力和生产关系分类。生产力中可以按要素分为生产工具、生产技术、劳动力等，其中，每种要素又可分为若干种，如生产工具既可以按制造原料细分，又可以按使用领域细分。每一类工具又分为若干种。每一类每一种均可有史。一部好的犁史和一部好的织机史，将有助于解决中国经济史上许多争论不休的难题。

生产关系中可以按经济形态、经济成分、所有制等分类。其中的每一项中又可区分成若干类，此类下还可以分类。

（3）可以按生产、分配、交换、消费这个再生产过程分类。每一类中又包含多个层次的类别。

与上述（1）~（3）分类标准并列的，还有多种，诸如经济制度、经济结构、经济组织、经济管理经济手段、经济范畴，等等。以经济范畴言，它是反映经济生活的本质联系的思维形式。我曾经按照经济范畴查过，几乎每一个重要的经济范畴所反映的经济生活都有自己的历史，诸如：市场有市场史，货币有货币史，利率有利率史，物价有物价史，如此等等。

在这里有必要提到，有些社会现象，它们的本身并非经济生活，但却与经济生活及其变化有密切的关系，如人口、生态环境等等。于是有生态经济史、人口经济史，等等。

不仅不同层次上的经济史会有范围大小的区别，而且同一层次上的经济史也会有范围大小的不同。有的属于宏观，如国民经济史；有的属于微观，如工厂史、公司史等经济组织史。这样，经济史又可分为宏观经济史和微观经济史。

这样，按经济生活的方方面面区分，经济史的类别虽不是无法计量的，却也是一个很大的数目。经济生活仅是经济史内容三个要素之一。它和其他两个要素（时间、空间）组合出来的经济史类别，又是这个"很大的数目"的若干倍。

种类如此繁多，内含如此复杂的经济史问题，是不可能用一种方法来解决的，常言道，一把钥匙开一把锁。对于不同的经济史问题，要用不同的方法来研究。要弄清楚中国第一个私人办的工厂出现于何年何地这样的问题，要用考证办法，而且仅仅用考证的方法就可以解决。当研究经济史通论中的问题（诸如中国近代经济发展的特点，以及经济史中的结构与变迁等）时，就无须用考证方法，而必须用抽象方法。就不同的问题要使用不同的方法而言，说"史（此处'史'专指经济史，下同）无定法"，是有道理的。

当我们说"史无定法"时，绝不是说经济史学没有自身的一定的研究方法。其实，方法问题对经济史的研究太重要了。我们说对不同的问题使用不同的方法，并不否定这些不同方法中有共同的东西。这共同的东西，有的（最高层次的）可能是一个（如唯物辩证法），有的（低一个层次的或再低一个层次的）可能是几个（如吴承明所举经济计量学方法、发展经济学方法、区域史方法、社会学方法、系统论方法）。无论是一个还是几个，都说明经济史研究是有一定方法的。此外，经济史研究不仅要遵循本学科特有的方法，还要遵循社会科学的一般方法。譬如，无论研究什么样的经济史问题，都要经过选题、收集资料、分辨资料的真伪、从分析资料中弄清研究对象变动的时序等步骤。这种社会科学研究工作程序也是经济史研究中的"定法"。可见，既要讲"史无定法"，还要讲"史有定法"，而且首先要讲"史有定法"，这才是辩证的，对学科发展有益的。

第三，从经济史学的产生与学科的属性看，有经济学科的经济史与历史学科的经济史。

历史学和经济学在发展过程中都分离出了各自的经济史。从而，经济史在产生过程中就出现了两种经济史：作为历史学中专门史之一的经济史和作为经济学的基础学科的经济史。从另一个角度，即把经济史作为统一物看，它是由两个"妈妈"生的。它在以后的发展中始终脱离不了这个母胎的斑痕。

经济史学的这个胎记，直到现在，仍明显地表现在学科的设置上。在中国、美国等国家里，经济系（院、所）中有经济史课程、课题、教学或研究机构，培养经济史硕士、博士；历史系（院、所）中也有经济史课程、课题、教学或研究机构，培养经济史硕士、博士。于是，经济史教学与研究工作者，既有历史系（院、所）培养，获历史学学位的，也有经济系（院、所）培养，获经济学学位的。他们攻读的课程不同，师从的学者各异，研究的课题从属于、服务于不同学科。这样，他们的知识结构与思维方式各有特点和优势。知识结构与思维方式不同的人，在研究工作中各自扬长避短，沿着自己的思维路线展开探索，采用不同的研究方法，乃是当然之事。例如，历史学（系、所）出身的，史学理论与历史知识基础好，了解人类社会历史的整体进程，知道一些典章制度的变迁，懂得历史文献和史实考证的重要性与方法。他们把经济史作为人类社会历史进程中的一部分，研究经济史的目的是说明人类社会历史的进程。所以他们多从历史的角度研究经济发展，喜欢从引起社会（结构、事件）变化的原因角度选题，善于用顺时序、考证、联系社会各个方面进行分析等方法，侧重说明某个历史时期经济发展的状况，经济变迁的社会原因与社会后果，这是他们之所长。经济学（系、所）出身的，经济理论与部门经济学的基础知识好，了解经济的整体结构与运行机制，学了高等数学、统计学、会计学和计算技术，这使他们在研究问题时，喜欢研究国民经济整体或其中某个部分的变化（如供求关系变化、市场发育程度、部门经济史等等），即从宏观经济角度选题，善于从计量上说明经济的发展状况，设计某种模型，从经济理论上解释经济发展的原因与后果，抽象出经济学理论观点。一般地说，他们不愿意也不擅长对具体的典章制度进行考证。

经济史学的上述历史与现实状况，使经济史研究者或具历史学知识结构、思维方式与研究方法，或具经济学知识结构，思维方式与研究方法①。这使他们在研究工作中，选题各有侧重，即使研究同一个问题，视角与方法也不尽相同，研究成果的表现形式往往也不一样。就这种情况而言，经济史学界中存在两大学派：历史学中的经济史学派与经济学中的经济史学派。

人们常常把经济史学称为"边缘学科"或"交叉学科"，当然无可非议。但就上述情况而言，不如称它为"跨学科的学科"更为贴切。跨学科是经济史学的一大特点与优点。这个特点和优点，使它在研究方法上有两个学科而不只是一个学科的方法。因而它在方法上比某些学科丰富多样。这个特点要求经济史工作者不能只用历史学科或经济学科中某一学科的方法，更不能用其中一个学科的方法去代替，排斥另一个学科的方法，不能为经济史研究设计一种只适宜一种学科的方法。相反，它要求在两个学科的经济史之间交流研究方法，并在交流中融合为一种经济史学方法。据报道，美国经济学科的经济史工作者与历史学科的经济史工作者定期举行会议，交流研究方法。这值得效仿。我希望中国经济史学会、《中国经济史研究》和《中国社会经济史研究》两种经济史专业杂志的编辑部，承担起组织这种交流的重任，既组织面对面的讨论，也组织笔谈，各抒己见。

或问：对于经济史学来说，历史学的方法与经济学的方法孰轻孰重？我认为，一般地说，二者都很重要，因为缺一不可。如果能将其融合为一，那就不存在孰轻孰重这个问题。就目前的实际情况来说，这个问题中值得探讨的方法有以下两个。

第一，研究某问题该用何种方法，即历史学方法和经济学方法的具体运用问题。因为研究的对象不同，使用的方法也不同。有些问题（如某种经济现象发生的时间、地点等等），仅用历史学的方法（如考证等等）即可解决，无须用经济学方法。有些问题（如经济史通论中的问题等等），仅用经济学方法即可解决，无须用历史学的方法。从整个经济史学科来说，这类单用一个学科的方法就能解决的问题，只占少数，且非学科中的主体部分。就学科中绝大多数的和主体部分的问题来说，是要兼用历史学方法与经济学方法，即将两种方法结合

---

① 这是就一般情况而言，并不排除兼有历史学与经济学两个科学长处的学者存在。

起来使用。结合的具体方式因研究的问题而有差别。然而，研究的都是经济史这个基本共同点，又规定了这种结合方式的基本方面。经济史学研究特定区域、特定时间内人们经济生活演变过程及其规律。故经济史学在时间上是历史的，其内容是经济的。经济史学的这种本质决定了它的研究方法：以揭示经济生活演变过程为主要任务的经济史而言，必须采用经济的历史学方式；以揭示经济生活演变的规律而言，必须采用历史的经济学方法。如果就经济史学研究的根本目的不在于重现经济生活演变过程，而是通过分析这个过程以揭示经济生活演变的规律，而揭示经济规律必须用经济学方法这个角度而言，在经济学方法与历史学方法结合的模式中，经济学方法是其主要的一面。

第二，另一个问题是针对具体的情况强调某个方面，即对具体问题进行具体的分析。例如，对来自经济系的研究生，当要求他们补学历史学的方法时，需要强调说明经济史学的历史学属性与历史学方法的重要性；对来自历史系的研究生，当要求他们补学经济学的方法时，需要强调说明经济史学的经济学属性与经济方法的重要性。对于某个人是如此，对于某个集体（研究室、课题组、编书组等）也是如此。对于经济史学也应如此。由于中国历史学有悠久的、丰厚的传统，代代相承，并在相承过程中有创造，近代以来又吸取外来新知识，形成了一套研究方法；由于20世纪50年代以后的几十年内，大学的经济学读本是苏式政治经济学，其内容简单，分析方法贫乏（社会上流行的经济学读物也是如此），就是学经济的人，也没有学到多少经济学的方法（我毕业于财经学院，并长期在财经学院教学，就没有学到多少经济学方法）；由于历史系的政治经济学是作为思想政治教育课开设的，目的是使学生认识资本主义的腐朽性和必然灭亡，社会主义的优越性和必然胜利，几乎不涉及经济学研究方法（经济学早已开始转轨，而历史系至今仍未讲授西方经济学）；由于这些原因以及其他的一些因素，使我们的经济史工作者，就整体而非个别人来说，对历史学方法比对经济学方法知道得多一些，运用得好一些。以致经济史论著（也是就整体而非个别作品而言）中历史学味道浓一些，经济学味道淡一些。可喜的是，用当代经济理论分析经济史实的文章已经出现，有的已分析得比较深刻，说服力相当强，使人感到一种新面貌，一股清新之风，《当代农史研究》1998年第1期所载董彦彬《从产权理论看我国的农业合作化实践》就是这类文章之一。我们期待着从经济史事实研究中抽象出经济学范畴和反映经济发展规律的理论，这些经济学范畴和经济理论既能丰富经济学理论,为理论经济学所采用,又可以解释现实经济运行,对现行经济工作有直接启迪作用的著作(如希克斯的《经济史理论》、诺思的《经济史中的结构与变迁》等)早日问世。根据这些情况,在当前阶段,在经济史研究中强调一下注重经济学方法的运用,或许是必要的。

(本文原载于《中国经济史研究》1999年第1期)

《中国近现代经济史： 1842~1949》
导言之第一、 二部分

课程改革的主要内容

进入 21 世纪后，中国面临新的形势，高等教育面临新的任务，中国经济史课程的教学必须进行改革。这本教材是适应改革的要求而编写的。相对于本课程以前的教学现状与使用的教材，本书所作的改革与改进主要是：

（1）将中国近代经济史和中华人民共和国经济史两门课改为中国近现代经济史一门课。即采用新的时限：打通 1949 年这个"近代"和"现代"的时间界限，并将下限延至 1991 年，以与现实经济紧密衔接。这是第一本中国近现代经济史教材。

（2）将以生产关系的变化或阶级斗争作主线改为以经济现代化作主线。这就是采用新的主线，从现代化视角来描述、分析、评价中国 150 多年的经济发展过程。这既符合中国近现代经济发展的实际和马克思主义历史唯物论原则，又能使学生学以致用。这是第一本以现代化为主线的中国经济史教材。

（3）将主要目的是使学生了解经济发展过程改为了解经济发展过程中所蕴含的经济理论与经济工作的经验教训。为此，在将史实叙述清楚的基础上，加强理论分析，用经济理论分析经济史实，从分析经济工作与经济发展过程中总结经验教训，概括出理论性结论，抽象出新的理论观点，使中国经济史成为经济学科群中有浓厚理论色彩的基础学科，成为按时序讲授的中国经济发展学，使学生既能从中学到理论，又能提高运用理论分析具体经济现象的能力。

（4）将就近现代论近现代改为将中国近现代经济的发展置于中国经济发展历史长河中来考察。以往，中国近代经济史课程从 1842 年或清代前期讲起。本书在上限即 1842 年之前增加一章，叙述从远古到 1842 年中国经济发展的大势大略；在下限即 1991 年之后增加一章，概述 1949~2000 年中国经济的大势大略，使经济史教学与现实紧密衔接，更好地为现实服务。

（5）将就中国论中国改为将中国近现代经济的发展置于世界经济发展整体格局中来考察。近现代经济的一个重要特点是中国逐步地融入经济全球化过程，中国经济发展受世界经济变化的影响越来越大，对世界经济变化的影响也越来越大。本书在叙述各个时期中国经济情况时，都尽可能地说明这种相互影响，并在结语中进行国际比较，说明中国经济在世界经济中地位的变动，给中国经济一个准确的历史定位。

以上（4）、（5）两项内容能使学生了解从中国大地上有人类活动以来至 20 世纪末经济发展的整个过程，以及这个过程在整个人类经济史中的地位，加强对中国经济整体性的认识。这不仅是 21 世纪青年人应有的知识，也是爱国主义教育的重要内容。

做出上述 5 个方面的改进，是想借此促成高等学校中国经济史课程在进入 21 世纪时来一次较大的改革。

下面对这些改革内容作些说明。

建设一门新课程

一、跟随历史前进

将中国经济史课的下限延伸到现代，开设中国近现代经济史课程，是历史发展与教学改革的需要。

高等学校经济学专业的中国经济史课程，大多数院系是开设中国近代经济史课程，少数院系既开中国近代经济史课，又开中华人民共和国经济史课。

在前一类院系里，只讲 1840 年到 1949 年的中国经济发展的进程。如果说，在中华人民共和国成立之初，在 20 世纪 50 年代、60 年代，只讲把中国经济发展过程讲到 1949 年，讲到与现实经济相距几年、十几年，是合理的话，那么，现在已进入 21 世纪了，若仍只讲到 1949 年，这些院系里的学生便学不到 1949

年以后中国经济发展状况与经济工作经验方面的系统知识。从中国经济史课程来说，它讲授的内容与现实相隔半个世纪，相隔两种社会经济形态（新民主主义经济形态和社会主义初级阶段经济形态），这使它为现实服务的功能削弱，这是该课程既不受学生欢迎从而也不受领导重视的原因之一。学生对在中国经济史中抽出这么一段来讲授，上距人类经济活动起始上万年，下离现实经济半个世纪，前不知源，后不知流，颇不理解。他们戏称为吃"烧鱼段"，前不见头，后不见尾。他们希望能系统地了解中华人民共和国成立以来经济发展的过程与特点、经济工作的经验与教训。学习1949年以后的中国经济史是学生的迫切要求。

为了满足学生的要求与加强中国经济史课程为现实服务的功能，从1958年起，个别学校开设中华人民共和国经济史课程，其内容上起1949年，下至1956年。后来随着历史的发展，其时间下限不断后延。1978年12月召开的中国共产党十一届三中全会，决定将工作重心转向经济建设，把经济建设作为全党全国人民的中心任务，要求总结中华人民共和国成立以来经济工作的历史经验，为加速经济发展和改革开放准备思想的和理论的条件。在改革开放过程中，不少高等院校的校长和中国经济史课程的教师认识到，在现有的教学计划中，没有一门课程系统地介绍1949年以来中国经济发展的过程与特点，经济工作的经验与教训，关于中国经济发展的各种理论及它们之间的争论，这对学生学习毛泽东思想、邓小平理论，了解中国的国情，掌握本国的经验，借鉴外国的经验，理解经济体制改革的必要性和政府经济政策的出发点，优化知识结构，提高素质，都是不利的。开设中华人民共和国经济史课程或在中国经济史课程中增加现代经济史的内容，是时代的要求。于是，开设中华人民共和国经济史课程的院系逐步增加。这门课程的内容丰富、生动而又贴近现实，受到学生的欢迎。

大多数经济院系没有开设中国现代经济史或中华人民共和国经济史，并不是他们不知道其重要性，主要原因是缺乏这方面的教材和能掌握教材内容的教师。编写一部从内容至篇幅都适合教学改革要求的中国近现代经济史教材，并培养能掌握这种教材的师资，已是一项迫切的任务。

二、改两门课为一门课

将中国近代经济史与中华人民共和国经济史两门课改为中国近现代经济史课，是经济史学科科学性的要求。

一些院校设置中国近代经济史和中华人民共和国经济史两门课，使用两本教材。这种以1949年为界，将中国1842年以来中国经济发展整个过程分割为两门课程，又没有将它们连贯起来的教材，造成二者在内容上互不衔接，概念上互不统一，一些整体事物被腰斩，一些事物见头不见尾，以及评价互相抵牾。打通1949年界限，将中国近代经济史课与中华人民共和国经济史课合并为中国近现代经济史课，有助于克服这些弊端，从而提高课程的科学性。下面的两个例子或许能说明这一点。

例一：从1842年至当前的中国经济现代化是一个整体过程。在设置中国近代经济史与中华人民共和经济史两门课程的情况下，这个统一的过程被分割为两部分，在中国近代经济史教材中讲的"经济近代化"，在中国现代经济史教材中称为"经济现代化"。有的学生因此提出"近代化"与"现代化"有何区别的问题。实际上，"近代化"与"现代化"同义，二者都是同一个英文词modernization的汉译。对同一内含的经济现象，同一性质经济过程，分割为两个部分，使用不同的概念，给学生了解中国经济现代化全过程及其中的规律、经验带来困难。将中国近代经济史与中华人民共和国经济史改为中国近现代经济史一门课程，统一使用"经济现代化"这一个概念，连贯地叙述中国经济现代化的全过程，将中国经济现代化及相关经济运动的全过程呈现在学生面前，这有助于他们系统地认识其中的规律与经验。

例二：中国的新民主主义经济形态产生于1927年以后中国共产党领导的解放区内，并随着解放区的发展而壮大、成熟；它终止于1956年对生产资料私有制进行社会主义改造基本完成之时。当以1949年为界区分为中国近代经济史课与中华人民共和国经济史课时，一部完整的新民主主义经济形态史被"腰斩"了。1927～1956年新民主主义经济形态的演进过程，也是新民主主义经济形态代替半殖民地半封建经济形态并进而转化为社会主义初级阶段经济形态的过程。新民主主义经济形态代替半殖民地半封建经济形态的过程，从1927年开始，1952年结束。在这个过程中，发生了从1927年冬开始、1952年基本结束的土地改革，即以农民土地所有制代替地主土地所有制的经济制度变革；发生了从1947年开始、1951年结束的中国共产党领导的政权接管中国国民党领导的政权所有财产的经济制度变革。在设置中国近代经济史和中华人民共和国经济史时，这些或长至25年，或短至四年的变革，被分割在不同的课程里去讲授：一门课讲其"头",一门课讲其"尾"。像新民主主义经济形态、土地改革一类完整过程被"腰斩"的事例还很多。例如,一个半世纪以来的中国经济发展中的一个重大事件是资本主义经济从19世纪中叶产生到20世纪50年代消灭。在开设中国近代经济史与中华人民共和国经济史两门课时,它也被分割成了两个部分。将课程设置由中国近代经济史与中华人民共和国经济史两门课改为中国近现代经济史一门课,这些被分割的事物的全过程便在一门课中完整地出现。这有助于提高中国经济史教学的科学水平。

三、中国近现代经济史是一门新课程

将中国近代经济史与中华人民共和国经济史两门课程改为中国近现代经济史,并不是将前两门课程简单地合并成一门课程,而是建立一门新课程。这是因为:

第一,对象不同。中国近现代经济史课中的现代部分,与中华人民共和国经济史课在研究对象上有所不同。以空间言,后者限于中华人民共和国管辖区,前者包括中国全境,除中华人民共和国行政权力所及之地外,还有台湾地区以及回归之前的香港与澳门。以内容言,后者讲述新民主主义经济形态史和社会主义初级阶段经济形态史,前者还要加上殖民地经济形态史和资本主义经济形态史。前者比后者复杂、丰富。

第二,结构不同。1842年以来,中国经济的一大特点是经济形态变化快,经济形态种类多。先是由封建经济形态逐步演变为半殖民地半封建经济形态(主体部分)和殖民地经济形态(局部地区),然后是演进为新民主主义经济形态(主体部分)和资本主义经济形态(局部地区),接着是主体部分的新民主主义经济形态演变为社会主义初级阶段经济形态。如前所述,当以1949年为界分设中国近代经济史课和中华人民共和国经济史课时,新民主主义经济形态被"腰斩"了。与此同时,在中国近代经济史课中,包括香港、澳门的殖民地经济史。中华人民共和国经济史课中没有1949年以后的港、澳地区殖民地经济史与资本主义经济史、台湾地区的资本主义经济史的内容。在中国近现代经济史中,情况就不同了,不仅主体部分的半殖民地半封建经济形态是有始有终的(1842~1949年),局部地区的殖民地经济形态是有始有终的(1842~1999年),新民主主义经济形态也是有始有终的(1927~1956年)。这就为考察这些经济形态的全过程或完整的历史提供了可能。中国近现代经济史的结构必须是依次考察上述这些

经济形态的嬗变以及在不同经济形态下经济现代化的进程，从中比较出何种经济形态最有利于经济现代化的实现。这种结构与设置中国近代经济史与中华人民共和国经济史两门课及其教材不同。因为，在设置两门课的情况下，不仅所包括的经济形态少，更重要的是有的经济形态或有头无尾，或无头有尾，既不能考察它们的全过程，也无须和不能依次考察它们的相互或代替过程。

第三，视角不同。为了说明这种不同，先举一个事例。在近50年来出版的所有中国近代经济史课程教材中，无一不提到买办阶级、官僚资产阶级，叙述和分析它们的产生、形成和力量、经济活动之猖獗，作用之反动等，而在所有的中华人民共和国经济史教材中，却见不到这两个阶级的踪迹。这不仅给人一种有头无尾的印象，而且使人产生疑问，1949年以后，这两个反动阶级到哪里去了？发生在中国近代经济史教材与中华人民共和国经济史教材中的这种不衔接的情况，从各自的视角来看，都是有理由的。在中国近代期间，特别是在20世纪20~40年代，先后有不少关于揭露与打倒买办阶级和官僚资产阶级这两个革命对象的言论。在中华人民共和国成立后，也确实见不到划分这两个阶级组成分子或成分的政策以及消灭这两个阶级的措施。在中国近代经济史中写它们，说它们反动，是有依据的。在中华人民共和国经济史中不提它们，也是事出有因。

在中国近现代经济史的教材中，情况就不同了。这是因为，第一，在同一本教材中，对同一个问题，既不能有头无尾，也不能前后评价标准不一。第二，打通近代经济史与现代经济史的时间界限以后，便能站在历史的最高点，看清中国一个半世纪以来经济发展历程的连续性与规律性，看到中国从手工生产到机器生产、从自然经济到商品经济、从指令经济走向市场经济、从闭关经济走向开放经济、从传统经济到现代经济转变的全过程，从中认识到走向工业化、商品经济、市场经济、融入世界经济，是中国经济发展的大趋势和大规律，从而能正确评价19世纪中叶以后许多经济事物的性质与意义。中国经济历史如果只讲到1949年，对一些事物只看到头而未见其尾，则难以作出合乎实际的判断。以上文提到的买办阶级为例，在中国与西方国家经济交往中起中间人作用的买办，是随着欧洲与中国通商而产生的，中英鸦片战争之前就有，战后随着中西贸易增长而人数增加很快。一些研究中国近代史的人，认为买办是帮助外国公司办事、赚钱，他们是外国势力的帮凶与走狗，是一个反动的阶级，是革命的对象。当课程只讲到 1949 年时，学生似乎可以接受对买办的这种论断。当把课程讲到 1949 年以后，他们就提出问题：这个反动阶级是如何消灭的？20 世纪 80 年代以后，一些外商代理人，干着与买办同样的事情，是否也是反动的？如此等等。通过观察 1949 年以后中国共产党对买办的处理，通过观察 80 年代以来新产生的大批外商代理人、雇员的活动，以及他们在中国经济现代化中起的作用，就能准确地对这批熟悉中国市场、懂得国际贸易规则、外语水平较高的人物作出评价。中英鸦片战争后，中国的现代化开始于流通领域，与这批人物的活动分不开。中国被动开放或主动开放后中外经济的沟通，与他们的活动分不开。单凭他们帮助外国公司办事并在中国赚了钱，帮助外国商品、外国资本在中国开拓了市场，就认定他们是反动的，这种推理是过于简单了。关键在于中国的现代化进程需不需要增加商品、资本与劳务的出口，需不需要引进外国资本、技术与商品。只有打通近代现代的时间界限，才能正确认识近代时期一些事物的性质与历史意义。买办只是一个例证。同样，对现代时期的一些事物，也只有打通近代现代的时间界限，才能得到正确的认识。例如，在中国现代经济史或中华人民共和国经济史中，一般把 1950 年到 1952 年称为"国民经济恢复时期"。为什么说到 1952 年中国经济恢复时期结束了呢？不了解中国近代经济的情况，对这个问题就说不明白。研究中国经济，打通近代与现代国民经济史的时间界限，是科学认识一个半世纪以来中国经济的要求。

与中国近代经济史与中华人民共和国经济史比较，中国近现代经济史在内涵、结构与观点上有许多新的东西。就这种情况而言，它是一门新课程。

笔者希望这本教材的出版，能推动那些目前还只开设中国近代经济史课程的学校开设中国近现代经济史课，将课程的下限从 1949 年延至 1991 年；推动那些已开设中国近代经济史和中华人民共和国经济史的学校，将它们改为一门中国近现代经济史课。这门课程的普遍开设，有助于中国经济史课程教学质量的提高和社会功能的加强。

（本文原载于《中国近现代经济史：1842~1949》，河南人民出版社 2003 年版）

学科与学派：中国经济史学的两种分类
——从梁方仲的学术地位说起

我想对梁方仲教授在中国经济史学史中的地位谈点认识。这是旧话重提。1988年的这个季节，我和梁先生的学生周秀鸾教授（内人）应邀参加纪念梁方仲先生八十周年诞辰的学术讨论会。我们都发了言，周教授介绍了梁先生的一种研究方法，我谈了梁先生在中国经济史学科建立过程中的功绩。后来要出纪念文集，嘱将发言稿整理成文。我们以二人发言的内容都单薄，遂合二为一，这就是《梁方仲——中国经济史学的开拓者》[①]。为什么要旧题重说呢？原因有二：一是上次讲的不全面，需要补充；二是这次会议的邀请函中写道："梁方仲先生是著名的社会经济史学家，中国社会经济史研究的奠基人之一。"这个提法符合历史事实，非常正确，我完全同意。这次会议的主题既是纪念梁方仲教授，又是讨论中国社会经济史问题，强调梁先生是中国著名的社会经济史学家和中国社会经济史研究的奠基人，理所当然，我完全理解。我的疑虑是，那些不完全了解中国经济史学科和梁先生情况的人，可能会认为，这就是对梁先生学术地位的定性。从梁先生对中国经济史的贡献和历史地位来看，他首先是中国经济史学科的奠基人之一，著名的经济史学家，而后才是著名的中国社会经济史学家，中国社会经济史的奠基人之一。要说清这个问题，需从经济史学科的分类谈起。经济史学科有两种分类方法：一是按研究对象分，二是按研究理论与方法分，就此而言，中国经济史是一门学科，中国社会经济史是这门学科研究中的一种理论，一种方法，一个学派。对此，下面从三个方面作点说明。

[①] 《梁方仲——中国经济史学的开拓者》，引自《纪念梁方仲先生学术讨论会文集》，中山大学出版社1990年版。又引自《周秀鸾经济史学论文选》，中国财政经济出版社2008年版。此文由周教授整理，她提议署二人姓名，我以文本单薄，短小，未予同意。

一、按研究对象区分学科

任何一门科学的成立，都是由于它有特定的（专有的）研究对象（研究领域）。研究对象是区分学科的依据，也是一门学科内部区分分支学科的依据。

按照研究对象的不同，经济史科学有两个大的分支：经济史学与经济史学概论。经济史学包括经济史实（简称"经济史"）与经济史论两个部分。经济史实以人类社会经济生活演变过程为研究对象，主要叙述和分析经济发展的过程。经济史论是在叙述与分析经济发展过程基础上抽象出理论。经济史学概论是以经济史学为研究对象，包括经济史学的对象、功能、理论、方法、历史等，它回答了经济史学是一门怎样的学问和怎样研究这门学问。经济史学科的重点是经济史学，没有经济史学便不会有经济史学概论。经济史学的重点是经济史实，它是经济史学的基础，不把经济史实弄清楚，是不可能抽象出科学理论的。

经济史研究对象的内含包括时间、空间和经济三个因素。这三个要素都是具体的、可分的。以时间而言，可以按相对年代划分，如古代、近代、现代；可以按绝对年代区分，如某个世纪（15世纪、18～19世纪等）、某年（1842年、1952年等）、某年至某年；可以按朝代区分，如汉代、唐代、宋代；还可以有其他许多分法。以空间言，可以按洲（欧洲、亚洲、美洲等等）、海洋（地中海沿岸、太平洋沿岸、印度洋沿岸等）、江河（长江流域、黄河流域、多瑙河流域等等）、国别（中国、日本、美国等）划分；一国之内可以按行政区域（省、市、县等）、经济特征（畜牧业区、农业区等）、自然地貌（山区、平原区、湖区等）、地理位置（沿海地区、内陆地区；东北、华北、西北等）划分。以经济言，可分为宏观（国民经济史）和微观（家庭与家庭史、企业与企业史）两个层次。这两个层次还可以进一步细分。如国民经济又可以区分为农业、工业、商业、金融业、交通运输业等部门经济，每个部门经济又可以区分为若干行业，如金融中可以分为票号、典当、银行、证券等。行业下面还可以再层层划分下去。经济也可以按生产力和生产关系分类。生产力内部可以按要素分为生产工具、生产技术、劳动力等。生产关系中可以按经济形态、经济成分、所有制等分类。经济还可以按再生产过程分为生产、分配、交换和消费，这四类中每一个又包含多个层次。时间、空间、经济三个要素中不同层次的不同组合，构成经济史中范围大小不同、层次有别的难以计数的经济史分支（如欧洲经济史、亚洲贸易史、地中海交通史、东南亚地区钱币史、湖北商业史、湖南大米价格史、中国的土地制度史、唐代财政史山西票号史等等），并由这些分支组成结构复杂的经济史学科体系。

中国社会科学学科分类中的经济史学科和高等学校里的经济史课程，都是按上述原则分类与设置的。以中南财经政法大学为例，经济系设过世界经济史、中国近代经济史和中华人民共和国经济史（以上三门课属于国民经济史），财政系设过中国财政史和外国财政史，商业经济系设过中国商业史，农业经济系设过中国农业史（以上四门课属部门经济史），会计系设过中国会计史，统计系设过中国统计史（以上两门课属经济工具史）[①]。

如若上述的意见是可以成立的话，那么，经济史是一门独立的科学，若按照研究对象三要素的组合来划分，它包括多个经济史分支学科，但不可能有社会经济史。

二、按研究理论区分学派

经济史科学的分类如此之多，内含如此复杂，要想获得有关这门科学的真知，理论（一切理论都应视为方法论，本文所说的理论包含方法）非常重要。与独立的研究对象相适应，经济史学的研究有其自身的理论。这种理论是在经济史学产生过程形成的，随着经济史学的发展而丰富。它在形成过程中吸取了多个相邻学科的理论，并将它们予以改造以适应自己的研究对象，在改造中实现多学科理论的融合，在融合中实现创新，使经济史理论包括多个层次。第一个层次是与经济史研究对象三要素相对应的理论，即经济学理论、历史学理论与地理学理论。与经济史学相邻学科的理论构成其他层次。在这里，层次区分

[①] 一般而言，学科概念有四个要义：其一，一定科学领域或一门科学的分支；其二，按照学问的性质而划分的门类；其三，学校考试或教学的科目；其四，相对独立的知识体系。李鲁、杨天平：《人文社科研究中"科学"与"学科"之辨析》，载《光明日报》2006年7月31日。关于经济史学科的分类与研究方法，笔者曾有《经济史学的分类与研究方法》一文，载《中国经济史研究》1999年第1期。

的依据在于与经济史学关联的密切程度。最密切的，如社会学理论、人口学理论等为第二层次，其他如考古学、古文字学、民族学、钱币学、军事学、人类学、文化学、民俗学、生态学等为第三、第四层次。

经济史有多个分支。经济史理论有不同层次。经济史研究者根据所选分支的对象，采用经济史理论中适宜于该对象的层次。用不同的理论去分析同一种经济现象，往往会看到它的不同侧面，得出不同的结论。这就形成不同的学派。学派区分的依据是研究理论。由于本次会议讨论的是社会经济史，所以在诸多学派中选择社会学派为例。

经济史学研究人类社会经济生活演进的过程。经济生活是社会生活的一个方面，它与社会生活的其他方面有千丝万缕的联系，并且互相影响。研究经济史必须考虑政治、文化以及政治、文化、经济之外的"其他社会领域"对经济变迁的影响，也要考虑经济变迁对政治、文化和"其他社会领域"的影响。这里所说的"其他社会领域"就是社会学的研究对象。经济史学在分析经济发展时，必须考察它与"其他社会领域"中各个方面（如民族、阶层、群体组织、社会结构、风俗习惯等）的互动关系，才能找出全面的原因、后果与工作经验，分析出其中的规律，使人们认识到经济生活在社会生活中的基础地位。只有这样，经济史学研究才不会把经济视为孤立之物，陷入一切从经济内部找原因，说后果，就经济谈经济的困境。此其一。其二，"其他社会领域"范围宽广，情况复杂，这导致社会学的理论深厚，方法多样，如社会整体结构的理论、群体或阶层的理论、田野调查等社会学方法。这些社会学理论和方法对经济史学研究某些问题极为有用，应该学习与吸收，将其融入经济史学的理论与方法。经济史研究者较早用社会学理论与方法分析经济史，并将其成果称为"社会经济史"。在欧洲，20世纪头20年已有以"社会经济史"为名的书。在中国，1932年创刊的第一种经济史专业刊物《中国近代经济史研究集刊》于1937年更名为《中国社会经济史研究集刊》。1934年陶希圣创办的《食货》半月刊，以"中国社会经济史专攻刊物"作为其学术定位。中华人民共和国成立后出版的第一种经济史专业刊物，也取名《中国社会经济史研究》（1982年创刊）。在中国经济史诸多学派中，社会学派旗帜最为鲜明，树立最早，生命力也最为顽强。社会学在20世纪50年代被取缔，到80年代才开始恢复。即或如此，由社会学者写的或由经济史学者用社会学思维方式写的经济史论著却为数众多，成就辉煌，形成了中国经济史学中的一个学派。吴承明先生认为："目前中国经济史的研究可说有三大学派：一派偏重从历史本身来探讨经济的发展，并重视典章制度的演变。一派偏重从经济理论来阐释经济的发展，有的力求作出计量分析。一派兼顾社会与文化思想变迁，可称社会经济史学派。三者也必然对经济史的理论和方法问题有不同观点和见解"①。

中国经济史中存在多个学派，它们各新特色，各有优势。它们的并存和发展有利于经济史学科的百花争艳。多个学派的存在既是中国经济史学繁荣的标志，也是促使它进步繁荣的动力。我希望已有的学派保持相对的独立性，更希望在经济史学今后的发展过程中出现更多的学派。

三、梁方仲在中国经济史学中的地位

上文论证了在经济史学科内，学科与学派的分类标准不同：依研究对象的不同区分为不同的分支学科，依研究理论的不同区分为不同的学派。中国经济史是经济史学中的一门分支学科。中国社会经济史是中国经济史学中的一个学派。研究对象是客观存在之物。研究理论属于主观。前者属于经济史学是什么问题。后者属于怎样研究经济史学问题。当经济史学在中国处于草创阶段，人们未遑对学科分类问题进行细致探讨，对学科与学派区分的标准疏于察觉，以致将二者混淆为一，把经济史学中的一个学派——社会经济史学派误为一个分支学科。

我和周秀鸾教授1988年的发言，只涉及梁方仲先生在中国经济史学科形成过程中的贡献，未谈到他对某些学派建立过程中的作用。这是一大缺陷。与此相关的一个更大的缺陷是，论述他在中国经济史学科形成过程中的贡献时，只是就中国经济史学科形成的四个标志性事件而言。② 现在看来，以此来评价梁先生所作的贡献是不够的。凯恩斯说："经济学与其说是一种学说，不如说是一种

---

① 《吴承明集》，中国社会科学出版社2002年版，第348页。实际上还有其他一些学派，如人口学派，军事学派，地理学派，等等。
② 当时所指中国经济史学科形成的四个标志性事件是：一批中国经济史论著的问世；大学开设中国经济史课程；研究经济史的学术团体和学术机构的建立；中国经济史专业刊物的出现。

方法，一种思维工具，一种构思技术"①。经济学如此，包括经济史在内的其他社会科学亦如此。梁先生等中国经济史第一代学者为中国经济史创立理论的同时，也为中国经济史创立一套经济史研究方法，创立了一种研究经济史的思维方式，创立了经济史的学术规范。这些理论对后学发生启迪作用，这些方法和规范仍是我们要遵循的，这种思维方式是我们要着力养成的。我们说梁先生等人是中国经济史学的奠基人，基本的依据在此。

经济史学的理论、方法、规范等，在研究者身上集中体现为思维方式。第一代中国经济史专业学者的思维方式有其共同处，也各有特点。关于梁先生在经济史思维方式的特征和他做出的特别贡献，在我和杨祖义教授向会议提交的一篇论文（《梁方仲经济史学思维方式的特征》）中有较为详细的叙述。在此，想从学派的角度对他的理论与思维方式的结构特征作点补充。

从梁先生对经济史的研究来看，他采用了多种理论与方法，其中有经济学理论与方法、历史学理论与方法、社会学理论与方法、地理学的理论与方法。梁先生清华大学毕业后，是在著名社会学家陶孟和先生主持的北平社会调查研究所从事经济史研究，受陶先生影响甚大，从而把社会学的理论与方法引入了经济史学的研究，并有许多开拓性的成果。因此，人们称梁先生为社会经济史学家，中国社会经济史研究的奠基人之一，是非常恰当的。但社会学仅仅是梁先生研究经济史的理论与方法之一。从他的经历与著作来看，他使用经济学理论与方法更为突出。一般地说，对于一个社会科学研究者而言，大学本科和研究生时期是专业理论和思维方式奠基的关键阶段。梁先生本科毕业于清华大学经济学系，此后在清华大学研究院攻读经济学硕士学位，受到了系统的经济学专业训练，形成了经济学的思维方式。20世纪30~40年代，他先后到日本、美国、英国考察与学习，进一步加深了经济学的素养。特别是在英国伦敦经济学院期间，受到那里用经济学理论与方法研究经济史学风的熏陶。从学校毕业以后，梁先生一生都是以经济作为研究对象，剖析历史上的经济现象，这要求他用经济学理论作解剖刀。从他的论著中可以看出，在使用的诸多理论与方法中，最为擅长的是经济学理论与方法。与同时代的其他经济史学大师的论著相比较，经济学分析是他的特色。按照上引吴承明先生的分类，我以为，这三派中，梁

---

① 转引自《吴承明集》，中国社会科学出版社2002年版，第316页。

先生都有份：他既是历史学派的，也是社会学派的，更是经济学派的。如若要在这三派中分出个轻重或先后次序，窃以为，他首先是经济学派的，其次才是历史学派的和社会学派的。梁先生是中国经济史学科中社会经济史学派的奠基人之一，也是历史学派的奠基人之一，更是经济学派的奠基人之一。这样，不如说他是中国经济史学科奠基人之一为好。这就是我对梁先生在中国经济史学史中的定位。

（本文原载于《中国社会经济史研究》2009年第3期）

第二部分
意 义

鉴古戒今，借古襄今，是历史研究的基本功能与意义。赵德馨教授认为，中华人民共和国经济史研究的意义主要体现在以下四个方面：

一是为中国和中国人民保留信史。

二是为向他者介绍中国道路与经验提供可信的文本。

三是有利于增强"四个自信"。新中国经济史证明了中国共产党以马克思主义、毛泽东思想为指导，开辟了社会主义道路。社会主义才是中国人民共同富裕和国家强盛之路。同时，社会主义建设是一个探索过程，难免存在失误乃至错误。通过对经济发展过程的叙述和分析，明晰区分探索的失误与社会主义优越性的表现，从而帮助人们坚定"四个自信"。

四是有利于构建中国特色社会主义政治经济学。如后面的"指导思想"小序所述，对于中华人民共和国经济史而言，指导思想是第一位的。新中国经济建设本身就是理论与实践的互动过程。对新中国经济发展经验的总结，也是对新中国经济发展指导思想与理论的总结，是构建中国特色社会主义政治经济学的基础和源头活水。

中华人民共和国经济史课题开题报告
（1983年10月5日）

我介绍一些情况，提出几个问题与想法，请同志们讨论。

一、开题的条件

（一）十一届三中全会决定党的工作重点转到社会主义经济建设上来，十二大提出建设有中国特色社会主义的任务。党中央提倡研究与此有密切关系的经济问题。研究我国三十多年来社会主义经济建设实践的经验，以利于肯定和发扬成功的经验，否定和改正失败的教训，成了迫切的需要。

（二）十一届六中全会通过了《建国以来党的若干历史问题的决议》，总结了三十多年的基本经验，为我们提供了一个共同遵循的纲领。评价三十多年的历史事件有了统一的口径。

（三）国家计委经济研究所、北京大学经济系、社会科学院经济研究所都已开始研究这个问题，中央宣传部决定编写《当代中国》。最近公布的材料、统计数字比过去多。大部分省已着手编纂地方志。大量的、准确的资料是研究的基础。有了同行又可以互相切磋。

（四）学院、党委、院长、科研处重视这个专题，把它列为院重点科研项目；在人员、时间、经费资料等方面大力支持。

（五）经过三年时间的酝酿，在自愿的基础上已经组成了一个小型班子，到今天为止，已有19人。其中教授2人，副教授5人，讲师6人，助教1人，前年毕业的研究生2人，大前年、前年毕业的本科生2人，资料员1人，包括治经济学、工业、农业、商业、财政、金融、经济史等多种学科的教师（见附表一）。今后还可能增加几位同志。只要我们齐心合力，前进道路上的一些困难是可以克服的。

（六）我们已就工作方法交换过意见。我曾写了《关于科研程序的几个问题》，作为在工作方法上统一认识的初步方案，从个别交换意见的情况看，在工作方法上是能够统一的。

（七）一年前，我们已经开始做准备工作编出了《中华人民共和国经济史资料目录索引》，120万字，比较详尽。

从以上七个方面看，开题的必要条件已经具备了。

二、为什么选这个题

研究中华人民共和国经济史，是社会主义建设和社会主义革命发展到当前阶段的迫切需要，是两个文明建设与国内国际思想理论斗争的迫切需要。这可以分别从以下四个方面予以说明。

第一，有助于从动态认识中国的国情和进一步探索中国式社会主义发展道路的研究工作。建设有中国特色的社会主义，必须遵循中国经济发展的客观规律。中国经济发展的客观规律要从中国经济发展的历史过程和我国经济工作的经验中去发现。三十多年来，我们在建设中，已经积累了丰富的经验。实践是检验真理的唯一标准。经验是在认识中国国情并以此为根据建设社会主义所取得的成绩中得出的，教训则是探索正确的建设道路所付出的学费。这些经验教训是血汗换来的，得之不易，应予珍视。成功的经验表明做法是符合国情的。失败的教训表明措施可能不符合实际情况。因而只有经过一段时间（有时是很长的一个时期）的实践以后，回过头来研究一番，才能看清它的发展规律和问题的实质，才能看清一种理论、一种政策的效果。总之，以马克思主义、毛泽东思想为指导，分析中国人民三十多年的伟大实践，是从动态中认识中国国情与探寻中国式社会主义发展道路的基本途径。

第二，有助于社会主义经济理论的丰富和发展。理论来源于实践，符合中国国情的社会主义经济理论，只能从研究中国社会主义经济的历史与现状中抽象出来，也只有这样抽象出来的经济理论才能指导中国的社会主义经济建设。恩格斯在《〈资本论〉第一卷英文版序言》中指出："马克思的全部理论是他毕生研究英国的经济史和经济状况的结果。"经济史学是经济学的基础学科。离开了经济史学，即离开了对经济发展过程的研究，是不能抽象出正确表述经济发展规律的理论的，细致地研究我国社会主义经济发展过程，对社会主义经济理论的丰富与发展必有好处。对社会主义经济理论的研究有一个论与史相结合的问题，这是马克思主义理论与中国实际相结合问题的一个方面。有论无史的理论是缺乏说服力的。我们必须以马克思主义、毛泽东思想为指导，通过分析中国人民经济建设实践的过程，抽象出适合国情、能对中国经济发展起指导作用的经济理论，中国的社会主义经济理论。

第三，有助于加强对群众进行坚持四项基本原则的思想教育。部分学生、青年、干部、群众中存在的关于中国经济发展应走什么道路的思想问题，需要用马克思主义、毛泽东思想的理论以及不可改变的历史事实来回答。从经济史这门学科来说，中国近代经济史证明了资本主义道路在中国走不通。新中国经济史则可以证明社会主义道路救了中国，是中国人民共同富裕和国家强盛之路。通过对经济史的叙述，能够具体地说明哪些是工作上失误造成的损失，哪些是社会主义优越性的表现。使人们将工作的失误与社会主义制度本身的优越性区别开来，从而能帮助人民坚定只有社会主义才能救中国的信念。经济史还用具体的事实和对比方法，说明了我们现在的社会主义制度比旧中国的制度无比优越，我国的经济在受到挫折的情况下仍比印度等国家发展快，人民的生活好一些。教学实践证明，这对宣传四项基本原则是很有说服力的。

第四，有利于在国际上进行的思想理论斗争中取得胜利。在当前和今后一个相当长的时间内，国际上存在着资本主义与社会主义两种制度谁优谁劣的思想理论斗争；大量的原殖民地半殖民地国家要走类似中国的道路；世界上许多人在向今天的中国寻取真理；也有一些人在国际上有意或无意地诋毁中国三十多年来经济建设的成就。我们告诉其他想搞社会主义的国家不要照抄我们的经验，也告诉那些想解决人民吃饭穿衣问题、原来也贫困的国家不要照搬我们的办法，当然我们也不能组织别人研究我们的经验教训。我们写出一部新中国经济发展史，将为他们了解我们提供方便。这对国际共产主义运动的发展和发展中国家人民生活的改善是有好处的。同时也为驳斥对我国社会主义建设的诋毁提供不可反驳的事实依据。

三、这个课题的研究现状

这是一个人们早已关心的课题。从 1958 年起，我们几个人曾经着手搞过，编写了《中华人民共和国经济史教学大纲》和《中华人民共和国经济史讲义》，也给同学讲授过。六十年代中期以后停下来了。十一届三中全会以后，有一些单位及个人已在研究这门科学，他们比我们先行一步。与这个专题有关的现有成果是：

（一）一些学者已经就某个具体时期，某些具体问题写出了专著。

（1）关于具体时期的：有孙健著《中华人民共和国经济史稿》。这是至今为止以"中华人民共和国经济史"命名的唯一的一本书，该书写了 1949 年到 1957 年的经济变化过程，材料可靠。

（2）关于具体问题的：有吴江著《中国资本主义经济改造问题》，工商行政管理局经济研究所的《资本主义工商业的社会主义改造》，李成瑞的《中华人民共和国农业税制史稿》，等等。

（3）从政治经济学角度出发的：有许涤新的《中国过渡时期国民经济分析》，薛暮桥的《中国社会主义经济问题研究》，等等。

（二）正在从事研究的单位和个人。

（1）许多部委、省市已组织专门人员从事《当代中国》编写工作。

（2）国家计委经济研究所、中国社会科学院经济研究所、北京大学经济系都有人从事这个课题的研究。

（3）北京大学经济系李德彬副教授在开这门课。

（三）出版了一批资料书。例如《中国农业合作化资料》《私营商业社会主义改造文件选编》《中国统计年鉴》，等等。

存在的主要问题有两个：

（1）将国民经济作为一个整体。将三十多年作为一个整体过程来研究的成果尚未问世。

（2）基础准备工做得很不够。诸如目录索引、专题大事记、系统的资料汇编、文件汇编、中外对比、各家论点分析、专题研究、各地区经济尤其是少数民族地区经济发展情况的研究等，或薄弱或缺乏，这种情况给我们提出了从何处着手的问题。我们的工作必须从最基础的工作做起。

四、对今后工作的初步设想

（一）目标

（1）写出多卷本的《中华人民共和国经济史》。随着时间的推移而增加卷次。目前计划在七年时间内写出四卷。第一卷：1949~1956年。第二卷：1957~1966年。第三卷：1967~1976年。第四卷：1977~1985年。

（2）出一支小型的研究中华人民共和国经济史的队伍。参加者在他负责研究的那个专题领域内有发言权。为了能长期坚持研究下去，应不断补充新人，形成梯队。最好是成立中国经济理论与历史研究室，其人员，少数是专职的，多数是兼职的。

（3）有助于建设几门新课。如：中华人民共和国经济史、新中国工业史、新中国商业史、新中国农业史、新中国财政史、新中国金融史、新中国人口经济史、新中国经济体制演变史、中国计划史，等等。

（4）为参加个人写作专题（论文）或专著打下基础。

（5）为招收新中国经济史研究生做准备。

如果能达到上述五点，有可能使我院成为研究中华人民共和国经济史与理论的中心之一。

（二）时间

在时间问题上，从各方面来说都希望快出成果。学院领导希望我们快出成果。每个参加者也希望快出成果。这里还有一个社会主义竞赛的问题，我们都希望成果能出在别人前面。教学也希望快出成果。政治经济学专业在等着开这门课。但是，客观上存在着一些困难，缺乏系统资料、专题研究基础较差、工程大。我们每个人都有教学工作，研究时间少；有的同志担负了其他的研究课题，一时脱不了手；还有个在实践中练兵的问题；如此等等。因此，我们只能采取先慢后快的办法，开始慢一点，打好收集资料的基础，熟悉了方法之后，就可以快起来。具体时间设想请看附表二。

（三）几种可能

有三种可能性：一是开场锣鼓一敲戏也就完了。二是写成第一卷。三是达到预期目标。我们争取这最后一种可能性。要使这个可能性变成现实，需要有三个条件：

（1）院部和各系领导决心大，坚决支持，不因各种矛盾而动摇。这是关键。因为课题组是跨系组织的，工作时间又长，没有这一条，将一事无成，不欢而散。

（2）我们同心协力，艰苦工作。在外面不必要的活动尽量少参加，可以推出去的校外兼课等不要接受或尽可能地少接受，以利集中时间和精力。在这个方面，我们是否需要制订一个共同遵守的协议？

（3）采用正确的工作方法，路子对头。在这个问题上一定要统一思想，集体编书搞得不欢而散，大都出在三个问题上：方法不一，观点分歧，争名争利。我们事先要将这三点说清楚。在方法问题上，《关于科研程序的几个问题》中的意见是否可用。应作些什么修正和补充，请大家直言不讳。在观点问题上，各人进行专题研究时，可以各有各的观点。在写成书稿时，全书观点必须一致。为此，采取主编责任制。全书有统一的主编，每卷也有主编。第一卷主编黄希源同志，第二卷主编邱丹同志，第三卷主编梁尚敏同志，第四卷的主编以后再定。各卷的专题大事记、专题资料长编、专题论文集，由专人负责编辑。

（四）步骤

从打好基础入手，稳扎稳打，一步一个成果。

每一卷都分四步进行：第一步，收集资料，列出目录、大事记、文件汇编或资料长编。现已编成的《中华人民共和国经济史资料目录索引》，湖北人民出版社考虑出版。将来编得好的资料长编和文件汇编也争取出版。第二步，进行专题研究，将质量好的专题论文编成论文集，争取出版。第三步，撰写书稿。第四步，主编修改定稿。

第一步的收集资料工作切不要忽视。每个人都应有与自己专题相关的资料目录索引。审阅专题论文和书稿时必须看每个人的资料卡片（请大家注意，凡属内部资料一定要在卡片上注明。这种资料研究问题时参考可以，但不能公开引用），一定要在丰富资料的基础上进行专题研究，否则不能写书，这是一个学风问题。写出专题论文后，再构思书的提纲，然后撰写书稿。

五、第一卷主要专题与分工

第一卷主要专题与分工见表1。

表1　　　　　　　　　　专题与分工

顺序	专题	承担者
（1）	历史的遗产	周秀鸾
（2）	革命根据地新民主主义经济的发展	赵德馨、周秀鸾
（3）	肃清帝国主义在华经济势力与对外经济的关系	成协祥、赵凌云
（4）	没收官僚资本与企业民主改革	苏少之
（5）	平稳物价和统一财政经济工作	余鑫炎
（6）	调整工商业	余鑫炎
（7）	土地改革与农业生产的恢复	黄希源、石丹林
（8）	过渡时期总路线与第一个五年计划	邱丹
（9）	农业的社会主义改造与农业生产	黄希源、石丹林
（10）	资本主义工业的社会主义改造	帅重庆
（11）	资本主义商业的社会主义改造与商业	余鑫炎
（12）	手工业的社会主义改造与手工业生产	朱矩萍
（13）	财政	梁尚敏
（14）	金融	傅春章、李一芝
（15）	国民经济管理体制的建立	叶远胜
（16）	科学技术与物质基础	帅重庆
（17）	人口	李俊杰
（18）	人民物质生活与文化生活	张宪成
（19）	少数民族地区经济的改革与发展	张鸣鹤

六、几件具体的事

（一）秘书工作：苏少之、赵凌云

（二）资料工作：王秀兰

（三）内部讨论的学术观点不要外传。内部资料（包括文稿）也不要外传。我的学术水平低，修养也差，脾气不好，恳请大家多提意见、多加谅解。

今天已经打响了开场锣鼓，让我们就开始工作起来吧！

附表 1　　　　《中华人民共和国经济史》课题组名单

姓名	职称	系别
赵德馨	教授	政治系
黄希源	教授	农经系
张鸣鹤	副教授	农经系
梁尚敏	副教授	财政系
邱丹	副教授	政治系
张宪成	副教授	政治系
周秀鸾	副教授	政治系
余鑫炎	讲师	商经系
李俊杰	讲师	政治系
朱矩萍	讲师	政治系
李一芝	讲师	财金系
傅春章	讲师	财金系
帅重庆	讲师	工经系
成协祥	未定（79级研究生毕业）	政治系
叶远胜	同上	政治系
苏少之	同上（78级本科毕业）	政治系
赵凌云	同上（79级本科毕业）	政治系
石丹林	助教（78级本科毕业）	农经系
王秀兰	资料员	政治系

附表 2　　　《中华人民共和国经济史》专著写作时间的设想

时间 卷次	每卷完成时间		各具体步骤完成时间			
	计划时间	起止日期	收集资料	专题研究	撰写书稿	主编定稿
第一卷	二年半	1983.10~1986.1	1983.10~1984.3	1984.3~1985.1	1985.2~1985.7	1985.7~1986.1
第二卷	一年半	1986.1~1987.7	1985.7~1986.1	1985.7~1986.1	1986.7~1987.1	1987.1~1987.7
第三卷	一年半	1987.7~1989.7	1987.1~1987.7	1987.7~1987.7	1988.1~1988.7	1988.7~1989.1
第四卷	一年半	1989.1~1990.7	1988.7~1989.1	1988.7~1989.1	1989.7~1990.1	1990~1990.7

注：各人负担的教学任务情况不同，因此，在时间的安排上也有不同。但集体编书，必须有统一进度的方面，如：1985年1月底以前必须都完成第一卷的专题研究。1985年7月以前必须完成第一卷的书稿。否则，一人失约，全书延期。请诸位按照自己的情况制订一个第一年的进度计划。

（本文为中华人民共和国经济史课题开题时赵德馨教授所作报告）

大力开展对新中国经济史的研究是时代的要求

一、创业的时代应有信史

十亿人民，在中国共产党的组织领导下，当家作主，同心同德，协力创建繁荣富强的社会主义新中国，无论是亲者，还是仇者，都将不得不承认，它是一个彪炳人寰，无比壮丽的创业时代。中华人民共和国成立的三十五年，对具有六千年文明史的中华民族来说，只是一瞬间。可是，在这三十五年中，我们创造性地开辟了适合中国特点的社会主义改造的道路，建立和发展了社会主义经济，消灭了剥削制度，开创了中华民族历史的新纪元。在这三十五年中，我们建立起独立的比较完整的国民经济体系。1983年与1949年相比，工农业总产值增加了19.2倍，其中工业总产值增加了56.3倍，农业总产值增加了4倍。新中国诞生的前夕，美国国务卿艾奇逊说："人民的吃饭问题是每个中国政府必然碰到的第一个问题。一直到现在没有一个政府使这个问题得到了解决。"他预言我们无法解决当时还只有五亿人的吃饭问题。现在的事实是：我们依靠自己的力量基本上保证了现在已增加到十亿人民吃饭穿衣的需要。我国人民从来没有像今天这样的安居乐业，我们国家从来没有像今天这样的繁荣强盛，中华民族从来没有像今天这样的生气勃勃。从十八世纪七十年代世界上发生产业革命之后，先是中国封建统治者愚昧顽固，视新的科学技术为奇技淫巧，闭关自守，拒不学习。后是资本帝国主义国家用不等价交换、资本输出、勒索战争赔款、直接抢夺等手段，榨取中国人民创造的财富。中国日贫，它们益富。它们与中国封建势力勾结在一起，扼杀中国的改革和进步。到1949年，和发达国家相比，我国大约落后一百年。经过三十五年的艰苦奋斗，这个差距已经大为缩短了。任何人，只要睁眼看事实，就无法否认我们在物质文明和精神文明建设方面所取得的辉煌成就。在我国悠久的历史中，有哪一个阶段可以和这个三十五年相提并论呢？没有！我们有责任对这些成就，作出如实的叙述，正确的评价，系统的总结。

三十五年来，我们从事的是社会主义建设事业。1949年以前，在中国，有谁干过建设社会主义的事业？没有。在世界上，有谁曾在一个人口占人类四分之一、经济落后的半殖民半封建社会废墟上开展过社会主义经济建设？也没有。我们干着前人没有干过的事业。中国社会主义经济建设的道路要由我们去开创。外国虽有过建设社会主义经济的经验，但国情不同，基础不同，只能供参考与借鉴，不能直接援用。在本来没有路的地方要找到一条直达目的地的捷径，谈何容易，其间免不了要作些探索。在探索过程中，出现踉跄、踟蹰、迂回，步伐或快或慢，是不足为奇的。在坐标图上，一些表示三十五年来重要经济指数的线条，不仅有曲曲折折，也有陡上陡下。经济发展经历了几起几落。有些曲折是不是可以避免？有的为什么还一再发生？为了总结教训，免蹈覆辙，此中原因需要我们认真研究。

中国三十五年来经济的变化空前剧烈。我们为成功、胜利高兴过，也为挫折、失败痛苦过。这三十五年，是变革的年代，胜利的年代，探索的年代。这变革，这胜利，这探索，交织成一幅伟大时代的画面。它是一部社会主义经济形态建立和巩固史，是中国社会主义经济建设的创业史。在中国经济史上，它是最新的篇章，也是最辉煌的篇章。为了有利于当前和今后现代化的进程，这篇章——也就是中华人民共和国经济史，应该及时地写出来。创业的时代需要信史。

二、中国经济史的重点

中国经济史是一门过去未被重视，因而基础薄弱的学科。无论是古代经济史，或是近代经济史，都需要认真研究。但是，学科建设的重点应在现代部分。

解放以来，人们十分重视毛泽东同志在论述研究中国史时曾经强调首先要研究近百年的经济史、军事史、文化史的意见，在经济史学科的建设上，把注意力较多地集中在近百年经济史。毛泽东同志是在20世纪四十年代初提出这个意见的。当时我国尚处在半殖民地半封建社会的时期。近百年经济史，也就是从 1840 年开始的半殖民地半封建社会经济史。毛泽东同志所强调的，实际上就是要研究当时的"现代"经济史。

时间不断地推移，现实不断地转化为历史。正因为是在不断地转化，人们对刚刚发生的事，往往很难在现实与历史之间划出一个明确的界限。时间在迅速地运动着。过去，或者"昨天"，是凝滞而无限的。未来，或者"明天"，姗姗来迟，然而也是无限的。唯有当前，或者"今天"，是瞬息即过。如果把现实理解为狭隘的、时间上的今天，那么，"研究现实问题"的范围就是极小的了。对"研究现实问题"的正确理解，应该包括刚刚由"今天"转化而成的"昨天"，和即将转化为"今天"的"明天"。我们常常说要懂得中国的今天，也要懂得中国的昨天和前天。如果"前天"比喻古代，那么"昨天"就是近代，"今天"应是当代。1949 年 10 月 1 日中华人民共和国成立至昨日的中国经济，就其是过去的事来说，属历史；就时代来说，属当代。它既是历史问题，也是当代中国的现实经济问题，与我们正在进行的经济建设直接相关联。这是中华人民共和国经济史的一个主要特点。因此，我们称之为中国现代经济史或中国当代经济史。历史科学要把研究重点着眼于当前，面向现代化，面向未来。时代变了，我国已从半殖民地半封建社会时代进入社会主义时代。中国经济史学科理应把研究重点移到中国现代经济史上来，认识过去，更好地为现实服务。

三、从动态中认识国情

邓小平同志指出：我们的现代化建设，必须从中国的实际出发。"把马克思主义的普遍真理同我国的具体实际结合起来，走自己的道路，建设有中国特色的社会主义，这就是我们总结长期历史经验得出的基本结论。"[①] 寻找有中国特色的社会主义建设道路，是当前的一项迫切任务，需要从多方面努力。其中最重要的有三个方面：一、正确地认识中国的国情；二、建立从中国经济实际中抽象出来的、能指导中国经济建设顺利发展的马克思主义政治经济学；三、系统总结

---

① 《邓小平同志在中国共产党第十二次全国代表大会上的开幕词》。

中国社会主义建设的经验。怎样正确地认识国情？可以采取两种方法。一种方法是解剖横断面的方法，或静态分析法。如调查有多少土地、耕地、人口、资源、企业、固定资产等等，这种研究是认识国情必不可少的。另一种方法是解剖纵向的发展过程的方法，或动态分析法。如研究经济是怎样发展的，人口、耕地的增减等等，从运动过程中认识它们之间的相互关系。只有这种研究才能使我们认识中国经济运动的轨迹与规律——国情中本质的部分。中国经济发展的客观规律要从中国经济发展的历史过程中去发现。实践是检验真理的唯一标准。在把马克思主义普遍原理同中国具体实际相结合的长期反复的实践过程中，一般地说，成功了的，表明做法是符合国情的，失败了的，表明措施可能不符合国情。因此，只有经过一段时间（有时是很长的一个时期）的实践以后，回过头来研究一番，才能看清中国经济发展规律，也才能认识中国的国情。过去的三十五年，是探索中国社会主义建设最佳道路的年代。这种探索仍在继续。总结过去三十五年探索过程，回头看看脚印，对今天的探索会有直接的帮助。研究中华人民共和国经济史，以马克思主义、毛泽东思想为指导，分析中国人民三十多年的伟大实践，是从动态中认识国情的基本途径。

四、社会主义经济史与社会主义经济理论

社会主义经济同以往的一切经济不同，不是自发地发生发展的，而是人们在马克思主义指导下自觉地去建设的。具体地说，需要马克思主义政治经济学作指导。恩格斯早在《反杜林论》一书中就曾教导我们："人们在生产和交换时所处的条件，各个国家各不相同，而在每一个国家里，各个世代又各不相同。因此，政治经济学不可能对一切国家和一切历史时代都是一样的。……谁要想把火地岛的政治经济学和现代英国的政治经济学置于同一规律之下，那么，除了最陈腐的老生常谈以外，他显然不能揭示出任何东西。因此，政治经济学本质上是一门历史的科学。它所涉及的是历史性的即经常变化的材料；它首先研究生产和交换的每一个发展阶段的特殊规律，而且只有在完成这种研究以后，它才能确立为数不多的、适合于一切生产和交换的、最普遍的规律。"[①] 在这里，

---

① 《马克思恩格斯选集》第3卷，第186~187页。重点是原有的。

恩格斯深刻地阐明了政治经济学是具有国别性和历史阶段性的，只有首先研究具体国家的生产和交换的每一发展阶段的特殊规律，才能建立科学的、适用于该国的政治经济学的道理。不这样做，就只能照搬外国的政治经济学，只能说些"陈腐的老生常谈"，如果用来指导经济建设，则必然造成严重的后果。在这方面，我们是有过教训的。"我们的国家有自己的特点，在经济理论方面照抄别国是要吃苦头的，这种苦头我们已经吃够了。"① 我们应以马克思主义为指导，研究我国社会主义经济发展过程，从实际中抽象出理论，把这种理论运用于实际过程中，进行检验并修正与补充理论。这样，才能建立具有中国气派的社会主义政治经济学，只有这样政治经济学才能用以指导中国的社会主义经济建设。经济史学是经济学的基础学科。离开了经济史学，即离开了对经济发展过程的研究，是不能抽象出正确表述经济规律的理论的。马克思写《资本论》，研究资本主义经济发展规律，是以英国为典型的。他系统地深入地研究过英国经济历史与经济状况。恩格斯在《资本论》英文版序言中说，马克思的"全部理论是他毕生研究英国的经济史和经济状况的结果"②。马克思如果不作这种研究，就不可能揭示资本主义经济发展规律，建立马克思主义的政治经济学。过去的三十五年，是我国社会主义经济建设的实践过程，又是我们对社会主义经济建设认识提高和深化的过程，历史与认识一同前进。细致地研究中华人民共和国经济史，分析中国社会主义经济发展的过程，必将有助于经济理论的研究，做到论与史相结合，马克思主义理论与中国实际相结合，从而丰富并发展社会主义经济理论，十一届三中全会以来，我们正在建设一门适合国情、能指导中国经济发展的社会主义经济理论。这是一个长期的任务，当前只是刚刚开始。在这起步的时候，我们就应充分重视中国现代经济史学科的研究，使经济理论的建设顺利进行，少走弯路。

五、基本的任务是总结经验

从事经济建设，同做任何一项工作一样，经验是极为重要的。当我们自己

---

① 陆定一：《薛暮桥〈中国社会主义经济问题研究〉修订版序言》，载《读书》1964 年第 2 期。
② 《马克思恩格斯全集》第 23 卷，第 37 页。

还没有经验的时候，只好学习外国的经验。事实正如邓小平同志在十二大开幕词中指出的："无论是革命还是建设，都要注意学习和借鉴外国经验。但是，照抄照搬别国经验、别国模式，从来不能得到成功。"自己的经验是最重要的。因为它是符合国情的，干部和群众有过切身体验的。问题在于对自己的经验要作深入、具体、系统的总结，并用各种办法使干部群众了解它们。十一届三中全会之前，我国经济发展有过几次大的曲折，除了其他因素外，重要的原因之一，是未能正确地总结经验教训，使之系统化，并为干部群众所掌握。

研究中华人民共和国经济史的基本任务之一，就是根据经济发展的实际过程，去伪存真，由表及里，进行综合研究，分析何时何事有何经验，有何教训，何以是经验，何以是教训，从而深入地、具体地、系统地总结建国以来经济工作的得失。三十五年来，我们有过巨大的成功，也备尝了失误的苦痛。我们取得的成就是主要的，经验是丰富的。我们也犯过错误，教训也不少。经验是在建设社会主义所取得的成绩中得出的，是创造性地运用马克思主义的结果。教训是探索正确的建设道路，总难免要遭遇到这样或那样的挫折和失败所付出的学费。这些经验教训是生命与汗水换来的，得来不易，应当珍惜。事实已经证明，不能正确地区分经验与教训，把经验当作教训，或把教训当作经验，忽视或掩盖错误，将招致更大的错误。结合分析三十五年经济发展过程，正确总结正反两方面的经验，揭示其中带规律性的东西，是制定经济方针、政策的重要根据。

当前的经济建设是十亿人民参加的事业。如果十亿人民了解我们自己的经验教训，十亿人民将会变得更加聪明，更加自信。这是一种无比巨大的力量，能迅速地转化为物质。同时也会进一步加强全党全民同党中央在思想上保持一致，在行动上更自觉地执行十一届三中全会以来的路线。因为这条路线正是建立在深刻地总结全会以前我国三十年来经验教训的基础之上的。

六、在加强政治思想教育方面的作用

历史从昨天走来，给我们带来前人的智慧遗产，营养着今天，并指导着走向明天的战斗。一部中华人民共和国经济史，带给人们的智慧，不仅包括经验，还包括思想教育，社会主义精神文明的建设也要求尽快地建设这门学科。

当前在各个岗位上劳动、工作的人们，参加经济建设时间有长有短，五十岁左右的，大都参加了全过程。自觉的战斗者是需要回顾足迹的。他们需要阅读、叙述三十五年建设史的篇章。回顾往事，追忆创业维艰，从中得到欣慰，受到鼓舞。同时，也会引起冷静的思考，分析成败的因素。我们的社会主义建设正在发展。今天和未来参加建设的人们需要读到这样的篇章，从中了解我国社会主义经济发展的过程与规律、经验与教训、长处与弊端，增加解决问题的智慧与力量，扬长避短与改革弊端当能切中要害。

部分青年学生、干部、群众中存在一些认识问题，究其实质，大多涉及中国经济发展应走什么道路的问题。这需要用马克思主义、毛泽东思想的理论以及不可改变的历史事实来回答。从经济史这门学科来说，中国近代经济史证明了资本主义道路在中国走不通。新中国经济史则可以证明中国共产党以马克思主义、毛泽东思想为指导，开辟了社会主义道路，救了中国，社会主义才是中国人民共同富裕和国家强盛之路。通过对经济发展过程的叙述和分析，具体地说明哪些是工作上失误造成的损失，哪些是社会主义优越性的表现，使人们将工作的失误与社会主义制度本身区别开来，从而帮助人民坚定只有社会主义才能救中国的信念。经济史还用具体的事实和对比的方法，说明了我们现在的社会主义制度不仅比旧中国旧社会制度优越，也比资本主义制度优越。我国的经济在几经失误和挫折的情况下仍比基本情况和起点约略类似的印度等国发展快，人民的生活也好一些。一门新中国经济史，证明我们能够自力更生，独立自主地解决中国的经济问题。我们有魄力对外开放，把别人的好东西"拿来"。我们有跻身于先进民族之林的能力，这有利于加强民族自信心。常常遇到一些青年提出这样的问题：既然我们的社会主义制度比资本主义制度优越，为什么我们的经济不如他们发达？通过学习新中国经济史，了解我国社会主义经济发展的起点和过程，他们就会懂得简单的对比是不科学的，而从事实和正确的对比中得出结论只能是社会主义经济制度为生产力的发展开辟了广阔的场所。

新中国经济史将帮助人们正确地理解科学社会主义。我们是在半殖民地半封建经济形态的废墟上建设社会主义经济的。在旧中国，占主导地位的是自足自给的封闭型经济，商品生产没有充分的发展，资本主义大工业很不发达，生产力水平低，产业工人少，农民与手工业者如汪洋大海。社会主义来到小生产者面前，必然发生一个他们对社会主义是怎样理解的问题。其特征就是平均主义或绝对平均主义。"绝对平均主义的来源，……是手工业和小农经济的产物①。"三十五年的经济史证明，这种思潮不断泛起，破坏社会主义经济建设。划清科学社会主义和以平均主义为特征的农业社会主义的界限是一项长期而艰巨的任务。我党一贯地作这种区分工作、教育工作。在当前，这项工作是经济改革中的重要内容，新中国经济史将用事实证明平均主义（吃大锅饭）的危害性，历史的思考有利于人们抛弃错误的观念，接受科学的社会主义，以利于实现经济改革。

七、对外开放的需要

我国实行对外开放的政策。许多国家、公司、企业、团体和个人和中国发生经济交往。他们都想了解中国经济来龙去脉的状况以预测发展趋势。从这种需要出发，国外研究中国经济发展过程的组织和人员日益增多，并出版了一批关于中国经济发展史的著作。其中虽然也有使人受到启迪的见解，但由于他们并不真正了解中国经济发展的具体情况，未能掌握系统的符合真情的材料，加以观点、方法的偏颇，结论往往是不合实际的。世界上有许多关心我国经济建设的朋友，真心诚意地想给我们提出建议，他们也需要了解中国经济发展的过去和现状。此外，有相当数量的第三世界的国家，他们原先也是半殖民地或殖民地经济，与中国具有相似的苦难经历；现在又面临着我们在过去三十年内曾经面临过的如何解决人民穿衣吃饭、建立起能巩固民族独立的经济等任务。我们告诉他们不要照搬我们的做法，然而我们也不能阻止他们了解或研究我们的经验教训。我们的成功必然激励这些国家和人民的信心。我们的失误，对他们也会起有益的借鉴作用，当前社会主义国家也面临许多共同的问题。各个国家有各自的具体情况，不能照搬他国的模式。但是，互相了解情况，彼此借鉴，从成功的经验和失败的教训中学习，却是十分必要的。我们有责任编写新中国经济史，为他们了解我们走过的道路与经验提供方便，这对我国经济的发展，

---

① 《毛泽东选集》合订本，人民出版社 1964 年版，第 89 页。

对发展中国家人民生活的改善，对国际共产主义运动的发展，都是有好处的。

在当前和今后一个相当长的时期内，世界上存在着资本主义与社会主义两种制度，也就必然存在着两种经济制度谁优谁劣的思想理论斗争。在国际上，某些人有意诋毁中国三十多年来经济建设的成就；也有一些人是由于对情况不够了解，歪曲了我们走过的道路。编写出新中国经济发展史，可以为希望了解我们的人们提供真实情况，同时也是用无可辩驳的事实有力地回击那些对我国社会主义建设的诋毁。

伟大的经济变化需要记录，几亿人民的创业活动要求有信史。正在进行的经济建设事业需要有借鉴。世界人民需要了解新中国，如实地写出这样的篇章，是时代的需要，人民的需要。加强中华人民共和国经济史的建设已是一项不容拖延的任务了。

（本文原载于《湖北财经学院学报》1984 年第 5 期）

《中华人民共和国经济史（1949~1966）》导言

一、研究中华人民共和国经济史的意义

中国人民在中国共产党的领导下，艰苦奋斗，建设社会主义的新中国，已经历了38个年头。38年，对具有6 000年文明史的中华民族来说，只是一瞬间；对人类历史长河来说，不过是一朵浪花。然而，对从苦难的半殖民地半封建社会走过来的、并有幸参与创造新的社会经济形态的中国人民来说，这38年是何等辉煌的历程！甘苦自知，每一步都值得回首品味。对世界人民来说，这38年间，亲眼看到在极端贫穷落后的国家里创建社会主义社会的第一个范例，也会佩服惊异，欲穷其究竟。

在38年中，我们创造性地开辟了适合中国特点的社会主义改造的道路，消灭了几千年的剥削制度，建立和发展了社会主义经济制度，开创了中华民族历史的新纪元。38年来，我们努力与贫穷和不发达作斗争，建立起了独立的、比较完整的国民经济体系，初步改变了旧中国遗留下来的落后面貌。每人占有的粮食已接近世界平均水平。10亿人民的温饱问题基本得到解决。中国从来没有像现在这样的繁荣昌盛。中国人民从来没有像今天这样安居乐业。中华民族从来没有像今天这样生机勃勃。在中国悠久的历史中，没有哪一个阶段的38年，可以和这个38年相提并论。这是一个创业的时代，它彪炳人寰，无比壮丽。

38年来，我们从事的是社会主义建设事业，经济变化空前剧烈。这是前人没有干过的事业，我们在探索中前进。在探索过程中，出现跟跄、踟蹰、迂回，步伐或快或慢，但是总的趋势是前进了。我们为成功、胜利高兴过，也为挫折、失败痛苦过，这38年，是探索的年代，变革的年代，胜利的年代。这探索，这变革，这胜利，交织成一幅伟大时代的画面。它是一部新旧经济形态交替史，

一部社会主义经济形态建立和巩固史，一部社会主义经济建设的创立史。在中国经济史上，这是最新的篇章，也是最辉煌的篇章。为了有利于当前和今后的现代化进程，这篇章——也就是中华人民共和国经济史，应该及时谱写出来。这篇章是我们用行动谱写出来的，理应由我们用文字表述出来。创业的时代需要信史。当时的当事人，我们，有责任写出信史。

建国以后的这 30 多年的经济发展过程，从历史即过去的事这个意义上，可以称之为"中华人民共和国经济史"，从其所属的时代为当代的事这个意义上，又可称之为"当代中国经济"。研究这个阶段的经济史，除了有研究经济史的一般功效外，还有其特殊的意义。

（一）有助于推进当前的经济建设与改革。1978 年 12 月中国共产党召开的第十一届中央委员会第三次全体会议，决定将全党工作的着重点转移到社会主义现代化建设上来。为了迎接经济建设的伟大任务，这次会议对建国以来经济建设的经验教训作了历史的回顾，指出基本经验教训的要点，为实事求是地总结建国以来经济建设工作确立了正确的指导思想，并创造了良好的条件。在这以后，中共中央和国务院多次强调，为了搞好经济建设，必须深入地研究建国后经济发展过程，并为此作出了一系列的安排。

根据十一届三中全会的精神，全国人民的中心任务是经济建设，大幅度地提高生产力。为此，必须进行改革，使社会主义制度不断地完善和发展。改革是多方面的，要进行经济体制的改革、科技体制的改革、教育体制的改革和政治体制的改革，中心环节是经济体制的改革。改革经济体制是一项艰巨的任务，它需要比较长的时间才能完成，其之所以需要较长时间，一个很重要的原因是社会主义经济体制正在实践中，正在创造中，至今还没有一种完善的、现成的模式可以照搬。历史的经验已经告诫我们，即使在别的国家出现了一种被称为完善的模式，我们也不能照搬。经济体制本来就应因不同国度的情况而异，因不同时期的情况而异。不可能有一种适用于各个国家、各个时期的固定模式。为了探讨经济体制改革的正确方向，使改革顺利进行，需要做一系列的工作，其中首先是历史经验的总结与理论的准备。中共中央在提出改革任务的同时，就提出了总结历史经验和研究有关理论问题的任务。1979 年 4 月上旬举行的中央工作会议强调：为了做好当前的和今后一个比较长时间的改革工作，要立即组织各有关方面的力量，总结国内的经验，汲取国外的好经验，进行认真的调查研究。改革这件事如果缺乏正确的理论指导，缺乏对实践经验的系统总结，是办不好的。中共中央希望做理论工作的和做实际工作的同志，都能在这方面做出积极的贡献。我们的这个课题组——中华人民共和国经济史课题组，正是响应这个号召而自愿组织起来的。

需要这样做的道理是不难明白的。因为为了使改革进展顺利，必须弄清楚几个问题：为什么要改革？现存经济体制中，哪些仍需坚持，哪些定要改革？怎样改革？今后应实行什么样的经济体制？改革的困难和阻力是什么？这些问题，可以从其他社会主义国家的改革中得到启示，但根本的途径却是从本国人民实践的历史经验中寻求答案。事实正如邓小平在中国共产党第十二次代表大会开幕词中指出的："无论是革命还是建设，都要注意学习和借鉴外国经验。但是，照抄照搬别国经验、别国模式，从来不能得到成功。"[①] 本国的经验是最重要的，因为它符合国情，干部和群众有切身体验。问题在于对自己的经验要作深入、具体、系统、正确的总结，并用各种办法使干部群众了解它。中国共产党十一届三中全会之前，中国经济发展有过几次大的曲折，除了其他因素外，重要原因之一，是未能正确地认识国情，全面地总结经验教训，并使之系统化，为干部和群众所掌握。十一届三中全会端正了党的思想路线，正确地总结经验有了可能。十一届六中全会通过的《中国共产党中央委员会关于建国以来党的若干历史问题的决议》，以及随后的多次党的重要会议的决议，为正确认识建国以来的主要经验提供了依据。研究中华人民共和国经济史的基本任务之一，就是深入、具体、系统、正确地对建国以来经济发展的实际过程，进行综合研究。分析何时做了何事，成败得失如何，有何经验，有何教训。从总结正反两方面的经验，揭示出带规律性的东西来，为当前制订经济体制改革的方针、政策提供依据。

（二）从动态中正确地认识国情。要使经济改革和经济建设取得胜利，必须从中国的实际出发，即从中国的国情出发，建设有中国特色的社会主义。这就要求正确地认识国情。怎样才能正确地认识国情？可以采取两种方法。一种是解剖横断面的方法（或静态分析法），如调查有多少土地、耕地、人口、资源、企业等等。这种方法是研究国情必不可少的。另一种是解剖纵的发展过程的方

---

① 《邓小平文选（1975~1982）》，人民出版社1983年版，第371页。

法，或动态分析方法，从运动过程中认识各种因素（如人口、耕地、政策）本身是怎样变化的，它们之间的相互关系是怎样的。采用后一种方法研究与经济发展有关的诸因素及其整体状况的变化，才能使我们认识中国经济运动的轨迹和规律——国情中最根本的部分。从中国当前对国情研究的情况来看，大多使用前一种方法，这是多年来研究国情问题在方法论方面的主要缺陷。

认识过去和现在，是科学地预测未来的基本方法与基本依据。中国经济发展的客观规律要从中国经济发展过程中去发现。建国以来，我们的经济工作是在不断探索过程中前进的。可以说，过去的38年，是探索中国社会主义建设最佳道路的年代。实践是检验真理的唯一标准。在马克思主义普遍真理同中国具体实践相结合的长期反复的实践过程中，一般地说，成功了的，表明做法是符合国情的，失败了的，表明措施可能与国情不相符。因此，只能经过一段时间（有时是很长的一个时期）的实践以后，回过头来研究一番，才能摸清、摸准中国的国情，也才能看清中国经济发展的规律。这种从动态中认识国情的方法，包括再认识，理清思路。正是在这种动态的再认识的过程中，我们得出了中国处在社会主义初级阶段的正确结论。研究中华人民共和国经济史，以马克思主义、毛泽东思想为指导，分析中国人民30多年来的伟大实践，是从动态中认识国情的基本途径，对今天和今后的探索会有直接的帮助。

（三）促进社会主义经济理论的健康发展。社会主义经济同以往的一切经济不同，不是自发地产生发展的。社会主义经济是人们在马克思主义理论指导下自觉地建设起来的。在这方面，马克思主义的政治经济学占有特别重要的地位。"政治经济学不可能对一切国家和一切历史时代都是一样的"。[①] 只有首先研究具体国家的生产和交换的每一发展阶段的特殊规律，才能建立科学的、适用于该国的政治经济学。否则，只能照搬外国的政治经济学。过去我们这样做过，造成了严重的后果，吃够了苦头。我们再也不能走这条路了。我们的社会主义建设需要有适合中国国情的社会主义政治经济学为指导。怎样才能建设这样的政治经济学呢？中华人民共和国的成立，占人类1/4的中国人民建设社会主义的实践，为它提供了条件。在马克思主义指导下，研究中国社会主义经济发展的过程，从实践中能抽象出正确的理论。在社会主义经济建设过程中，曾经有过多

---

① 恩格斯：《反杜林论》，引自《马克思恩格斯选集》第8卷，人民出版社1972年版，第186页。

种理论主张，有的理论曾付诸实践，接受了实践的检验，可以在总结经济实践过程——经济史——中，逐一地检验哪些理论已被实践所否定，哪些理论已被实践所证实，哪些理论已被实践证明一部分是正确的，另一部分是错误的，在实践中得到修正与补充。只有这样地去做，才有可能建立起具有中国特色的社会主义政治经济学。只有这样的政治经济学，才能用以指导中国的社会主义经济建设。社会主义经济建设在不断地向前发展，不断地出现新情况、新问题。解决这些新问题，需要新的理论作指导。新的理论从何而来？只能从研究人们的实践经验中抽象出来。邓小平说得好："没有前人或今人、中国人或外国人的实践经验，怎么能概括、提出新的理论？"[①] 在这个意义上，我们可以说，"历史出科学"。经济史是经济学的基础学科。离开了经济史，即离开了对经济发展过程的研究，是不能抽象出正确表述经济规律的理论的。马克思写《资本论》，研究资本主义经济发展规律，是以英国为典型的。他的"全部理论是他毕生研究英国的经济史和经济状况的结果"[②]。马克思如果不作这番研究，就不可能揭示资本主义经济发展规律，建立马克思主义的政治经济学。同样，如果不研究新中国经济发展的历史和现状，就不可能揭示中国社会主义经济运动的规律，不可能建立马克思主义的中国型的社会主义政治经济学。过去38年，是中国社会主义经济建设的实践过程，又是我们对中国社会主义经济建设认识提高和深化的过程。认识与历史一同前进，历史从哪里开始，思维逻辑也应该从该处开始。中华人民共和国经济史，分析中国社会主义经济发展的过程，做到马克思主义基本原理同中国实际相结合，必将有助于经济理论的研究，丰富并发展社会主义经济理论。除了政治经济学这门探索经济本质的经济科学外，探索经济运行的经济决策科学和探索经济发展的经济发展科学，同样也都要建立在研究经济史的基础上。党的十一届三中全会以来，我们正在建设适合国情，能指导中国经济发展的经济理论。在这起步的时候，应充分重视中国现代经济史学科的研究，使经济理论的建设少走弯路，健康地发展。

（四）进行生动的政治思想教育。要使经济建设和经济改革顺利进行，关键的一条是全党全国人民认识一致，步伐一致。其中特别重要的是干部认识的一致。全国人民对经济建设与改革有思想准备，加上一批对此有清醒认识、行动

[①] 邓小平：《关于科学和教育工作的几点意见》，引自《邓小平文选》，第55页。
[②] 恩格斯：《〈资本论〉英文版序言》，引自《马克思恩格斯全集》第23卷，人民出版社1972年版，第37页。

一致的干部,是建设与改革取得成功的条件。人民的思想准备和干部的成熟,靠参与建设与改革的实践,也靠思想教育。一部中华人民共和国经济史,有助于人们认识国情,懂得建设社会主义的艰苦性;了解中国经济发展的规律,要严格按照客观经济规律办事,认识到加速经济建设与改革是顺乎良心与历史要求,有益于增强信心,振奋精神。这样的一部中华人民共和国经济史是进行政治思想教育的一部好教材,在当前社会主义精神文明建设中将起很好的作用。

在一部分青年学生、干部、群众中,存在一些认识问题。究其实质,大都涉及中国经济发展应该走什么道路的问题。这需要用马克思主义、毛泽东思想的理论以及不可改变的历史事实来回答。从经济史这门学科来说,中国近代经济史证明了资本主义道路在中国走不通,旧中国留下的遗产是贫穷与落后。新中国经济史则证明,是中国共产党以马克思主义、毛泽东思想为指导,为中国开辟了社会主义道路,创造了进行经济建设的条件。只有社会主义才是国家强盛,人民共同富裕之路。常常遇到一些青年提出这样的问题:既然社会主义制度比资本主义制度优越,为什么我们的经济不如某些资本主义国家?通过学习新中国经济史,了解我国社会主义经济发展的起点和过程,他们就会懂得:简单的对比是不科学的;必须将工作上的失误、经济体制上的弊病与社会主义经济制度本身区别开来。每一个读了中华人民共和国经济史的人,都会从确凿的事实和正确的对比中得出应有的结论:"保持必要的社会政治安定,按照客观经济规律办事,我们的国民经济就高速度地、稳定地向前发展,反之,国民经济就发展缓慢至停滞倒退"①。社会主义经济制度为生产力的发展开辟了广阔的场所。问题在于经济体制要改革。我们能够自力更生、独立自主地解决中国经济建设问题。我们有跻身于先进民族之林的能力。必须加强民族的自尊心、自信心和自豪感。热爱社会主义祖国,艰苦奋斗,积极参加社会主义建设和经济体制改革。

(五)推动对外交流。中国实行对外开放政策以来,许多国家、政党、团体、公司、企业和个人与中国发生经济交往。他们都想了解中国经济的过去和现在,以预测发展趋势。相当数量的第三世界国家,有与中国相似的苦难经历,又面临着我们在过去30多年中曾经面临的问题。他们希望了解和研究中国的经

---

① 《三中全会以来重要文献选编》,人民出版社1982年版,第5页。

验教训。当前，社会主义国家面临着许多共同的问题，需要互相了解情况，彼此借鉴。我们有责任编写新中国经济史，为他们了解我们走过的道路与经验提供方便。这对于中国经济的发展、对发展中国家的经济建设、对国际共产主义运动的发展，都是十分必要的。

在当前和今后一个相当长的历史时期内，资本主义与社会主义两种制度谁优谁劣的思想理论斗争将继续进行。在国际上，有一些人故意诋毁中国 30 多年来建设的成就，也有一些人在研究中国经济发展过程时，由于没有能掌握系统的符合真情的材料，加之观点、方法的偏颇，结论往往不符合实际，歪曲了我们走过的道路。编写出新中国经济发展史，可以为希望了解中国的人们提供真实的情况，同时也是用无可辩驳的事实回击那些对中国社会主义建设的诋毁。

去旧创新、开辟历史新纪元的经济变化需要记录。几亿人民的创业活动要求有信史，正在进行的经济体制改革和经济建设事业需要有历史经验作借鉴。社会主义经济理论要向前发展。世界人民需要了解新中国。加强中华人民共和国经济史的研究是时代的需要。

二、中华人民共和国经济史的研究对象与方法

（一）研究对象。中华人民共和国经济史属于经济史学科中的国民经济史。它以中华人民共和国国民经济的发展过程及其规律，即中华人民共和国境内的生产力与生产关系矛盾与统一的发展过程及其规律作为研究对象。

国民经济史的特点是研究一个国家经济整体的发展过程。它包括国民经济的各个部门，生产、分配、交换、消费各个环节，各种所有制、经济成分、经济形式，各个地区、各民族的经济。所谓整体，当然不是它们简单相加的总和，而是有机结合的统一物。

关于国民经济史的一般特征，它与其他各类经济史的区别，属于经济史学概论学科的任务。这里，仅结合中华人民共和国经济史的具体情况，说明它的时间界限，空间界限与学科名称。

中华人民共和国经济史要从动态中阐明国情，要从经济发展过程中探讨规律，就必须根据历史事实作纵向的研究。这不能不首先确定研究的上限与下限，

即时间界限问题。中华人民共和国经济史以1949年10月1日中华人民共和国成立时作为上限。这样确定上限，是与本门学科的名称一致的。有一种意见将这门学科称为"中国社会主义经济史"。这个名称的好处是能与"中国封建主义经济史""中国半殖民地半封建经济形态史"等并列，突出了"社会主义经济"这个特定的性质。苏联科学院经济研究所编的1917年十月革命以后的经济发展史，就名曰《苏联社会主义经济史》。照此办理，研究1949年10月以后中国经济发展史，称之为"中国社会主义经济史"，似乎无可非议。其实不然。"社会主义经济"这个概念，可以指"社会主义经济成分"，也可以指"社会主义经济形态"，或"社会主义经济制度"。在苏联，十月革命胜利后，社会主义经济成分和社会主义经济形态同时出现。因此，把十月革命后的经济史称为"社会主义经济史"，这个"社会主义经济"的含义，无论是指"社会主义经济成分"，还是指"社会主义经济形态"，都是可以的，都符合历史实际。中国则不然。中国革命的特点，民主革命和社会主义革命是文章的上篇与下篇的关系。二者直接衔接，但完成的任务是不同的。民主革命的胜利，经历了从农村到城市的长期武装斗争时期。在民主革命阶段，在中国共产党领导的工农武装割据的地区里，建立了新民主主义政权和新民主主义经济。

新民主主义经济形态中包括了社会主义性质的公营经济和具有社会主义因素的合作社经济。中华人民共和国的成立，标志着新民主主义革命的胜利。革命胜利后，建立的是新民主主义社会，紧接着是实现从新民主主义到社会主义的转变。从新民主主义经济形态过渡到社会主义经济形态。在中国，用"中国社会主义经济史"这个名称，其内涵若指"社会主义经济成分史"，则这部历史应从1927年社会主义经济成分在革命根据地出现时为上限；其内涵若指社会主义经济制度史，则应从1956年社会主义经济制度在中国建立时为上限。因此，这个名称在时间界标上不够明确。"中华人民共和国经济史"则明确地表示研究对象的时间界标，其上限是中华人民共和国成立之日——1949年10月1日。

有一种意见将本门学科定名为"中国现代经济史"。这样命名的好处在于与"中国古代经济史""中国近代经济史"相对应。"中国现代"是指什么年代，在学术界仍有不同的意见，一时难以统一。"中国现代经济史"的内涵，在地理界限上包括中国台湾、港澳等地经济发展状况在内。"中华人民共和国经济史"研究对象的地理界限是中华人民共和国政府已经实现管辖的地区。

综上所述，中华人民共和国经济史研究的是 1949 年 10 月 1 日以后中华人民共和国政府管辖地区经济形态发展的过程。它的上限是 1949 年 10 月 1 日，它的下限将随着经济发展的进程不断延伸。它所研究的正是历史与现实的结合。我们这部中华人民共和国经济史以当前正在进行的——以城市为中心的经济体制全面改革开始之年，经济体制改革第一阶段结束之年，即 1984 年为下限。

（二）指导思想。科学研究中的任何一种系统的方法，本身就是一种理论。马克思、恩格斯多次说过，他们的理论不是教条，而是一种研究方法。

我们这个课题组——中华人民共和国经济史课题组成立之初，在讨论研究方法时，一致同意以马克思列宁主义、毛泽东思想作指导，即以马克思列宁主义、毛泽东思想的立场、方法、观点分析建国以来的经济发展过程。为什么要采用这种理论和方法，在我们看来，是一个不需多加说明的问题。马克思、恩格斯在 19 世纪 40 年代发现历史唯物主义，与他们在这个时期用求实的态度研究人类经济发展历史有重要关系。没有后面这种研究，不可能知道经济形态是变化的，不断交替的；不可能知道经济在社会发展中的正确地位；不可能把社会关系归之于生产关系，把生产关系归之于生产力，即归之于物；不可能把人类社会的历史看作一个自然历史过程，有其自身的即客观的发展规律。一句话，没有这种研究，便不可能创立历史唯物主义。当马克思、恩格斯发现了历史唯物主义，并将它运用于研究经济学、历史学、经济史学、法学等社会学科时，便使这些社会学科发生了一场革命：从传统的历史唯心主义的体系中解放出来，建立在历史唯物主义的基础之上，变成了科学。在此以后，研究经济史的学者，一部分人以马克思主义为指导，另一部分人则不是。百余年来，这两部分人都取得了成果。至于成果的性质和大小，则不可同日而语。马克思主义学者认为是这样的，严肃的非马克思主义学者也认为是这样的。英国著名经济学家、新剑桥派的主要代表人物琼·罗宾逊夫人 1980 年访问我国时说：新剑桥学派和近来的学院派都遵循着自己的道路，达到了与马克思体系大体相似的境地。两派都认为资本主义蕴含着它自身崩溃的种子。她还说，马克思的研究是从长远看问题的，这是同长期动态的分析有关，而在现代经济学理论中，还没有超出短期分析的局限。另一位英国学者，已故的著名经济史学家特·阿胥敦在一篇题为《历史学家对资本主义的处理》的文章中，也是在这个意义上，认为马克思是 19 世纪中叶以来最重要的经济史学家之一。可见，以马克思主义指导我们的研究工作，自然是一种正确的选择。

以马克思主义指导我们的研究工作，是运用马克思主义分析经济现象的方法，而不是搬用马克思、恩格斯的现成结论。当中华人民共和国经济在地平线上出现时，马克思、恩格斯早已作古，他们未曾见到这种经济，未曾对它作过分析或发表过意见。因此，不可能搬用他们的现成结论——根本不存在这种结论——作我们的结论。列宁和列宁主义的情况也是相同的。以毛泽东为主要代表的中国马克思主义者，运用马克思列宁主义的普遍原理，结合中国的实际，解决了中国革命和建设中的一系列问题，领导中国人民创建了中华人民共和国，把半殖民地半封建经济形态改造成新民主主义经济形态，又从新民主主义经济形态过渡到社会主义经济形态。同时进行社会主义建设，使社会生产力得到中国历史上未曾有过的迅速发展。一部中华人民共和国经济史，是中国马克思主义者创造性运用马克思列宁主义解决中国经济问题的历史，是马克思列宁主义、毛泽东思想胜利的历史。我们今后的经济工作仍以马克思列宁主义、毛泽东思想作指导。现在回过头去研究建国以来的经济历程，也必须用马克思列宁主义、毛泽东思想的立场、观点和方法，才能正确地总结经验教训，评价其得失，为今后的经济建设提供有益的借鉴，并抽象出适合中国国情、对中国经济建设实践起指导作用的经济理论。马克思列宁主义、毛泽东思想是一个不可分割的理论体系。基于上述情况，对于研究中华人民共和国经济史来说，马克思列宁主义基本原理与中国实际相结合的毛泽东思想，具有更直接的关系。

中国共产党从十一届三中全会起，倡导准确地完整地理解马克思列宁主义、毛泽东思想；坚持马克思列宁主义，发展马克思列宁主义。在这次全会精神的指导下，全党解放思想，实事求是，总结了建国以来的经验教训，在1981年6月27日十一届六中全会上通过了《中国共产党中央委员会关于建国以来党的若干历史问题的决议》。这篇重要的历史文献，标志着在党的指导思想上胜利地完成了拨乱反正的历史任务，体现了用马克思列宁主义、毛泽东思想作指导分析建国以来的若干重要问题作出的结论，即对这些问题的马克思主义的观点。在这个《决议》之后，中共中央又制定了一系列重要文件，包括十二大的文件、十二届三中全会与六中全会的文件等，其中主要是对许多新问题的马克思主义的分析，也包括对过去一些问题的新的分析，补充和发展了《决议》的内容。我们在研究建国以来的经济发展过程时，是用十一届三中全会以来中国共产党的决议中阐明的观点，去分析经济现象，衡量得失，判断是非。是在中国共产党的十一届三中全会以后，我们才明确，马克思主义的核心是发展社会生产力。革命的目的是为了解放生产力。经济建设就是发展生产力。建国以后，重要的失误之一是未能及时地将党的工作重心转移到发展生产力方面来。一切经济工作，一切经济变革，是否必要，是否成功，要从对社会生产力起何种作用来判定。发展社会生产力，是贯彻本书始终的基本观点。书中的各章各节，或是直接分析生产力问题，或是围绕社会生产力发展问题展开的。主要是基于对现实生产力的性质、水平与发展速度的分析，我们认为中国目前处在社会主义的初级阶段。所谓社会阶段，当然不是指几年或十几年的社会性质。这是我们认识中国过去30多年、当前以及今后若干年经济问题与社会问题的立足点。也是在中国共产党的十一届三中全会以后，我们才明确，社会主义经济是有计划的商品经济。获得这样一种认识，经历了30多年的经济工作实践过程。我们不能要求任何人一开始就有这种认识。分析经济史上的任何一个问题，都必须置于当时的历史环境之下。在既获得这种认识之后，就必须站在今天的认识水准之上，去考察过去的事物。这是历史问题被不断重新研究、评价的原因，也是历史学既最为古老而又永远年轻的原因。探究建国以来每一项经济工作的经验教训，就不能不看它对有计划的社会主义商品经济的发展是有利，还是不利，和利或不利的大小。关于改革和开放，也应是这样的。在今天，写一部中华人民共和国经济史，不写1979年以后经济体制改革和开放的进程、成果与经验教训，是难以令人满意的，但仅仅反映这个阶段的改革与开放，仍然是不够的。我们要以改革和开放的精神，改革和开放的眼光，去分析建国后的经济历史，如此等等。我们认为，这样做，是以中国共产党十一届三中全会以来的路线、方针、政策作指导的。很显然，这不仅不会限制我们的研究，而是为这种研究提供了极为有利的条件。十一届三中全会以来中国共产党的路线、方针、政策是我们分析30多年来经济发展历史的理论依据。

（三）研究方法。经济史学科分类中，中华人民共和国经济史属于国民经济史。研究国民经济史的一般方法，也适用于研究中华人民共和国经济史。

国民经济史的一般研究方法，就是历史唯物主义方法，即运用历史唯物主义观点，分析一国的经济发展过程，从中揭示该国经济发展的特点与规律。

国民经济史的研究对象是生产力和生产关系的矛盾统一过程。这决定了它在本质上是一门经济学科。它的研究方法必须是经济学的方法。国民经济史是以一国的国民经济整体发展过程为研究对象的，适宜于用宏观经济的分析方法。国民经济史与以经济为研究对象的其他经济学科的区别之一在于，它研究经济的具体发展过程，即按照历史发展的顺序，从长期动态中去研究以往的经济运动的轨迹。这决定了它又具有历史科学的特性，它的研究方法必须具有历史学方法的特点，首先是动态分析方法的特点，国民经济史的研究方法是将经济学方法与历史学方法融为一体。

历史比较研究法是经济史研究中的一种重要方法。有比较才能看到同与异，才能有鉴别，才能找出变化和特点。与旧中国的经济对比，可以看出社会主义经济制度的优越性，得到只有社会主义才能救中国的认识。与其他国家比，可以看出中国经济发展的特点，有时比某些国家快，有时比某些国家慢，便于分析原因，总结经验教训。在中国30多年的经济发展过程中，各个时期对比，特别是十一届三中全会前后对比，可以看出，在此之前的某些时期，由于指导思想上出了偏差与经济体制等方面的原因，未能使社会主义经济制度的优越性充分发挥。通过对比可以加深对三中全会以后中国共产党的路线的正确性与经济体制改革的必要性的认识。

如何正确处理经济和政治的关系，是研究经济史，当然也是研究中华人民共和国经济史必然遇到的问题。为了准确地说明国民经济在某个时期为什么发生这样或那样的变化，从中总结可资借鉴的经验教训，必须分析该时期的形势、阶级斗争、人们对形势的认识、经济理论与经济政策等等。与以往各种社会相比较，社会主义社会的上层建筑对经济的作用要强得多。这与社会主义社会属于生产资料公有制有密切的关系。建国以后一个长的阶段，政治事件、政治运动频繁，它们对经济发展的影响很大。研究这个阶段的经济史，不涉及这些政治运动，经济发展过程是说不明白的，重大的经验教训也就总结不出来。问题在于研究的方法。用经济决定政治、政治反作用于经济的观点，还是用政治决定经济、经济反作用于政治的观点研究经济史，从来就是两种根本对立的经济史研究方法的主要区别之一。前一种方法从经济出发，从生产力与生产关系的矛盾统一运动出发，揭示某些政治运动、政治事件发生的必然性、合理性，某些政治运动、政治事件是偶然的、人为的、可以避免的，不是经济发展要求的；它们对经济发展起着根本不同的作用：或促进、或障碍。后一种方法从政治出发，先认定政治事件、政治运动都是必然的、合理的，对经济总是起着推动作用，把经济史作为政治史的后果。我们的研究将表明，那些违反经济发展要求的政治运动，是如何破坏了经济发展所必须的条件。通过研究中华人民共和国经济史，会使人们得到结论：要记住这类政治运动干扰、冲击经济建设的教训，想要国家富强、人民富裕，要珍惜安定团结的局面。

在本书的编写过程中，我们是很重视资料工作的。其所以要这样，是从经济史学科研究方法的特殊性出发的。经济史研究的是以往的经济运动的轨迹。以往的经济运动的轨迹是客观存在的，确切地说，是已经过去的存在。它既不会重现，人们也无法重演，更不能通过实验去观察，只能借助于反映经济运动轨迹的各种现象的资料，即史料，通过研究，近似地复原它的本来面貌。这些资料从不同的侧面，在不同的程度上，正确地或歪曲地反映过去存在的事实。它们一经产生，具有相对的独立性。人们通过对它们的分析，可以得出不同的结论。我们这些经济史研究工作者是认识的主体，以往的经济运动的轨迹及相关的经济现象是认识的客体。由主体到客体，必须经过经济史料这个中介。就思维活动及研究方法的特点而言，这个过程中存在着主体、中介、客体这三极。没有丰富的经济史料，或对经济史料不做认真的整理工作，所谓研究工作及其结论，只能是无本之木。资料是研究工作的基础，资料工作是研究工作的一部分。基于这种认识，本书的编写过程是分成五步进行的。第一步是广泛地搜集资料，在此基础上整理出了《中华人民共和国经济史文献索引》（由我校印发）。第二步是找出每个经济发展阶段中的重要问题，作为专题，按专题编写大事记（由河南人民出版社出版）。第三步是根据资料中反映的经济现象演变的内在联系，整理出专题资料长编提纲。第四步是根据前段工作中发现的需要研究的问题，作专题研究，写出专题论文（从前年起在各报刊陆续发表）。最后，根据搜集的资料与研究的结果，编写成这部史稿。我们认为，在论文和书稿中的观点可能有不正确之处，一定会被新的著作代替，但文献索引、大事记和资料长编则是长期有用的，可以为本学科以及众多相关学科的建设提供方便。

在经济史研究工作中，数量的概念表明经济现象的或增或减，或升或降，或快或慢，或发展或萎缩等等。本书用的数字，凡国家统计局历年编的《中国统计年鉴》中有的，均以该书为据。其他数据，都是来自公开发行的报刊，限于篇幅，未在书中一一注明。

三、中华人民共和国经济史的分期

在编写中华人民共和国经济史一书时，需要考虑分期问题，即对建国后经济发展过程阶段性的认识与划分。正确地分期，有利于科学地说明经济变化、各阶段的特点及其发展规律。

要正确地分期，首先要有正确的分期标准。经济史的分期标准是由经济史的对象决定的。中华人民共和国经济史属于国民经济史。国民经济史的研究对象是生产力与生产关系的矛盾与统一的过程。中华人民共和国经济史的分期标准是中国建国后生产力与生产关系发展变化的重要表现，即国民经济变化的重要表现。运用这一标准能否正确划分历史时期，关键在于根据分期对象的特征，分析和找出这些重要表现是什么。我们的分期对象是中国1949年10月以后的经济发展过程。在分期时，必须注意它的一些重要特征

（一）从建国以后整个时期来说，中国历史进入了社会主义革命和建设的时期，社会主义经济居主导地位。从建国到1956年"三大改造"基本完成时止，是过渡时期。过渡时期的经济是新民主主义经济形态。中国过渡时期是从新民主主义过渡到社会主义。这样，建国以来，经历过改造半殖民地半封建经济形态为新民主主义经济形态，从新民主主义经济形态过渡到社会主义经济形态这样两次经济形态的转变。我们在分期时必须考虑到这两个转变。

（二）建国以后，整个说来是社会主义革命和社会主义建设并进的时期。生产关系和生产力都处于变化过程之中，但不同阶段变化的侧重点是不同的。在社会主义改造基本完成之前，主要是变革生产关系。社会主义改造基本完成以后，主要是发展生产力。因此，在分期时，要考虑这两大阶段各自的特点。

（三）建国以后整个说来是探索的时期。探索的总题目是中国的社会主义道路。在探索中免不了成功与失误，前进与倒退。革命时期必然的生产关系的变革与探索过程中的成功与失误结合在一起，使国民经济的发展变化激烈：有前进有倒退，陡上陡下。分期时，必须考虑这些现象，要注意因探索引起的经济结构变化与经济发展起伏所呈现出来的阶段性。

（四）建国以后的经济，从整体上说，是实行集中管理体制和计划经济的时

期。在这样的体制下，领导机关，首先是主要领导人的经济思想、战略决策、计划安排，在一定时期内对经济发展的影响很大。从1953年起，到1985年止，先后制定并执行过六个五年计划。是不是可以按五年计划来分期呢？我们认为，如果写的是中华人民共和国计划工作史，是可以按"一五计划""二五计划"等来分期的，因为分期的对象是计划工作。国民经济史分期的对象是国民经济发展过程，它所呈现的阶段，不一定与五年计划相吻合。经济发展战略和五年计划虽对经济发展起重要作用，但它们是由人们制定的，属于主观范畴。国民经济发展过程是客观范畴，一个国家经济发展的阶段，很难每次都与人们的计划相符，如，每个阶段恰恰是五年，等等。

根据上述分期标准，我们认为可以将建国以后国民经济发展过程，分为四个时期九个阶段。

（一）1949年10月~1956年。经济形态转变和生产由恢复走向发展时期。可以简称为过渡时期。其特征是经济形态的转变。这个时期包括两个阶段：(1) 1949年10月~1952年。继续改造半殖民地半封建经济形态为新民主主义经济形态和国民经济恢复阶段。(2) 1953~1956年。新民主主义经济形态转化为社会主义经济形态和开始有计划大规模经济建设的阶段。从革命到建设的转折发生于1956年。

（二）1957~1966年。全面进行经济建设的时期，也是第一次探索中国社会主义经济建设应该走什么道路，在探索中发生严重失误，引起生产大上大下，进行大调整的时期。其特征是探索与大起大落。这个时期包括两个阶段。(1) 1957~1960年。一次不成功的改革尝试阶段。以总路线、"大跃进"、人民公社"三面红旗"的提出与实践为基本内容，想把从苏联学来的模式加以改革。因为"左"的指导思想、主观主义和没有经验，这次试验失败了。(2) 1961~1966年。总结经验教训、摸索新方法阶段，以"调整、巩固、充实、提高"方针的提出与贯彻为基本内容。在总结经验教训和调整经济的过程中，在理论上对中国社会主义建设道路有新的认识，在实践上，出现了"农村三级所有、队为基础"的所有制等许多新的形式，着手试行按照经济规律管理经济的体制改革。

（三）1967~1976年。经济曲折、畸形发展的时期，特征是大批判带来大损失。"文化大革命"中批判"修正主义路线"，是对前一时期所取得的进步的否定，经济发展几上几下。具体情况，前期与后期不同，可分为两个阶段。（1）1967～1971年。"文化大革命"造成的全面内乱，林彪、江青反革命集团的破坏，"左"的指导思想，使经济从大下降到新的冒进，带来"三个突破"。（2）1972～1976年。其间虽有"四人帮"发动的1974年"批林批孔"和1976年"反击右倾翻案风"给经济带来挫折，但在周恩来、邓小平主持下的经济调整与全面整顿，使经济发展出现转机，取得成效。

（四）1977～1984年。经济建设走上新道路和起飞的时期，其特征是改革。其间经历着转折、调整、改革的过程。依次分为三个阶段。（1）1977～1978年。粉碎"四人帮"以后到党的十一届三中全会召开之前，为恢复经济与酝酿新道路的阶段。"文化大革命"结束，实现了安定团结。在指导思想上，虽然对长期以来存在的"左"的错误未能认真清理，在经济工作中出现急于求成的失误，但在思想理论上已开始对"左"的思想进行拨乱反正，提出并讨论了一些重大经济理论问题，为经济发展新道路和实行新的方针准备了条件。（2）1979～1982年。以调整为主的阶段。党的十一届三中全会开始全面纠正"左"倾错误，拨乱反正，确定了解放思想、开动脑筋、实事求是、团结一致向前看的指导方针，解决了工作重点转移问题。全会结束后四个月，正式提出"调整、改革、整顿、提高"的方针，标志着经济建设思想的根本转折。这个时期，贯彻新的"八字方针"，首先和主要的是调整；对国民经济管理体制的改革是局部的、探索性的。在这个阶段，国民经济摆脱了困境，走上了稳步发展的轨道。（3）1983年以后，进入了以改革为主的阶段，全面贯彻中国共产党的十二大制定的"走自己的道路，建设有中国特色的社会主义"的根本战略方针和经济建设的战略目标、战略重点和战略部署。从1985年起，进入了以城市为中心的全面改革阶段。目前这个阶段尚未结束，不属于历史研究的对象，所以本书写到1984年止。

根据上述分期意见，我们编写的《中华人民共和国经济史》将按照四个时期分为四卷。为了方便读者，我们将一、二卷合为一本，将三、四卷合为一本，由河南人民出版社出版。

四、关于中南财经大学的中华人民共和国经济史课题组

这部书是中南财经大学中华人民共和国经济史课题组的工作成果之一。该

课题组成立于 1983 年 10 月 5 日，共 47 人，其中教授 5 人，副教授 12 人，讲师 16 人，助教 7 人。另有研究生 5 人和馆员 2 人参加了课题组的工作。上述 47 位同志分属于经济学系、政治法律系、工业经济系、农业经济系、商业经济系、财政金融系、教务处、科研处、图书馆等单位。他们讲授过的课程有 40 多门。有 12 人担任系、室主任，另有 8 人任馆长、处长。这是一个跨系（处、馆）、跨专业、多学科的科研组织，有利于发挥中南财经大学学科门类比较齐全的优势。

这个课题组计划从 1983 年到 1989 年间，编写五套书。第一套，《中国经济文献索引：1949~1984 年》现已定稿。收集了建国后至 1984 年中国共产党和人民政府有关财政经济方面的文件、负责人的报告或讲话、报刊重要社论、调查报告、财政经济资料、论文、专著等目录，共 8 万余条，90 余万字。第二套，《中华人民共和国经济专题大事记》四卷。第三套，《中华人民共和国经济史资料长编》四卷。第四套，《中华人民共和国经济史专题论文集》四卷。第五套，《中华人民共和国经济史》四卷。考虑到社会对它们的需要有缓急之分，由河南人民出版社先出版其中的第二套和第五套，共计 200 余万字。课题组为主编负责制。分卷的四套书，各卷分设主编。黄希源（教授）、周秀鸾（教授）、邱丹（教授）、张鸣鹤（副教授）、余鑫炎（副教授）、周彦文（教授）、沈伊俐（副教授）、张宪成（副教授）、许国新（讲师）、傅春章（副教授）、李一芝（副教授）、邓启惠（讲师）、苏少之讲师等分别担任这二套书各卷的主编和副主编。

课题组的工作得以顺利进展，一是由于组内同志同心协力，互相尊重，不计名利；二是由于学校和各系、处领导同志的支持。原院长洪德铭、副院长崔之庆是本课题组的倡导者。洪德铭一直是本课题组的顾问。需要特别提出并表示感谢的领导同志是：何盛明、刘西乾、张庚秋、张铭法、郭力达、萧励峰、饶执中、梁尚敏、吴显海、欧阳旭初、彭星闾、黄家祐和王秀兰等同志。

1987 年于武汉

（本文原载于《中华人民共和国经济史（1949~1966）》，河南人民出版社 1988 年版）

发扬面向现实、反思历史的优良传统

由于教学和研究工作的需要，我粗略地追溯过中国经济史学科成长的过程，发现这个学科已形成许多优良的传统。继续发扬这些优良传统，特别是其中的面向现实、反思经济历史的传统，有利于中国经济史学科在改革中摆脱困境，走向繁荣。

梁启超著《中国国债史》、魏声和著《中国实业界进化史》与沈同芳著《中国渔业史》等书于1904年以后相继出版，标志着近代意义的中国经济史学科的萌发。辛亥革命前后，这类专题经济史与部门经济史著作增多。其作者，大都即研究近世之经济史，更注重现实的经济状况。他们研究经济史的目的是认识国情，寻求救国与振兴中国经济之道。

及至北伐战争失败，南京国民政府建立，人们对中国社会性质及出路认识分歧，导致有关中国社会性质的大论战。在论战中，要论证中国是或不是资本主义社会，需要将中国资本主义发展的过程与发展程度说明白，要回答中国农村是否封建性质的，需要研究中国封建主义所有制度的存在形式及其演变历史，如此等等。所以在论战中产生一大批中国经济史论著。这些论著的主要特征是：第一，大都直接地为认识现实经济性质服务。第二，适应认识社会性质的需要，产生了以国民经济整体为研究对象的国民经济史著作。第三，一些人运用马克思主义理论说明中国经济发展过程中的现象。与各类经济史著作问世的同时，大学课程表上开始列出中国经济史课程，社会科学研究机构里成立研究中国经济史小组，社会上涌现一批以研究中国经济史为专业的独立的科学工作者与教学工作者，出版界发行了中国经济史的专业刊物。所有这些，标志着中国经济史学科的诞生。

翻阅20世纪头30年中国经济史论著，人们会获得一个强烈的印象：它们是适应现实需要而出现的，因而是立足现实的。从选题的时限上看，大都属于"近世"经济史，或下限写到"近世"。其论证的目的，大都是为了说明中国经济现状的来龙去脉。其研究成果，大都有助于改造现实。这是因为中国经济史学科研究的成果，一旦为人们所接受，就会变成他们指导行动，制定决策的依据。譬如说，对近代中外经济关系史研究的结论告诉人们，在不平等条约下的中外通商与外资流入，对中国经济发展与人民生活不利，中国的经济要发展，必须取得民族独立这个政治前提。对中国古代经济史研究的成果，揭示出中国由世界上的先进国家沦为落后国家的根本原因，在于封建土地制度与封建专制主义；人们在研究中国近代经济史的过程中又发现，这种封建土地制度和封建专制主义仍继续存在，并是中国经济发展迟缓的内在根源，这些研究成果，有助于作出中国民主革命的基本任务仍未完成、民主革命的基本内容是消灭封建土地制度与封建专制主义的判断；有助于作出土地革命是当务之急的决策。到了1939年及其后10年间，以毛泽东为代表的中国马克思主义者和中国共产党人，概括了中国经济学科研究的阶段成果，并据此作出有关中国革命的决策。在《中国革命和中国共产党》《新民主主义论》等论著中，他们从中国的历史特点，首先是经济形态的历史特点入手，分析中国的国情，得出中国必须和只能进行新民主主义革命的结论，科学地回答了"中国向何处去"这个根本问题。这种对国情的分析方法以及由此得出的结论，是中国共产党在延安整风中统一全党认识并进而制订各项战略、策略与政策的基础。全党认识统一在符合中国历史特点的理论基础上和有正确的战略、策略、政策，导致新民主主义革命迅速地取得胜利。

新民主主义革命胜利以后，中国经济史工作者将研究的步伐紧随历史前进的步伐。

例如，新中国成立之初，严中平在编辑《中国近代经济史统计资料选辑》时就明确指出："所谓近代，指的是公元1840~1948年。"1955年，中国经济史工作者首先创议，"中国近代史"和"中国近代"应以中国半封建半殖民地社会的历史为内涵，因而以1949年为下限。其后，除个别例外，以"中国近代经济史"命名的著作，都叙述到了1949年；以"中国近代经济史"命名的课程，都讲授到1949年，虽然直到今日，中国通史等学科仍以1840~1919年为"中国近代"的上下限，但中国经济史工作者关于"中国近代"含义的见解，日益受到其他历史学科学者的赞同。

例如，对资本主义生产资料私有制的社会主义改造工作刚刚结束，根据毛泽东的意见和周恩来的安排，在许涤新的组织下，吴承明等一批中国经济史工作者就开始了对中国资本主义经济全过程的研究。这项研究已经取得重大成果。

在这里还必须提及的是，建国之初，在处理外国在华投资的工作结束之后不久，吴承明等人研究外国对华投资全过程的著作便与读者见面了。

例如，在中国从新民主主义经济形态过渡到社会主义经济形态之后才一二年，一些中国经济史工作者便开始研究以中国过渡时期经济史为内容的中华人民共和国经济史（或称之为"中国现代经济史"），并在部分高等学校开设相应的课程。中华人民共和国经济史随着每一个经济发展阶段的结束而向前扩展。当经济体制改革第一阶段于1984年完成之后才两三年，以1984年（或1985年）为下限的中华人民共和国经济史著作已出版了5本，其中包括一套4卷本学术专著。

这些事实表明，建国以后，中国经济史工作者继承面向现实、反思经济历史的传统，追求历史与现实的交汇。中国经济史学科的这个特点，不仅使它的研究领域不断扩展，不断地为经济科学和历史科学的发展铺上新的基石，而且由于及时地总结经济工作的新鲜经验，揭示中国经济发展的新特点，为认识国情和作出决策提供历史依据与历史启示。经济史研究工作者的成果取得了好的学术效益和社会效益，他们的有关著作因此而较易出版，他们的任务也因此而受到重视和关注。

中国经济史同所有社会学科特别是各种历史学科一样，受到多年"左"的指导思想与政治运动的影响。这种影响的表现之一，便是阻碍中国经济史工作者发扬面向现实、反思经济历史的传统。具体地说，一是在"以阶级斗争为纲"的环境里，在"为无产阶级政治服务""古为今用"的口号下，歪曲历史以影射现实；二是使一些中国经济史学者被迫选择远离现实的课题。于是，出现了如下状况：经济历史在顺时序前进，经济史工作者的研究领域或原地踏步，或逆时序后退，研究的领域与现实的距离越来越远。在这里需要强调的是：第一，正如上文叙述的事实表明，这既不是普遍现象也不是学科发展的主流。第二，问题不在于研究课题的绝对年代距现实有多久，而在于人们之所以选择一些远离现实的课题是为了使研究工作与现实扯不上关系。这种研究成果，因其与现实的关系不大，难以得到关心现实的群众、决策机构、实际工作者、经济学者的欢迎，读者范围囿于史学工作者的圈子。在商品经济发展的环境里，这类曲高和寡的成果，首先遇到出版的困难。研究成果难以问世，又影响研究者的收入与职称的评定。与热门学科相比，使人容易产生研究者个人受到冷遇，学科遇到危机之感。

当前，中国经济史学科是不是处于危机之中？如果已陷入危机，出路何在？

就中国经济史学科发展取得的成绩而言，如果以1949年为界，近40年与前40余年相比，则近40年的成绩要大得多。这是一致的看法。在近40年间，如果以1979年为界，后10年与前30年比，基本情况如下：（1）根据粗略的统计，出版与发表的专著、论文与资料汇编多1倍以上；出版的教材，种类多6倍，发行量多20倍以上。（2）高等院校中开设中国经济史课程的系或专业的数量，多2倍以上。（3）新设了一批中国经济史专业的硕士学位和博士学位授予点，已获学位和正在攻读学位的研究生，比前30年毕业的研究生多10倍。（4）中华人民共和国经济史、中国会计史、中国统计史等方面专著的出版与课程的开设，使它们成为新的经济史分支学科，研究生产力史的成果令人瞩目。（5）由于中国经济史工作者积极参加修纂地方志与《当代中国》的工作，为国民经济中所有部门的部门经济史，全国各省市的地区经济史，打下良好的基础。（6）从事中国经济史的专业人员增加了2倍以上。（7）一些省市（或大区）的中国经济史学会，一些全国性的部门经济史学会和中国经济史学会相继成立。（8）年年举行中国经济史学术讨论会，讨论的题目与内容更加广泛和深入。（9）中国经济史工作者与外国研究中国经济史的学者的联系日益密切，中国经济史成为国际学术交流的内容之一，中国经济史研究走上开放与面向世界之路。（10）《中国社会经济史研究》与《中国经济史研究》两个专业刊物先后问世。凡此数端，可以证明近10年是中国经济史学科自产生以来未曾有过的兴盛阶段。从中国经济史这门学科来说，当前实未处于危机之中。

但是，"中国经济史学科处于危机之中"的议论，是有原因的，它是部分中国经济史工作者根据亲身经历产生的认识，是对中国经济史学科面临改革任务和在繁荣景象下潜伏着危机因素的最敏锐的感觉。如何防止危机的出现，或者说，在改革、开放与商品经济迅速发展的环境里，在社会生活的各个方面都处于转轨的时期，中国经济史工作者应该怎样行动，才能使学科进一步繁荣？

继承和发扬面向现实、反思历史的优良传统，是防止学科陷入危机的诸多出路中的一条康庄大道。

在现阶段，要继承和发扬面向现实、反思历史的传统，有一系列的问题需要提出来讨论。下面是近期常常想到的四个问题。

第一，在指导思想上，怎样处理好历史和现实的关系。中国经济史学科的研究对象与社会功能，决定了这是一个回避不了的问题。过去盛行的"为无产阶级政治服务"与"古为今用"，导致影射史学，既歪曲历史，又阻碍现实的发展。面向现实、反思经济历史与上述方针的不同之处在于：它是在尊重经济历史和揭示经济发展规律的前提下，为现实寻求历史的启示。过去的"古为今用"，用在"为无产阶级政治服务"即"阶级斗争为纲"上。今天的面向现实，是面向着以和平和发展为主旋律的现实世界，面向以经济建设为中心任务的现实中国。研究中国经济史的首要目的是为中国现实的经济建设服务。面向现实、反思经济历史，意味着研究的课题总是与现实直接或间接有关的，从而能对现实有益，为现实的人们所关心，意味着研究的观点与手段也总是现实的即现代的。它要求实现中国经济史研究的现代化，使中国经济史学科跟上时代前进的步伐，永远是现实的即现代的中国经济史。

第二，在研究领域上，怎样处理好面与点的关系。在当前阶段，首先要扩大研究的面。这不仅是因为在"以阶级斗争为纲"和"为无产阶级政治服务"方针的影响下，中国经济史学科的研究领域长期局限于愈来愈小的范围，应由中国经济史学科研究的大批问题仍处于荒原状态，有待开拓；更因为现实的需要是多方面的，中国经济史学科的社会功能也是多方面的。无论研究的是中国古代经济史、中国近代经济史或中国现代经济史的问题，都是中国经济史学科建设所需要的；无论研究的是哪个时代的经济问题，只要能给当代或后代以历史的启迪，都有社会效益。其次要明确重点。这既是为了更好地发挥中国经济史学科的社会功能，也是因为中国经济史工作者的人数有限，需要把注意力集中于现实最迫切需要解决、群众与领导最关心的问题，从而取得较好的学术效益与社会效益。一般地说，运动过程刚刚结束或结束不久的那些历史事件，与现实联系最多，从而对现实影响最大。所以无论过去或现在，无论外国和中国，经济史学科研究的重点总在近现代。中共中央在 1979 年郑重提出，为了适应经济建设和经济体制改革的需要，希望理论工作者和经济部门的工作者从事总结建国以来经济工作经验的工作。自那以后，政府、学术界和经济工作部门多次提出同样的呼吁。从学科划分上说，这项工作是中国经济史学科的任务。中国经济史工作者理应将它担负起来。为中国经济史学科的社会效益、学术地位和发展前途计，我们也应该将中华人民共和国经济史作为学科研究的重点。以近代特别是现代为重点，绝不是说研究中国古代经济史没有现实意义或应当削弱，恰恰相反，对中国古代经济史的研究应该加强，因为其中许多问题没有被研究过或尚未研究透彻。以近代特别是现代为重点，是就整个学科而言的，这既不是要求每一个中国经济史工作者都以近现代为重点，更不是要求那些学有专长的学者改变研究方向与课题。当前阶段的任务，是要引导、鼓励和帮助青年经济史学工作者开拓符合学科研究重心与发展方向的新领域。

第三，在研究方法上，怎样处理好专题研究与综合研究的关系。专题研究是综合研究的基础。没有专题研究，所谓综合研究不过是无稽之谈。重视专题研究是中国经济史学科的优良传统之一。今后，要在继续加强专题研究的同时，费大力气加强综合研究。这是因为：在当前阶段，相对地说，综合性研究显得薄弱些；多年专题研究工作的丰硕成果，为对某些问题进行综合研究准备了条件；社会迫切关心的那些问题，要求相当层次的综合研究才能予以回答，经济史学科本质上是一门理论学科，中国经济史学科之所以能对现实（包括对未来的预见性）有作用，之所以受到社会的关注并享有学术地位，主要在于研究工作最终成果的理论性。其理论的系统性与层次之高低，一般地说，与研究对象综合程度的层次成正比。研究对象的层次过低，中国经济史学科便难以发挥其社会功能，完成其任务。在加强综合研究与理论性方面，国外一些学者的做法值得借鉴。我们在完成对中国 1949～1984 年经济发展过程的阶段性研究之后，读到美国哥伦比亚大学东亚研究所研究员李思勤（Carl Riskin）研究同一对象的著作《中国的政治经济学——1949 年以来对发展的探索》，感到比我们写的书有更强的理论色彩。为此，曾著文予以介绍（赵德馨、赵凌云：《对发展的探索》，载《读书》1988 年第 7 期第 143～148 页），希望引起同行的注意。中国经济史工作者既然深入地研究了中国经济发展过程及其规律，为什么不参与或担负起编写包括中国原始社会经济形态的政治经济学、中国奴隶制经济状态的政治经济学、中国封建制经济形态的政治经济学、中国半封建半殖民地经济形态的政治经济学、中国新民主主义经济形态的政治经济学、中国社会主义初级阶段经济形态的政治经济学等等在内的《中国的政治经济学》的任务？政治经济学学者在讨论政治经济学的改革问题。中国经济史学科也面临着从研究方法到叙述形式的改革问题。我认为，像《第三次浪潮》（阿尔温·托夫勒著）、《大趋势》（约翰·奈斯比特著）与《大国的兴衰》（保罗·肯尼迪著）等主要依据经济史研究的成果、主体部分内容属于经济史（《大国的兴衰》就是一本军事经济史著作）的世界性畅销书，适合经济史工作者写，经济史工作者也应该写出这样的书来。如果我们写出来的是时间跨度大、综合程度高、从而富于理论色彩和预见性、为广大读者欢迎的著作，自然不会感到"产品"没有市场了。如果能像美国学者西蒙·库兹涅茨那样，对一国或十几个国家的几十年或百余年的经济事实进行分析，并从中概括出理论性结论来，还有能获诺贝尔经济科学奖的可能，又何愁著作无处出版？

第四，对研究者本人来说，怎样处理好主观和客观的关系。要使主观随时与变动着的客观相适应。这涉及研究者观念的改革问题。在 1957～1978 年间，科学研究的经费来自单一的渠道，个人的收入基本上是差距不甚大的工资，知识分子的工作与那条阶级斗争的"纲"离得愈远愈有安全感。在这种情况下，一些从事政治经济学、部门经济学甚至应用经济学的学者，或在选题上向中国经济史学科靠拢，或干脆转行从事中国经济史专业。许多论著出自他们之手，便是明证。自 1979 年以后，情况变了，研究政治经济学、部门经济学、应用经济学等现实问题的学科，受到社会各界的青睐，科学研究经费与研究者个人收入来自多渠道，论著读者多，发表与出版较易；这些专业的毕业生就业机遇好。相形之下，从事中国经济史学科的，在人才和产品的市场上受到冷遇，不平之情，危机之感，油然而生。为了克服这种因主观与变化了的客观不相适应而引起的心态的失衡，除了政府要正确认识中国经济史学科的学术价值与社会价值，并采取相应的措施之外，中国经济史工作者有一个加强主体意识的问题。我们应该善于估计中国经济史学科在社会中的地位与发展前途。在这方面，研究一下商品经济高度发达国家里经济史学科的历程，会有借鉴意义。经济史学科的内部分工愈来愈细，出现了愈来愈多的经济史分支；正因其细与专，便与有关专业的关系密切，货币史专家往往也就是货币理论专家，利率史专家往往也是利率理论专家，经济史学者同经济理论学者、部门经济学者、社会学者、历史学者、未来学者的融合或兼职，使"纯粹的"经济史学者减少。这些现象在中国也已经开始出现。我们的职业意识应与学科发展的规律与学术地位相适应。无论何时，从事中国经济史专业者，既不能因此而官运亨通，也不可能靠它招财进宝。无论何时，中国经济史这门学科不会成为一门大学科，更不会成为热门学科。这个学科的性质与地位，决定了以它为业者必须具备甘于寂寞、甘于清苦的职业意识。我们之所以以身许之，是由于认定它于国于民大有裨益。正因如此，这种职业要求我们有主动参与现实的意识。如果一个中国经济史学者强调自己的工作和这个学科对现实有多么重大的意义，而本人在研究工作中却无参与现实的意识，不理会现实，那么，现实也会自然地忘记他。参与意识在当前意味着参与改革，首先是参与学科本身的改革。当然，中国经济史学科的活力来源于改革。在经受改革的洗礼之后，中国经济史学科将会更加繁荣。

（本文原载于《中国经济史研究》1990年第2期）

为了现在和未来的需要

——答《中州书林》记者问

记者：河南人民出版社最近出版了您主编的 4 卷本《中华人民共和国经济史》和 4 卷本《中华人民共和国经济专题大事记》，在学术界很快引起了反响。我想了解一下，这两套共约 270 万字的大部头书，是由多少执笔人写成的？

赵德馨（简称赵）：这两套书是一个学术集体长期研究的成果，这个集体叫作"中华人民共和国经济史课题组"，共 49 人。基本力量是 8 位教授和 16 位副教授（这是 1989 年的现状与书中附录三所列略有差别）。他们分别属于中南财经大学经济学系、贸易经济系、农业经济系、工业经济系、财政金融系、政治法律系。就其从事的专业来说，有经济史学、政治经济学、农业经济学、商业经济学、财政学、金融学、世界经济学、中国革命史，等等。他们先后讲授过 70 多门课程。这是一个跨系的、多学科的学术组织。我认为，没有一个由研究中国经济各个方面的专家组成的、同心协力的集体，要想写出一部名副其实的、高质量的中华人民共和国经济史，是不可能的。

记者：拥有这么多专家的课题组，写成这两套书，用了多少时间？

赵：课题组成立于 1983 年 10 月 5 日，至我改完书稿写《后记》的 1988 年 6 月 8 日，是 4 年又 8 个月。实际上，课题组成立之前，早已开始了准备工作。收集文献目录索引（110 万字）的工作，是 1982~1983 年进行的。如果从我和周秀鸾教授等人着手研究中华人民共和国经济史算起，那就有 30 年了。

记者：你在 1957 年提出研究新中国经济史，与你的治史观点有无关系？

赵：当然有关系。我从开始学习经济史学之日便认定，研究历史要根据社会前进的需要，或者说，是为了现实和未来，否则，研究工作便毫无意义。因此，我认为，妥善处理历史与现实之间的关系，是治史中的关键。恩格斯研究原始社会史，论证了私有制不是永恒的，剥削制度仅是人类历史上一种短暂的现象。无论是古代史、近代史，或是现代史中，都有与现实与未来紧密相关的课题。这些课题都应当予以研究。在时间上与现实直接连接的现代史（当代史），自然与现实和未来的关系最密切。研究与现实与未来关系最密切的课题，其现实意义和历史意义也最重大，正是基于这种认识，我提出治史要追求历史与现实的交汇，史学研究的重点应是近代与现代，史学研究的下限应随着历史前进的步伐而顺延。1955年，我提出中国近代史的下限应从1919年延至1949年，1958年高等教育出版社出版的我们编写的《中国近代国民经济史讲义》，便是以"近代"命名，下限止于1949年的第一部高等学校教材和史学著作。研究的时间（1955~1957年）与研究对象的下限（1949年），相距不过几年。我们在1958~1960年间研究1950~1956年的新中国经济史，研究时间与研究对象也只相距几年。现在出版的《中华人民共和国经济史》。下限是1984年，与研究时间仍是相距几年。

记者：你们这么多的人，费了这么长的时间，写成这两套书，有何学术价值和社会效益？

赵：社会效益，要经过一段时期以后才能显示出来，并得到社会承认。现在来谈它们的社会效益，为时尚早。我深信，由于贯彻了坚持四项基本原则与实事求是在内容上统一的编写思想，系统地总结了经济工作的经验，提出了许多新的观点，它们必将在中国社会主义经济理论建设、资治、教化、存史等诸方面，发挥应起的作用。至于它们的学术价值，也应由读者评说。国家计委经济研究所研究员、中华人民共和国经济史专家吴群敢，得知我们在撰写这两套书时说，一部多卷本的中华人民共和国经济史著作的出版，将是中华人民共和国经济史学科诞生的标志。这两套书出版之后，邹萍在一篇书评中持同样的观点。他们的说法对否，大概要在多年之后才能作出判断。就我而言，能向您介绍的只有两点：

第一，我主编《中华人民共和国经济史》的某些想法。我对此书提出的要求是：（1）一部信史。我们的分析可能不深刻，甚至有错误，但用的资料要可靠，叙述的事实要力求准确，写成绩不溢美，写失误不文饰。（2）一部名副其实的国民经济史，即必须包括中华人民共和国政府实际管辖的各个地区的经济（为此，每卷设有少数民族地区经济专章或专题，在相关的卷内设有三线地区经济建设、特区经济等专门章、节），国民经济的各个部门和国民经济运行的各个环节，从经济思想、经济政策与经济计划的制订与实施，到经济工作经验的总结。(3)一部中国式社会主义经济建立与发展道路探索史。把从建国之日开始的全部经济工作看成是在中国探索社会主义道路的过程。因为是探索，所以失误是不可避免的，是可以理解的，不应予以苛求。探索，是中华人民共和国的经济史的主旋律，也是贯穿4卷书的基本线索。(4)一部中国社会主义经济制度建立与自我完善史。它以不可辩驳的历史事实为根据，论证社会主义经济制度旺盛的生命力与优越性。(5)一部经过重新审视过的经济史。我们提出以中国共产党十一届三中全会以来发展了的、被完整地准确地理解的马克思主义、毛泽东思想为指导，即站在今天这个时代的认识高度去分析过去，重新审视过去。这使我们在一系列问题上获得过去不曾有过的认识。总之，以坚持四项基本原则与实事求是相统一为编写思想。

第二，国内外一些学者在知道我们的研究情况后，以多种方式表示支持和关心。一些经济学家说，多年来，一些经济理论研究工作者从概念到概念，不愿花苦工夫收集和占有资料，详细地分析经济发展的具体过程，总是在概念上打圈子，做文章，陷入空虚与缥缈的境地。这种"经济空盒"既可容纳或用于解释"左"的经济政策，也可盛下或论证右的经政策，对社会有害无益。理论来源于实践，规律存在于过程之中。历史出科学。从分析中国经济活动与经济发展过程入手，总结实践经验，上升为理论，可能是一条艰苦的、但却是唯一能得到名实相符的经济理论的路子。不少的历史学家认为，我们在20世纪50年代曾带头把研究领域扩展到1949年，现在又带头扩展到1984年，闯出了史学研究中一片新的园地，闯出了史学研究紧随历史前进的好学风，为把史学研究的重心转移到现代史，带了个头。在这里，可以介绍几件小事，说明国外的某些学者对我们从事的课题，也很关心。1986年5~6月间，美国达姆斯大学的肯铂尔教授和雷恩斯教授来我校讲学，他们从一个在中南财经大学工作了两年的美国教师马思德那里知道了我们研究的课题，回国时提出的唯一要求，是希望能得到新中国经济史方面的书。遗憾的是，我们写的书那时尚未出版。同年12月，正在复旦大学访问的日本东京大学田岛俊雄副教授与东京经济大学村上胜彦副教授，从复旦大学讲师尤宪迅处得知我们要举行中华人民共和国经济史学术讨论会的消息，一方面立即买船票，办手续；一方面请尤宪迅先期带信来，如果中南财经大学和我接待，他们便是访问学者的身份，否则，便以旅游者身份来，不管怎样，他们要到武汉来并已经动身了。当然，我们热忱地欢迎他们前来交流学术观点。1989年，在"中外经济关系与中国近代化国际学术讨论会"上，在"张謇国际学术讨论会"上，凡知道我们在研究这个课题的中外学者，无一不希望研究成果早日出版。我国经营图书出口的几家公司、书店，全都订购了这两套书。可见，他们也是知道国际上是重视这项课题研究的。

记者：听说你们的研究成果之所以受普遍的关心，是因为严格地遵循着一套科学研究工作程序，对吗？

赵：是的。在1983年10月课题组开始之初，我讲了研究工作应遵循的程序。我讲的主要内容，已反映在1987年中国财政经济出版社出版的、周秀鸾教授和我编著的《社会科学研究工作程序》一书中。课题组是按照这套程序工作的。这套程序，简单地说，在选题之后，分为5个步骤：第一步，广泛搜集资料。为了搜集资料做准备工作，1982~1983年编辑《新中国经济文献目录索引》110万字（已由中南财经大学印刷，装订成册）。课题组成员收集了多少资料，没有精确地统计过，估计在2亿字以上。第二步，按专题编写大事记。初稿300多万字。经删削之后，印在出版的4卷本《中华人民共和国经济专题大事记》中的，是136余万字。第三步，整理专题资料长编。这套长编，因篇幅大，缺经费，当前难以出版。第四步，撰写专题研究论文，已发表的有100余篇。第五步，撰写《中华人民共和国经济史》4卷。

记者：《中华人民共和国经济专题大事记》有何特点？

赵：在这两套书中，如果一定要作比较，我更喜爱《中华人民共和国经济专题大事记》。这是因为：第一，它的社会效益与学术效益的时效，将比4卷本《中华人民共和国经济史》更久远。在学术著作中记载的我们的观点，读者可能不同意，后人一定会超越它，从而时效是有限的。由于《中华人民共和国经济专题大事记》是根据史料记载的历史事实，除了所据个别史料本身可能失真或不全面，从而需要校正、补充外，不存在人们是否同意或超越的问题。它有长久被人们使用，从而长期存在下去的价值。第二，它出自专题研究者之手，大事记有低水平的、也有高水平的。低水平的，没有确立"大事"的标准，见事即抄；写了许多，却不得要领，如此等等。高水平的大事记，必须出自专题研究者之手。因为只有他们才能科学地判断什么是大事，严格地掌握大事的标准；才能准确地认识一件事物、一次会议或一个文件中的新意与精华之所在，从而撷其要；才能辨别史料之真伪，而不是真伪并存。我们的这一部大事记，每个部分都是出自专题研究者之手，其中绝大多数出自副教授和教授之手。在大事记编写者中，这是少见的。第三，每一条记事力求以第一手资料作依据，并详细注明出处（出版时，为节省篇幅，由责任编辑删掉）。这就保证了所记之事的准确性。第四，体裁新颖。这部大事记的内容，既包括工业、农业、交通运输、建筑业、商业、金融、财政等国民经济的各个部门，少数民族，"三线"建设等各类地区，以及影响经济发展的经济理论、经济政策、经济计划、科学技术、教育、文化、人口、人民生活等各个方面，又分专题记载。像如此全面，又如此细分，有分有合体裁的经济大事记，至今尚未见过。这种体裁便于广大读者使用。因此，我相信它会受到读者的欢迎与重视。

记者：有什么话要向读者说吗？

赵：我请读者对它们从严要求，指出其错误或不足之处，以利于再版时改正。我希望读者能和我们作者一样，感谢河南人民出版社和这两套书的责任编辑。在资产阶级自由化思潮泛滥，出版业处于低谷，一些出版社竞相出版低级的甚至黄色书以图厚利时，该社却赔钱出此以事实宣传四项基本原则的严肃的大部头学术著作，其目光远，作风正，不能不令人敬佩。

（本文原载于《中州书林》1990年1月25日、2月5日、2月15日）

第三部分
任务与功能

赵德馨教授将经济史学科的任务与功能概括为"三求"——求真、求解和求用。真实地探究和再现过去的经济实践，是经济史的求真功能和价值所在。探寻经济史中的发展规律，并运用适当的理论和方法解释之，即是经济史的求解功能。还原历史真相、求解历史规律的终极目的是求用。求用功能包括学术的与社会的两个方面。在社会功能方面，主要是从经济史中提取历史经验资治于现实；从经济史中抽象出经济理论，指导经济政策的制定。

此处收录的前两篇文章主要是关于"三求"的，后三篇主要是关于总结经验教训的。

经济史学的发展障碍及其解除路径
——基于功能、素养、学科定位视角的分析

内容提要：经济史学具有求真、求解和求用三大功能。充分发挥经济史学的"三求"功能，要求经济史学者必须具备三项知识素养：史料考证、统计分析和理论分析。当前我国的学科设置，难以培养出同时具备三项知识素养的经济史学者，这就阻碍了中国经济史学的大发展。破解经济史学发展障碍的有效办法就是重新调整学科定位，按照功能需要向经济史学者提供必需的学术训练，培养出能够发挥经济史学功能的学者，从而解除经济史学的发展障碍。

关键词：经济史学科　经济史学功能　发展障碍

"中国经济史学研究，已经走过100多年的历程"，特别是改革开放以来，中国经济史学的"研究成果令世人瞩目，形成了一些有一定影响力的研究团队，发表了一系列标志性的研究成果"[1]。"然而在进入20世纪90年代以后，我国的中国经济史研究却开始出现衰落的迹象，……构成以往中国经济史学基础的许多主要理论与方法，近年来也受到越来越多的质疑与挑战。中国经济史学已经感到日益严重的危机"[2]。今日的中国经济史学，可谓喜忧参半，喜的是经济史学取得了长足的进步，忧的是经济史学的发展面临着诸多障碍，令人更为忧心的是，如果障碍不及早清除，经济史学的发展可能难以为继。清除发展障碍，首先要找到障碍的根源，然后对症下药。就笔者管见所及，经济史学界迄今尚无专文探讨经济史学发展障碍的根源到底在哪里？更没有系统地提出破解障碍的对策。基于此，本文从功能、素养、学科定位的视角分析经济史学发展障碍的根源并提出破解对策。本文把经济史学的功能作为分析的逻辑起点，认为经济史学主要具有三大功能——求真、求解和求用。经济史学者是发挥经济史学

---

[1] 魏明孔：《构建中国经济史话语体系适逢其时》，载《光明日报》2015年12月6日。
[2] 李伯重：《回顾与展望：中国社会经济史学百年沧桑》，载《文史哲》2008年第1期。

三大功能的载体,这就要求经济史学者必须具备发挥三大功能的知识素养。如果经济史学者不具备发挥经济史学功能的知识素养,经济史学的发展就难以为继,甚至会失去其作为独立学科的价值。破解经济史学发展障碍的有效办法就是重新调整学科定位,按照功能需要向经济史学者提供必需的学术训练,培养出能够发挥经济史学功能的学者,以清除经济史学的发展障碍。

一、经济史学的"三求"功能

任何一门独立学科都有其独到的功能,经济史学科当然也不例外。我们认为,可以把经济史学科的功能概括为"三求"——求真、求解和求用,"三求"实际上是回答了经济史学的3个问题:经济史的本来面貌是什么?经济史为什么是这样?经济史有什么用?

求真是史学的品质。古希腊史学家赫卡泰厄斯说"只有我所认识的是真实的东西,我才把他记载下来",古罗马史学家塔西佗也认为史家要"不怀怨毒之情,不存偏私之见,超然物外"①。梁启超在《中国历史研究法》一书中多次提到历史研究首先要求真,在他看来,研究的历史问题有大有小,但无论是横跨千年的大问题,还是一家一室的小问题,都要以求真为旨归,"善治学者不应以问题之大小而起差别观,问题有大小,研究一问题之精神无大小。学以求真而已,大固当真,小亦当真"②。尽管经济史学被划归经济学学科门,但它"首先是史"③,是"过去的、我们还不认识或认识不清楚的经济实践"④。所以,真实地"将过去的经济实践清楚地描绘出来并展示给世人,乃是经济史研究的主要目标之一"⑤。真实地探究和再现过去的经济实践,是理论经济学和应用经济学所不能承载的功能,这是经济史与理论经济学、应用经济学的最大区别所在,也是经济史学的存在价值所在。如果经济史学所探究和再现的过去是失真的,这样的经济史学就毫无价值,所以,探求经济历史真相乃是经济史学的首要

---

① 转引自郭圣铭:《西方史学史概要》,上海人民出版社1983年版,第14、49页。
② 梁启超:《中国历史研究法》,岳麓书社2010年版,第77页。
③ 吴承明:《谈谈经济史研究方法问题》,载《中国经济史研究》2005年第1期。
④ 吴承明:《经济学理论与经济史研究》,载《经济研究》1995年第4期。
⑤ 李伯重:《历史上的经济革命与经济史的研究方法》,载《中国社会科学》2001年第6期。

功能。

历史事实本身不能回答历史为什么是这样的这个问题。譬如说，为什么资本主义经济发展模式在中国行不通？为什么在半殖民地半封建社会的废墟上不能直接建立社会主义经济形态，而必须经过新民主主义经济形态的发展阶段？回答这些问题，首先需要研究者找到中国近代经济史的发展规律并运用适当的理论和方法对此作出解释，这就是经济史学的求解功能。英国历史经济学家希尔德布兰德认为，经济学的目标在于发现关于经济发展的广泛适用的规律，历史法是缔造经济发展普遍规律的最好方法[1]。赵德馨则明确提出，"经济史学研究的根本目的不在于重现经济生活演变过程，而是通过分析这个过程以揭示经济生活演变的规律"，他把探求历史真相的研究成果看作是经济史研究的"阶段性成果"而非"最终产品"，揭示经济演变规律的成果才是"最终成果"[2]。

还原历史真相、求解历史规律的终极目的是资治于现实，即为现实所用，这就是经济史学的求用功能。经济史学的求用，表现在两个方面：其一，从经济史中提取历史经验资治于现实。在历史学产生之前，人类就懂得总结历史经验为实际服务，所以"人类对历史的经验和现实的思考要早于严格意义上的历史学的出现"[3]。历史学产生以后，无论古今中外，都强调史学应该致用。中国史学有"经世致用"的传统，刘知几说"史之为用，其利甚博，乃生人之急务，为国家之要道。有国有家者，其可缺之哉"[4]。梁启超明确提出研究历史是为了资鉴现实"历史所以要常常去研究，历史所以值得研究，就是因为要不断地予以新意义及新价值以供吾人活动的资鉴"[5]。19世纪后期，英国历史经济学家在创建经济史学科时，不仅从理念上提出经济史学的实用性而且用行动证明经济史学的实用性。阿什利认为，经济史研究可以"直接观察过去或现在的社会现实，并从中归纳出一般结论，以此来提出解决当今问题的方法"[6]。所

---

[1] 杰拉德·M.库特著，乔吉燕译：《英国历史经济学：1870~1926》（中译本），中国人民大学出版社2010年版，第40页。
[2] 赵德馨：《经济史学概论文稿》，经济科学出版社2009年版，第73页。
[3] 彭卫：《再论历史学的实践性》，载《清华大学学报（哲学社会科学版）》2016年第3期。
[4] （唐）刘知几撰，（清）浦起龙释：《史通通释》，上海古籍出版社1978年版，第393页。
[5] 梁启超：《中国历史研究法》，岳麓书社2010年版，第131、136页。
[6] 杰拉德·M.库特著，乔吉燕译：《英国历史经济学：1870~1926》（中译本），中国人民大学出版社2010年版，第121页。

以，阿什利"坚持认为经济史研究必须具有实用性"[1]。正因为如此，历史经济学家罗杰斯"把经济史看作是一门实用性学科"，罗杰斯"把经济史的结论拿来为自由竞争、自由贸易以及极端个人主义的发展服务"[2]。历史经济学家坎宁安持同样的观点，他坚信"经济史能够使经济研究重新成为一门实用科学"，事实上，到20世纪初，经济史学的实用性得到了经济学界的广泛认可，经济史不仅被经济学家"用作支持或反对眼前迫切利益特定实现过程的论据库"，而且被看作是能够"培养一批具有政治智慧的人"[3]。其二，从经济史中抽象出经济理论，指导经济政策的制定。经济史是经济学的源，很多经济学理论都是从经济史中抽象出来的，恩格斯指出，马克思的"全部理论，是他毕生研究英国经济史及经济状况的结果"[4]。马克思主义经济学后来成为社会主义国家开展经济实践的指导理论。菲利普斯通过对1861~1957年间英国的失业率和货币工资增长率之间的关系进行统计研究，发现两者之间存在一种替代关系，后来，萨缪尔森略加改进，形成了著名的菲利普斯曲线理论，这个理论直接指导了20世纪60年代美国经济政策的制定。弗里德曼的货币主义理论是从美国货币史中抽象出来的，对当今各国货币政策的制定产生了重大影响。此等例子，不胜枚举。

古希腊学者卢奇安指出，"历史只有一个目的或任务，那就是实用，而实用只有一个根源，那就是真实。"[5] 当代中国史家李文海认为，"'求真'才能'致用'。把握历史真实愈深刻，历史学的知识功能、借鉴功能和指导功能发挥得就愈充分"[6]。我们应该明确，求真是经济史学的基础功能，求解和求用都是建立在求真的基础之上，如果经济史的内容失真，经济史就失去根基，经济史就不复成为经济史。当然，经济史学不能驻足于求真层面拒不前行，如果这样的话，经济史学可能就会沉溺于故纸堆中而不能自拔，成为纸上的学问、成为只见树木不见森林的学问、成为无用的学问。所以，"三求"是一个整体，缺一不可，否则就不是真正意义上的经济史学。

---

[1] 杰拉德·M.库特：《英国历史经济学：1870~1926》（中译本），中国人民大学出版社2010年版，第123页。
[2] 杰拉德·M.库特：《英国历史经济学：1870~1926》（中译本），中国人民大学出版社2010年版，第65页。
[3] 杰拉德·M.库特：《英国历史经济学：1870~1926》（中译本），中国人民大学出版社2010年版，第173页。
[4] （德）马克思：《资本论》第1卷"序言"，人民出版社1956年版，人民出版社2010年版，第30页。
[5] （古希腊）卢奇安：《论撰史》，引自《缪灵珠美学译文集》第1卷，中国人民大学出版社1987年版，第195页。
[6] 李文海：《"求真"才能"致用"》，载《史学月刊》2001年第4期。

二、经济史学者的知识素养难以发挥经济史学功能

(一) 经济史学"三求"功能对经济史学者的知识素养要求

经济史学者是经济史学功能发挥的载体,这就要求经济史学者必须具备能充分发挥经济史学功能的知识素养。

经济史学求真功能的发挥,要求经济史学者必须具有史料考证的能力,否则就无法探求历史的真相。史料是史学的基础,没有史料就没有史学,广泛搜集、考据、征引史料,言必有据,论从史出,是中国史学流传千年的优良传统。治史者必须从治史料入手,不治史料而径谈历史者,并非真正的历史学者。但是,史料不是史实,同一个历史事件,可能有不同的史料对其予以记载,这就必须对史料进行考据、整理,挑出接近史实的史料,因此史料考证是历史学最基本的方法,也是历史学者必备的素养。经济史首先是史,"经济史研究只能以历史资料为依据,因此史料学和考据学的方法也是经济史研究的基本方法。无论何人研究经济史,都必须掌握历史学的基本方法"①。吴承明先生严肃地指出,一个经济史学者如果"不先在史料考证上下一番功夫,没有鉴别考证史料的经验和修养,径行下笔为文,不是真正的史家"②。老一辈的经济史学家具有很强的史料考证能力,经他们数十载的辛勤耕耘,整理出版了很多颇具价值的资料集,较具代表性的有:严中平等编的《中国近代经济史统计资料选辑》、陈真等编的《中国近代工业史资料》、孙毓棠和汪敬虞编的《中国近代工业史资料》、李文治等编的《中国近代农业史资料》、彭泽益编的《中国近代手工业史资料》,"这些作品并未完全停留在资料汇编的层次上,而是渗入了编者的研究心得,所以总体质量较高,其中不乏上品。"③

经济史学的求解和求用功能是建立在对经济历史进行长时段、整体性分析的基础之上,经济史学家通过对经济历史的整体把握,从中提炼历史规律、发

---

① 吴承明:《谈谈经济史研究方法问题》,载《中国经济史研究》2005年第1期。
② 吴承明:《中国的现代化:市场与社会》,生活·读书·新知三联书店2001年版,第362、363页。
③ 王学典:《近五十年的中国历史学》,载《历史研究》2004年第1期。

掘资治于现实的历史经验、抽象经济学理论。这就要求经济史学者必须具备以下两种知识素养。

其一，具有对长时段历史数据进行统计与计量分析的知识。按英国学者的解释"统计学是对事实的定量表述。一般认为，当这门科学重点只在搜集、整理事实以供其他人解释其中内在的政治或道德含义时，它就是客观的"[1]。经济史学甫一产生，历史经济学家"罗杰斯就将统计学加进了发展中的经济史学科"，1866~1892年，罗杰斯"利用得自大学档案馆、英国档案局和庄园花名册的数据"，"将这些数据以年均价格形式列表，分别按年份和地区排列"，撰写成六卷本《英国农业及价格史》，通过这套书，"罗杰斯为经济史提供了定量分析的维度，暗示将来经济史将需要人们施以专业的关注。"[2] 罗杰斯把统计学引入经济史，意义重大，有的经济学家甚至认为，这是经济史成为经济学经济史的标志。1919年，坎宁安指出"从他（即罗杰斯）的时代开始，它不再被仅仅看作是历史的一个方面……而是经济研究的一个部门"[3]。爱丁堡大学经济史学科创始人尼克尔森认为，"纯粹理论应使用数学方法，而对于应用经济学与经济史，他则提倡使用归纳法和统计法"[4]。中国经济史学界很重视统计学方法的运用，梁方仲所著的《中国历代户口、田地、田赋统计》和汤象龙所著的《中国近代海关税收和分配统计（1861~1910年）》两部名著便是运用统计学方法研究经济史的代表作。梁方仲所著的《中国历代户口、田地、田赋统计》被认为"是一部内容丰富具体化了的计量经济学，又是一部大型的经济史研究的基本工程的巨著"[5]。吴承明先生认为统计学对经济史学"非常有用"，他主张"凡能计量的都尽可能计量"[6]。他在撰写《中国资本主义的发展述略》《论我国半殖民地半封建国内市场》等论著时，就运用了统计学的研究方法，体现了吴老深厚的统计学功底。

其二，运用相关理论分析经济历史的能力。中国经济史学从诞生之日起，就走的是理论与史料兼重的治学之路。1934年，陶希圣在《食货》创刊号上指

---

[1] 杰拉德·M.库特：《英国历史经济学：1870~1926》（中译本），中国人民大学出版社2010年版，第70页。
[2] 杰拉德·M.库特：《英国历史经济学：1870~1926》（中译本），中国人民大学出版社2010年版，第70、77、83页。
[3] 杰拉德·M.库特：《英国历史经济学：1870~1926》（中译本），中国人民大学出版社2010年版，第83页。
[4] 杰拉德·M.库特：《英国历史经济学：1870~1926》（中译本），中国人民大学出版社2010年版，第174页。
[5] 汤明檖、黄启臣主编：《纪念梁方仲教授学术讨论会文集》，中山大学出版社1990年版，第29页。
[6] 吴承明：《谈谈经济史研究方法问题》，载《中国经济史研究》2005年第1期。

出,"史学虽不是史料的单纯排列,……有些史料,非预先有正确的理论和方法,不能认识,不能评定,不能活用,也有些理论和方法,非先得到充分的史料,不能证实,不能精致,甚至于不能产生"①。后来,陶希圣又撰文明确提出,要"以社会科学的理论与方法研究中国社会经济史"②。城市经济史专家吴景超也说,他的研究就是"先由理论下手,根据这些理论来研究中国都市",然后又"以研究中国都市的所得,再来修改理论"③。当代经济史家继承了理论与史料兼重的治学思路,李伯重认为"方法论在史学研究中应当占有与历史资料同等重要的地位","不应当号召学者退回到纯粹的考证工作上去"④。一切理论都可看作是研究经济史的方法论,与经济史密切相关的理论主要是经济学、历史学、社会学理论。例如,探究历史上的商品生产规律、提炼商品经济发展经验,就必须使用商品经济理论;探究历史上的金融发展规律并为现代金融业发展提供历史启迪,就必须运用金融经济学的理论与方法;探究历史上的产业变迁规律并为当今产业政策的制订提供历史经验,就必须运用产业经济学的理论与方法。因此,掌握包括经济学、历史学、社会学在内的社会科学理论与方法是经济史学者必备的一项基本素养。

(二) 当前学科格局下培养的经济史学者难以具备发挥经济史学功能所要求的知识素养

充分发挥经济史学的"三求"功能,要求经济史学者必须具备三项知识素养——史料考证、统计分析、理论分析,那么,当前我国经济史学人才培养模式是否能提供这三项知识素养的学术训练呢?

我国经济史学人才培养的任务主要由高等学校的经济系和历史系、社会科学院的经济所和历史所承担,由于几乎没有设置经济史学本科专业,经济系(所)和历史系(所)只能从研究生阶段培养经济史学专门人才。根据2011年国务院学位办和教育部颁布的《学位授予和人才培养学科目录设置与管理办法》的规定,我国目前共设置13大学科,每个学科又细分为一级学科和二级学科两个层次,经济史学被划分在经济学学科门,属于理论经济学下的二级学科,在

---

① 陶希圣:《编辑的话》,载《食货》第1卷第1期(1934年)。
② 陶希圣:《食货学会本年六项工作草约》,载《食货》第1卷第6期(1935年)。
③ 吴景超《近代都市的研究法》,载《食货》第1卷第5期(1935年)。
④ 李伯重:《理论、方法、发展趋势:中国经济史研究新探》,浙江大学出版社2013年版,第126、80页。

历史学学科门里，经济史只是专门史、中国古代史、中国近现代史等二级学科门下的一个研究方向，未进入学科目录。20世纪八九十年代，研究生培养单位可以自主确定研究生入学考试科目，培养单位在招录经济史学专业研究生时，要求考生必须考试历史学和经济学类的课程，这样，招录的学生既有学习历史专业的，也有学习经济专业的，当然还有其他专业的。20世纪末以来，培养单位在研究生入学考试科目设置上不再具有自主权，完全按照教育部颁布的学科目录设置考试课程，经济史学是理论经济学一级学科下的二级学科，其入学考试科目与政治经济学、西方经济学、世界经济等专业的考试科目一致，即数学、外语、政治和经济学理论4门课程，这就导致了历史学专业的本科生因无法通过数学考试而被拦截在经济史学的门外、没有任何经济史学知识背景的学生只要考得过上列4门课程就可以成为攻读经济史专业的研究生，可以断定，按照这种考试方式选拔出来的经济史学专业研究生最缺乏的就是历史感和史料考证能力[1]。在研究生教学上，课程设置同样突出一级学科，经济史专业研究生的专业核心课程一般由西方经济学、计量经济学、中外经济史三大块构成。这样的课程设置，向研究生提供的学术训练主要是经济学的理论与方法，旁及历史学的理论与方法，基本上不涉及史料考证的学术训练，这样一来，经济史学专业所培养的研究者将无法承担经济史学求真功能的重任。求解和求用以求真为基础，求真既不能，遑论求解与求用。作为历史学的经济史，在入学考试上并无太高的门槛，但历史系（所）给研究者提供的主要是历史学的史料考证与历史归纳等学术训练，一般很少涉及经济学、社会学、统计学等其他学科的理论与方法，学习经济史的历史学出身的研究者，在经济理论与方法、统计与计量方法等方面存在先天不足，这就使他们难以承担发挥经济史学求解与求用功能的重任。

由此看来，目前我国的学科设置，将面临难以培养能承担"三求"功能的经济史学者的困境，这应该是当前我国经济史学发展所面临的障碍。事实便是如此。孙圣民对2000～2013年《中国社会科学》《经济研究》《历史研究》《经济学（季刊）》4家期刊上发表的经济史论文进行了统计分析，得出如下结论：其一，出身经济学界的多数经济史学者不具备考证史料、数据的能力，他们的

---

[1] 笔者最近几年在给经济史专业硕士生和博士生讲授中国近代经济史课程中发现，硕士生和博士生对中国古代和近代经济史几乎不了解，也不愿意花时间去系统地学习中国古、近代经济史。在作学位论文时，绝大多数研究生在当代经济史领域选题，极少数学生在近代经济史领域选题，几乎没人在古代经济史领域选题，主要原因是看不懂古代和近代经济史文献，至于史料考证，他们脑海中根本就没有这个概念。

优势是量化技巧和经济理论。经济类期刊所发表的经济史论文,被历史学文献所引用的频次很低,说明经济学界所进行的经济史研究,多数不为史学界接受,影响力比较弱。究其原因,一方面是源于历史学者对这些研究中所使用的经济学分析工具不了解,降低了这些工作在历史学者面前的可信度;另一方面是因为历史学者质疑经济学者采用的史料和数据,以至于以此为基础开展的经济史研究的价值和意义也被历史学者打上了问号。其二,在《经济研究》上发表经济史论文的作者,以纯粹经济学专业学者为主,纯粹史学背景的学者很难在《经济研究》上发表论文,说明出身史学界的经济史学者对经济学的方法与范式非常陌生。其三,同时拥有经济学和史学背景的经济史学者,在哪一类期刊中都不占多数,这说明,现在的学科设置还没有成功培养复合型经济史学人才[①]。

三、调整经济史学科定位

(一) 经济史学在经济学科中应该居于何种地位?

在对经济史学科进行重新定位之前,很有必要对经济史学科发展史做一回溯,这样才能找到学理依据。尽管 1776 年《国富论》的发表,标志着古典政治经济学的产生,但 20 世纪以前的英国大学只设置了道德科学和历史科学等学科,政治经济学尽管很流行但不是一个独立学科,仅是道德科学和历史学荣誉学位考试的从属性科目,例如在剑桥大学,政治经济学和经济史只是历史学荣誉学位考试中的一门科目。政治经济学在伦敦大学的地位则更低,它"仅仅是一般学士学位的一个组成部分而已,尚未跻身伦敦大学的考试科目"[②]。经济学家对这一状况很不满意,从 19 世纪后期开始,经济学家就奔走于各方,呼吁设置独立的经济学荣誉学位考试。经济学家都认为经济学要成为一个独立的学科,但成为一个什么样的独立学科却有争论。争论主要有两派,以马歇尔为首的新古典经济学家认为应该建立以演绎经济学为主的理论经济学学科,以坎宁安为首

---

① 孙圣民:《国内经济史研究中经济学范式应用的现状——基于〈中国社会科学〉等四种期刊的统计分析》,载《中国社会科学评价》2016 年第 1 期。
② 杰拉德·M. 库特:《英国历史经济学:1870~1926》(中译本),中国人民大学出版社 2010 年版,第 192 页。

的历史经济学家认为应该建立以历史归纳为主的经济史学科。1894年,坎宁安、福克斯威尔等人所递交的关于经济学教育的报告中指出,"在那些采用归纳的方式研究经济学的国家,这门学科的学术威望更高,也更受欢迎",报告建议"将英国经济学教育的侧重点放在归纳性研究上,这种研究所具有的实际应用性要优于经济理论"①。马歇尔对此坚决反对,他认为"如果有人说那些不做任何科学分析而只学习作为一系列纯粹事实材料堆积的经济史的人是经济学专业的学术,我认为那纯属无稽之谈"②。面对这种针锋相对的局面,边际学派的杰出代表杰文斯提出了一个折衷方案:把经济学划分为经济理论、应用经济学和经济史三门子学科,并允许各门子学科运用各自的特定方法开展研究③。马歇尔不赞同杰文斯的方案,执意在剑桥大学建立了以演绎经济学为主体的经济学学科体系,马歇尔在设置经济学学科课程时,把前两个学年的一半学习时间和最后一个学年的全部学习时间分配给经济理论,而给应用经济学、经济史和政治科学这三门学科总共才分配了一个学年的时间,所要教的经济史,也主要是19世纪经济史,即当代经济史,这"标志着经济理论作为一门专业性学科在剑桥大学取得了胜利"④。历史经济学家赞同杰文斯的方案,1889年,坎宁安明确提出"经济研究分为三个部分——纯理论、应用经济学与经济史,这种分法,即使不在本质上至少也可以说在形式上与杰文斯相同"⑤。1895年,历史经济学家休因斯出任伦敦政治经济学院的首任院长,休因斯对马歇尔在剑桥大学以演绎经济学为主体的培养模式颇有微词,他"希望让归纳精神来主导自己创办的学院",在休因斯的推动下,伦敦政治经济学院"以历史为导向","以经济史和应用经济学为中心",推行完全有别于剑桥大学的经济学人才培养模式⑥。休因斯在伦敦政治经济学院设置独立的经济历史专业,经过100多年的发展,伦敦政治经济学院建立了从本科到硕士到博士的完整的经济史学学科体系和教育体系。英国还有一些大学也很重视经济史专业建设,"第二次世界大战后,经济史专业迅速发展,许多大学设立了经济史系"⑦。报考经济史专业的大学生在20世纪五六十

---

①② 杰拉德·M. 库特:《英国历史经济学:1870~1926》(中译本),第167页。
③ 杰拉德·M. 库特:《英国历史经济学:1870~1926》(中译本),第24页。
④ 杰拉德·M. 库特:《英国历史经济学:1870~1926》(中译本),第168页。
⑤ 杰拉德·M. 库特:《英国历史经济学:1870~1926》(中译本),第162页。
⑥ 杰拉德·M. 库特:《英国历史经济学:1870~1926》(中译本),第194~195页。
⑦ 英国的莱斯特、萨塞克斯、格拉斯哥、利兹、布里斯托、爱丁堡等大学设立了经济史系,招收和培养经济史专门人才。

年代有较大幅度的增加，此后稳步发展，正如英国经济史学家巴克所言，"五十年代和六十年代时，参加经济史普通级考试和高级考试的人数以及经济史学会的人数引人注目地增加，此后就稳定在同一水平上"①。

随着世界经济中心从英国转移到美国，美国取代英国成为世界经济学和经济史的研究中心。20世纪五十年代数学化的浪潮席卷了整个美国经济学界，形成了所谓的经济学"形式主义革命"，与此相适应，计量经济史学作为经济史学的一个新流派异军突起。以福格尔、诺斯、戴维斯、休斯、费希洛和帕克等为代表的计量经济史学家，于1960年组织了"经济史中的数量方法"讨论会，并将其发展成为年度性会议，计量经济史成为美国经济史学的主流并影响到世界各国。经济史专业杂志所刊发的论文情况就凸显了计量经济史的主流地位，1966年，美国《经济史杂志》有1/3的文章采用了计量方法，1968年有1/2的文章采用了计量方法②。到20世纪末，美国的《经济史杂志》、英国的《经济史评论》等国际主要经济史期刊已经很少刊登非计量经济史的文章。对于经济史学的计量化，经济史学界和经济学界的评价不一，福格尔认为计量经济史学成功地实现了经济史学和经济学的再度整合与统一，这实际上是把经济史消融到经济学之中③。这种攀龙附凤的做法，却遭到了经济学家的激烈反对，如索洛认为计量化导致经济史学"和那些经济学研究同样地使用积分、同样地回归、同样地用统计量来代替思考，……这种经济史学远不是提供给经济理论家们一个更广阔的视野而只是在回敬给经济学家们同样的一碗粥"，"经济学没有从经济史那里学到什么，经济史从经济学那里得到的和被经济学损害的一样多"④。索洛的这段话至少包含两层含义：其一，经济学的发展需要经济史；其二，经济史应该坚持符合自身特征的研究方法，不能用计量方法取代其他方法。诺斯后来也认为大部分计量经济史研究只是把新古典经济学简单应用到历史研究中，"这种做法的收益很快就会出现递减"。经济史学家哈特维尔更是呼吁经济史学要回归"优秀的老经济史学"，千万不要"去崇拜计量方法这个女财神的圣像"⑤。

---

① 科尔曼、巴克等著，王建华译：《历史分支学科论坛：什么是经济史》，载《现代外国哲学社会科学文摘》1986年第6期。
②④ R. 福格尔著，王薇译：《历史学和回溯计量经济学》，载《国外社会科学》1986年第8期。
③ 关永强：《从历史主义到计量方法：美国经济史学的形成与转变（1870~1960）》，载《世界历史》2014年第4期。
⑤ 罗伯特·索洛：《经济史与经济学》，转引自吴承明《经济学理论与经济史研究》，载《中国经济史研究》1995年第1期。

20世纪八九十年代以后，计量经济史的热潮逐渐褪去，美国经济史学界对经济史学科的地位作了冷静的思考，麻省理工大学达特茅斯校区的经济史学教授杰拉德·M. 库特认为，100多年前杰文斯和坎宁安对经济学三大块的划分是有道理的，他对每一块的研究内涵做了进一步的界定："经济理论用来描述从经济现象中推导出来的抽象原理，应用经济学是指出于政策制定的目的而进行的当代经济问题研究，经济史则是用来描述有关过去经济现象的研究"[①]。

回溯经济史学科发展史，我们看到，经济学家，如马歇尔，曾有心把经济史学边缘化，经济史学家，如福格尔，也曾有意把经济史学消融到经济学之中，但他们都没有如愿以偿。随着时间的推移，人们似乎越来越意识到，经济史学并不是经济理论的婢女，而是与理论经济学并驾齐驱的独立学科。

（二）重新定位经济史学科的构想

国务院学位办和教育部于2011年颁布的《学位授予和人才培养学科目录设置与管理办法》规定，经济学学科设置理论经济学和应用经济学两个一级学科，理论经济学一级学科下设置6个二级学科，经济史就是其中的一个。我们建议，在下一轮（即第五轮）学科调整中，应把经济史从目前的二级学科提升为一级学科，形成理论经济学、应用经济学、经济史学三个一级学科并列的经济学学科格局。本科、硕士、博士三个阶段均设置经济史学专业，授予经济学或历史学学位[②]。

设置经济史学一级学科的构想应该是可行的。首先，符合政策所要求的4项条件。《学位授予和人才培养学科目录设置与管理办法》第七条明确规定了增设一级学科的4个基本条件：（1）具有确定的研究对象，形成了相对独立、自成体系的理论、知识基础和研究方法；（2）一般应有若干可归属的二级学科；（3）已得到学术界的普遍认同，在构成本学科的领域或方向内，有一定数量的学位授予单位已开展了较长时间的科学研究和人才培养工作；（4）社会对该学

---

① 关永强：《从历史主义到计量方法：美国经济史学的形成与转变（1870~1960）》，载《世界历史》2014年第4期。
② 《学位授予和人才培养学科目录设置与管理办法》明确规定，某些"一级学科可分属不同学科门类，此类一级学科授予学位的学科门类由学位授予单位的学位评定委员会决定"。如统计学一级学科被归于理学学科门，但可授予理学或经济学学位，管理科学与工程被归于管理学学科门，但可授予管理学或工学学位，心理学被归于教育学学科门，但可授予教育学或理学学位，科学技术史一级学科被归于理学学科门，但可授予理学、工学、农学、医学学位。

科人才有较稳定和一定规模的需求①。经济史学是具有百年历史的成熟学科，以"过去的、人们还不认识或认识不清的经济实践"为研究对象，形成了融合历史学、经济学、社会学等学科在内的独立的理论体系和研究方法。经济史一级学科可以考虑设置中国经济史、外国经济史、经济史理论与历史等3个二级学科，当然也可不设置二级学科（如管理科学与工程、科学技术史等一级学科就没有设置二级学科）。据不完全统计，国内至少有50家以上的单位（含高等学校、科研院所）培养经济史学硕士，至少20家单位培养经济史学博士。政府部门、文博部门、企业单位、高等学校、科研部门均需要既通晓经济学又熟谙历史学的高层次经济史学专门人才，实践早已证明，经济史专业培养的研究生，既有经济学的严谨又有历史学的厚重，深受社会的欢迎。所以，经济史学完全具备了上述4个条件，把经济史学提升为一级学科的条件已经成熟。其次，有成功先例。改革开放以来，我国已经进行了4轮学科调整，分别发生在1983年、1990年、1997年、2011年，在第四轮学科调整中，若干二级学科被提升为一级学科。譬如统计学，在1997年版的学科目录中，是应用经济学下的一个二级学科，同时在数学一级学科下也设置了概率论与数理统计二级学科；2011年版学科目录把统计学提升为一级学科，置于理学学科门下，可授予理学和经济学学位；2012年修订的《普通高等学校本科专业目录》设置了3个统计类专业：统计学、应用统计学和经济统计学。再如历史学，在1997年版的学科目录中，历史学既是学科门名称又是一级学科名称，下设8个二级学科，即史学理论及史学史、考古学及博物馆学、历史地理学、历史文献学、专门史、中国古代史、中国近现代史、世界史；在第四轮学科目录调整中，历史学学科门设置三个一级学科——考古学、中国史、世界史，即把考古学和世界史由二级学科提升为一级学科；与学科调整相对应，2012年版本科专业目录设置4个史学本科专业：历史学、世界史、考古学、文物与博物馆学。2011年颁布的《学位授予和人才培养学科目录设置与管理办法》第八条规定，"一级学科的调整每10年进行一次"，这意味着第五轮学科调整将于2021年完成。现在国学界正在紧锣密鼓地谋划设置国学一级学科，并为此召开多次专门讨论会、撰写了系列文章，引起较大的社会反响，经济史学界理当奋进。

---

① 《学位授予和人才培养学科目录设置与管理办法》，教育部网站 http：//www. moe. edu. cn/publicfiles/business/htmlfiles/moe/moe_834/201104/116439. html。

前文已论及，当前学科设置格局下的经济史学科无法培养出满足经济史学"三求"功能的合格人才，所以，重新定位之后的经济史学科，课程设置要充分体现经济史学的功能，或者说，应根据"三求"功能需要设置课程。经济史学本科专业的课程由三大块组成：通识课程、专业核心课程、专业选修课程。通识课程主要设置政治、数学、英语三类课程，专业核心课程应该包括经济史学理论与历史、经济史学研究方法、经济学原理、统计学、计量经济学、中国通史、世界通史、历史文选与要籍介绍、中国经济史、世界经济史、社会学等；专业选修课程由各培养单位根据自身的特色自主开设。在研究生教育阶段，中（高）级西方经济学、统计学、中国经济史专题、世界经济史专题、经济史料学、经济史学概论等课程应成为经济史学硕（博）士点主干课程。当然，系统的课程设置需要进一步的讨论。对硕士研究生入学考试科目也应作相应的调整，如果授予经济学学位，政治、英语、统计学、经济史综合可成为考试科目；如果授予历史学学位，政治、英语、历史学综合、经济史综合可列为考试科目。

按照上述设想所培养出来的经济史学人才，应能系统地掌握历史学、经济学、统计学、社会学等学科的理论与方法，具备发挥经济史学"三求"功能的知识素养，这样也就具有了清除经济史学发展障碍的前提。

四、结语

经济史学的"三求"功能是一个三位一体的整体，缺一不可，否则就不是真正意义上的经济史学。发挥经济史学的"三求"功能，要求经济史学者必须具备三项知识素养：史料考证、统计分析、理论分析。在当前的学科格局下，经济史学科难以培养出具备三项知识素养的学者，这就阻碍了中国经济史学的进一步发展。破解经济史学发展障碍的有效办法就是重新调整学科定位，把经济史学科从当前的二级学科提升为与理论经济学、应用经济学并列的一级学科，设置经济史学本、硕、博专业，形成完整的经济史学人才培养体系，按照"三求"功能设计每个培养阶段的课程体系，向经济史学研究者提供史料考证、统计分析与理论分析的学术训练，培养出能够发挥经济史学功能的学者，从而解除经济史学的发展障碍。

中国经济历史源远流长、内涵丰富,特别是改革开放以来,中国经济又创造了连续 30 多年快速增长的奇迹,以 5 000 年来的中国经济历史文明为基础,构建中国经济史学话语体系适逢其时[1]。真实地表达中国经济历史、概括中国经济历史规律、从中国经济历史中提炼经验教训,是构建中国经济史学话语体系的前提。这就是说,经济史学者能否承担发挥经济史学"三求"功能的重任,是中国经济史学话语体系能否成功构建的关键。我们必须清醒地认识到,我们目前还不完全具备构建中国经济史学话语体系的知识素养,因此,中国经济史学界同仁应该以时不我待的精神,拿出清除经济史学发展障碍的方案——学科设置调整方案,呼吁有关部门鼎力配合,力争在第五轮学科调整中能够实现夙愿。

(本文原载于《中国经济史研究》2017 年第 4 期,与易棉阳合作)

---

[1] 魏明孔:《构建中国经济史话语体系适逢其时》,载《光明日报》2015 年 12 月 6 日。

经济史学学科功能论的反思与重构

摘要：任何一门独立学科都有其独到的功能。经济史学在深度融合历史学和经济学功能之后形成自身的学科功能：求真、求解和求用。"求真"即真实地再现过去的经济实践。"求解"即剖析经济实践过程中经济现象的发生原因，发掘历史上的经济规律，探寻历史上的经济运行机制及其绩效，解释经济史上的重大问题。"求用"即资鉴于现实。经济史学的"三求"功能是一个不可割裂的"三位一体"的整体：求真是基础；求解是对历史真相所含关系、规律、机制的解释，是求真的深化与升华；求用则是把历史真相和历史规律运用于现实，是对求真和求解的应用。经济史研究可以侧重于某一功能，与此同时也要兼顾其他两方面。关于经济史学功能的批评性认识，有助于经济史学学科基础理论建设，同时也有助于促进经济史实证研究的深入。

关键词：经济史学功能　求真　求解　求用

按照历史学的一般研究范式，传统经济史学的主要功能通常被认为是通过发掘和运用史料还原历史真貌，至于揭示蕴含于历史之中的机理、规律，则不在考虑之列。20世纪五六十年代，一些出身于经济学界的美国经济史学者别树一帜，运用经济学方法研究经济史，并提出一些颠覆传统的新观点，新经济史学由此产生。美国新经济史学的基本主张是：经济史学的主要功能是对历史上的经济结构与绩效作出解释，为了得到满意的解释，可以推导历史数据并运用于模型分析之中。新经济史学家推导历史数据的做法，是经济学的常用研究方法，但在传统经济史学看来，这一做法则有悖于历史研究不能假设的基本原则。于是，新经济史学遭到传统经济史学的抨击。传统经济史学和新经济史学本是经济史学的左右手，同等重要，无高下之别，但经济史学界的这两只手却彼此相轻甚至相互倾轧。这种局面，一定程度上导致经济史学得不到外界应有的认可与尊重，是经济史学学科建设过程中必须直面的一个重要问题。

学科发展史反复证明，任何一门学科的发展离不开对本学科本质的认识。一门学科在发展过程中如果出现问题甚至危机，在很大程度上应该归因于研究者对本学科的基本问题缺乏深刻认识。这里所讲的基本问题，主要包括学科发展史、学科功能、学科结构、学科性质、学科方法等问题。在经济史学一百多年的发展过程中[1]，一些学者就其功能做过一些探讨。如希克斯从学术交流视角提出："在我看来，经济史的一个主要功能是作为经济学家与政治学家、法学家、社会学家和历史学家——关于世界大事、思想和技术的历史学家——可以相互对话的一个论坛。"[2] 这个定义颇具启发意义，但未涉及经济史学的本质。贾俊民认为："经济史研究有三大功能：一是学科功能，即描述已逝去的历史过程，揭示历史发展演变的深层原因、规律与发展趋势，促进学科发展；二是社会功能，即通过历史分析，总结经验教训，为现实经济社会发展服务；三是育人功能，即积累和创造知识，开阔人们视野，增民才识，培养人才。"[3] 贾俊民在这里着重谈的是"经济史研究"的功能，并非"经济史学"的功能。由于经济史学是历史学和经济学在内容和方法上深度融合而成的学科，因此经济史学的学科功能，也是历史学和经济学学科功能的深度融合。史学的功能主要是求真与致用，即复原历史真貌和启迪现实；经济学的功能则主要是求解和致用，即对经济现象作出解释和指导现实经济。由此，我们可以把经济史学的功能概括为"三求"，即求真、求解和求用。那么，"三求"功能的具体内涵是什么？"三求"功能之间的内在逻辑关系又是什么？对这些问题，学界迄今尚未作出回答。本文试图详解每一种功能的内涵及其相互关系，以此为参照系，对经济史学所取得的成就和存在的不足进行反思性评价。

一、求真：经济史学的还原功能

历史是已经逝去的过去，不能像自然科学那样通过实验重演过去，只能通过历史学家"不断探求史料之真、史实之真、史识之真和史理之真"，才能还原历史的真貌，所以"史学研究的唯一诉求是求真"[4]。吴承明指出，经济史"首

---

[1] 20世纪之初，在英格兰历史学派学者休因斯、坎宁安、阿什利、琼斯等人的努力下，经济史学在英国率先成为一门独立学科，如此算来，经济史学至今已有一百多年历史。
[2] 约翰·希克斯：《经济史理论》，商务印书馆1987年版，第4~5页。
[3] 贾俊民：《技术—经济—社会史：重铸经济史辉煌的新学科》，载《中国经济史研究》2011年第3期。
[4] 王先明：《史学研究的主旨在于求真》，载《光明日报》2017年7月19日。

先是史"①，是"过去的、我们还不认识或认识不清楚的经济实践"②。经济史学的首要任务是"将过去的经济实践清楚地描绘出来并展示给世人"③。还原过去经济实践的真貌，乃是经济史学的求真功能。

经济史学如何求真？这主要体现在两个层面：一是道德层面的求真，即求真的精神；二是学术层面的求真，求真的实践。中国史学自古崇尚"求真"，史家以"求真"为最高追求，中国历史上留下了史家为求真而不惜牺牲生命的千古美谈。春秋时期晋国太史董狐不畏晋国执政大臣赵盾威逼而作"赵盾弑其君"的记述，开我国史学秉笔直书的先河。此后的历代良史均以董狐为榜样，如司马迁追求信史编纂，班固称赞他"善序事理，辩而不华，质而不但，其文直，其事核，不虚美，不隐恶"④。刘知幾认为史官要像一面明镜，敢于直书善恶，"夫史官执简……苟爱而知丑，憎而知其善，善恶必书"⑤。近代以来，随着封建专制制度的覆亡，史学家不必为求真而牺牲生命，但求真仍然是史学家的追求。梁启超指出，无论是研究横跨千年的大问题还是一家一室的小问题，都要以"求真"的态度对待，"善治学者不应以问题之大小而起差别观，问题有大小，研究问题之精神无大小。学以求真而已，大固当真，小亦当真"⑥。

西方史学家亦崇尚"求真"。修昔底德说："我所描述的事件，不是我亲自看见的，就是我从那些亲自看见这些事情的人那里听到后，经过我仔细考核过了的。就是这样，真理还是不容易发现的：不同的目击者对于同一个事件，有不同的说法。"⑦ 修昔底德把真实视为史学的根本，被后世史家尊为"求真的人"。波里比阿"视求真为史家第一要务"，认为史学如果失去真实，就变成"取悦读者的谎言"⑧。可见，中外史家都把"求真"视为"史德"的一个重要体现。经济史学要实现求真，必须继承并发扬史学的求真精神。出身史学界或者接受过严格的史学训练的经济史学家，大都具有求真精神。但令人担忧的是，某些没有受过史学训练的经济史学者，缺乏求真的精神。在他们的研究中，或是不负责任地使用未经考证的史料，或是大量使用可靠性不强的二手史料，或

---

① 吴承明：《谈谈经济史研究方法问题》，载《中国经济史研究》2005 年第 1 期。
② 吴承明：《经济学理论与经济史研究》，载《经济研究》1995 年第 4 期。
③ 李伯重：《历史上的经济革命与经济史的研究方法》，载《中国社会科学》2001 年第 6 期。
④ 《司马迁传》，引自《汉书》卷 62，中华书局 1962 年版，第 2737~2738 页。
⑤ 刘知幾撰，浦起龙释：《史通通释》，上海古籍出版社 1978 年版，第 102 页。
⑥ 梁启超：《中国历史研究法》，上海古籍出版社 1998 年版，第 86 页。
⑦ 修昔底德：《伯罗奔尼撒战争史》上册，商务印书馆 1985 年版，第 17~18 页。
⑧ 张广智：《西方古典史学的传统及其在中国的回响》，载《史学理论研究》1994 年第 2 期。

是根据个人好恶取舍史料,有的甚至为了便于计量分析而篡改、伪造历史数据。这些行为,是对经济史学的伤害。

求真的精神最终体现为学术上的求真实践。在中国古代,传统经济史学被称为"食货之学",体现在历代正史所修《食货志》中。《食货志》是专述经济史的篇章,详细记载历代人口数量、田亩数量、市场运行机制、赋税收入、货币制度、漕运交通、矿冶生产等情况。历代史官在修撰《食货志》时,充分发扬求真精神,穷尽历朝典章制度和各种记述,力求数据准确、记载客观,使得《食货志》成为后人了解历代经济发展状况和经济政策,研究古代经济史的珍贵史料。因此,中国经济史学论著从一开始就是求真的典范。20世纪初期,传统"食货之学"发展成现代意义上的经济史学,求真传统在经济史研究中得以坚持并有所发展。

经济史研究的求真体现在两个方面:一是考订史料之真实。经济史研究的求真,建立在史料发掘、考证的基础之上,离开史料发掘与考证,经济史学就不能还原历史真貌。1934年,陶希圣在《食货》创刊号上明确指出:"史学虽不是史料的单纯排列,史学却离不开史料。"[1] 陈寅恪指出,史学家必须下苦功夫发掘、考证原始资料,否则就是"画鬼",不是真正的学问[2]。吴承明十分推崇实证主义,把它看作"史学的第一原则"[3]。在吴承明看来,"史料是史学的根本","历史研究的唯一根据是史料",经济史学者必须"绝对尊重史料,言必有征,论从史出",一个严肃的经济史学者在进行研究时,应先从史料发掘与考证入手,如果"不先在史料考证上下一番功夫,没有鉴别考证史料的经验和修养,径行下笔为文,不是真正的史家"[4]。正因为把史料考据视为求真的基础,我国经济史学家(特别是老一辈经济史学家)在史料的考据和出版上,用功颇多,成就卓著[5]。二是探求历史之真谛。史学之求真,先是求得真貌,然后是求得真谛。真貌蕴含于史料之中,而真谛则蕴含于史学之中,因此,恢复真貌靠史料,探求真谛则要靠史学。史料是史学的根本,但史料不等于史学,把史料变成史

---

[1] 陶希圣:《编辑的话》,载《食货》第1卷第1期,1934年12月1日。
[2] 吴远庆:《谈陈寅恪先生治史求真之精神》,载《烟台教育学院学报》2004年第4期。
[3] 吴承明:《中国经济史研究的方法论问题》,载《中国经济史研究》1992年第1期。
[4] 吴承明:《中国的现代化:市场与社会》,三联书店2001年版,第362、363页。
[5] 例如,严中平等编的《中国近代经济史统计资料选辑》、孙毓棠和汪敬虞编的《中国近代工业史资料》两辑、李文治等编的《中国近代农业史资料》三辑、陈真等编的《中国近代工业史资料》四辑、彭泽益编的《中国近代手工业史资料》四卷,兼具较高的史料价值和学术价值。参见王学典:《近五十年的中国历史学》,载《历史研究》2001年第1期。

学，需要史学家的智慧。也就是说，真实的史料只有经过史学家的理解变成史学之后，方能彰显历史的真谛①。兰克认为，史料考据只能保证历史事实的准确性但无法探知事实所蕴含的"精神的内容"，史学研究只有把"精神的内容"即历史真谛挖掘出来，才能触及历史的本质。而探知"精神的内容"需要史学家的"直觉"，这种"直觉"就是"感悟""移情"，"现象的精髓要素，现象的内容，这些只能通过精神领悟（即直觉或感悟）被理解"。兰克还提醒历史学家，在使用"直觉"时要坚持客观公正、不偏不倚的原则，"要把自己从自己的书中驱逐出去，决不写任何可以满足自己情感或者宣示个人信念的东西"②。兰克的观点告诉我们，在经济史研究中，探求经济史的真谛，不仅需要攫取真实的史料，还需要对史料进行逻辑加工，在对史料进行逻辑加工的过程中，要有"不虚美、不隐恶"的精神。然而，在研究实践中，有的研究者为突出自身研究的"重要性"或"正义性"，对研究对象表现出明显的"偏爱"，这种"偏爱"就是不客观的"直觉"，因"偏爱"而得出的结论与历史真相相去甚远。譬如福格尔在研究美国奴隶制经济时，就表现出对奴隶制的某种"偏爱"，因为"偏爱"，他所得出的关于奴隶制经济效率的结论与过去的结论截然不同，但其真实性却受到质疑。

经济史学家对历史真谛的认识受技术水平、学识水平、人生经历的多重制约，所以经济史学家只能在所处"时代的条件下进行认识"。正因为"我们把握历史之真的能力也总是有限度的"，所以，"只能力求逐步地逼近历史之真这一极限，而不幻想一步达到这种极限"③。荷兰历史哲学家安克施密特认为，历史真相需要通过客观叙事来呈现，客观叙事有绝对意义上的和相对意义上的之分。所谓绝对意义上的客观叙事，是"关于某个特定的历史主题，或者围绕着某个特定的历史主题，有一个而且只有一个客观叙事，而且我们可以将这个客观叙事用作确立其他关于或者围绕相同历史主题的叙事之客观性的标准"。相对意义上的客观叙事，是"关于或者围绕一个历史主题，我们只拥有一些叙事，通过对这些叙事进行相互比较，我们可以希望发现他们中间的哪个是最客观的"。在

---

① 何兆武：《沃尔什与历史哲学》，引自 W. H. 沃尔什：《历史哲学导论》，北京大学出版社 2008 年版，第 222 页。
② 张广智：《西方史学史》，复旦大学出版社 2010 年版，第 212 页。
③ 刘家和：《史学、经学与思想：在世界史背景下对于中国古代历史文化的思考》，北京师范大学出版社 2005 年版，第 15 页。

安克施密特看来，关于某一个历史主题不可能只有一个客观叙事，因此"我们永远也不能确信某个特殊叙事就是关于某一主题的绝对意义上的最客观的叙事"，在历史研究中，关于某一个主题可能会产生若干叙事，历史学家通过鉴别比较，挑出最具客观性的叙事，"历史学家的历史作品是更'客观的'——或者，用历史学家更喜欢的说法：更接近'真理'"①。英国历史哲学家沃尔什亦持同样观点："真实性的问题对历史学，或者说因此也就对任何一门学科，并不是一个特殊的问题"，但是"一切真理都是相对的，在历史的领域里则是以特别的明显性而得到阐明的"。② 英国经济史学家克拉潘更是坦率地说："经济史学家只是一个专家，而没有一个专家能道出全部的真相。"③ 吴承明指出："应当承认我们的认识有相对性、时代性（克罗齐）、思想主观性（柯林伍德），不过，都可以归之于'认识还不清楚'，需要再认识'"。④ 由此看来，经济史学家对经济史真谛的认识不可能一劳永逸，而是随着时代发展不断深化的。

　　真实是史学的根本，求真是经济史学的基础功能，丧失求真功能的经济史学毫无价值。20世纪六七十年代以来，某些"新史学"（如新经济史、新社会史、新政治史）遍地开花，这些"新史学"无非是用一种新的方法或者从一个新的视角观察历史，对历史真貌的认识并未深化⑤。这就如同用新涂料对旧房子进行一轮装饰，改变了房子的表面但房子的本质并未改变，因而对房子本质的认识不可能深入。由于某些"新史学"的最大新意是运用新方法，而非发掘新史料，一些研究者为了保证结论的"正确性"，便根据自身需要有选择性地运用史料。新经济史学在这方面的问题尤为突出。福格尔在撰写《苦难的时代：美国黑人奴隶制经济》一书时，为证明奴隶主不是贪婪的剥削者而是"具有高尚道德和充满人性"的人，引用1860年的人口调查数据，纳什维尔市的娼妓中黑人只占4.3%，而且这些黑人娼妓没有一个是奴隶。事实却是，1860年的人口调查没有包括奴隶，但黑奴沦为娼妓确是众人皆知的事情（当时报刊屡有报道)⑥。英国经济史学家科尔曼和巴克明确指出，新经济史学的致命缺陷是数据和资料

---

① F. R. 安克施密特：《叙述逻辑——历史学家语言的语义分析》，北京出版社2012年版，第244、237~238、246页。
② W. H. 沃尔什：《历史哲学导论》，北京大学出版社2008年版，第72、75页。
③ 克拉潘：《现代英国经济史》上卷第1分册，商务印书馆2014年版，第3页。
④ 吴承明：《经济史学的理论与方法》，载《中国经济史研究》1999年第1期。
⑤ 王先明：《史学研究的主旨在于求真》，载《光明日报》2017年7月19日。
⑥ 石潭：《计量史学研究方法评析》，载《西北大学学报》1985年第1期。

的不可靠,"计量经济史著作虽以数字资料作为基础,但却不够注意这些资料的可靠性,而且常常未能把它们同传统的史料联系起来"①。经济史学如果丧失了求真的本质,方法再新颖也不过是昙花一现。新经济史在20世纪六七十年代的美国盛极一时,但其光芒在八十年代后逐渐暗淡便是例证。

二、求解:经济史学的解释功能

历史学不仅仅是叙述的科学还是解释的科学。按照安克施密特的观点,历史学主要解决三个问题:一是"什么是历史事实";二是"事实如何得到解释";三是"价值观如何影响对历史事实的解释"。第一个问题即为史学的"求真",第二、三个问题就是史学的"求解"。安克施密特很注重对历史的解释。他认为,一部历史作品的价值体现在,除了要真实地叙述历史事实之外,"更多的是对这段历史所揭示出来的事实的解释",这是因为只有对历史作出解释才能形成历史作品的观点②。英国历史学家托什则明确提出历史研究既要还原历史事件还要解释历史事件之间的内在联系,"历史学家当然不会仅从事历史的复原工作","历史学家必须能够洞察事件间的联系,从大量细节中抽象出那些能够对过去做出最好解释的模式"③。美国著名经济史学家格申克龙提出:"历史研究的本质在于,将各种通过经验方法推导的假想的一般结论应用于经验材料,并检验其吻合的严密程度,以期通过这种方式弄清楚某些确实存在的一致性、典型的情况以及在这些典型情况下单个要素之间的典型关系。"④ 在格申克龙看来,历史研究首先要检验研究结论与历史材料之间的吻合程度,然后求解典型历史事件之间的关系。陈振汉把经济史学的"科学作用"直接定义为解释作用,"所谓科学作用即能解释历史事实,对历史事实、对因果的关系能够加以说明,对历史事件说明它是怎么发生,为什么发生,如何造成这样的历史结果的"⑤。

经济史学的解释作用,即求解功能主要表现在四方面:其一,剖析经济实

---

① 科尔曼等:《历史分支学科论坛:什么是经济史》,载《国外社会科学文摘》1986年第6期。
② F. R. 安克施密特:《叙述逻辑——历史学家语言的语义分析》,北京出版社2012年版,第10、1、26页。
③ 约翰·托什:《史学导论:现代历史学的目标、方法和新方向》:北京大学出版社2007年版,第127、140页。
④ 格申克龙:《经济落后的历史透视》,商务印书馆2012年版,第10页。
⑤ 陈振汉:《步履集》,北京大学出版社2005年版,第14、20页。

践过程中经济现象的发生原因；其二，发掘历史上的经济规律；其三，探寻历史上的经济运行机制及其绩效；其四，解释经济史上的重大问题。下面详述求解功能的内涵。

还原真相回答了经济史"是什么"的问题，但人们对经济史学的寄望显然不会停驻于"是什么"的层面，而是必然会追问"为什么是这样"。因此，经济史学必须对"为什么是这样"作出解释。譬如，经济史学者通过对史料的归纳，可以清晰地描述中国近代经济历史的过程，但是历史过程本身却不能回答以下问题：西方资本主义经济制度为什么在近代中国行不通？在半殖民地半封建社会的废墟上，中国为什么不能直接建立社会主义经济形态，而必须经过新民主主义经济形态的过渡？回答第一个问题，须从解构发展资本主义经济必备的条件及近代中国是否具备这样的条件入手；同理，回答第二个问题，也须从解构发展社会主义经济所需的条件及建立在半殖民地半封建经济基础之上的中国是否具备这样的条件入手。只有这样，才能回答上面的三个"为什么"。应该说，经济史学家具有较为强烈的历史追问意识，不过，追问的深度取决于经济史学家对历史本质的把握，而本质的把握，既取决于对历史真相的揭示，又有赖于理论与方法的运用。传统经济史学在理论与方法的运用上存在不足，新经济史学对历史真相的揭示用力不够，这就导致经济史学家对历史上的"为什么"的回答还不尽人意，很多重要问题迄今没有给出令人信服的解答。

历史上发生的经济事件，不是杂乱无章地存在于历史长河之中，而是在经济发展规律的支配下按某种秩序存在的。如果把经济史比作是一串无限长的珍珠，那么，经济事件就是一个个零散的珠子，经济发展规律就是串联珠子的红线。恢复一个个珠子的本来面貌是经济史学的求真，探寻串联珠子的红线即为经济史学的求解。经济史学如果只停留在求真的层次，那就只找到了经济史上的珠子，给人展示的是一幅内容丰富但杂乱无章的画卷，若要给人一幅章法有序的画卷，经济史学家就必须找到串联珠子的红线。德国历史学派学者罗雪尔明确提出："经济史研究必须从大量经济现象中提炼本质规律，而不是错误地创造出基本上是假设性的规律，那么，就必须运用比较分析法和历史分析法来发掘现实的一致性。"[①] 这就是说，探寻经济发展规律是经济史学的主要任务，正如赵德馨所言："如果就经济史学研究的根本目的而言，它不在于重现经济生活

---

① 杰拉德·M. 库特：《英国历史经济学：1870~1926——经济史学科的兴起与新重商主义》，中国人民大学出版社 2010 年版，第 39~40 页。

演变过程，而是通过分析这个过程以揭示经济生活演变的规律。"① 目前的经济史学研究，以叙述经济生活演变过程为主，对经济生活演变规律的揭示不够，使经济史学研究难以走向历史的深处，不能很好地满足人们对经济史学的期盼。

每一种经济现象都有其独特的运行机制和运行绩效，历史时期的经济运行机制和绩效是经济史学的一个重要的求解对象。吴承明指出："每个历史时代都有它那个时代的经济。经济史是研究一定历史时期的经济是怎样运行的，以及它运行的机制和效果。这里要用经济理论，但只能把理论作为方法，思维方法或分析方法。"② 希克斯所著的《经济史理论》，就是运用现代经济学理论对远古到工业革命时期的市场经济机制变迁进行系统考察的典范著作。希克斯发现，经济历史是一个不断走向专门化的过程，在这个过程中，人类经历了由习俗经济和指令经济向市场经济的转变，这个转变过程实际上就是市场经济机制的形成过程。诺思的经济史研究尤重经济绩效研究，在《经济史上的结构和变革》一书中，他明确提出经济史学家要致力于"解释经济在整个时期的结构与绩效"，诺思对"绩效"作了如下定义，"所谓'绩效'，我指的是经济学家所关心的、有代表性的事物，如生产多少、成本和收益的分配或生产的稳定性。在解释绩效时，最初强调的是总产量、人均产量和社会收入分配"③。诺思用总产量、人均产量和收入分配三个指标对历史上的经济绩效进行度量。中国历史上的经济运行机制，大到封建经济、半封建半殖民地经济、计划经济、社会主义市场经济的运行机制，小到某个特定市场的某种特定机制如近代中国金融市场的价格发现机制、监管机制、交易机制等，迄今都是未解或者未完全解开的谜团。对中国历史上经济绩效的探究，也非常薄弱，基本上还没有起步。

经济史研究可以划分为描述性研究和分析性研究两大类，前者以史料描述历史过程，后者以理论解释历史过程。1973年，诺思和托马斯合作出版《西方世界的兴起》，在这本书的"序言"中，诺思开宗明义地说："这是一项解释性研究，一份扩展了的解释性梗概，而不是传统意义上的经济史。它提供的既不是标准经济史的详尽无遗的研究，也不是新经济史的准确的经验性的检验。"他

---

① 赵德馨：《经济史学概论文稿》，经济科学出版社2009年版，第172页。
② 吴承明：《谈谈经济史研究方法问题》，载《中国经济史研究》2005年第1期。
③ 诺思：《经济史上的结构和变革》，商务印书馆2002年版，第5页。

认为："本书的革命性在于我们发展了一种复杂的分析框架用来考察和解释西方世界的兴起。"① 前文已述及，诺思在《经济史上的结构和变革》一书中把经济史的任务明确定义为"解释经济在整个时期的结构与绩效"，所谓"解释"，乃"是指明晰的推理和潜在的可驳性"，"明晰的推理"即运用理论考察和解释人类经济史，"潜在的可驳性"即反过来运用历史对经济理论进行实证，驳斥谬误的理论②。陈振汉认为经济史应当具有解释性，"经济史研究不只是搜集、考证和分析史料和叙述史料，更重要的是能解释史实，说明其中彼此的相互关系"③。诺思和托马斯对西方世界的兴起作出了尝试性解释。与之形成鲜明对比的是，对近代中国的衰落和当代中国的兴起这类重大历史问题，中国经济史学者至今尚未作出解释，而这种解释在当下非常有必要。

发挥经济史学的求解功能，需要以理论特别是经济学理论为分析工具。熊彼特指出："经济史本身就需要理论的帮助"，在熊彼特眼中，"经济理论是一个工具箱"④。既然如此，在经济史研究中，只要适用，任何一种经济理论都可用于解释经济史。诺思在《经济史状况》一文中指出，传统经济史学的主要缺陷在于未能利用现有的理论，如果不利用现代经济理论，则无法解释诸如"一国的兴衰"这类重大问题，甚至连具体的经济史过程也说明不了⑤。中国经济史学目前仍以史学范式为主，运用经济理论分析经济史或者对经济史进行理论概括的能力还有待加强，体现经济史学求解功能的研究成果太少，这是中国经济史学与西方经济史学的研究水平上的差距表现，也是中国经济史学界同行的努力方向。还需指出的是，由于所运用的理论不同，对同一历史现象作出的解释也可能不一致，所以，经济史学的求真具有唯一性，而求解则不具有唯一性，正如诺思所指出的："如果我们相信对历史可以做出唯一科学的解释，那么我们不过是在欺骗自己；但如果我们不试图去达到那个目标，那么便是低估了经济史

---

① 诺思、托马斯：《西方世界的兴起》，华夏出版社1999年版，第1页。
② 诺思：《经济史上的结构和变革》，商务印书馆1992年版，第5页。
③ 陈振汉：《社会经济史论文集》，经济科学出版社1999年版，第673页。
④ 熊彼特反对不顾实际问题而胡乱搬用理论的做法，他说："不能令人满意的成绩从来都是、现在也是与不公正的要求相伴随的，特别是人们不负责任地把理论应用于实际问题，而这些实际问题过去和现在都超过了同时代分析工具解决的能力。"（熊彼特：《经济分析史》第1卷，商务印书馆1991年版，第31、36、40页）。
⑤ 诺思、托马斯：《西方世界的兴起》，第2页。细察新经济史学家和经济学家所撰写的经济史论著，不难发现，他们论著的内容一般包括两篇：第一篇是理论，第二篇是历史。在第一篇中，各种理论工具被清楚地交代；在第二篇中，理论工具被用来解释历史过程。参见前揭诺思的《经济史上的结构和变革》、诺思和托马斯的《西方世界的兴起》、希克斯的《经济史理论》。

这门学科。"[1]

三、求用：经济史学的致用功能

经济学自从被划分为经济史学、理论经济学和应用经济学三大块之后，经济学为现实服务的功能被分配给了应用经济学。在一些经济史学家眼中，经济史学是研究历史的学问，与现实无涉，因而不具有服务现实的功能，这是对经济史学的误解。事实是，经济史学能很好地资鉴于现实，具有鲜明的求用功能。经济史学的求用功能主要表现为四方面：其一，资鉴于现实；其二，从历史中抽象指导现实的经济学理论；其三，通过预见未来资治当下；其四，教化今人。

史学应该殷鉴于现实，早已是中外史学家的共识。英国是现代经济史学的发源地，英国不少学者专门就经济史学的实用性进行过探索。罗杰斯"把经济史看作是一门实用性学科"，经常"把经济史的结论拿来为自由竞争、自由贸易以及极端个人主义的发展服务"。阿什利"坚持认为经济史研究必须具有实用性"，他呼吁经济史学家要通过"直接观察过去或现在的社会现实，并从中归纳出一般结论，以此来提出解决当今问题的方法"。历史经济学家还用实际行动践履经济史学的实用性，在19世纪末20世纪初的英国关税政策争论过程中，休因斯受聘为张伯伦关税改革的首席经济顾问，休因斯根据英国经济史提出了关于关税改革的系列主张，"休因斯的经济史现在已变成公共政策指南"[2]。在托什看来，经济史之所以能在20世纪初成为"第一个获得公认的专业领域"，就是因为经济史具有现实适用性，"经济史对当代问题的现实适用性，大体上能够解释它相对于其他竞争对象的领先地位"[3]。中国经济史学从产生之日起就关注现实、服务现实。20世纪初出版的代表性著作，如梁启超的《中国国债史》、魏声和的《中国实业界进化史》、沈同芳的《中国渔业史》，"这些书大都既研究近世之经济史，更注重现实的经济状况。他们研究经济史的目的是认识国情，寻求救国

---

[1] 诺思：《经济史上的结构和变革》，商务印书馆1992年版，第2页。
[2] 参见杰拉德·M. 库特：《英国历史经济学：1870～1926——经济史学科的兴起与新重商主义》，第65、121、123、199页。
[3] 约翰·托什：《史学导论：现代历史学的目标、方法和新方向》，北京大学出版社2007年版，第109页。

与振兴中国经济之道"，这些"研究成果，大都有助于改造现实"[1]。抗日战争时期，大后方交通基础设施非常落后，公路和铁路无法满足战时运输的需要，经济史学家梁方仲亲赴西北数省进行实地考察，在深入研究我国历史上驿站运输的基础上，撰写了《对于驿运的几点贡献》一文，建议国民政府恢复驿运制度以缓解大后方交通困难。他的研究成果被国民政府采纳，1940年7月15日，国民政府运输统制局专门召开全国驿运会议，决定在交通部设立全国驿运管理处，统筹全国的驿运工作[2]。当代中国经济史学者同样重视经济史学的实用性，赵德馨认为："研究中国经济史的首要目的是为中国现实的经济建设服务"，经济史学要"在尊重经济历史和解释经济发展规律的前提下，为现实寻求历史的启示。"[3] 当然，在现实需要面前，经济史学要保持一定的独立性，警惕两种情况：一是盲目跟风，即现实需要什么，经济史学者就研究什么；二是不从历史中总结出资鉴于现实的经验，而是运用历史材料佐证现实经验，一些经济学家把经济史"当作支持或反对眼前迫切利益特定实现过程的论据库"[4]。如果是这样，经济史学并没有资鉴于现实，而是成为了现实的"婢女"。

经济理论有两条产生路径：一是主流经济学路径，即以假设为基础，通过演绎而得出；二是经济史路径，即以经济史为基础，通过归纳而得出。历史学派的经济理论即从经济史中归纳而成，李斯特对德国和意大利历史资料进行了深入研究，以此为基础建立了经济增长理论，"根据这一理论，一个发展中国家应先实行自由贸易政策，然后转为实行贸易保护主义，在最后阶段或成熟阶段又回到自由贸易政策上来"。一些具有史学功底的主流经济学家也从经济史中归纳经济理论，杰文斯是杰出代表。他于1862年发表《论周期性商业波动》，将商业周期与收获期联系起来，较好地解释了经济波动的原因，后人称"这篇文章的意义在于用复杂的统计方法从经济史原始资料中归纳出一般经济规律，后来的几位历史经济学家认为，杰文斯是希望从经济史中挖掘出经济理论"[5]。诺思的新制度经济学理论就是从西方经济史中归纳得出，这一点已为我们所熟知。20世纪末，吴承明提出"经济史是经济学的源"的著名论断。2015年11月，中国经济学家和经济史

---

[1] 赵德馨：《发扬面对现实、反思历史的优良传统》，载《中国经济史研究》1990年第1期。
[2] 刘志伟编：《梁方仲文集》，中山大学出版社2004年版，第461页。
[3] 赵德馨：《发扬面向现实、反思历史的优良传统》，载《中国经济史研究》1990年第1期。
[4] 参见杰拉德·M. 库特：《英国历史经济学：1870~1926——经济史学科的兴起与新重商主义》，第173页。
[5] 参见杰拉德·M. 库特：《英国历史经济学：1870~1926——经济史学科的兴起与新重商主义》，第37、26页。

学家首次联袂举行"经济与历史"学术研讨会,经济学家明确表示支持吴承明关于"经济史是经济学的源而不是流"的观点①。从经济史中抽象出经济理论并以此指导现实,是当代中国经济史学家的一大任务。完成这一任务,要求经济史学家必须具备历史、理论、统计三方面的知识,然而,多数经济史学家的知识结构与这个要求还存在较大差距,这是当前创建经济史学理论的最大障碍。

过去、现在、未来一脉相承,三者之间必有一定的相似性。修昔底德指出:"在人类历史的进程中,未来虽然不一定就是过去的重演,但同过去总是相似的。"正因为过去与未来具有相似性,研究历史就可以预见未来。修昔底德在写作《伯罗奔尼撒战争史》时指出:"如果学者们想要得到关于过去的正确认识,借以预见未来,从而判明这部书是有用的,那么,我就心满意足了。"② 一些经济史学家对经济史预见未来的功能作出过论述。阿什利在担任伯明翰大学商学院院长时,同时从事应用经济学和经济史的研究,他发现"经济史对预测社会将来的发展有十分重要的意义,但是,不能想当然地认为,前几个世纪的历史本身就预示着现代情况的意义和趋势"。这就是说,经济历史本身不能预示未来,但经济史研究却可以预测未来。阿什利对德国贸易保护主义政策下的德国工人生活水平变化作了系统的历史研究,他结合英国的情况,"推断保护主义同样也能在英国推动社会和平的实现"。韦伯夫妇认为:"通过研究历史可以确定社会演进的方向,并已通过研究工团主义史、合作运动史、济贫法历史和当地政府的历史,确定了社会演进所依循的道路,他们希望能够指引社会沿着自然的演进道路和平演进"。1894年,韦伯夫妇完成了一项经济史研究成果《工团主义史》,这项研究的"目的在于展示这项运动的由来及其发挥作用的历史,分析它与营利性企业的关系,它与消费者合作运动及政治民主之兴起的关联,以及从经济上为工会进行辩护并指出工会的未来发展路径"③。经济史研究能不能预测未来,取决于经济史学家的研究视野。如果经济史学家的研究只关注历史,不关注现实,这样的研究当然难以预测未来。只有一只眼盯着过去、一只眼看着现在,才能从历史的流变中

---

① 如逢锦聚认为,经济学理论是对经济实践的经验总结,实践经验由历史经验和现实经验组成,历史是最好的营养剂,经济学离开了历史,就失去了根基。林岗认为,经济学理论是对经济历史规律的总结,任何规律都不能超越历史。参见王珏、黄淳、李黎力:《用历史的智慧开创中国经济学的未来——"经济与历史:在中国经济学中如何加强历史研究和教学学术研讨会"纪要》,载《中国社会科学报》2015年11月26日第8版。
② 修昔底德:《伯罗奔尼撒战争史》上册,第18页。
③ 参见杰拉德·M. 库特:《英国历史经济学:1870～1926》,第127、129、201、206页。

预测历史的走向。在经济史学家群体中，多数人擅长于断代研究，能打通古代、近代与现代经济史的"通才"式学者凤毛麟角，这就制约了经济史研究预测未来功能的发挥。正因为如此，经济史学界在这方面迄今没有作出大的贡献。

以史为鉴，可以教化今人。在古典政治经济学时代，经济学属于道德科学，经济学教育天然承担着道德教化的功能。19世纪末，经济学从道德科学中分立出来成为独立学科，从这时起，经济学教育的主旨变成了既定约束条件下如何实现利润最大化，道德教育在经济学教育中逐渐消失，以致企业经济学在反复讨论企业要不要承担社会责任这样的问题，因为社会责任给企业利润最大化带来不确定性[1]。这样的讨论，不但造成人们的认识困惑，而且为不良企业家逃避社会责任提供了理论依据。经济史学家只需列举经济史上企业家主动承担社会责任的若干典型事例[2]，就能以铁的事实教化人们，企业理应承担社会责任，如果企业为了实现利润最大化而逃避社会责任，这样的企业不但对社会无益而且可能会危害社会。在经济学道德教化功能颓丧的今天，道德教化的重担就落到了经济史学的肩上，经济史学家应该当仁不让地担起这个责任。

四、"三位一体"的整体：经济史学"三求"功能的内在联系

通过上文的分析，我们可以对经济史学"三求"功能的内涵作一概括。所谓"求真"，即探求经济历史之真貌；"求解"，就是解释历史上各种经济现象的发生原因和相互关系、探寻历史上的经济运行机制及其绩效、总结历史上的经济规律；"求用"，乃是通过提炼经济史上的经验教训资鉴于现实决策、从历史中抽象出指导现实的经济学理论、通过预见未来殷鉴于当下、以经济史实启迪今人。

经济史学的"三求"功能是一个"三位一体"、不可割裂的整体，缺一就不是真正意义上的经济史学。格瑞夫对经济史学作了如下定义："经济史学首先也是最重要的，它是一种经验研究，经济史学应该去理解实际上发生了什么，为

---

[1] 如果企业承担社会责任以后，吸引了更多消费者的货币选票，那么企业的销售额就会增加，当新增销售带来的净利润大于社会责任支出时，企业承担社会责任就会带来利润最大化。反之亦然。
[2] 如民生公司总经理卢作孚，在1937年工厂内迁过程中，冒着轮船被日军炸毁甚至全公司被破坏殆尽的危险，主动承担运载东南沿海工厂机器内迁的责任，这是近代中国企业家民族大义的集中体现。

什么发生、产生了什么样的后果。"① 经济史以过去的经济实践为研究对象。在今人眼中，过去的所有经济实践都可看作是历史经验，因此，经济史研究首先是一种经验研究。格瑞夫把经验研究具体分解为"发生了什么，为什么发生、产生了什么样的结果"三个问题。探究历史上"发生了什么"，就须还原历史上所发生事件的本来面貌，这就是经济史学的求真；然后是追问"为什么发生"，就是经济史学的求解；最后是探寻"产生了什么样的结果"，就是启迪今人从后果中吸取教训，这就是经济史学的求用。格瑞夫对经济史学的定义包含了经济史学的"三求"功能。

在经济史学的"三求"功能中，求真是基础，求解是对历史真相所内涵的关系、规律、机制的解释，它是求真的深化与升华，求用则是历史真相和历史规律运用于现实之中，它是对求真和求解的应用。"三求"功能中，求真是第一位的，求解须以求真为基础。奥克肖特认为："历史学家的方法绝不是通过概括进行解释，而始终是通过更详尽和更完备的细节来进行解释"，对历史细节掌握得越多，对历史真相把握得越清晰，对历史的解释就越有说服力，他还提出了一个颇具口号性的论断："要想理解一件事物，就要知道它的细节。"② 在托什看来，历史解释取决于历史事实，因此历史研究首先是要还原事实真相，"历史学家的首要任务是积累有关过去的事实性知识——这些事实可以通过应用原始资料的考据方法加以确证；这些事实又依次决定过去应该如何加以解释"③。求用也要以求真为基础。史学的求真与致用自古至今颇受史家关注，西方古典史学的代表人物卢奇安认为："历史只有一个目的或任务，那就是实用，而实用只有一个根源，那就是真实。"④ 我国历史学家李文海指出："只有'求真'才能'致用'。把握历史真实愈深刻，历史学的知识功能、借鉴功能和指导功能发挥得就愈充分。"⑤ 经济史学家须时刻牢记求用必以求真为基础，切不可为了突出致用而忽略求真，更不可为了致用而伪造历史证据。经济史学界出现过一些不正常的现象，如政府已出台一项经济政策，有些经济史学者就立即找一些历史证据证明这项政策的历史合理性，不从历史视角对政府政策的利弊作全面分析。还

---

① Avner Urcif, Genoa and the Maghribi Traders: Historical and Cum Parative Institutional Analysis, Cambridge: Cambridge University Press, 1998, P. 1.
② F. R. 安克施密特：《叙述逻辑历史学家语言的语义分析》，第51页。
③ 约翰·托什：《史学导论：现代历史学的目标、方法和新方向》，第149页。
④ 卢奇安：《论撰史》，引自《缪灵珠美学译文集》(1)，中国人民大学出版社1987年版，第195页。
⑤ 李文海：《"求真"才能"致用"》，载《史学月刊》2001年第1期。

有些经济史学者断章取义，不顾历史全貌而从历史中截取一段史料去佐证现实观点或现实政策。这些不正常现象，是对经济史学的损害，应引起警惕。

如果经济史学只驻足于求真层面，既不对经济历史作出解释也不资鉴于现实，经济史学就会成为沉迷于故纸堆里的无用之学；如果经济史学所提出的历史解释和资鉴对策不是建立在历史真相的基础之上，所求出的解和所提出的建议不但无益反而有害，经济史学就会成为有害之学。反观现在的经济史学，我们不难发现，史学范式下的传统经济史学，以考据为导向，在求真上确实精益求精，但很少去探求所研究对象的内在机理，也不太关心所研究问题的现实价值。传统经济史学由于在求解和求用上并无大作为，经济学家从传统经济史学那里得不到他所要的东西，因而传统经济史学不受经济学家待见。经济学范式下的新经济史学，普遍不重视一手史料的收集与运用。诺思承认他所做的"历史概述应用的是第二手资料"，在诺思看来，第二手资料"是介于原材料和综合性解释的中间产品"，尽管他表示"不想为利用第二手资料而感到遗憾"，但又坦率地承认第二手资料"使它们的解释价值受到很大的限制"，受到限制的原因是可以用作证据的第二手资料来源实在有限[①]。某些遵循假设——演绎范式开展经济史研究的学者，其研究成果确实具有较强的解释性，但却因资料和数据不实而备受质疑，导致新经济史学难以得到历史学家的认可。可以说，无论是遵循史学范式的传统经济史学还是信奉经济学范式的新经济史学，都没有完整地体现经济史学的"三求"功能。功能的残缺，是造成经济史学科长期得不到历史学科的认可和经济学科的尊重的关键所在。经济史学只有完整地体现了"三求"功能，才能成为经济学的理论源泉，历史学的分析工具，现实决策的经验依据。这三项功能的实现，最终有助于推动经济史学科建设。

（本文原载于《中国社会科学评价》2019年第2期，与易棉阳合作）

[①] 诺思：《经济史上的结构和变革》，第82页。

经济的稳定发展与增长速度

内容提要：在当前阶段，怎样的增长速度才能使中国经济沿着持续稳定协调发展的轨道前进？对于这个实践中迫切需要论证的问题，本文没有采用流行的方法——按照西方经济学中的公式去计算，而是企图根据中国的实践经验作出回答。一部人类经济史证明，在经济增长过程中，波动是常态，稳定是相对意义上的。1950~1988年，中国经济的波动呈现为8个周期。其中有3个时期属于稳定发展，可见社会主义经济制度具备稳定发展的客观可能性。另外几个时期的大起大落，是由追求高速度的指导思想造成的。这说明端正指导思想，找出适中的速度，对于经济稳定发展具有决定性的意义。根据对各种数据与有关情况的分析，国民生产总值平均年增长6%~7%，可能是适中的速度。

中国共产党十三届五中全会在《关于进一步治理整顿和深化改革的决定》中指出："在我国经济发展过程中，脱离国情，超越国力，急于求成，大起大落，是四十年来最重要的教训。无论是在治理整顿期间，或是在治理整顿任务完成之后，都必须深刻记取这个教训，牢固树立持续、稳定、协调发展的指导思想。"研究和分析40年来中国经济增长过程中的起落即波动情况及有关的经济工作经验，对理解今后经济工作的指导思想，执行持续、稳定、协调发展经济的根本方针，是有益的。

本文从叙述40年来经济波动的总体情况入手，对波动过程中的各个周期作具体的分析，以之论证怎样的增长速度与波动幅度，方能有利于当前阶段中国经济的长期稳定发展。

一

中华人民共和国成立以后，40年来经济增长速度很快。1950年至1989年社会总产值年平均增长10.5%，国民收入年平均增长9.1%。其间，1953年至

1989年,前者为9.3%,后者为8.1%[①]。无论是前者或后者,均超过世界平均水平,高于绝大多数国家。经济增长过程的状况,正如文后所附统计图所显示,波动很大。中国经济是在波动大的情况下取得高速增长的。

经济波动是经济扩张与经济收缩交替出现的结果和表现。一次扩张过程和一次收缩过程构成一次波动或经济波动中的一个周期。扩张与收缩表现为经济增长速度的上升或下降。在统计图上这种经济现象表现为起——伏——起——伏。有人把从上一个起(波峰)到下起(波峰)或上个伏(谷底)到下一个伏(谷底),作为一个经济波动的周期。为了避免把同一年份既划在上一个周期里又划在下一个周期里的重复现象;为了准确地表达经济周期的完整内容,本文采取从开始下降的年份至繁荣高峰的年份为一个周期。

10年间中国经济波动的基本状况与特征是:

(一)次数多。从1950年至1988年的38年间,经济波动的周期达8个之多;1989年是新的又一次周期的开始。可见,发生波动的频率较高。

(二)波动周期长度不规则,长的7年,短的2年;平均4.75年一次(如果从1951年开始经济发展阶段算起,则4.25年一次)。在英国发生第一次资本主义经济危机之后的30年,马克思指出,经济危机大约10年左右一次,是有规律可循的。他揭示了这个规律源于资本主义经济制度。从我国40年间已发生的经济波动来看,尚找不出有关周期长短的规律。有人根据周期平均不到5年这个数据,得出我国经济增长波动的周期大体是5年一次的结论,是欠妥的。

(三)波动幅度大。在第二次波动中,经济增长率1958年高达32.6%,1961年降为-33.5%,从波峰到谷底的波差是66.1%,接近美国1929年至1931年经济大恐慌时期的波差(69%强)1965年(波峰)19%,1967年(谷底)-9.9%,波差28.9%。1969年(波峰)25.3%,1974年(波峰)1.9%,波差23.4%。这两个周期的波差也不小。我国波动系数比法国和英国高5.1倍,比美国高4.7倍,比苏联高4倍,比西德高3.7倍,比日本高2.8倍[②]。波动系数大,波动强度大,对经济发展不利。70年代中期以后的3个周期内,波差小,呈现好的势头。

---

① 本文的统计数字:除注明者外,1988年前的来自国家统计局编的《中国统计年鉴》,1989年的来自该局《关于1989年国民经济和社会发展的统计公报》(《人民日报》1990年2月21日),其中社会总产值数字,是根据该公报有关数据推算的。
② 《理论与现代化》1990年第1期。

（四）波动的阶段性非常明显。40年经济波动明显呈现出3个阶段：1950年至1956年，波动次数少，波差小，波动强度低；1957年至1976年波动次数多、波差大、波动强度很高；1977年至1988年波动次数少，波差小，波动强度趋缓。经济波动的这3个阶段，与其时的经济形态、经济体制和经济工作指导思想密切相关。

40年经济波动周期的特征说明两个问题：第一，经济发展很不稳定。这个问题是必须解决的。第二，经济波动周期不呈规律特征。不稳定问题是可以解决的。某些经济学者断定40年间经济波动的周期特征就是中国经济发展的规律，有的还将此论证为社会主义经济发展过程中也要经历经济危机阶段。笔者认为，只要对过去40年经济波动周期发生的原因、特征等进行具体的分析，便能看出这些论点是难以成立的。

二

1950年至1988年，中国经济波动明显地呈现出三个阶段和八个周期，其具体情况如下。

第一阶段，1950年至1956年。这个阶段内发生了一次波动，即第一个周期。

1950年至1956的中国经济是新民主主义经济，国民经济包含多种经济成分，基本上是种商品经济结构。市场调节的作用大。国家制定的计划，特别是从1953年开始的第一个五年计划，对经济发展的作用日益增大。计划的性质有指令的，有指导性的。计划的形式有直接计划，有间接计划。这是一种相当典型的混合经济。

这个时期社会总产值年平均增长率高达15.7%。其间，1953年至1956年为9.7%。1950年至1952年的增长是恢复性质的。1953年的增长，实际上仍带有恢复的性质。经济增长性质波动的起点是1954年。1954年到1956年社会总产值增长率依次为8.5%、6.1%、17.9%，波差11.8%。若以1954年至1956年为第一个周期，则其特点是：年均增长率偏高，周期短，波动强度不大。这与引起波动的主要原因有关。

1953年的经济，特别是农业中的一些部门，仍处在继续恢复过程中。这一年开始大规模经济建设，动员了国内所能集中的力量，苏联、东欧国家又给予援助，上的项目多，固定资产投资多，城镇人口猛烈增加，加上工资调整，职工工资总额扩大了很多。由于固定资产投资总额和职工工资总额猛增，社会需求扩大很快。1953年至1956年，社会总产值年增长率与固定资产投资增长的相关系数为0.9，与职工工资增长率的相关系数为0.97，与社会商品零售额增长率的相关系数为0.95。这3种相关系数都很高。可见，这次波动的主要原因是社会需求拉动的作用。它是经济建设来势猛的表现。而经济建设来势猛，原因在于决策者要求经济发展速度快。

第二阶段，1957年至1978年。发生5次波动，即第二至第六个周期。

第二个周期，1957年至1958年。1955年夏季，毛泽东批判合作化运动中的"小脚女人"，后来又批评经济工作中的右倾保守思想，提出搞多一些，搞快一些。于是在原有计划之外又上了一批建设项目。由于投资过多，经济增长过快，1956年上半年出现供应紧张，比例关系失调，财力、物力无以为继，投资生产率下降现象。周恩来、陈云等于6月间及时提出既要反对保守思想，也要反对不顾实际可能性的急躁冒进情绪。1959年下半年和1957年的温和下降与此有关。到了1957年秋，毛泽东认为经济增长速度下降是"反冒进"的结果，又批判右倾保守。1958年把"反冒进"提到是否坚持马克思主义的高度，于是各级领导干部只能反保守，讲高速度。在"大跃进"中，动员一切可以动员的人力、物力和资金大办钢铁，大办机械，大办人民公社等等。可见，1958年经济增长率高，和1956年的情况一样，是批右倾批上去的，不是经济正常发展的现象。

第三个周期，1959年至1965年。1958年"大跃进"造成比例关系失调，在1959年的春季已经很严重。入夏，已是人所共见之事。此时理当反"左"，庐山会议后却来了个全党上下大批右倾机会主义，坚持继续"大跃进"。然而财力和物力却不是发挥主观能动性可以立即变出来的，这必然导致高积累率：1958年至1960年依次为33.9%、43.8%、39.6%。接着是1959年开始的连续3年（至1961年）的人口低出生率（依次为24.78‰、20.86‰、18.02‰）和高死亡率（依次为14.5‰、25.34‰、14.24‰）。1960年人口自然增长率为-4.57‰。1961年又比上年减少348万。接着是1960年开始的连续3年（至1962年）国民收入增长率负增长（依次为-1.4%、-29.7%、-6.5%）。在1960年，同时出现的还有投资生产率的负增长（-10.39%）和居民消费水平指数的负增长（-3.3%）。其根本原因在于比例关系极不协调。事实证明，如果没有协调的比例关系，即使投入再多，干劲冲天，也不可能有持续稳定的发展，不会给国家、人民带来好处。1961年社会总产值增长率为-33.5%，国民经济降到谷底。1962年春中共中央召开"七千人大会"，会后降低积累率，加强农业，大量进口粮食。经过调整，1963年社会总产值增长率已转为正数（10.2%），1964年提高到17.5%，1965年升至19%。有人将1963年至1965年划入这个周期内的繁荣阶段，实际上，这3年是恢复性的增长。

第四个周期，1966年至1969年。1966年社会总产值比1965年增长16.9%，其中既有发展，也有继续恢复的因素。1967年至1968年连续两年出现社会总产值负增长（-9.9%，-4.7%），国民收入增长率负增长（-7.2%，-6.5%），投资生产率负增长（-36.43%，-32.95%）。当衰退出现以后，采取大幅度地降低积累率的办法。积累率1966年为30.6%，1967年降至21.3%，1968年为21.1%，1969年略有回升，也只有23.2%，这是吸取了1959年至1960年教训后的明智之举，加上1969年社会秩序相对稳定，农业年成好，1969年便开始了恢复性增长。1967年至1968年经济衰退原因，一是由于实行"备战备荒为人民"的新战略，花大量资金，物资和人力搞"三线"建设；二是（主要是）受"文化大革命"影响，经济指挥系统失灵，无政府主义泛滥。同上一个周期中的衰退一样，是决策失误造成的。

第五个周期，1970年至1975年。在这6年里，经济发展有过波动，但没有出现衰退。其主要原因：一是1969年中共"九大"之后，政治局势比较平稳。1971年后周恩来主持中共中央日常工作，情况进一步改善。二是1967年至1969年连续3年采取低积累率的办法，固定资产投资比较少，使各项比例较为协调。1970年再次提高积累率，导致1971年出现"三个突破"和"一个大窟窿"。1971~1975年的积累率维持在31.6%~34.1%之间，平均为33.2%，是各个五年计划时期中最高的。由于周恩来在1971年及时发现了问题并采取了一些措施，加上1973年农业丰收，缓解了紧张状况，波动强度不大。这6年经济发展较为稳定，可是经济增长率低，高积累率造成的问题成为经济发展中潜在的不稳定因素。

第六个周期，1976年至1978年。这3年的状况是：1976年衰退，1977年恢复，1978年冒进。这次周期虽短，但很典型。1975年下半年开始"反击右倾翻案风"，一直延续到1976年。1976年积累率30.9%，国民收入增长率2.7%，投资生产率是8.98%，是70年代中唯一的一次负增长。1977年开始采取对外开放，借外债，调整职工工资，调整农副产品价格等措施，使经济逐步恢复。

在1957年至1978年这个阶段内，社会总产值平均年增长最低（8.1%），即比前一段下降，比后一阶段低，也比40年平均增长率低。22年中，波动达5次之多，频率最高，周期长的少，短的多（第二个周期2年，第三个周期7年，第四个周期4年，第五个周期6年，第六个周期3年）。年均波差高达13.9%，波动强度大。有4个年度是负增长（1961年、1962年、1967年、1968年），1974年增长1.9%，1976年增长1.1%，与人口增长率相去无几。在这些年份后出现的增长，是恢复性质的，其繁荣高涨带有虚假性。在周期内，高涨时间短，萧条的时间长。

1956年建立起单一的社会主义经济成分。从1957年到1978年，追求纯而又纯的，程度愈来愈高的单一的公有制和单一的计划经济。引起波动的原因，从经济现象上分析，主要是固定资产投资率的变动。这个阶段固定资产投资基本上是国家财政支出。因此，对经济的增长，国家参与程度高，行政作用大，经济波动在很大程度上是国家追求一定的政治经济目标造成的。

第三个阶段，1979年至1988年。包括第七、八两个周期。

第七个周期，1979年至1985年。社会总产值平均年增长率（10.2%）高于1953年至1988年的平均数（8.8%），波动幅度（平均波幅3.5%）比前6个周期小。与前29年的大上大下比较，显得相当平稳。其所以会这样，是由于1978年12月中共中央十一届3中会决定对国民经济实行调整和改革的方针。在调整过程中，连续3年降低积累率，从1978年的36.5%降至1979年的34.6%，1980年的31.5%，1981年的28.3%，1982年和1983年虽有回升，也只有28.8%和29.7%。调整和改革使此例趋于协调，故有多年的高速持续稳定的发展。

第八个周期，1986年至1988年。1984年在经济状况良好的形势下，指导思想又出现急于求成，投资与消费双膨胀，积累率上升到31.5%，全社会固定资产投资总额比上年增长24.5%。1985年积累率又上升到35.3%，全社会固定资产投资总额又比1984年增长39.4%。从1984年第四季度开始，货币投放、银行信贷、工资性支出猛增，工业生产增长率直线上升，12月份达到20.6%，全年达到14.2%；1985年又上升到18%。工业总产值增长率和投资增长率大大超过社会总产值和国民收入增长率，带来一系列险情。1986年实行"软着陆"方针没有成功，积累仍高达34.7%，社会总产值增长10.2%，继续偏高，但比上年的17.2%下降甚多。1987年采取"双紧缩"方针，又没有贯彻好，积累率仍达34.2%，社会总产值增长14.1%。1988年积累率又达34.1%，固定资产投资增长18.8%，社会总产值增长15.8%，其中，工业总产值增长高达20.8%，农业总产值为3.9%，增长比例严重失调，零售物价指数上升18.5%，春夏间发生几次抢购风潮。这一年的9月，中共中央提出治理整顿和深化改革的方针。1989年国民生产总值增长3.9%，国民收入增长3.5%，工业总产值增长8%，均大大低于1988年的增长率；农业总产值增长3.3%，也比1988年低。国民经济增长率下降，即新的波动周期开始。当前正处于这个周期之中。对它的全面的历史性的分析要在它的结束时才能开始。

在1979年至1988年这个阶段，经济是在改革开放的情况下发展的，社会经济中出现了多种经济成分和多种经营形式，商品经济在发展，市场调节作用在扩大，社会总产值平均年增长率比较高。经济效益在绝对意义上虽仍较差，却是新中国成立后经济效益提高得较快的11年，经济波动幅度较小。相对于1958年至1978年来说，1979年至1989年的经济发展属于较平稳的时期，这个阶段的成绩是调整改革的成果。

三

在经济增长过程中，总量波动是常态，不波动的情况如社会总产值或国民生产总值年增长率连续两年相同，已属罕见；连续多年完全一样的现象，极为难得，据笔者所看到过的有关古今中外经济史资料，未曾有过。至于各部门增长率连续多年均不动，则属不可能的事了。因为它们受到经济的、政治的、社会的、自然的、国内的、国外的各种因素的影响，且各自受影响的程度、方式均不相同。所以，经济增长过程中有波动，原非怪事。"稳定发展"是相对于"大起大落"而言，不是，也不可能是要求年年增长率一样。换言之，稳定是相对的，稳定与波动并非绝对对立。没有波动的增长是不存在的。我们的任务是要研究和确定经济增长过程呈现怎样的波动状态,效益最好,方可称之为稳定发展。这里的关键在于一个度,即波动的强度问题。波动系数(在一定时间内每年的增长速度和平均增长速度的差距)的大小显示波动的强度。要使经济稳定发展,就要设法使每年的增长速度尽可能地接近平均增长速度。这样,在指导经济工作时,首先就应预计到,在今后的一定时期里,平均增长速度将是多快,然后才能知道每年的增长速度是否与之接近。

怎样预计今后一定时期里平均增长速度,是一门很深的学问。因为影响一定时期里平均增长速度的因素很多,诸因素之间的相互作用又极为复杂。社会主义经济增长理论开拓者,1957~1960年波兰远景规划委员会主席米哈尔·克莱斯基教授提出:"制订远景计划的第一个步骤,是制订计划的粗略大纲,所采用的增长率,根据这个国家过去的经验(如果本国没有这样的经验,则根据情况相似的其他国家的经验)来看是高的。这样,我们就慎重地选择了一个高的方案,而这一高的方案在初步检验阶段必然会逐步地降低下来。"[①] 他的这个观点与方法受到广泛的赞同,值得我们参考。为了今后的持续稳定发展,首先要对以往的增长率进行分析。笔者认为,对过去40年的增长率,分成以下两类情况分别考察,其借鉴意义更大些,更准确些。

第一类情况,经济稳定发展时期的增长率[②]。

1950~1956年是经济增长比较稳定的时期之一,社会总产值年增长率依次为22.6%、20.1%、25.9%、18.7%、8.5%、6.1%、17.9%。其中头4年的经济增长是恢复性质的。1954年有严重的水灾,影响当年及次年的经济增长,1956年上半年冒进,此时期波峰年份增长如此之高和谷底年份增长率如此之低与这些非正常因素有关。

1971年至1975年属于经济增长第二个比较稳定的时期,社会总产值年增长率依次是10.4%、4.5%、8.6%、1.9%、11.5%,1969年和1970年连续两年高增长率发展,带来"三个突破",1971年承其余波,故速度仍偏高。1974年因"批林批孔"的冲击,速度低。1975年的11.5%带有恢复性质,故也偏高。这个时期的谷底甚低波峰不高,故平均年增长率也不高。

1979~1984年是第三个发展较稳定的时期,社会总产值年增长率依次为

---

① 米哈尔·克莱斯基著:《社会主义经济增长理论导论》,上海人民出版社1988年版,第148~149页。
② "经济稳定发展时期"与"经济波动周期"不是同一概念,所含绝对年份,可能相同,也可能不一致。

8.5%、8.4%、4.6%、9.5%、10.3%、14.7%。1981年增长率低，原因在于该年是从初步调整到进一步调整的转折年份，与正常情况不同。1984年第4季度经济过热，已非稳定状况。1979~1981年农业增长很快，包含着因改革而使过去多年积累的潜在的增产因素充分地发挥出作用。这是其他时期难以遇到的条件。

在三个发展比较稳定的时期，最低的与最高的社会总产值增长率分别为6.1%与18.7%、1.9%与11.5%、1.6%与14.7%，波差分别是12.6%、9.6%、10.1%。平均年增长率分别为9.3%、6.1%、6.9%。（这三个时期平均年增长率，按算术平均数计算为7.4%）平均年增长率与最低年份增长率和最高年份增长率之差，分别为3.2%、9.4%、4.2%、5.4%、2.3%、7.8%。波动系数分别为3、1.3、1.85。如前所述，由于增长率最高年份与最低年份均受不正常因素的影响，所以正常的振幅应比这小一些。换言之，它们应是稳定发展所容许的振幅的最高界限，超过这个振幅，就不属于稳定发展了。

第二类情况是整个时期的平均增长率。

1953年至1989年社会总产值均年增长率为8.1%。实践证明，这是一种超高速度，是几度受到急于求成指导思想影响的结果。

超高速度超越国力承受程度，导致各种比例关系失调，经济增长大起大落；造成人力、物力、财力的浪费，经济效益低；致使经济发展出现一些恶性循环或"怪圈"现象，于国于民不利；更严重的是挫伤广大干部和群众的积极性，抑制社会主义经济制度优越性的发挥。因此，今后不应继续这种超高速度，而以采取近中速度为宜，此其一。第二，中国经济增长已从强调高速度为主的模式开始转向提高效益为主的模式。这种模式的转换，需要经历一个较长的时间过程。在这个过程中，特别是转换过程结束之后，速度要有利于效益的提高。第三，今后是中国经济体制改革深入的时期。为了使改革有一个宽松的环境，速度必须适宜。第四，随着经济的发展，基数加大，增长率必然有所下降，这是世界各国经济发展的共同现象。如果说从过去40年的事实看，8.1%的速度已是太高了。今后理应更低一点。当然，事物也有它的另一个方面。过去，大的经济波动造成宏观经济上的大浪费，经济效益差。从长期看，这必然又制约经济发展的速度。今后，若能将波动强度控制在很小范围内，在宏观经济上产生的效益将是很大的，这有利于经济发展速度的提高。

根据上述事实和分析，是否可以得出一个实证性的见解：在中国当前阶段——包括过去的 40 年和今后的若干年内，经济增长的速度，按社会总产值计算，平均年增长率 8.1% 是太高了，7.4% 也偏高。换言之，7.4% 应是一个高限，今后的稳定发展速度应略低于 7.4%，至于该低多少，只能在实践中逐步予以检验、校正。最初一个时期，很可能以 7% 上下为适宜。最近两三年处于调整时期，年经济增长率应更低一点，4%、5% 左右比较合适。

四

在一个相当长的时期里，以社会总产值年平均增长率 7% 为高限，是一种怎样的增长速度，高速？中速？低速？这里的 7% 是一个平均数，经济增长过程的波动是不可避免的，那么，围绕着年平均增长率的波动幅度应当多大才是适度的，才可以称之为稳定发展？这里涉及评价标准问题。

不同国度，引起经济过程波动的因素不同，波动的合理幅度也不同，有特殊性，但也有共性。对经济增长状况的评价标准，各国一般以国民生产总值增长率作指标，在零以下时为衰退，0～2% 之间为停滞状态（包括由于人口增长使人均产值增长接近零的状况），2%～4% 为低速增长，4%～6% 为中速增长，6% 以上为高速增长[①]。

我国国家统计局至今公布的统计数字，国民生产总值只有 1978 年以后的，社会总产值则有 1949 年至 1988 年的。今后，将以国民生产总值作为国民经济增长的主要指标。在当前，研究过去 40 年的经济增长，只能以社会总产值作指标。为了与国际通行标准作比较，为了研究合理速度与波动幅度，给今后制订远景规划提供可靠的参考数据，就必须找出以社会总产值为指标时的增长速度与以国民生产总值为指标时的增长速度之间的相应关系。

国务院财贸小组卢健考虑到我国统计上的重复计算等因素，[②] 提出如下标准：社会总产值年增长率在零以下时为负增长（萧条）0～3% 为停滞，3%～6% 为低速增长，6%～9% 为中速增长，9%～12% 为高速增长（繁荣），12% 以

---

① 戴伦彰：《走出"滞涨"阶段的西方经济》，载《人民日报》1986 年 11 月 11 日。
② 卢健：《我国经济周期的特点、原因与发生机制分析》，载《经济研究》1987 年第 4 期。

上为超高速增长。我国1953年至1988年社会总产值平均增长8.8%（见图1），按此标准，属于中速增长。事实上，此期间中国国民经济处于超高速增长的状况。看来，卢健提出的标准可能偏高。标准偏高的原因可能出在国民生产总值增长率与社会总产值增长率的折合上。这二者折合的正确比例，可以根据已公布的1978年至1989年两者增长率计算出来（见表1）。

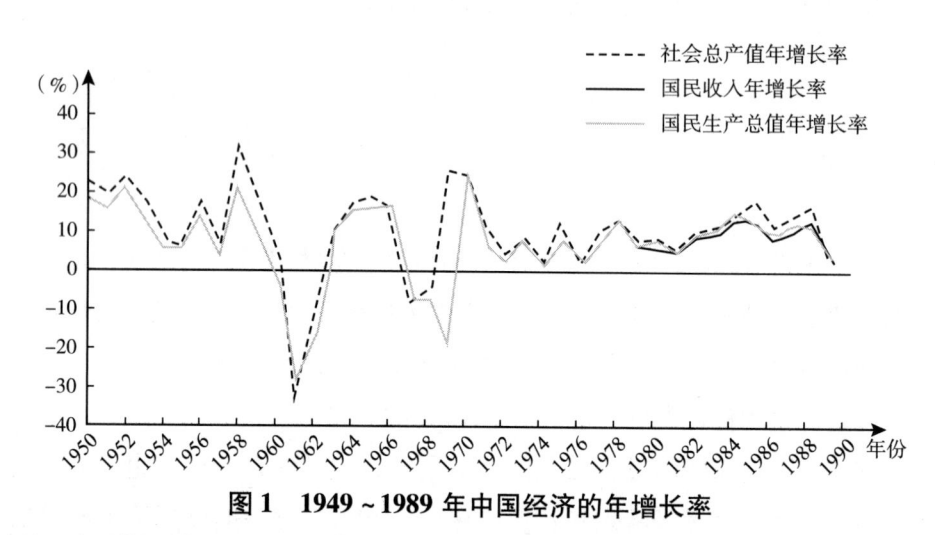

图1　1949~1989年中国经济的年增长率

注：由承蔡福顺同志文字整理并绘图。

表1　1979~1989年国民生产总值与社会总产值指数

（以上年为100） 单位：%

项目	1980年	1981年	1982年	1983年	1984年	1985年	1986年	1987年	1988年	1989年
国民生产总值	107.8	104.5	108.8	110.3	114.6	112.7	108.3	111	110.8	103.9
社会总产值	108.4	104.6	109.5	110.3	114.7	117.2	110.2	114.1	115.8	102.1

从总体上看，两者的差距在1.5~1.6个百分点左右。按百分比计算，在18%以下。这种状况在图1中显示极为清楚。

在表11中，世界通行的标准，有9年是高速增长，1年低速增长，1年停滞。按卢健提出的标准，4年超高速增长，3年高速增长，2年中速增长，1年低速增长，1年停滞。换言之，卢健关于停滞、低速增长的标准，与国际通行标准是符合的。

中国经济仍处开发阶段，经济增长属于以速度为主的模式。从总体上说，

1958年至1988年，属于超高速增长。社会总产值年均增长8.8%，可以看作高速发展的高限，即区分高速与超高速的参考数据。

如前所述，7%是稳定时期即中速发展的上限指标。考虑到中国近期人口自然增长率在52‰以上。因此，社会总产值增长1%时，人均产值的增长在零以下。据此，可以认为，1%为停滞的下限指标（见表2）。

上述9%、7%、1%，都是以社会总产值为指标的数字。考虑到国民生产总值增长率与社会总产值增长率的比例关系，根据中国当前阶段经济的状况，表2所列评价标准或许是切合实际的。

表2　　　　　　　　　　　经济状况评价标准　　　　　　　　　单位：%

指标＼增长状况	衰退	停滞	低速增长	中速增长	高速增长	超高速增长
社会总产值	1以下	1~2	3~6	6~7	7~9	9以上
国民生产总值	1以下	1~2	2~5	5~7	7~9	9以上

在今后，国民经济若能以民生产总值年增长率6%~7%的速度前进（即中速增长），就有可能持续稳定协调发展，可以保证我们分三步走的战略目标的实现，可以因为避免了大上大下，会在宏观经济上产生巨大的效益，使国民经济的发展处于良性循环的环境中。

按照中速发展与良性循环的路子前进，既不是说经济增长不会出现波动（国民生产总值年增长率6%~7%，就是一种波动），也不是说不会出现国民生产总值增长6%以下或7%以上的情况，而是提示人们，当出现低于6%的增长时，要采取措施使之从滑坡转为回升；当出高于7%的增长时，不要盲目地肯定这是好事，要加强分析，若发现高增长率已影响比例的协调和经济的稳定，便要采取措施，使之不再加快或转为收缩。

我们有没有可能做到中速发展与良性循环？完全有。社会主义经济制度和实行计划经济为此提供了客观条件。以往经济增长波动系数不仅超过苏联等社会主义国家的几倍，而且超过美国、西德、日本等资本主义国家的2~4倍多，显然不是正常现象，即不是社会主义经济制度的本质表现。本文第二部分的叙述表明，经济波动大起大落的主要导因，都在于指导思想上的急于求成。指导思想上的急于求成首先表现在经济决策时提出过高的目标。按照这种高目标计算出来的年平均增长率必然也是过高的。为了达到高增长率，必然是多上快上项目，导致高投资率，推动经济扩张；于是财政出现赤字，信贷扩大，社会总需求急剧上升，供需缺口扩大；于是资金不足，外汇出现缺口或缺口扩大，一些基础产业显示出"瓶颈"现象，比例失调，通货膨胀；于是政府被迫采取紧缩政策，经济增长率陡跌。如此一扩一缩，形成一个周期。周而复始，多次循环。这种被称为"怪圈"现象的形成原因，在于经济决策指导思想上的急于求成。因此，只要在指导思想上真正解决了这个问题，我国经济的发展就一定能从"怪圈"中跳出来。对经济工作指导思想上急于求成错误的发现已有多年，十三届五中全会的《决定》中指出是 40 年来最重要的教训，并制定了持续稳定协调发展的根本方针，标志着指导思想上的转变，新的指导思想与根本方针如能认真贯彻，今后中国经济增长的波动一定会呈现与过去 40 年根本不同的状况。

（本文原载于《中南财经大学学报》1990 年第 4 期）

我国经济增长方式转变的合理道路

有些论著中写道,中国经济体制转变与经济增长方式是同步的。这个提法值得研究。从日常生活中直接的感觉与对数据的初步分析看,后一个转变似乎滞后于前一个转变。

我之所以说"似乎滞后",是因为现在还没有一个可用于衡量经济体制转变进度与经济增长方式转变进度的统一指标。分项的指标是有的。用它们可以说明各自的进程并进行某种比较。从中可以看出,到 90 年代初,经济体制转变已到了新体制突破旧体制并对旧体制略占优势的格局,可以说进程过半,而经济增长方式转变的进程则处于起步阶段,还不能用"过半"这样的词语来描述,它比经济体制转变要滞后一些。

1997 年 8 月 26 日,国家计委主任陈锦华在所作的《十四大以来我国社会主义改革开放与经济建设的伟大成就》的报告中说"经济体制改革取得突破性进展","经济增长方式开始发生变化。"他使用"突破性进展"和"开始发生变化"来说明两个根本性转变的状况,是符合实际的,反映了后一个转变滞后于前一个转变的实际。

转变经济增长方式的根本目的是为了减少投入,增加产出,提高经济效益。因此,从根本上说,经济增长方式转变的程度,应以投入产出比、经济效益提高的程度为衡量指标。从这方面看,经济增长方式相对于经济体制的转变滞后,相对于经济增长的本身,似乎也滞后。

经济增长方式转变既滞后于经济体制转变,又滞后于经济增长的速度,这正说明在当前阶段推动经济增长方式转变的迫切性。

经济增长方式转变滞后的原因很多,除体制方面的以外,主要的因素是劳动力量多质低。劳动力量多,使推广某些技术进步成为不必要。因为没有这种进步技术,也有足够的劳动力去完成它所能完成的事,而推广这些进步技术却会使没有事做的人更多。劳动力质低,使推广某些技术进步成为不可能,因为劳动者不会使用它。劳动力量多质低，使先进技术难以推广。

我们要从经济增长方式转变滞后现象及其原因的分析中，找出适合中国国情的经济增长转变之路。经济增长方式即生产要素配置与使用方式，资源配置与使用方式。每个国家的资源禀赋不同，这使各国选择的经济增长方式也应有所不同。集约增长方式的本质是节约稀缺资源，强化利用丰裕资源。中国最丰裕的资源是劳动力，最稀缺的资源是资本。中国当前阶段经济增长方式的转变，应在尽可能节约资本与强化利用劳动力方面下功夫，应在使这两方面协调（为此，要调整产业结构，进一步深化体制改革……）的条件下采用先进适度的技术。这是中国当前阶段经济增长方式转变的合理道路与特色（这是就整体而定的，实际上，各地区、各部门的情况不相同）。如果把经济增长方式转变理解为就是使用先进技术，把追求技术进步作为推动经济增长方式转变的唯一动力，那么，这种转变将给经济带来巨大的损失，给社会带来不安全，它是不可取的。由于历史形成的情况不同，自然资源禀赋不同，社会经济制度不同，中国经济增长方式的转变必将走一条与别国不同的路。这条路要在实践中探索。

（本文原载于《大众日报》1998年3月5日，是《关于中国经济史上的经济增长方式》一文的一部分。全文载《中国经济史研究》1998年第1期）

1842~1984年湖北省经济管理演变的轨迹[①]

摘要： 1842年以后，湖北省经济管理体制经历了指令经济型→市场经济型→计划经济（新指令经济）型→新市场经济型的变迁过程，指令经济型要求中央集权，市场经济型要求地方分权。

关键词： 现代化　湖北省　经济管理

在经济管理中，有一个中央与地方的关系问题，在地方一级中，省一级是本位，这不仅是因为省是地方一级中的最高层次，不仅是因为省政府是中央政府决策落实的主要组织者，还因为省政府有中央赋予的结合本地情况制订部分政策的决策权，一般来说，县、乡两级政府没有这样的地位、职能与权力。研究经济管理必须研究省一级的，才能看出中央政府决策的落实过程与后果，但是，对省级经济管理演变过程的研究，似乎还是一个空白。在中国近现代时期各省经济管理的模式、性质、内容、方法、机构等等大同小异，其演变进程基本上也是同步的。湖北地处中部地区，经济发展水平处于中等状态，在省级经济管理中具有很大的代表性。通过对湖北省政府经济管理的解剖，可以看出中国近现代时期省级经济管理演变的轨迹。

本文着重考察湖北省政府经济管理体制性质与权限的变化过程。它们是一个事物的两个侧面，其演变轨迹常常交织在一起。

一、指令经济与习俗经济互补型向市场经济型转变的起点

要深刻认识近现代经济管理变化的历史方位、性质与特点，必须将它放在

[①] 笔者从1986年以来担任《湖北省志》的副总编，负责《湖北省志》中《经济综述》《经济综合管理》和《工业》3卷（湖北人民出版社出版）。同时主编12卷本《湖北省志·工业志稿》（分别由人民出版社等9家出版社出版），其中的每一卷都有管理部分。本文资料未注明出处者，均来自以上12部志书。

中国经济管理发展长期趋势之中，用一种历史眼光去观察。

从夏到秦汉的国家形成过程中，各代王朝通过建立户籍制度、公有土地授田制度、服役制度、赋税制度、贡献制度、国营手工业制度、专卖制度等等，或直接支配资源，决定其用于何处；或规定生产者应交纳何种实物，从而决定生产的内容。于是，在公社习俗经济的基础上，建立起指令经济的管理体制。

指令经济的内容不断变化。从夏至汉，国家直接支配生产者劳动力的比重逐步减少，征收生产者的劳动产品则相应增多，汉末三国初年征收谷物、布麻或绢棉。农户为了交纳这三类物品，就要生产它们，绢是丝织品，为了生产它就必须养蚕，布的原料是麻，生产它就必须种麻。因此北魏以后的均田制，在分给粮田的同时，又规定分给桑麻田若干。唐代前期通过租庸调制规定农民生产什么，唐代中期以后，随着匠籍制度，均田制度崩溃与商品经济发展，市场经济萌生，两税法、一条鞭、推丁入地相继实行，田赋部分货币化。在从习俗经济到指令经济的演变过程中，习俗经济与指令经济并存和互补，但又互为消长，总的趋势是指令经济增而习俗经济减。萌生的市场经济关系既冲击指令经济及相应的管理体制，又冲击习俗经济及相应的管理方式①，令人感兴趣的是，前者受到的冲击大，后者则小得多，以致政府的指令经济型管理方式衰落，存在于基层生活之中的习俗经济及习惯法等等却顽强地延续下来。"非正式制度安排显示出一种比正式制度安排更难以变迁的趋势。"②

自康熙三年（1664）设湖北巡抚至1842年，湖北省的经济结构建立在手工劳动和生产资料绝大部分归私人所有的基础之上，农业是基本生产部门，土地是基本的生产资料，农业生产者是农户。各户的生产、分配、交换与消费均由自己决定，他们将家庭农业与家庭手工业结合在一起。在城镇和农村中有独立的手工业者，他们生产农户不能生产或生产成本过高的铁器陶器等物品，农户之间，手工业者之间，农户与手工业者之间，通过基层市场近距离互通有无。商人和政府组织远距离的商品交换。此时自给经济占主要地位，商品经济在逐步发展，市场经济萌芽在成长。

在这种经济结构中，佃户与地主关于租佃土地和土地上收获物的分配，雇

---

① 关于中国习俗经济→指令经济→市场经济萌芽的演变过程，作者在《中国近现代经济史》（河南人民出版社2003年版）第一章（第57~62页）中作过简要的叙述，可供参考。
② 林毅夫：《关于制度变迁的经济学理论：诱致性变迁与强制性变迁》，引自R.科斯等著：《财产权利与制度变迁权学派与新制度学派译文集》，上海三联书店、上海人民出版社2002年版，第393页。

主与雇工关于工资数额与劳动条件，买者与卖者关于商品的价格，借者与贷者关于利率与还本付息时间，均由双方依经济发展自发形成的习俗规则商定，社会公益事业（如建桥修路等等）所需经费，一般由习俗经济形成的村社残存（社产、义田、义仓等）的收入与捐献来解决。农村中发生的经济纠纷，首先由宗族、社里依当地习俗解决；只有这些民间组织无法解决的问题，才会提交政府的司法机关，政府依照反映习俗规则的法律（习惯法）作出判断。

经济方面须由政府管和政府能管的，第一是主要用于维持政府机构运转，部分用于公共事业的财政收支，在财政管理中，征收漕粮、食盐专卖、官田出租、钱币铸造等等属于指令经济性质。第二是监督市场。第三是管理政府资产。第四是解决上述民间经济纠纷。可见，经济生活中必须由政府管和政府能管的事情并不多，管理机构和管理人员少，管理方法简单，这是一种以习俗经济为基础，以财政管理为中心，以指令性管理方法为特征的传统型经济管理体制。

二、从指令经济型向市场经济型转变（1842~1949）

经济管理体制是经济体制的一个侧面，前者随后者的变化而变化，欲了解经济管理的变化，必先了解经济体制的变化。

（一）经济体制的演变：新经济的产生与旧经济的蜕变

1842~1949年间，湖北境内发生的、对湖北经济管理有重大影响的政治军事事件是：1862年汉口开埠；19世纪50~60年代清政府与太平天国、捻军的战争；1911年的辛亥革命；1926年北伐军进入湖北；1938~1945年日本侵占湖北大部分地区；1946~1949年解放区迅速扩大。这一系列事件使湖北的生产力与经济体制发生了以下急剧的重大变化：（1）外国的商人、轮船、商品、资本、机器、技术人员与工匠进入湖北；湖北的产品直接或间接运到外国，独立经济向依附经济转变。（2）出现使用现代技术设备的工厂、矿山、现代通讯、交通运输等企业，传统经济向现代经济转变。（3）工业、交通运输、商业、金融业、农业、服务业都产生了资本主义性质的经济组织与资本家，封建经济向资本主义经济演变。（4）商品与货币的流通量成倍地增加，城镇市场迅速扩展，汉口等变成大型的现代工商业城市，自然经济向商品经济转变。(5) 市场关系像食盐入水一样，无声无息地渗入每一个经济细胞中，不断地瓦解并替代习俗经济关系和指令经济关系：商品的交易者是货币关系；雇佣双方是货币关系；借贷双方是货币关系；城市中的经济交往皆通过货币；人民与政府的税赋是货币关系；农业产品中越来越大的部分投入市场。到20世纪30年代，市场在资源配置中的作用越来越广泛，初级阶段的市场经济正在形成。

在经济体制的这种演变过程中，经济管理体制也由指令经济型向市场经济型转变，这种转变主要表现在管理机构、管理职能、管理方法三个方面。

(二) 政府管理经济机构及其职能的演变

政府经济管理机构变化有三种情况：(1) 随着指令经济的衰退，原有的机构被撤销。(2) 随着现代经济的兴起，设立新的机构。(3) 原有机构职能现代化，名称亦随之改换。这些变化呈现为两个阶段。

第一个阶段是1842~1911年，在这个阶段，变化突出地表现在司、道的兴替上。

(1) 湖北督粮道与武昌盐法道等旧机构的撤销。1842年，湖北设有3司2专职道，3司中的布政使司，职能之一是管财政。2专职道（湖北督粮道和武昌盐法道）都是指令性经济管理机构。1852年以后，太平军占据长江中下游地区，使淮盐断绝，湖北被允许借销川盐，任何人只要纳税，均可经营食盐，这就冲破了原定的"无照为私，越境为私"的官盐体制，1853年，湖北漕粮一律改收折色。这两种变化有利于私商和货币经济的发展，并使指令性经济淡化。随着海轮和铁路运输的兴起，漕运全停，湖北督粮道于1904年裁撤。20世纪初，清政府推行盐政新制，1911年撤销武昌盐法道，改设鄂岸盐务副监督，直隶于中央政府的盐政大臣。

(2) 劝业道、洋务局等新机构的设立，张之洞在湖北建立的现代工矿交通企业，大部分属于清政府所有（国有），而由湖北省政府代表清政府管理。与此同时，私人兴办了一些中小型企业。这使湖北省政府产生管理经济的新职能：经营国有的现代企业和管理社会上的现代企业。为此，建立了一些执行新职能的新机构，如湖北铁政局、湖北织布局等等。这些机构只承担管理本企业的事务。湖北矿务总局则还承担一定的行政管理职能。1909年，设劝业道，主管全省工商业、交通、矿务、邮传等项实业。随着外国在汉口、沙市设立领事馆和租界，对外经济交往增多，除设立江汉海关外，还设立省级行政机构。1897年设立的铁政洋务局，主管全省铁路、工矿、对外交涉、编译等事，1904年改为洋务局，1910年又将洋务局升格为湖北交涉使司。

为了适应和促进湖北商业的迅速发展，1898年，两湖总督府指示各府、州、县设立通商公所，并将汉口的劝工劝商公所改为商务公所。1900年改商务公所为汉口商务局，统管全省工商事务，以图建立一套全省工商管理体系。1901年，汉口商务局拟定关于汉口商务情形的10条条议，就开拓商品销路、筹集资本、市场管理、政府与企业的关系、企业内部管理、行政管理和矿业开发等作了规定，还办了《湖北商务报》。7年以后，清政府才成立商务部，并要求各省相应设立商务局，在这方面，湖北比其他省先行一步。

（3）布政使司等原有机构的蜕变。由布政使司管理的财政收支，结构与内容发生重大变化。首先，收入大增，收入来自现代经济的比重不断增大。道光年间（1821~1850），湖北财政收入的主要来源是田赋，商税、茶税等列入杂项，全省一年的财政收入不到210万两银两，其中田赋占70%，而到19世纪50~60年代，则增至300余万两；70年代以后又不断增加，到1909年则增至1718万银两，所增财政收入，大部分来自流通领域，如关税、盐税和厘金等。1910年试行预算制度，该年编制的1911年湖北省财政收支预算中，收入8项中，盐课、茶税、鸦片税占24.3%，厘捐一项占23.5%，正杂各税占6.6%，田赋占11.1%，这8项共收入银两1354.5万两，是道光时期的6倍多，它还不包括由中央政府直接解收的湖北境内的海关税257万两和常关税14万两，若将这两项计算在内，田赋占的比重为9.3%。

其次，财政开支迅速增大，其中增加部分多用于兴办现代化事业。1889年张之洞任两湖总督，他利用财政手段筹集资金，将财政收入中的一部分用于办现代化事业，包括工厂、矿山、轮船、学校、文化事业等等。张之洞在湖北办企业的资金，名义上多为中央政府拨款，实际上绝大部分是在湖北筹集的。这使财政支出具有促进现代化建设的职能。

第二阶段是1911~1949年。这个时期政府经济管理机构变化的性质与方法与前一时期不同：如果说前一时期的特点是改良，这个时期则是革命，即彻底推翻旧的机构另立新的机构。在30多年的时间里，这样的革命性变化发生过两次。

第一次是1911年武昌起义后，彻底摧毁旧的湖北省政府机构，成立湖北军政府，设立政务省，下辖财务部、虞衡部、交通部，分别管理财政金融、水利工程、工农业及交通邮电。1912年2月，改为财政部和实业部，实业部掌管全省农工商矿及一切实业行政事宜。

1912年以后，湖北工业发展迅速，新办工厂由官办为主转向民办为主（到1926年，政府投资仅占投资总额的17.5%），由重工业为主转向轻工业为主，由大型为主转向中小型为主，由武汉向沙市、宜昌、黄石等沿江城市扩展。由于这些变化，也由于汉阳铁厂和棉纺织厂等几个主要国有企业已经出租给私人经营，省政府经济管理的职能与方法发生如下变化：对工业管理的重点从经营国有企业转到管理私营企业，由行政命令手段为主转到以市场调控为主。为了实现这种管理，实行了企业登记注册制度，把矿业、工业、公用事业等列入企业登记管理范围。

第二次是1926年北伐军进入武昌，彻底推翻原有的省政府机构，重新建立国民政府领导的湖北省政府。1926~1949年间，湖北省政府先后设立5厅3局，其中有3个厅（财政厅、建设厅、农矿厅[①]）和3个局（地政局、水利局[②]、粮政局[③]）是经济管理机构，在省政府机构中，经济管理机构的地位进一步突出。

在这些厅、局中，地位重要的是建设厅。省政府经济管理的经济职能主要表现在它对建设厅职责的规定上：掌管全省路（铁路、公路）政、电（电报、电话）政、航（航船、航空）政等事业的筹划、建设、管理；工商业的保护、奖励、经营、管理；省营矿产业的筹划、经营、管理；农、林、牧、渔、水利等事业的筹划、建设、管理；度量衡的检查、推行；全省一切建设事业的调查、设计、审核、监督、考核等，建设厅所执行的主要是经济综合管理职能，这已是一种市场经济下政府管理经济的模式。

（三）管理经济方法的演变

湖北省级政府管理经济方法最重要的变化，是指令性行政手段直接管理逐步减少和削弱，而通过市场起作用的经济手段逐步增多和加强，在不同的历史

[①] 农矿厅成立于1929年7月，1930年并入建设厅。
[②] 水利局成立于1929年10月，1932年9月撤销，其业务由全国经济委员会江汉工程局接办。
[③] 粮政局成立于1941年8月，1943年2月撤销，其业务归并财政厅田赋粮食管理处。

阶段发生不同层次上经济管理方法的变革。

变化是从微观层次开始的。19世纪60年代设立的海关，一开始便实行英国式的，也是国际通行的现代管理方式。70年代以后设立的公私现代化大中型企业，其内部大都实行从西方引进的一套管理制度，虽然湖广总督府和湖北巡抚对国有企业的管理依然是衙门式的。80~90年代，张之洞创办新的现代化企业时，开始引进股份制度，倡导官商合办，即招商入股官办企业。同时期私人兴办的现代化企业，则多采用公司制。特别值得一提的是，1896年以后，张之洞先后把国营的汉阳铁厂、棉纺厂、棉织厂等招商承办，租赁给商办股份公司，国家照旧拥有这些厂矿资产的所有权，而商办股份公司则拥有这些厂矿的自主经营权，按产量或年度向政府交纳租金。这创造了政府对国有企业管理的新方式，张之洞使湖北地方政府经济管理权限扩大，管理经济的机构和方法有所革新，是湖北经济在他任湖广总督期间发展较快的原因之一。

进入20世纪以后，依法管理经济方面有重大进步。20世纪初，清政府实行新政，引进欧美一些国家和日本的经济法规，在依法管理经济方面显现出与国际接轨的趋势。在清政府时期，湖广总督与湖北巡抚兼管军务民政，1911年辛亥革命以后，则逐步实行军民分治，湖北设立省议会作立法机关，启法治之端。在全国层次上，在农商总长张謇等人的主持下，新立的经济法规甚多。1928~1936年，国民政府以较快的速度制订出比较全面的有关经济管理法规，以适应正在形成中的市场经济。湖北省政府贯彻这些法规，并制订出一些实施的具体措施。

在引进新法规的同时，在宏观层次上也引进了一些管理制度，这在国民政府时期较为显著。以财政为例，1928年6月，国民政府召开全国经济和财政会议，重新划定中央政府与地方政府收支标准，中央政府的财政收入主要靠关税、盐税和统税，地方政府的财政收入主要靠土地税、营业税和执照税，军费划归中央拨给，地方只负责省防自卫经费。这是中央集权制国家引进联邦制财政制度。其时，李宗仁主管湖北军政事务，他以湖北财政艰难为由，将本属于中央的统税扣留，由湖北收拨，这说明这种中央与地方的权限更多的是凭借实力，而不是制度。

从1928年到日本侵略军进入湖北之前的1937年，虽然外有空前剧烈的1929~1931年世界经济大危机的冲击，内有百年不遇的1931年长江大水灾的破坏，还有发生在鄂东南、鄂东北、鄂西南、鄂西北的国共战争，但湖北经济发展却相对稳定，经济增长的速度是近代史上最高的，经济发展达到 1949 年以前的最高水平。此中原因之一，是由于新的法规、制度符合正在形成的市场经济要求，湖北省政府的经济管理职能进一步加强，经济管理进一步的现代化。

在 20 世纪 30~40 年代经济管理方法的变化中，值得一提的是开始尝试计划管理的方法。1933 年，蒋介石鉴于苏联"一五"计划的成功和德国希特勒上台后实行统制经济，开始引进计划管理和统制方法，制订经济发展计划，实业部公布《实业计划（1933~1936）》，该计划要"以扬子江为首始建设中心区"。这个中心区包括湖北省在内。湖北省政府随之制订本省经济发展计划，其要点是对粮食、棉花等重要产业物资实行统制。1937 年 7 月以后，湖北经济转入战时状态。1938 年 10 月，武汉被日军占领，湖北省政府西迁恩施，其管理的地区主要是鄂西和鄂北的山区。陈诚任湖北省政府主席期间，一方面督饬建设厅重建工厂矿山，尽快恢复生产；一方面要求省、县、乡政府分别制订出一个包括经济、文化、政治暨一切工作在内的建设计划。1941 年 2 月，《新湖北建设计划大纲》出台，其要点是适应国防经济建设的要求，针对本省战时环境及战时人民生活需要，为逐渐实行统制经济以调节物资生产消费，树立施行计划经济之基础。计划大纲的第一期为 5 年。同年 4 月，建设厅着手编制《本省五年建设计划》。这个计划又分为前 3 年后 2 年两个阶段，先编制了 3 年经济建设计划。随后制定《收复失地善后工作纲要》和《大武汉市建设计划草案》，为抗战胜利后城镇的经济恢复作准备。抗日战争胜利后，湖北省政府又制定了《湖北省战后第一期经济建设计划纲要草案》，由于战时环境及战争进程与计划拟订者原来设想相距甚远，这些计划都未能认真贯彻执行，流于形式。但是，这个过程表明，想实施计划管理是这个时期的一种新现象。

三、由市场经济型向计划经济型转变（1949~1956）

1949~1956 年湖北省经济管理工作有以下 4 个特点：一是建立一套新的经济管理机构。二是经济管理以对社会经济形态的改造为主要内容。三是经济管理权由分散到集中与统一。四是管理方法由市场经济型向计划经济型转变。这些变化是连续发生的，经历了性质有别的两个阶段。

（一）1949～1952 年为第一阶段

1949 年 5 月 20 日，中国共产党领导的湖北省人民政府成立。它在经济管理方面的首要任务，是接管鄂东、江汉、鄂西北三个解放区及鄂豫、桐柏两个解放区内属于湖北省的各县，以及新解放的各县，使湖北省境内的经济管理达到新的统一。这种统一于 1949 年 11 月实现。1950 年 3 月，政务院颁布《关于统一国家财经工作的决定》，湖北省政府从 4 月起，用了约半年的时间，贯彻这个决定，使分散的管理在实质上走向统一。

在实现全省经济管理统一的进程中，建立了新型的省级经济管理机构，其中有财政经济委员会、工商厅、交通厅、粮食厅、劳动局等。它们是在上述解放区已有的相关机构基础上组建的，与湖北省国民政府的机构无关。这是湖北近现代史上第三次新建经济管理机构，其中有些是崭新的机构，并发挥了重要作用。例如 1950 年设置的合作事业管理局，管理发展消费合作社（城市）、供销合作社（农村）、手工业生产合作社或组（城镇）、信用合作社（主要在农村）。消费合作社、供销合作社和信用合作社发展迅速，合作经济很快成为商品货币流通领域中的一支重要力量和国民经济中一种新的经济成分。

将国民政府所有的资产和敌产转变为人民政府所有，是将半殖民地半封建经济形态改造为新民主主义经济形态的决定性措施之一。湖北省的接收工作前后费时 9 个月，至 1950 年初基本结束。接收和财产，加上原有的解放区公有经济，建立起湖北境内的国营经济。湖北省政府的另一个决定是土地改革。到 1952 年底，土地改革基本结束，消灭了封建土地所有制，与此同时，在城市里开展了民主改革，主要是铲除一些行业里的把头制、包工头制等封建残余势力。1949 年 5 月至 1952 年底，湖北省政府还通过抑制通货膨胀、打击投机倒把、调整工商业、反对资本家"五毒"行为，全省私营金融业全行业公私合营等措施，确立了人民政府和国营经济对市场的领导地位，工人在私营企业中的地位也得到提高。

上述各项管理工作使湖北的国民经济结构发生了重大变化，半殖民地半封建经济形态转变为新民主主义经济形态，半殖民地半封建市场经济转变为新民主主义市场经济。

这个时期经济管理工作的方法是行政手段、法律手段与市场手段相结合，行政手段色彩重，是这个时期经济管理工作特色之一。在社会经济形态转变期间，这种情况是不可避免的。随着改革旧经济形态任务结束后，行政手段减弱，市场经济手段增强。这是一种新民主主义市场经济的管理模式。

（二）1953~1956年为第二阶段

在这4年里，经济管理发生了以下三个重大变化。

（1）从市场经济型转变为计划经济型。这是此4年间经济管理最突出的变化。1953~1956年，在将新民主主义经济形态改造为社会主义经济形态的同时，也将市场经济体制改造为计划经济体制。

在实行"一五"计划之初，由于存在五种经济成分，计划管理的方法分为两种：对国有企业实行直接的计划管理；对私营企业和个体经济实行间接的计划管理，使用的主要是价格机制，以及加工订货、统购统销等经济与行政的手段。故就全省经济而言，实行的是直接计划与间接计划相结合的计划制度，这是一种新民主主义市场经济基础加计划的管理模式。

（2）统购统销使得经济管理下达到每个家庭。1953年开始实行的对粮、棉、油等主要农副产品统购统销，使得湖北省政府直接管到每个农户家庭主要生产物的产量、价格和消费，管到每个非农业家庭（包括城乡）基本生活必需品的消费量与价格。换言之，省政府分别管理了城乡每个家庭的主要生产和消费。这是经济管理体制的一大变革，统购统销成为计划管理体制的一个重要组成部分。

（3）计划委员会成为经济管理机构的核心。在此期间，湖北省政府中经济管理机构变动甚大。1953年成立的计划局（1954年4月改称计划委员会）及其下属各级计划机构，它们的地位日渐重要，由于制定和实国民经济计划成为湖北省政府经济管理的核心内容，因此各级计划委员会就成为各级经济管理机构中的核心。

四、计划经济型管理的两个重要特征（1957~1978）

从1956年底建立起单一公有制和计划经济管理体制，到1978年以后开始对它进行改革，历时22年。关于此期间内管理体制的特征，我另有专文论述，这里仅涉及其中的两个重要方面。

（一）全面的政企合一与管理面的加宽

在工商领域，这种改造使政府对私营工商户的管理变成对公私合营企业随后成为国有企业的管理，政企关系由异体变为合一（国有企业一开始便是政企合一）。由于这个原因，也因为改造过程中实行全行业公私合营和按照行业改组，于是政府对工商业的管理就由管理若干企业变为管理若干行业。与此相应，便产生了管理行业的省级政府机构，1956年，交通厅分为公路厅和内河航运管理局。1958年，工业厅分为机械工业厅、冶金工业厅、轻工业厅、化学工业厅。随着工业的发展，新的产业形成，便要产生新的管理机构（如电子工业厅）。于是工业专业管理机构越来越多，管理人员也越来越多。

在农业领域，这种改造使得政府由对个体农民私有经济的管理变为对公有制的农业生产合作社的管理。1958年，湖北省政府又将农业生产合作社变成"一大二公"的人民公社。人民公社与农业生产合作社最主要的区别在于它的"政社合一"。

1967～1970年，湖北省政府又将城镇的集体所有制手工业生产合作社"上升"为"大集体"企业，由城市的区、街道政府或镇政府直接管理。至此，无论城乡，无论部门与行业，所有的企业都归政府经营管理，它们成为政府机关的车间、农场或门市部，各企业和人民公社的负责人都有行政级别，都属于党政干部。政府管理经济的方法空前地直接和简单。这是1957～1978年经济管理体制的基本特征。在这种体制下，省委、省政府可以通过各级党政机构，以行政手段指挥省内一些经济组织，这就为省级领导人实现自己的意图提供了方便。

（二）在微观经济上从越管越细到无所不管

随着全面的政企合一，湖北省政府对经济的管理，不仅横向越来越宽，而且纵向越来越细。无论是生产还是生活，都是这样。

在生产方面，先说工业。省政府管理直属工交企业的计划、技术、设备、物资、劳动人事和财务（称为"六大管理"）；审核它们的位责任制、考勤制、技术操作制、质量检验制、设备管理维修制、安全生产制、经济核算制（称为"七大制度"）；向它们下达产品、品种、质量、原材料燃料动力消耗、劳动生产率、成本、利润、流动资金占用量等指标（称为"八大指标"）。从企业的人、财、物，到生产过程，到有关制度，无不由省政府管理。

再说农业。省政府不仅通过公粮和统购派购任务的层层分解与落实，规定每个生产队应生产什么产品和生产多少；还通过农业生产计划的层层分解与落实，通过布置生产，直接指挥生产队如何生产。每年到了三四月和八九月间，省政府一方面用层层发文件和层层开会传达的办法，一方面由负责农业的副省长或省委副书记，发表安排春播或秋播的广播讲话，布置各类地区（如中部平原地区、西部山区，等等）某日至某日下棉种、稻种或麦种，某日至某日插秧，如此等等。省级政府对农业生产管理之深入与细致，至此达到了巅峰。

在人民生活方面，省政府通过向非农业居民计划供应粮、油、布、煤、肉、鱼、豆制品等食品和火柴、草纸等轻工业品，以至过节时的酒、花生、糍粑等等，对农业居民计划供应布、火柴、肥皂等轻工业消费品，来管理每家每人的消费。这种情况，在至今经济史上都难以找到先例。

计划经济下全社会的资源都由政府的计划支配，这种计划是指令性的。计划经济是一种最严密的指令经济。计划经济管理体制是一种与1842年前指令经济有所不同的新型指令性经济管理体制。

1957~1978年期间，湖北省政府在经济管理工作中付出了艰苦的努力，但效果却不佳：22年经济基本停滞。这是由于管理体制选择不当的后果。

五、由计划经济型向市场经济型演变的起步（1979~1984）

从1979年起，经济管理以改革为中心，发生了一次根本性的变化。到1984年，只是这次变化的起步阶段。下面仅叙述其中代表历史趋势的两个方面。

（一）"放权让利"与"市场导向"

1979~1984年，湖北省在贯初中共十一届三中全会精神的过程中，经济管理工作转向以改革和发展为主要任务，并以改革促发展。经济体制改革以农村为重点，城市则先后在武汉市和沙市开展经济体制综合改革试点工作，为了调动地方的积极性，中央采取了许多扩大省政府经济管理权限、向省政府和企业让利的措施。如国务院批准武汉市计划单列，在计划管理上赋予省一级管理权限。同时，湖北省政府也对地、市、县和省管企业赋予较多的管理权。

1979年4月，中共中央工作会议明确提出改革的方针是"以计划经济为主，同时充分重视市场调节的辅助作用"①。此后，湖北省政府逐步转变经济管理的指导思想。这首先表现在经济管理手段上，开始注意按照经济规律，首先是价值规律做经济工作，如运用经济手段管理经济，重视市场调节作用，缩小指令性计划，扩大指导性计划和市场调节，改变了过去单纯靠自上而下的控制人、财、物的行政管理办法。

在农业生产方面，到1984年，取消了全部指令性计划，对粮食、棉花等13种主要农副产品产量仅下达指导性计划指标。在农副产品销售方面，在提高政府收购价格的同时，还放宽政策，允许农民多渠道经营农副产品。在基层，则逐步推行了家庭联产承包责任制，农民在完成国家征购任务的前提下，自行安排生产和消费。

在工业方面，1979年省管的177种工业产品生产计划，全部是指令性的。到1984年，指令性的减少到44种，其余的134种改为指导性计划和市场调节。

在基本建设方面，则实行拨款管理和自筹资金管理并行的办法。在商业方面，大量减少指令性收购和调拨的商品，大部分商品实行指导性计划和市场调节。改过去的单一计划价格制度为国家定价、国家规定浮动范围内的企业定价和集市贸易定价多种价格制度。在财政方面，1980年国务院规定湖北等15个省实行"划分收支，分级包干"制度，改过去"一年一定"为"五年不变"，改"总额分成"为"分类分成"。这就突破了统收统支、收支脱节的局面，湖北省的财权因此扩大。湖北省政府又将部分财权下放给地、市、县，实行"分灶吃饭"，这促使各县为了增加财政收入，大力发展中小型企业。

总之，1979年开始的经济管理体制改革，是从发挥市场调节作用起步的，改革的推进与发挥市场调节作用同步。这是一种市场导向的改革。

（二）政企分离与综合管理的加强

政企分离首先在农村和农业中推行，这就是撤销"政社合一"的人民公社，重新建立乡政府。这项工作在1983年完成。农村和农业中政企分离工作是成功

---

① 《新时期经济体制改革重要文献选编》（上），中央文献出版社1988年版，第18页。

的，关键在于哪里是集体所有制和实行了家庭联产承包责任制。在综合管理和工业管理方面，政企分离只迈出了第一步。其具体措施为：（1）成立和加强综合管理的机构。湖北省政府于1978年恢复统计局和物价局，成立了计量局；1979年成立标准局和计划生育办公室；1982年成立经济体制改革办公室；1983年实行机构改革，省政府所属综合经济管理部门，除上述委局外，还设置了工商行政管理局、劳动人事厅、物资局，至此，经济综合管理部门基本齐全。（2）将纺织工业局、电子工业局、冶金工业局、医药管理局等专业管理局改组为经济组织，即将"局"改称"总公司"。

1979～1984年，湖北经济迈出了从计划经济向市场经济转轨的第一步，同时获得了1957～1978年间未曾有过的经济效益。特别是农业生产和农民生活水平提高的速度，是1953年以来未曾有过的。新的管理体制雏形显示出它不可阻挡的生命力与光明前程。

六、两条轨迹：否定之否定

在本文叙述的时限内，湖北省政府经济管理的演变中，有两条轨迹值得注意。

（一）经济管理体制性质演变的轨迹

经济管理体制性质有过三次变化。第一次是在1842年中国被迫向西方国家开放，特别是1860年汉口成为通商口岸之后，湖北经济发生数千年来未有的巨变：由以手工劳动和小生产为特征的传统经济向以机器大生产为特征的现代经济转化；由地主经济向雇主经济转化；由权自我操的独立自主经济向外国人享有特权的依附性质经济转化；由自然经济向商品经济转化；由指令经济向市场经济转化。湖北省政府经济管理体制也随着上述变化，由指令经济型向市场经济型过渡，经济管理的中心从财政转向市场，管理的重点对象从农业逐步地向工商业转移。到20世纪30年代，已经基本建立起市场经济管理体制的雏形。

第二次是在1949年5月湖北省人民政府成立之后。从1949～1952年，市场经济管理覆盖大部分国民经济，而计划管理的对象主要是国营经济。1953年开始实行"一五"计划,计划管理的对象逐步扩大到整个国民经济,但是在1956年底社会主义改造基本完成前,对公有制经济和私有制经济则分别采取指令性计划和指导性计划管理。1957年以后,政府对国民经济的各个方面都实行指令型计划管理,市场经济体制彻底转变为计划经济体制。如前所述,就指令经济型管理而言,这是向1842年前的回归,但此时的指令经济的基础、性质和规模,均与1842年以前根本不同。这是一次否定之否定。

第三次是在1979年实行市场导向的经济体制改革之后,计划管理的领域逐步缩小,市场调节的范围逐步扩大,计划经济逐步向市场经济转轨。这个过程至今仍在继续,并已经形成市场经济型管理的基本框架。市场又成为经济管理的中心。就市场经济型管理而言,这是向1949年前的回归。但此时市场经济的基础、性质和规模,均与1949年以前根本不同。这又是一次否定之否定。

1842年以来湖北省经济管理的演变历程,从体制的性质看,是一个由指令经济型到市场经济型的现代化过程,其中经历了较大的曲折。这主要表现在市场经济型管理发展过程中,除1949年以前受到帝国主义、封建主义和官僚资本主义的阻碍外,在1949年后还出现了20多年的断裂。这种断裂,是以同时期经济发展基本徘徊为代价,并为后一个时期留下了艰巨的改革任务。这个曲折(市场经济型——计划经济型——市场经济型)是中国经济史中"之"字形路径之一——中型"之"字形路径表现的一个侧面[①]。

(二) 省政府经济管理权限演变的轨迹

湖北省政府经济管理权限由政体决定。在本文的时限里,国体变化很大,政体却都属于中央集权制。中央政府掌握着经济管理的决策权。相对于中央政府而言,包括省政府在内的地方权力有限。在这种基本格局下,中央政府与省政府经济管理权的分配,各个时期不同。

在本文所述时限的起点,即1842年前后,中央政府高度集中经济管理权力,湖北省政府"奉旨"照办而已。1852年以后,在清廷与太平天国、捻军交战的过程中,湖广总督及湖北巡抚带兵打仗,筹饷孔急,往往就地便宜行事,权力逐步扩张。战后,特别是张之洞任湖广总督的十七八年间(后期且兼任湖北巡

---

① 关于中国经济史中大、中、小3种"之"字形路径,请参见拙撰《中国近现代经济史·导言》,河南人民出版社2003年版,第23~24页。

抚），由于他为中央政府所倚重，且在经济现代化上想有所作为，经济管理权力大增，湖北省在经济管理方面也产生过一些为全国领先的措施。

民国政府时期，各地军阀割据，湖北地处要冲，经常为势力大的军阀所据，在经济管理上便自行其是。南京国民政府成立后，中央政府虽通过财政体制改革，集中了关税、盐税和统税收入，湖北省政府则有田赋等项收入，财权及其他管理权有所扩大，这在李宗仁、陈诚等人主政湖北时尤为显著。近代时期的总体趋势是，经济管理权从中央政府向省级政府下移，其主要原因是出自地方官员扩权的主动和中央政府力量的孱弱。这种趋势符合市场经济发展的要求。

1949年以后，中央与省政府的权限划分是由中央决定的。1949~1952年的大区管理体制，属于分权型。1953年以后，为实行计划经济，中央强调统一，逐步集权。随后陷入不断集权与分权的周期性变动之中，其中平均6年变化一次，这就是常说的"一统就死，一死就放，一放就乱，一乱又统"。

1979年开始的市场导向型经济体制改革，是从放权开始的。自那时以来的20多年中，虽然也有收权与集中的年份，但总体趋势是放权。

（本文原载于《中国经济史研究》2005年第4期）

另有关于"求用"的如下文献供读者参阅：

1. 《坚持速度与效益的统一至关重要》，载《湖北日报》1998年11月12日。

2. 《扩大内需的关键在开拓农村市场》，载《湖北日报》1999年1月21日（与刘永进合作）。

3. 《"三农"：构建和谐社会的关键环节》，载《湖北日报》2006年1月31日。后收入《2005年湖北论坛构建和谐湖北：发展与动力》，湖北人民出版社2006年版。

4. 《转换思路是关键》，载《经济与管理论丛》2006年第4期。后收入《湖北新农村建设的思路与对策》，湖北人民出版社2006年版。

5. 《中国必须遏制"富者愈富、穷者愈穷"》，载《广州日报》2008年6月17日。

6. 《好字当选，快速发展——在当前阶段，以年平均增长率7%为宜》，载《武汉城市圈两型社会创新与建设》，湖北人民出版社2008年版。

7. 《宁可慢一点，但要好一点》，载《经济与管理论丛》2009 年第 1 期。

8. 《解决结构性短缺是保障中国粮食安全的当务之急》，载《经济与管理论丛》2009 年第 4 期（与瞿商合作）。

9. 《坚定信心跨越发展》，载中共湖北省委宣传部、湖北省社会科学联合会主编《2011 湖北发展论坛"十二五"湖北跨越式发展》，湖北人民出版社 2011 年版。并以《坚定跨越发展的信心——在"2011 年湖北发展论坛"上发言的摘要》为题，载《湖北日报》2011 年 5 月 10 日第 7 版。

10. 《中华人民共和国经济史》各卷的总结章。

第四部分
理　论

赵德馨教授认为，研究中华人民共和国经济史，一方面需要理论作指导；另一方面可以从经济史研究中抽象出理论，包括经济理论、历史理论、社会理论等。带着既有的理论进去，又带着新的理论出来，这是中华人民共和国经济史学与理论之关系的两个方面。

（一）指导思想

根据赵德馨教授的意见，此处将毛泽东和邓小平的经济思想研究设计为"理论"下的"指导思想"目，与"抽象出理论"相并列，意在强调毛泽东和邓小平的经济思想既是中华人民共和国经济史学科建设的重要内容，更是深入理解中华人民共和经济史的不二法门。因为，在赵德馨教授看来，对于中华人民共和国经济史而言，指导思想是第一位的。这是因为，中华人民共和国经济史的主体是社会主义经济形态史。在人类历史上，只有社会主义经济形态是按照理论构想（马克思主义理论）设计建设的，其他已知的社会经济形态则是人类社会自发演变的结果。也因此，指导思想决定了中华人民共和国经济运行的绩效，是中华人民共和国经济史研究的重要对象。中华人民共和国经济史的这一独特特征，决定了中华人民共和国经济史学科具有更为注重指导思想研究的特征。

赵德馨教授退休于1998年。当时，"三个代表"重要思想、科学发展观、习近平新时代中国特色社会主义思想尚未提出。所以赵德馨教授研究的指导思想主要集中在马克思列宁主义、毛泽东思想、邓小平理论上。从本目收录与附录的文章目录可以看出，他对指导思想研究的重视和着力之多。

此处仅展示相关文献目录。未来，我们拟单独续集出版这些文献。

另有关于"指导思想"的如下文献供读者参阅：

1.《经天纬地　强国富民——毛泽东经济思想的特点》，载《中南财经大学学报》1993年第6期。

2.《毛泽东：伟大的经济思想家》，载《中南财经大学学报》1993年增刊。

3.《邓小平：开创中国经济发展新时期的伟人》，载《中南财经大学报学报》1997年第2期。

4.《邓小平理论的历史地位与理论表达形式的个性》，此文由两篇文章合并而成。《马克思学说向东方的传播与邓小平理论的历史地位》，载《中南财经大学学报》1999 年第 4 期；另一篇名为《形散而神聚——论邓小平理论表达形式的个性与理论发展形式的多样化》，载《中南财经大学学报》2001 年第 1 期。

5.《创造性地执行中央决定的范例——体现李先念同志领导水平的一件事》，载《湖北方志》2000 年第 1 期，与廖晓红合作。

6.《1949～2002 年：走向共同富裕的两条思路及其实践经验》，原载《当代中国史研究》2007 年第 2 期。后被人大复印报刊资料《中国现代史》2007 年第 7 期全文转载；被英译为"1949～2002：Two Approaches in the Advance towards Common Prosperity and Their Respective Practices Social Sciences in China"，发表于《中国社会科学》（英文版）2007 年第 4 期；稍作修改后收录于《荆楚文史》，湖北教育出版社，2008 年。

7.《从新民主主义到社会主义初级阶段——论中国共产党对马克思列宁主义的独特贡献》，载《湖北社会科学》1991 年 7 月（与苏少之合作）。

8.《走自己的路——读〈论十大关系〉》，载《学习月刊》1991 年 12 期（与赵凌云合作）。

9.《大胆借鉴吸收人类文明的有益成果》，载《中南财经大学学报》1992 年第 3 期。

10.《两种思路的碰撞与历史的沉思》，载《中国经济史研究》1992 年第 4 期。

11.《毛泽东经济思想的内涵》，引自《湖北方志》1993 年第 5 期；载《城市金融》1993 年第 6 期。

12.《毛泽东经济思想的历史地位》，载《湖北方志》1993 年第 6 期；载《城市金融》1993 年 12 期；湖北广播电台全文播出。

13.《毛泽东的经济思想》导论，湖北人民出版社 1993 年版（主编）。

14.《毛泽东的新民主主义学说的理论地位》，载《中国经济史研究》1994 年第 2 期（与苏少之合作）。

15.《首要的问题——邓小平的社会主义初级阶段理论的意义》，载《城市金融》1994 年第 12 期。

16.《毛泽东经济思想的伦理特色》，引自《毛泽东与中国传统文化》，武汉出版社 1994 年版。

17.《四十年探索的科学结晶——邓小平关于中国社会现代所处历史阶段的

理论》，载《江汉论坛》1995年第1期（与赵凌云、苏少之合作）。摘要本收入《邓小平理论研究文库》，中共中央党校出版社1997年版。

18.《毛泽东反腐倡廉的思路》，引自《反腐倡廉论古今》，鄂省图内字第96号（与张继久合作）。

19.《开辟了中国经济发展的新阶段——在湖北省理论界隆重纪念党的十一届三中全会20周年座谈会上的发言》，载《湖北日报》1998年12月10日。后收入《赵德馨经济史学论文选》，第544~548页。

20.《论邓小平理论的历史依据》，载《改革开放新实践与邓小平理论新发展》，武汉出版社1999年版（与马德茂合作）。

21.《李先念与湖北经济的恢复》，载《荆楚赤子》，中央文献出版社1999年版（与廖晓红合作）。

22.《马克思学说向东方的传播与邓小平理论的历史地位》，载《中南财经大学学报》1999年第4期。此文是提交"湖北省纪念党的十一届三中全会20周年理论研究讨论会"论文，会议期间获中共湖北省委宣传部颁发的优秀论文奖。又收入湖北省地方志办公室编辑的《学习与探索》一书中，1998年11月印刷（省图内第101号）。

23.《形散而神聚——论邓小平理论表达形式的个性与理论发展形式的多样化》，载《中南财经大学学报》2001年第1期。

24.《毛泽东经济思想的光芒》，载《中南财经政法大学学报》2003年第12期。

25.《邓小平对经济理论的主要贡献》，载《中南财经政法大学报》2004年9月29日。

（二）抽象出理论

赵德馨教授认为经济史学科是理论学科，经济史学不仅要把历史事实描述清楚而且要抽象出理论。在60年多年的学术生涯中，他非常注重经济史理论抽象，提出了若干颇有见地的理论观点，主要有：经济现代化两个主要层次理论、过渡性社会形态理论、经济发展"之"字道路论、六主经济形态论、互补经济理论等。

从中国经济史中特别是中国近现代经济史中抽象出中国经济发展学，是赵德馨教授又一宏大的学术追求。他认为，构建中国经济发展学具备现实的可能性。其一，新中国经济建设与发展已走过了70年的历程，其中的经验教训非常丰富。其二，中国的改革开放事业和经济建设取得了举世瞩目的成就，本身就蕴含着丰富的经验。其三，中国已经初步摸索出了一套既借鉴又有别于西方经验的契合中国实际的经济建设理论。这三点使构建中国经济发展学和中国特色社会主义政治经济学理论具备了坚实的基础。

赵德馨教授认为，中国经济发展学是中国经济史的理论抽象，是中国特色政治经济学理论体系的一种表现形式，是中国经济建设的指导理论之一，是世界经济学之林中的一个分支。它将会取得与德国历史学派、奥地利学派等经济流派同等的地位。中国经济发展学的构建，有三个关键因素：理论、史实、方法。中国经济发展学的研究路径应该是：以马克思主义政治经济学为指导，吸取西方经济学的精华，以中国经济史和经济状况为基础，综合运用经济史学方法，抓住中国经济史和经济状况的主茎，别开中国经济史和经济状况的枝叶，进而从中抽象概括出中国经济发展学理论。

关于从中国经济史中抽象出来理论的工作，赵德馨教授进行了长期探索。此处主要收录了其中的八篇文献。

经济史学科的发展与理论

影响经济史学科发展的理论主要有两类。一类是经济史理论（经济史论、经济史观），另一类是经济史学理论。它们都是当前迫切需要加强研究的。

经济史理论是经济史学工作者研究经济发展过程后作出的理论概括与抽象。到了现阶段，凡是经济史学科研究的对象几乎都有相关的理论。经济史研究工作者在研究某个问题时，都可以从有关这个问题的一般理论中受到启迪。对于研究者来说，这种启迪或理论指导是极为重要的。但更重要的是，研究者在完成研究工作时，在研究成果的表达方式上，应史论结合，对研究成果进行理论概括或抽象，得出理论性的结果，即史中出论（论从史出），将这种理论纳入经济史理论的宝库，使经济史理论更加丰富。从严格的意义上说，经济史学研究就是对生动、复杂、变化的经济历史进行理论概括，研究者的科学研究能力主要表现为这种概括能力。纯粹摆材料或仅叙述历史过程的著作，有其存在的意义与作用，但它们只是研究过程中的一个阶段性成果，而非研究成果的最终形态。

在笔者看来，今后需要从以下两个方面努力。

一是扩大概括的范围。中国经济史学科应力图抽象出中国经济发展的总体特色与理论。就中国经济史以往进行理论概括的对象即研究范围而言，有大有小，小到一个企业、一个家庭、一个村庄、大到某个部门、某个地区、某个时代、某种经济形态。理论概括的形态多数是抽象出它的特点，如中国城市产生的特点、城乡关系的特点、土地所有制形式的特点、中国封建经济形态的特点等。这类理论概括不仅是需要的，而且是极为重要的。因为它们是进行更大范围的理论概括的基础。可是，至今还没有一本可以回答"中国经济发展过程的特点是什么"的著作。这与缺少一本观点统一（这必须由一人主持才能做得到）的中国经济通史密切相关。没有后者，就不可能有前者。我们的前辈有不少人就想做这件事，我的老师尚钺教授和傅筑夫教授就是其中的两位，他们都致力于中国历史上经济形态总体特色的研究。1957年和1958年，尚教授主持的《中国奴隶制经济形态片断探讨》《明清封建经济形态探讨》《中国封建经济关系的若干问题》先后出版。之后，他受到极"左"路线下不公正的批判，恶棒的毒打，逼使他中断了研究过程。我当研究生时，傅筑夫教授给我们讲授"中国近代经济史"与"外国经济史"两门课。那时，他已着手写一部多卷本的自有文字以来，即自殷以来的中国古代经济史。1957年，他被打成右派分子，仍矢志不移。中共十一届三中全会之后，他已70多岁，每天坚持写作2 000字左右的论著，写成并出版了《中国封建主义经济史》1~5卷（计划写7卷）。他在研究自殷商至近代中国经济发展整体过程及欧洲经济史的基础上，将中国经济发展过程与欧洲经济发展过程相比较，概括出中国经济发展过程中的许多特点。《中国古代经济史论丛》上下册和《中国古代经济史概论》就是他这种研究成果的部分反映。如同对待所有经济史学家的论著一样，人们可能不同意他的论点，但他的这种精神和努力方向值得我们继承。在这里想强调的是，要能做到他这样的概括是很不容易的。他能做到这一点，与他的治学经历有关。他先攻理论经济学，继后又研究中国现实问题，后专心致志于中国经济史，从20世纪30年代起，长期潜心收集、整理自古代至近代的经济史料，又赴英研究欧洲经济史。他研读各家经济理论，掌握丰富史料，学贯中西，博通今古，且精力充沛，思维敏捷，下笔成章，前后半个世纪，犹赍志而殁。可见此事之难。

就经济史学科整体而言，理论概括的范围当然更大一些。它概括的对象是世界经济史，即整个人类经济发展过程。除后文将要提到的英国约翰·希克斯的《经济史理论》，美国道格拉斯·C.诺思的《经济史上的结构与变迁》这类概括外，美国麻省理工学院经济史教授W. W.罗斯托在《经济增长的过程》《经济增长的阶段》（中译本名为《经济成长的阶段》）等专著，以及他主编的《从起飞进入持续增长的经济学》等书中所表述的经济增长阶段论，就是经济史学家对发达国家近现代经济发展史的一种理论概括。至于20世纪40年代以后兴起的发展经济学，笔者以为，它也是对发层中国家近现代经济发展史的一种理论概括。当然，对这类大范围的研究对象作理论概括，更需要广博的学识作基础，要求研究者有很高的学术素质和长期的努力，不是想这样做就可以很快地做到的。通过集体的努力，可能是达到这个目标的好办法。正因为如此，通过《中国经济史研究》这种专业刊物，开展经济史理论的讨论很有必要。

二是使理论概括进入更高的层次。现在我们从经济史研究中作出的理论概括，就概括的层次而言，有低的也有高的。就研究的方法而言，有从分析经济史实得出理论性结论或抽象出范畴的，也有从范畴入手分析经济史实的。王亚南的《中国半殖民地半封建经济形态分析》、胡如雷的《中国封建经济形态研究》都是以一种经济形态为对象，取类似经济学中规范方法进行分析。它们是两本有特色的书，可以向他们学习写出类似的书来，例如"中国新民主主义经济形态分析""中国奴隶制经济形态分析"等等。当然也可以继续对中国封建经济形态、半殖民地半封建经济进行理论概括，成另一家之言。

从世界各国经济史发展的过程与趋势来看，经济史的理论概括确实有不同的层次。以笔者手边的书而言，德国于尔根·库钦斯基在《生产力中的四次革命》中对欧洲近现代生产力史几次突变的理论概括，是一种层次。

上文所述 W. W. 罗斯托的《经济增长的阶段》，是对发达国家近现代经济过程的一种理论概括，抽象出经济增长阶段理论，这是另一种层次。

英国的约翰·希克斯（诺贝尔经济学奖获得者）在《经济史理论》一书中，依据人类经济发展的进程，概括为由习俗经济和命令经济过渡到市场经济。这又是一种层次。

美国道格拉斯·C. 诺思 1993 年在接受诺贝尔经济学奖的演讲"按时序的经济实绩"中，开宗明义地指出："经济史是关于按时序的经济实绩的学问。我们研究它的目的，不仅在于使我们对经济的过去有新的认识，而且通过提供一种能使我们理解经济变迁的分析框架，而在经济理论上有所建树。"他在《经济史上的结构与变迁》一书中，在前人研究成果的基础上提出的产权是交易的根据，制度是实施产权的规则，产权与制度结构的有效与否是决定经济兴衰的关键，以及交易费用的作用、专业化增益和专业化费用之间不断发展的紧张关系是结构和变革的基本原因，也是现代政治经济绩效问题的核心，就是这样的经济理论。这又是一种层次。

恩格斯在"《资本论》英文版序言"中说：马克思"这个人的全部理论是他毕生研究英国的经济史和经济状况的结果"。众所周知，马克思以英国作为他研究资本主义经济史的典型，还研究过其他一些国家的经济史。他在经济史研究中抽象出关于生产力与生产关系、经济基础与上层建筑、社会经济形态变革等一系列经济学理论、历史唯物主义理论、社会发展中的辩证法以及科学社会主义理论，从经济发展的规律预测人类的未来。这是更高层次的理论抽象。

中国是世界上为数不多的几个文明古国之一，而且是唯一能延续至今的文明古国。中国的经济独立发展。它是研究人类经济史的典型。中国古代文献的丰富与系统又是世界之最，这是祖先为我们留下的伟大遗产。在这方面，中国经济史工作者拥有作出理论概括的最优越的客观条件，也面临着既严肃又艰巨的任务。

有关经济史的理论问题很多，可以作出理论概括的层次也很多，不可尽述。每个研究者的研究对策、研究成果中概括出的理论及其层次都不相同。这使经济史理论涉及面广，色彩纷呈，有利于经济史理论的全面发展，因此，既没有必要，也不可能将经济史的理论研究局限在哪个或哪几个方面。当然，经济史研究者也有共同关心的理论问题；现实也会要求经济史研究者在一个时期特别关注某些理论问题，作为经济史研究工作者共同园地的《中国经济史研究》杂志，限于篇幅，也不可能探讨所有的有关经济史的理论问题。因此，可以在一个时期集中讨论一个或几个问题。在今后一个阶段，笔者以为，以下几个问题值得有计划地引导或组织讨论。

（1）中国经济发展过程的特色问题与经济发展的共性和个性理论。

（2）中国新民主主义经济发展史与新民主主义经济形态理论。

（3）中国社会主义初级阶段经济形态的产生与经济形态发展的延续与跳跃的理论。

（4）中国经济现代化进程与经济现代化理论。

（5）中国农业经济史与个体农业经济理论。

经济史学理论是以经济史学科为研究对象的。经济史学科属于社会意识形态。在《财经大辞典》经济史分卷"总论""经济史学科"词目中，我将按照时序研究经济发展客观过程的学科，称之为经济史学科（简称"经济史"）；将在经济史研究中抽象出的概念、范畴和理论（如上所述），称之为经济史学通论；将以经济史学科为研究对象的理论，称之为经济史学概论，即经济史学理论。

经济史学理论包括经济史学的研究对象、研究方法、社会功能和任务，它的历史，它的分支与分类，指导研究经济史的理论和学派，它与相邻学科的关系等等。其中，最重要的是包括工作程序在内的研究方法。

对经济史研究方法极重视，研究并发表了系统论著的，是我们中国经济史研究会的第一任会长严中平教授和现任会长吴承明教授。严中平教授在20世纪60年代写过几篇专门论研究方法的文章，80年代出版了《科学研究方法十讲》一书。从80年代中期开始，吴承明教授发表了一系列有关经济史研究方法的文章，我所读到就有：《外国研究中国经济史的学派和方法》《中国经济史研究方法杂谈》《中国经济史研究的方法论问题》《论历史主义》《经济学理论与经济史研究》等。这些文章总结了中外研究经济史的各种方法，分析它们的长与短。他在这个时期写的《试论交换经济史》《论广义政治经济学》《论二元经济》等论文，就我的体会而言，也都具有方法论的意义。吴承明教授认为史无定法；任何伟大的经济学说，在历史的长河中都会变成经济分析的一种方法。马克思的经济理论，在研究经济史中也是一种方法，即分析方法。"在经济史研究中，一切经济学理论都应视为方法论"。马克思的世界观和历史观，即历史唯物主义，是我们研究历史的最高层次的指导，但它也只是一种方法。因此，经济史"只能以历史资料为依据，其他都属方法论"。这种高明而准确的见解，对中国经济史的发展有重要的现实意义。它从根本上指出一度很流行、现今远未绝迹的如下错误：把某种理论的具体结论、论点都视为绝对真理，用作框框来套中国经济史上的事实，把中国的实际纳入这些框框之内，作为这些结论的例证。这种做法既导致扼杀了研究的创造性，又导致抹煞中国经济发展的特色。它曾长期影响中国经济史的发展。吴承明教授的观点有助于中国经济史研究者的思想解放。

正如吴承明教授指出的："研究经济史要有历史学修养，又要有经济学的基础"。为此，在经济史学理论方面要有所建树（如吴承明教授这样），是很不容易的。在这方面，我有实践后的体会。我当过中国经济史专业的研究生，攻读三年之后，总感到专业方面缺少点什么，后来逐渐地明白，缺的是有关这门学科本身的理论知识，如：什么是经济史，这门学科是研究什么的？它有哪些门类，包括哪些分支，这些门类、分支各自的研究对象是什么？它是何时产生的，它为什么会产生，为什么会成为一门独立的学科，科学和社会的发展为什么需要它，它的社会功能与时代任务有哪些？它是怎样发展的，已经取得哪些成果，在发展过程中形成了哪些学派，当前的发展趋势是什么？有没有可以指导经济史研究的理论与方法，如果有，是什么，有多少种？它们的特点何在，与历史理论及研究方法，与经济理论及研究方法有何不同？研究经济史要具备怎样的知识结构，经济史与哪些学科的关系密切？如此等等。因为自己当研究生时没有学习这些知识，因为在几十年的研究与教学生涯中感到需要这些知识，所以到了带研究生时，就想同他们讨论这些问题，为此开设了一门叫作《经济史学概论》的课程。我把自己学习、探索这些问题所得的部分心得，写成讲稿、教学大纲、文章、词条和小册子。1991年，我向中国社会科学出版社郭瑷同志谈及，想将它们整理成书出版。这个想法获得她及该社领导的热情支持，列入了1993年的出版计划（这可能与中国至今还没有一本这方面的书有关）。1992年，我费了很大的功夫将书稿整理好。几次想寄出，几次都犹豫了。原因是自己对书稿也不满意：对已涉及的问题，有些没有讲清楚；还有几个应涉及的问题没有谈到。近三年，陆续读到吴承明教授的论文，使我有"崔颢题诗在上头"之感，庆幸自己没有匆忙地将书稿交与出版社。

在这十多年"经济史学概论"课程的教学讨论与相关论著的写作过程中，我体会较深的有三点。第一，经济史学科是一门独立的学科，有其独立的学科理论。这种理论，可以从历史学理论中汲取有益的资料，但它与历史学理论不同；它可以从经济学理论中汲取有益的养料，但它与经济学理论不同。它不仅不同于历史学理论和经济学理论，也不是这两种理论的简单相加或混合。第二，关于经济史学的理论很重要。经济史学要有更大的成就，有赖于对这些理论问题进行深入的探讨。以往的事实已证明，对这些理论中每一个问题的讨论，都推动了经济史学科的发展。第三，关于经济史学的理论，内容涉及面广，很丰富。要把这些问题研究清楚，既需要研究的实践经验，又需要广博的有关学科的知识，非贯古今通中外不可。因此，需要集体的力量，不同学者发挥各自的优势，从不同的角度与方面，进行阐述和探讨。我衷心希望《中国经济史研究》在今后的十年中，在引导、组织同行们在经济史理论的探讨方面，取得更大的成就。

（本文原载于《中国经济史研究》1996年第1期）

"之"字路及其理论结晶

——中国经济50年发展的路径、阶段与基本经验

摘要：新中国建立以来，经济发展过程明显地区分为三个历史阶段。后两个阶段依次表现为对其前一阶段发展特性的否定，从而明显地表现为一个"之"字形发展道路。本文对三阶段的经济增长速度、增长质量、波动状况、人民生活提高速度、所有制结构变化、经济体制结构变化、产业比例状况等几个方面作了实证比较，勾画了否定之否定、螺旋式上升的经济轨迹。从中找出正反两方面的经验教训，揭示邓小平经济思想和毛泽东经济思想的内在联系，论证邓小平提出的社会主义初级阶段经济学说是50年来中国经济工作经验教训的理论结晶。

关键词：中国经济　发展阶段　螺旋式上升

"凡百事情，知道了以后才去行，是很容易的；如果不知也要去行，当中必走许多之字路，经过很多的错误。"——孙中山：《说知难行易》

中华人民共和国成立以后的50年来，中国的经济发生了翻天覆地的变化。依附性的、落后的半殖民地半封建经济形态变成独立的、先进的新民主主义经济形态，再变为社会主义初级阶段经济形态。50年间发生两次社会经济形态的变革，这在中外历史上是没有过的。在经济形态变革的同时，社会生产力水平有很大的提高，经济建设的成就举世瞩目。50年来，中国经济增长速度年均达7.7%，是同期世界平均水平的两倍。在中国进行的这些变革和建设，是前人没有做过的事业。没有现成的方案可遵循，没有任何人准备好了一种现成的理论（知识）可供采用。我们只能"摸着石头过河"，在摸索中探索前进的道路。因此，弯路、曲折是不可避免的。我们只能在探索的实践中，不断地总结自己的经验教训，并将这些经验教训升华为理论，用以指导下一步的实践。这种总结和升华工作，会使我们对中国经济发展的

规律知道得更多一些，变得更聪明一些，行动起来会少犯错误，少走弯路。在中华人民共和国成立 50 周年，即将跨入一个新世纪之际，尤有进行这种总结与升华的必要，也是进行此项工作的有利时机。

一、经济增长的"之"字路

看经济增长的路径与阶段，可以先从经济增长的速度、波动、质量和绩效等四个方面进行考察。

（一）经济增长速度的"之"字路

增长速度是衡量一国经济发展成就最重要的指标之一。自中华人民共和国成立到现在，从 50 年的整体来看，经济增长速度很快，但有明显的阶段性。以国民生产总值[①]和国民收入的增长速度为标准，可以将 1949~1999 年的经济增长分为三个阶段：1949~1956 年、1957~1978 年、1979 年以后。

第一个阶段是 1949~1956 年。这一阶段又可分为两个小阶段：1949~1952 年是国民经济的恢复时期；1953~1956 年完成"一五"计划时期（"一五"计划的五年是 1953~1957 年，该计划于 1956 年完成）。1956 年相比于 1949 年，国民生产总值增长了 130.6%，年均增长率达 16.8%；国民收入增长了 108.8%，年均增长率达 14.2%。可见，1949~1956 年中国经济增长速度是很快的。

第二个阶段是 1957~1978 年。若以 1956 年为基期，这 22 年国民生产总值年均增长 6.36%，国民收入年均增长 5.3%。与第一阶段相比，国民生产总值增长速度低 10.44 个百分点，国民收入增长速度低 8.9 个百分点。在新中国经济史上，这 22 年是增长速度较慢的一个时期。

第三个阶段是 1979 年以后。这个期间经济快速增长。按可比价格计算，1978~1998 年国内生产总值年均增长 9.6%（按现价计算，国内生产总值由

---

① 本文所用数据，除注明者外，皆来自历年的《中国统计年鉴》。中国在 1978 年以前采用的是物质产品平衡表体系（MPS）进行国民经济统计，因而没有国民生产总值的统计数据。我们发现 1979 年以后历年国民生产总值与国民收入基本上是同步增长的（所谓基本上同步，即并非完全一致，见拙撰《经济的稳定增长与发展速度》图 1。载《中南财经大学学报》1990 年第 4 期），两者之间的比例关系较为稳定，后者一般为前者的 81%。采用这一比例，可以估算出 1950~1978 年间各个年份的国民生产总值近似数值。

1978年的3 588.1亿元增加到1998年的79 553亿元），比1953~1978年平均增长速度6.1%快3.5个百分点，比1957~1978年的6.36%快3.24个百分点。可见，这一时期，中国经济又恢复了高速增长。在此期间，出现了两个高速增长的时期：1982~1988年，年均增长11.4%；1991~1997年，年均增长11.2%。在整个80年代，发达国家国内生产总值平均增长率为3.1%，发展中国家只有2.5%左右。1991~1996年，世界经济年均增长率约2%，其中发达国家1.8%，发展中国家5.4%。中国是这个时期世界上经济增长最快的国家。

上述数据表明，国民经济在第一阶段增长较快，在第二阶段较慢，在第三阶段又恢复了较高速度的增长。1949~1998年中国经济发展速度呈现出阶段性的快速增长—慢速增长—快速增长的"之"字路状态。

（二）经济波动的"之"字路

与经济增长速度密切相关的是经济波动。经济波动是国民经济扩张与收缩，波峰与波谷交替出现的现象。一次扩张过程和一次收缩过程构成经济波动中的一个周期。以国民收入或国内生产总值、或国民生产总值增长率的变动作为划分周期的标准，从周期、波幅、波位3个方面来考察，中国1950~1998年的经济波动呈现为3个阶段。以从一个波峰到另一个波峰为一个周期，（计算波幅等等数据时，从第2个周期起，是以波峰后的一年为起点）已有11个周期。具体情况如图1所示。

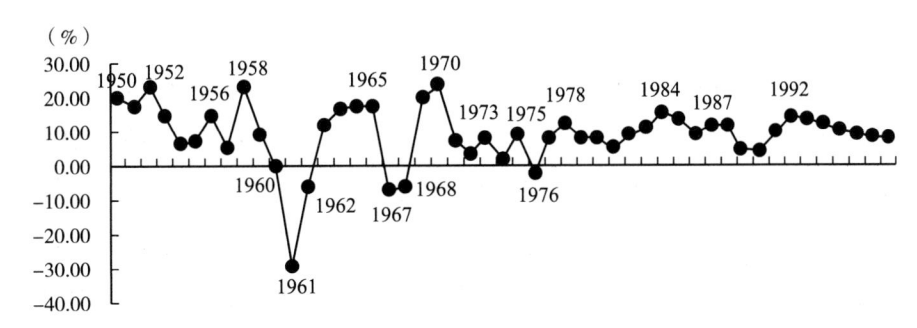

图1　1950~1998年中国经济波动

注：图中使用的中国经济增长率数据中，1950~1977年使用的是国民收入增长率，当时我国还没有国内生产总值（GDP）统计。1978~1998年使用的是GDP增长率。在《中国统计年鉴》上，1978~1993年期间，既有国民收入增长率数据，又有GDP增长率数据，两者之间相差很小，一般仅为1个百分点左右。我们这里1950~1977年使用国民收入增长率，1978~1998年使用GDP增长率，并不影响有关分析。

第一阶段是 1950~1956 年，其中包括 1950~1952 年、1952~1956 年两个周期。这两个周期的最高增长年度分别是 1952 年和 1956 年，当年国民收入增长率分别为 22.3% 和 14.1%。最低增长年度出现在 1951 年和 1954 年，当年国民收入增长率分别为 16.6% 和 5.8%。从 1952 年波峰到 1954 年波谷的波幅看起来大一些，但 1950~1952 年是国民经济恢复时期，是恢复性经济增长，它与正常年份的增长不同，这个阶段经济波动实际并不剧烈。如果将 1950~1952 年除外，那么，1953 年和 1956 年都为波峰年份，从 1953 年到 1956 年为一个完整的周期。第一阶段波动的状况是：波动周期短，平均每个周期 3.5 年；波位高；波动强度不大，波动类型属高位—平缓型。

第二阶段是 1956~1978 年。这个阶段经济在决策失误和政治动乱中大起大落。波动之剧烈在世界经济史上罕见。这个阶段包括 1956~1958 年、1958~1966 年、1966~1970 年、1970~1973 年、1973~1975 年、1975~1978 年等 6 个周期。22 年中 6 个周期，平均每个周期 3.7 年。在这 6 个周期中，有 3 个属于经济增长绝对下降的古典周期，即 1958~1966 年周期、1966~1970 年周期、1975~1978 年周期。中华人民共和国成立以后，经济增长最高的年份、最低的年份、负增长的年份都出现在这个时期。1960 年、1961 年、1962 年、1967 年、1968 年、1976 年等 6 年均属负增长。各个周期的波幅很大，分别达到 17.5 个百分点，46.7 个百分点，30.5 个百分点，5.4 个百分点，7.2 个百分点，14.4 个百分点。各周期内平均增长率，即波位分别是 13.25%、3.975%、7.225%、6.1%、4.7%、5.6%，各个周期的波位相差较大。这从侧面反映了经济波动的剧烈。这一时期经济波动的状况是：波动周期短，波动幅度大，波位低。波动类型属大起大落型。

第三个阶段是 1979 年到现在。其中包括 1978~1984 年，1984~1987 年，1987~1992 年等 3 个完整的周期（1993 年以后进入第四个周期，至今已有 7 年，还未结束）。从 1979 年到 1992 年的 14 年中有 3 个周期，平均每个周期 4.7 年。它们都是增长周期，没有出现增长率为负的年份。它们的波幅分别是 7.6 个百分点，2.8 个百分点，10.4 个百分点。和第二时期相比，波动幅度大大减小。3 个周期内平均增长率，即波位分别是 9.3%、11.3%、8.72%，各个周期的波位相差不大。这一时期经济波动的状况是：波动周期长，波动幅度小，波位高。波动类型属高位—平缓型。

1949~1998 年中国经济 3 个阶段波动的状况是：波位高，波动平缓（波幅小）——波位低，波动剧烈（波幅大）——波位高，波动平缓（波幅小）。波动类型是：高位—平缓型——大起大落型——高位—平缓型，明显地表现为一个"之"字形。

（三）经济增长质量的"之"字路

经济增长质量是经济增长的一个重要方面。衡量增长质量主要看增长的效率和效益。经济效率是企业或社会在生产过程中投入与产出的比率，衡量经济效率最重要的指标是全要素生产率增长率和劳动生产率。经济效益指在经济活动中相对于一定的投入所获得的收益的多少。

1949~1956年是经济增长质量较好的一个时期。在这个时期建成了100多项先进的工业项目。工业技术水平有较大提高，设备的质量和技术性能有了很大的改善，新产品不断出现，工程技术人员迅速增加，劳动生产率迅速提高。1956年与1952年相比，工业全员劳动生产率提高了85.7%，年均提高21.4%。产品质量也有了提高。1953~1956年积累额765亿元，新增国民收入293亿元，每百元积累增加国民收入38.3元，经济效益较好。

1957~1978年，由于片面追求总产值的增长速度，实行粗放式扩大再生产，忽略了对经济效率和经济效益的追求，这一时期的经济增长质量很差。这首先表现为经济增长的效率低下。1952~1978年，全要素生产率年均增长为-0.32%，对总产出增长贡献的份额为-5.3%[1]。1958~1965年、1966~1977年，全要素生产率对国民收入增长的贡献分别为-130.15%、7.15%。1978年以前，全要素生产率对国民收入增长的贡献仅为0.16%。而1953~1957年全要素生产率对经济增长的贡献为8.7%[2]。国民经济中最有活力的部门——工业，按净产值计算的工业全员劳动生产率，1957~1978年平均增长3.4%。其中独立核算全民所有制工业企业全员劳动生产率年均仅增长2.6%。1966~1978年间，中国工业劳动生产率年均仅增长1.5%。国民经济的另一重要部门——农业，由于人口的膨胀、土地资源的紧缺和以粮为纲的农业政策，农业劳动边际生产率递减。按净产值计算的农业劳动生产率，1978年仅为1957年的94.8%，年均每年下降0.2%。由于增长效率低，到1978年，全社会每个就业人口所生产的国民生产总

---

[1] 郭庆、胡鞍钢：《中国工业经济问题初探》，中国科学技术出版社1991年版，第30页。
[2] 张军扩：《七五期间经济效益的综合分析》，载《经济研究》1991年第4期。

值为632美元，仅为世界平均水平的10%，发展中国家平均水平的34%。

这个阶段经济增长质量差还表明为经济效益低下。每100元积累增加的国民收入，1957~1978年为19元。几年五年计划时期的实际情况是："一五"时期（1953~1957年）为32元，"二五"时期（1958~1962年）只有0.9元，"三五"时期（1966~1970年）22.4元，"四五"时期（1971~1975年）为15.8元。平均每增加100元的国民收入所需积累额，"一五"时期为312元，1957~1978年则为526元。从能源、原材料的利用效益看，资金使用效果也不大相同。如每吨标准煤所生产的国民收入，"一五"时期为1 086元，"二五"1963~1965年、"三五""四五""五五""六五"各个时期分别为504元、695元、737元、579元、547元、767元。它们在504元至767元之间，远远低于1957年以前的时期，也低于1978年以后的时期。

这一时期由于政治动荡对经济建设的冲击，固定资产形成率、交付使用率、投资回收期受到很大影响。大量的产品积压，不少产品质量低劣。1957~1978年，中国经济增长速度约为6.1%（以1956年为基期，则为6.36%。按国民收入计算为5.57%），并不低，若将增长速度与增长质量结合起来看，这22年中国经济基本上处于徘徊、停滞状态。

1979年以后，在农村推行了以家庭联产承包责任制为核心的农村经济体制改革，在城市推行了以国有企业为重点的城市体制改革。以市场为导向的改革步步深入。1992年以后，大力推动经济体制与经济增长方式转换。这使经济增长的质量提高。首先，经济增长效率提高。就全要素生产率增长率和它对经济增长的贡献率来看，1979~1989年分别达到2.48%和28.5%。此中的前一项，改革前，1953~1957年为0.77%，1957~1978年平均为负数，1953~1978年的26年也是负数。至于后一项，1953~1978年的26年为0.16%，1998年已超过30%。可见1979年以后经济增长效率大大提高。

改革开放以来，由于竞争性市场机制的建立，企业兼并、企业破产开始出现。这有助于生产要素重新组合和资本存量调整，使以前存在的闲置生产能力得到利用，社会经济效益提高。1994年全社会劳动生产率（按当年价国内生产总值计算）为7 094元，扣除价格因素后，实际比1978年提高1.5倍，年均提高6.5%。在国民经济投入产出数量上，平均每增加100元国民收入所需积累额，1979~1991年为270元，1957~1978年为526元。这就是说，为获取同样收入，1979 年以后的时期比 1978 年以前的时期可以减少约一半的投入。

1949~1998 年，中国经济增长质量经历了一条高—低—高的"之"字路。

（四）人民生活水平提高速度的"之"字路

经济增长的绩效主要表现在人民生活水平的提高上。人民生活水平与经济增长速度和增长质量密切相关。特别是与经济增长质量关系密切。1949~1998 年，经济增长的速度与质量走了一条快—慢—快、高—低—高的"之"字路，相应地，人民生产的提高速度也走了一条快—慢—快的"之"字路。

1949~1998 年人民生活提高速度，明显地呈现为以下三个阶段。

第一个阶段是 1949~1956 年。中华人民共和国成立后，人民政府在财政、商业、银行等方面采取了强有力的措施，消除了旧中国长期存在的恶性通货膨胀，使全国物价迅速稳定下来。1952 年国民经济基本恢复，劳动人民的生活水平比建国前大大提高了。1952 年职工工资比 1949 年提高了 70% 左右。土地改革使全国 3 亿无地和少地农民无偿地获得了 7 亿亩土地和其他生产资料，免除了每年向地主交纳的约 3 500 万吨粮食的地租。1952 年农民收入比 1949 年增加 30% 以上。

1953~1956 年，劳动人民的生活在 1949~1952 年的基础上有了新的改善。1956 年全国居民平均消费水平达到 99 元，比 1952 年的 76 元提高 34.2%（按当年价格计算，下同）。1956 年全民所有制单位职工平均工资由 1952 年的 446 元增加到 610 元，提高了将近 37%。此外，国家还在医疗、保险、文化、教育、福利方面为职工支出了大量经费，新建住宅 9 434 万平方米。农民人均消费水平，1952 年为 62 元，1956 年为 78 元，增加了将近 26%。平均每个农民实物消费额 84.2 元，比 1952 年的 72.8 元增长 11.6%。每人平均购买力增长得更快一些[①]。农村的文化教育和卫生保健事业有了发展，这提高了农民的文化生活水平，增强了农民的体质。在这个阶段，劳动人民生活水平提高较快。

第二个阶段（1957~1978 年），由于从 1953 年起长期实行重工业优先发展战略，为了给重工业建设筹集资金，国家实行以牺牲当前消费为手段的高积累政策。再加上"文化大革命"等对经济的干扰和冲击，人民生活提高缓慢。

[①]《人民日报》1957 年 10 月 7 日。

1957~1978年22年间，全民所有制单位职工名义工资由637元增加到644元，仅增加7元。就实际工资而言，1978年仅为1957年的85.2%，22年间减少了14.8%。这22年间，农民家庭平均每年纯收入由72.95元增加到133.57元，年均仅增加2.9%。这22年间，居民消费水平共提高47.5%，平均每年仅仅增长1.8%，比按不变价格计算的人均国民收入增长速度低1.5个百分点。若就实际消费量而言，全国平均每人每年消费的主要消费品，1978年与1957年相比，粮食由203.06公斤降到195.46公斤，食用植物油由2.42公斤降到1.60公斤，牛羊肉由1.11公斤降到0.75公斤，家禽由0.50公斤降到0.44公斤，水产品由4.34公斤降到3.42公斤。1957~1978年，居住条件恶化。1978年城镇居民的人均居住面积仅为3.6平方米，低于1952年的4.5平方米。农村居民平均每人使用房屋面积，1978年为10.17平方米，比1957年少1.13平方米。在生活服务条件上，每万人拥有的零售商业、饮食、服务网点及其从业人员，1957年分别为41.81个、117.17人，到1978年则减少到13.04个、63.14人，这给居民生活带来极大的不便。1957~1978年，文化、教育、卫生状况有所改善。1978年与1957年相比，各级各类学校及其教师、在校生、毕业生，各类文化事业单位及其人员数都有增加，但实际文化教育水平下降。报纸杂志拥有量虽有所增加，但品种急剧减少，内容单一、刻板。文艺团体表演的内容更是单调。从总体上说，1957~1978年，居民物质文化生活水平处于徘徊、停滞状态，经济增长给社会带来的福利水平很低。

第三阶段（1979~1998年），经济快速发展，人民生活发生了历史性巨大变化。城乡居民收入水平一改过去长期低速增长甚至停滞的局面，呈现出大幅度增长的态势。农村居民家庭人均纯收入，由1978年的133.6元增长到1998年的2 160元。1978~1997年农民人均纯收入由123元增加到2 150元，扣除价格因素，实际增长3.6倍，平均每年增长8.1%，比1953~1978年快4.8个百分点。城镇居民家庭人均可支配收入，由1978年343.4元增加到1998年的5 425元。1978~1997年城镇居民家庭人均可支配收入，扣除价格因素，实际增长了2.1倍，平均每年增长6.2%，比1953~1978年每年快5.1个百分点。城乡居民储蓄存款余额，由1978年的210.6亿元增加到1997年的46 279.8亿元，人均储蓄存款余额由22元增加到3 744元，分别增长218.8倍和169.2倍。

从1979~1998年，居民特别是城镇居民的消费结构，基本改变了以吃、穿为主的单一格局，呈现出生存资料比重减少，发展和享受资料比重提高的新趋势。城镇居民食品支出占全部消费支出的比重，即恩格尔系数，由1978年的57.5%下降到1997年的46.4%，农村居民食品支出的比重则由1978年的67.7%下降到1997年的55.1%。与此同时，用在娱乐、文化、教育、医疗上的支出不断增加。

从消费品供应方面看，随着生产的持续发展，市场上消费品供应逐步充裕。20世纪80年代末期，在全国范围内基本结束了票证供应制度。到1998年，消费品市场已基本结束了短缺现象，初步形成人均收入较低水平情况下的买方市场格局。农村居民方面，随着农村经济体制改革的不断深化，农产品商品率不断提高，农民自给性消费的比重由1978年的59%下降为1997年的30.3%。农民已进入由自给性消费为主向以商品性消费为主的转化阶段。

从耐用消费品拥有量看，居民对耐用消费品的拥有从无到有，从少到多，从低级到高级，普及程度迅速提高。城镇居民在经历了由"老四件"（自行车、手表、缝纫机、收音机）向"新六件"（电视机、洗衣机、录音机、电冰箱、电风扇、照相机）的转化后，这几年又开始转向以电话、家用电脑、小汽车、商品房等为代表的新的消费热点。从农村居民看，到1997年底，"老四件"在农村已饱和，目前正处于"新六件"的加速成长期。

从居住方面看，城镇居民人均住房面积，1978年为3.6平方米，1998年超过9平方米，增加了1.5倍以上。农村人均居住面积，1978年为10.17平方米，1997年为22.46平方米，增长1倍多。住房质量也有了明显提高。

文化教育方面，1997年与1978年相比，全国平均每百人每天拥有报纸由3.7份提高到4.3份，每人每年拥有图书杂志由4.7册提高到7.8册，每万人中在校大学生数由8.9人提高到25.7人。居民整体文化素质明显提高。

随着生产的改善，人口预期寿命不断提高，目前已达70岁，高于世界平均67岁的水平。1979~1998年是继1949~1956年之后又一个人民生活快速提高的时期[1]。1949~1998年，人民生活提高速度走了一条"快—慢—快"的"之"字路。

---

[1] 人均国民收入年均增长速度，1953~1956年为7.5%，1957~1978年为3.3%，1979~1998年为7.2%。

二、经济结构演变的"之"字路

1949~1998年中国经济的增长速度、波动状况、增长质量和人民生活状况，都呈现出"之"字形的发展路径。为什么会出现这种现象呢？直接的原因是经济结构走了一条"之"字形的发展路径。

经济结构内含广泛，其中重要的是所有制结构、体制结构和产业结构。它们都走了"之"字路。

（一）所有制结构变化的"之"字路

1949~1998年，中国所有制结构经历了3次大变化，并因此出现3个阶段。第一次是1949~1952年，接收国民政府的财产为人民政府所有，没收地主的土地分配归农民所有，形成国营经济领导下的多种所有制并存。第二次是1953~1956年对生产资料私有制实行社会主义改造，形成单一的公有制。第三次是1979年以来，在改革开放过程中，引入、培育个体经济、私营经济和外资经济，形成公有制为主体的多种所有制并存。

1949~1956年的多种所有制中，主要是国家所有制、劳动者个体所有制、资本家所有制。就经济成分言，则有5种，即国营经济、合作社经济、个体经济、私人资本主义经济、国家资本主义经济。新中国成立时，国家面临的最紧迫的任务是医治战争创伤，恢复和发展经济。从这个需要和当时中国生产力极其落后且极不平衡的国情出发，国家领导人认为中国不可能一下子过渡到单一公有制的社会主义社会，而必须经过一个多种所有制并存的新民主主义社会。在这个社会里，前述5种经济成分分工合作，各得其所，共同发展，这使国民经济很快恢复。

从1953年开始对各种生产资料私有制进行社会主义改造。在1955年秋季以前，改造的步伐是渐进的。虽然部分个体户变成互助组、初级合作社或高级合作社的成员，部分资本主义工商企业变成从低级到高级的各种形式的国家资本主义性质的企业，但前述5种经济成分仍然并存，国民经济仍在迅速发展。从1955年秋季起，社会主义改造步伐突然加速，使这种改造于1956年底基本完成。中国由多种所有制并存转变为单一的公有制。这种状况一直持续到1978年。生产关系一定要适应生产力的发展是客观规律。生产关系落后于生产力，它阻碍生产力的发展，如1949年以前的中国。生产关系超前于生产力，它同样阻碍生产力的发展，如1957年至1978年的中国。

以1978年中共十一届三中全会的召开为标志，中国进入了一个新的历史时期。在这个时期，中国共产党提出了中国处在社会主义初级阶段理论。这个理论认为，中国虽然建立了社会主义公有制，但是生产力总体水平落后并且呈现多层次性，因而客观上要求除公有制经济以外的其他经济成分（如个体经济、私营经济与外资经济）的存在与发展。在这个理论的指引下，20年来，逐步消除了单一公有制结构对生产力的羁绊，出现了以公有制为主体，多种所有制并存，各种经济成分优势互补，共同发展的生动局面。1978年，在国民生产总值中，公有制经济占99%，非公有制经济占1%。1998年，非公有制经济的比重已达24%。它已成为推动经济增长的主要力量之一。个体、私营、外资经济是经济增长中最有活力的部分。它们使国民收入增加，税收增加，就业机会增加，出口增加。实践证明，1979年以后以公有制为主体，多种所有制经济共同发展格局的形成，是对1957~1978年所有制结构改革的一项重大成果，是对1949~1956年新民主主义社会多种所有制结构与经验的肯定。继续发展和完善这一所有制结构，是经济进一步发展的保证。

50年间，中国所有制结构变迁的路径，在国家的根本大法中有明确的反映。1949年9月全国政治协商会议制订的《共同纲领》中，关于所有制结构的规定是："合作社经济、个体经济、私人资本主义经济、国家资本主义经济在国营经济的领导下分工合作，各得其所。"1954年宪法的有关规定与此基本相同："中华人民共和国的生产资料所有制现在有下列各种：国家所有制、即全民所有制，合作社所有制、即集体所有制，个体劳动者所有制，资本家所有制。"1975年宪法的变化则极大："中华人民共和国的生产资料现阶段有两种：社会主义全民所有制和社会主义劳动群众集体所有制。"1982年宪法又变为："社会主义经济制度的基础是生产资料的社会主义公有制，即全民所有制和劳动群众集体所有制，国家在社会主义初级阶段，坚持公有制为主体、多种所有制共同发展的基本经济制度。"对1982年宪法有过两次修正。第一次是1988年。该年宪法修正案规定："国家允许私营经济在法律规定的范围内存在和发展。私营经济是社会主义公有制经济的补充。国家保护私营经济合法的权利和利益，对私营经济实行引导、监督和管理"。第二次是1999年，修改后的《宪法》第六条规定："在法律规定范围内的个体经济、私营经济等非公有制经济，是社会主义市场经济的重要组成部分。国家对个体经济、私营经济进行引导、监督和管理。"国家根本大法的规定，反映了50年间，中国所有制结构经历了一条多种所有制并存—单一公有制—多种所有制并存的"之"字路。

（二）体制结构变化的"之"字路

1949~1998年，中国经济的体制结构亦即经济体制经历了市场经济加计划的体制—计划经济加市场的体制—市场经济加计划的体制的"之"字形路径。1949~1956年，从总体上说，是从市场经济体制向计划经济体制的转变时期。特别是1953年以后，计划经济体制逐渐成长，市场经济体制逐渐被消灭。分阶段言，1949~1952年是市场经济体制，1953年开始实行"一五"计划，并逐步从中央到地方各级政府，到大中型国有企业建立计划工作机构。1956年，随着对生产资料私有制社会主义改造的完成，市场经济被消灭。1957~1978年是计划体制时期。1979~1998年是市场经济体制逐渐成长，计划经济体制逐渐被取代的时期。

1949年中华人民共和国成立前后，市场在资源配置中起主要作用。在1949年9月全国政治协商会议制订的起临时宪法作用的《共同纲领》中，规定5种经济成分并存，分工合作，各得其所。与此相适应，规定了公私兼顾、劳资两利、城乡互助、内外交流的"四面八方"工作方针。这是一种市场经济体制下的工作方针。当时的一些计划工作，是建立在市场经济体制基础上的。从1950年起，一些实际工作措施，使许多要素退出市场，市场经济逐渐萎缩。如1950年关闭证券市场，1950~1952年金融业社会主义改造的完成，使金融市场萎缩。1953年批判"四大自由"，禁止土地买卖、自由雇工等，土地退出了流通领域。由于农村禁止自由雇工，城市国家统一安排就业制度的推行以及城乡分割的户口制度的建立，劳动力市场开始消失。由于支持战争和抑制通货膨胀的需要，国务院（原政务院）建立了中央财政经济委员会及其他中央财政经济管理部门，统一了全国财政收支，奠定了以集中统一为基础的财经管理体制的雏形。从生产上看，在接收国民政府的企业及征用外国在华企业基础上建立起来的国营企业，基本上是按国家计划生产，市场机制对它们的调节作用逐步缩小。对私营企业来说，由于加工、订货、统购、包销制度的实施，大部分私营企业的生产被间接纳入国家计划范围，其对市场信号的敏感程度大为降低。从市场看，由于计划调拨与配售的重要生产资料品种增加，生产资料市场也逐渐萎缩。

1953～1956年是市场经济体制转向计划经济体制的关键时期，亦即后者代替前者和二者并存的时期。"一五"计划的时限是1953～1957年。"一五"计划的制订至1955年完成。在1953～1955年，市场和计划共同发挥作用，市场仍起着主要作用，但计划的作用日益扩大。此时的体制是市场经济加计划的结构。"一五"计划的推行标志着以计划经济取代市场经济的目标的确立，即以计划取代市场成为资源配置的基本手段。1953年，实施农产品统购统销制度，个体农民和私营工商业同市场的联系被割裂。对生产资料私有制的社会主义改造于1956年基本完成，"一五"计划的主要指标也于1956年基本完成。至此，形成了高度集中的宏观经济管理体系、指令性计划为主的经济调节体系以及政企合一的企业模式。计划经济的特征基本具备，市场主体消亡。各类市场，如生产资料市场、商品市场、金融市场萎缩和变形，劳动力市场完全消失，市场已基本失去资源配置的功能。1956年底，中国实现了经济计划化。计划经济体制与市场经济体制并存的"双轨制"格局被计划经济体制（即计划经济加市场的体制结构）的"单轨制"取代。

1957～1978年是计划经济体制一统天下的格局。国民经济中虽然也存在市场，但这个市场已失去资源配置功能和作为经济体制的独立品格，它已沦为计划经济体制的附庸。计划经济体制由于忽视商品生产、价值规律和市场的作用，再加上政企职责不分，条块分割。因而造成企业活力不足，经济效率低下，资源配置不当等弊病。经济决策者对此有所了解，并试图改革。然而由于在认识上和理论上把计划经济体制当作社会主义的基本经济制度，把市场当作计划的，也当作社会主义制度的对立因素与异己物，改革总是在中央与地方的权限的划分上做文章，没有进行过真正意义上市场化取向的改革。到了20世纪70年代末期，20多年的计划经济体制造成经济长期的徘徊与停滞，计划经济体制已走到尽头。从1979年起，开始了市场取向型经济改革。于是，中国经济市场化进程在中断了近30年后被重新启动。

1979年以来，在理论上，经历了从中共十二大的"计划经济为主，市场调节为辅",到十三大"社会主义有计划商品经济的体制应该是计划与市场内在统一的体制",再到十四大"建立社会主义市场经济体制"的发展过程。至此,市场化改革成为全党、全民族的共识。在实践上,在体制改革方面,首先是对人民公社和国有企业进行改革,培养市场主体,并根据市场供求变化调节生产。与此同时,允许个体、私营、外资等非公有制市场主体出现,并允许它们同国有企业竞争。其次是逐步放开价格,使其成为反映市场供求和调节资源配置的最重要信息。再次是逐步发展和培育各种市场,如金融证券市场和技术市场等,改变了1957~1978年各种市场名存实亡的状况。最后是建立了以税收、利率、信贷等为手段的宏观间接调控体系,改变了以前以行政命令为手段的调控体系。这些改革使经济体制由1957~1978年的计划经济体制转向1979~1998年市场、计划共同发挥作用,逐渐地以市场为主的经济体制。这是一种进步,也是对新中国成立初期经济体制的重新肯定。

(三) 产业结构变化的"之"字路

产业结构主要指国民经济中各种产业间的组合关系。产业结构是否合理、优化,对一个国家和地区的资源能否有效配置,以及国民经济能否持续增长和增长质量的高低,起着重要的作用。

中华人民共和国成立时,旧中国留下来的是一个现代工业很少的产业结构。1949年,农业净产值占工农业净产值的84.5%,工业占15.5%(其中,轻工业占11%,重工业只占4.5%)。面对工业落后的现实,中国共产党提出要尽快建立较为完整的工业体系,实现国家的工业化,加快经济增长,赶上和超过发达国家的经济发展水平。为了达到这个目的,采取了两项重大措施。一是实行优先发展重工业和基础工业的产业结构政策。二是建立扭曲产品和要素价格的宏观政策环境和国家对资源集中支配的体制,以强制积累,筹集建设重工业和基础工业所需的资金。"一五"计划就是在这个产业结构政策指导下实施的。它的实施,使工业,尤其是重工业获得了突飞猛进的发展。1952~1956年,工业总产值增长104.96%。其中,重工业增长162.29%,轻工业增长73.3%。由于重工业增长很快,使产业结构趋向协调。1957年,重工业产值130亿元(按当年价格计算的净产值,下同),轻工业产值127亿元,重轻工业产值之比为102∶100,接近1∶1。就当时的社会生产力水平而言,这个比例关系较为合理。在重工业内部，采掘工业、原材料工业和加工工业的比例也基本协调。"一五"时期，在重点发展工业的同时，农业发展较快。1952～1956年，农业总产值平均每年增长4.5%。农业的发展基本上满足了工业的需要。1957年，在工农业总产值中，农业占62.3%，轻工业占18.6%，重工业占19.1%。与1949年相比较，农业产值下降了22.2个百分点，轻工业产值上升了7.6个百分点，重工业产值上升了14.6个百分点，这表明产业结构发生了由农业国向工业国方向的转变。

从1958年起，在国民经济发展计划中，将重点发展重工业和基础工业的产业结构政策发展到极端，在工业领域中实行"以钢为纲"。与此同时，在农业领域里实行"以粮为纲"。这种政策导致重工业过重，轻工业过轻，农业结构单一，第三产业全面萎缩的畸形产业结构。这种畸形主要表现在三次产业之间发展不协调：第一产业发展停滞；第三产业逐渐萎缩；第二产业过度发展。第三产业在国内生产总值的比重，1953年为15.9%，1978年下降到9.5%，下降6.4个百分点。同一时期，第二产业由43.11%上升到70.2%，上升了27.09个百分点。第一产业由41%下降到20.41%，下降了20.59个百分点。对于一个农业人口占总人口的80%，仍未解决吃饭问题的国家来说，这样的产业结构是极不正常的。在工业内部，由于过分强调重工业，而忽视轻工业的发展，轻重工业比例失调。轻工业总产值在工业总产值中的比重，由1957年的55%下降到1978年的43.1%。同期，重工业的比重则由45%上升到56.9%[①]。在重工业内部，片面发展钢铁工业和机械制造业，忽视了能源、原材料工业的发展，形成国民经济发展的能源、原材料"瓶颈"。在农业内部，强调"以粮为纲"，片面注重种植业发展，忽略林牧副渔业的发展。在种植业内部，搞粮食种植单打一，忽视棉花、油料等经济作物的发展，导致农业经济结构畸形，农民收入长期得不到提高。不合理的产业结构严重影响了经济发展的绩效。

从1979年起，产业政策开始由重点发展重工业和基础工业向国民经济各部门协调发展转变。经过20年的努力，产业结构发生了巨大的改变。首先，改变长期以来"挖农业，补工业""重生产，轻流通，轻服务"的政策，大力发展农业和第三产业。三次产业比例逐渐走向协调。1997年，在国内生产总值中，第

---

① 国家统计局：《中国工业经济统计年鉴》，1988年。

一、第二、第三产业所占比例分别为18.7%、49.2%、32.1%。和1978年相比，第二产业比例大幅下降，第三产业比例大幅上升。这样的产业结构，尤其是第三产业比重的上升，符合现代经济发展的趋势。其次，工业内部各部门比例关系逐渐趋于协调。1979年以来，轻工业迅速发展，逐渐改变了轻工业严重落后于重工业的局面。1998年末，轻重工业比例为49.3比50.7。与1957年一样，接近1∶1。在重工业内部，能源、原材料工业严重滞后于加工工业的局面得到扭转，交通运输、邮电通讯落后的状况大大改变。长期以来困扰我们的"瓶颈"约束开始减缓。再次，农业内部以种植业为主的传统农业向多元发展的现代农业转变。1978～1996年，牧业和渔业产值以每年9.8%和12.4%的速度增长。在农、林、牧、副、渔业总产值中，牧业所占比重由15%上升到30.2%，渔业则由1.6%上升为8.6%，种植业的比重由80%下降为57.8%[①]。

1949～1998年产业结构走了一条比较协调—严重不协调—比较协调的"之"字路。为什么产业结构也会呈现"之"字形呢？这是因为产业结构的变动深受所有制结构和经济体制变动的影响。在多种所有制并存和市场起调节作用的情况下，产业结构的变动深受市场供求的影响。市场自发的力量使得产业结构的变动符合经济发展的需要，因而比较协调。在单一的公有制和计划经济体制下，投资来源的单一和计划决策者的主观偏好，使得产业结构不是按经济规律变动，而是服从于经济决策者所制订的经济战略目标。这必然会导致产业结构的比例失调。所有制结构和经济体制结构的"之"字路，是形成产业结构"之"字路的原因。这也是我们为什么将产业结构放在所有制和经济体制之后叙述的原因。

三、经济政策与经济工作指导思想变化的"之"字路

1949～1998年经济结构各个层面"之"字路的形成，是政府经济政策的变化导致的。这种政策是中国共产党经济工作指导思想的体现。新中国成立之初，指导中国经济建设的是新民主主义经济理论。包括经济理论在内的新民主主义理论是以毛泽东为代表的中国共产党人，在20多年革命与根据地建设的实践中，

[①] 国家统计局：《中国农村统计年鉴》，1997年。

以马克思列宁主义为指导，在总结经验教训中形成的。它是马克思列宁主义与中国实际相结合的产物，是集体智慧的结晶，是中国共产党在28年新民主主义革命过程中最重要的理论创造。它产生于中国，适合中国的国情。因而促进了建国初期经济的迅速恢复与发展。1957～1978年中国的社会主义模式，就基本框架而言，是从苏联搬来的。实践证明，它不符合中国的国情（也不符合苏联的实际）。1978年以后，在邓小平倡导的解放思想、实事求是的思想路线指导下，总结了1949～1978年正反两方面的经验，形成了邓小平建设中国特色社会主义理论。它是中国共产党在40多年领导社会主义革命与社会主义建设过程中最重要的理论创造，使经济重新快速发展。

50年来，中国经济建设指导思想经历了适合国情到不适合国情，再到适合国情的"之"字形过程，形成了毛泽东的新民主主义经济理论转向斯大林模式，再转向邓小平建设中国特色社会主义理论的"之"字路。"之"字路的前后两个阶段的指导思想是正确的，它们分别是毛泽东思想和邓小平理论。"之"字路前后两个阶段中毛泽东的经济思想和邓小平的经济思想，在本质上是一个统一的科学体系，二者是相通的（换言之，"之"字路第二、三两个阶段的不同，也是邓小平的经济思想与毛泽东的经济思想的差异之所在）。这主要表现在以下几个方面：

共同的目标：马克思主义创造人确立的最终目标是在全社会实现共产主义。毛泽东思想是这样，邓小平理论也是这样。毛泽东说："一切共产主义者的最后目的，则是在于力争社会主义社会和共产主义社会的最后的完成。"[1] 邓小平说："我们马克思主义者过去闹革命，就是为社会主义、共产主义崇高理想而奋斗。现在我们搞经济改革，仍然要坚持社会主义道路，坚持共产主义的远大理想。"[2] "马克思主义的最高目的就是要实现共产主义[3]。"基于不同的历史条件，他们在如何走向共产主义的具体途径上，有同有异，但是在最终目标上，毛泽东思想和邓小平理论是一脉相承的。

对社会基本矛盾的认识：毛泽东认为，中国近代社会不是资本主义的，而是半殖民地半封建的，社会的主要矛盾不是资本主义私人占有与生产社会化的

---

[1] 毛泽东：《中国革命和中国共产党》，引自《毛泽东选集》第2卷，人民出版社1991年版，第651页。
[2][3] 邓小平：《政治上实现民主，经济上实行改革》，引自《邓小平文选》第3卷，人民出版社1993年版，第116页。

矛盾，而是封建主义、帝国主义和官僚资本主义三种所有制阻碍了社会经济的发展。因此，中国共产党人所要完成的历史任务，首先是消灭封建主义、帝国主义、官僚资本主义所有制，建立新民主主义社会，解放生产力，实现工业化和现代化，然后进入社会主义。在1957年中国进入社会主义社会之初，毛泽东认为社会主义社会里仍然存在矛盾，"基本的矛盾仍然是生产关系和生产力之间的矛盾，上层建筑和经济基础之间的矛盾。"① 解决矛盾的途径是改革不适应生产力的生产关系与不适应经济基础的上层建筑。在人们之间，存在着两类性质不同的矛盾，即人民内部之间的矛盾和敌我之间矛盾。1978年以后，邓小平在多次讲话中重申毛泽东关于社会主义社会基本矛盾和两类矛盾的理论。与此同时，在总结了建国以来经济建设经验和教训的基础上，从新的时代背景和中国的国情出发，认为在现时期中国社会的主要矛盾，是人民群众日益增长的物质文化需要同落后的社会生产力之间的矛盾。解决矛盾的途径，主要是发展生产力，改革阻碍生产力发展的经济体制与政治体制。他深刻论述了发展生产力在唯物史观中的基石地位，强调指出解放生产力、发展生产力对于中国发展的根本的和现实的意义，并且确立了一条以经济建设为中心的党的基本路线，由此开辟了一个新的发展时期。可见，在对社会基本矛盾的认识及解决办法上，毛泽东和邓小平在主导方面是一脉相承的，后者又发展了前者的学说。

　　对国情的认识：新中国诞生的前夕，毛泽东在中共七届二中全会的报告中说："中国的工业和农业在国民经济中的比重，就全国范围来说，在抗日战争以前，大约是现代性的工业占10%左右，农业和手工业占90%左右②。"这就是中国革命胜利时继承的生产力。它是"在革命胜利后一个相当长的时期内一切问题的出发点③。"毛泽东认为，在这种落后生产力基础上，不可能直接实现社会主义。革命胜利后，与这样生产力状况相适应的，只能是多种经济成分并存的新民主主义经济形态、新民主主义社会、新民主主义共和国。邓小平在其社会主义初级阶段理论中指出，经过几十年的社会主义建设，虽然经济实力有了巨大的增长，初步建立了社会主义物质技术基础，综合国力、科学技术、文化教育、卫生体育事业都有了很大的发展。但总体而言，经济发展水平还较低。这

---

① 毛泽东：《关于正确处理人民内部矛盾的问题》，引自《毛泽东著作选读》下册，人民出版社1986年版，第767页。
②③ 《毛泽东选集》第4卷，第1430页。

表现在生产力水平低、层次多且严重不平衡。中国人口多，文化素质较低，文盲、半文盲还占人口的 1/4；资源丰富，但人均占有量少，开采难度大。我们掌握了少数尖端科学技术，但科技总体水平相当落后。这就是我国的基本国情。正如邓小平所说："我们要经常记住，我们国家大，人口多，底子薄，只有长期奋斗，才能赶上发达国家水平"[①]。所以，我们需要有一个长时期的社会主义初级阶段来改变这种状况，摆脱落后，摆脱贫困。可见，在对国情的认识和经济建设的起点上，毛泽东和邓小平基本上是一致的。

经济建设的政策：20 世纪 40 年代，毛泽东认为，社会主义是建立在比资本主义更高生产力基础上的经济制度。从世界范围看，资本主义是向下的，但在中国这样资本主义很不发达的国家，资本主义还是有用处的，还适应生产力的状况，有促进生产力发展的进步作用，因而在革命胜利后一个相当长的时期内，一切不是于国民经济有害而是于国民经济有利的资本主义成分，都应容许其存在和发展。这不但是不可避免的，而且在经济上是必要的。根据毛泽东的思想，中国人民政治协商会议在《共同纲领》中规定："中华人民共和国经济建设的根本方针，是以公私兼顾、劳资两利、城乡互助、内外交流的政策，达到发展生产、繁荣经济的目的。国家应在经营范围、原料供给、销售市场、劳动条件、技术设备、财政政策、金融政策等方面，调剂国营经济、合作社经济、农民和手工业者的个体经济、私人资本主义经济和国家资本主义经济，使各种经济成分在国营经济领导下，分工合作，各得其所，以促进整个社会经济的发展"。《共同纲领》还规定了新民主主义经济中各种经济成分的性质及国家对它们的政策，从而全面、具体地规定了新中国成立后新民主主义经济模式。这个模式在所有制结构上，是国营经济领导下的多种所有制并存；在调节方式上，是市场调节和计划调节相结合，共同发挥作用；在分配方式上，是按劳分配和其他分配方式并存。这三者构成毛泽东新民主主义经济理论区别于传统社会主义经济理论最重要的特征，也使新民主主义经济理论成为一种以真实存在为基础的互补经济学。

1978 年以后，邓小平对 1956 年以后长期追求"一大二公三纯"的生产关系不断革命作了重新认识。这种重新认识是同他对 1957～1978 年经济发展缓慢和停滞的痛切感受联系在一起的，是从中国生产力落后且发展不平衡这一基本事

---

① 《邓小平文选》第 2 卷，第 260 页。

实出发的。他在中央十二大开幕词中说：1956年"八大以后的曲折发展也深刻地教育了全党。从十一届三中全会以来，我们党在经济、政治、文化等各方面的工作中恢复了正确的政策，并且研究新情况、新经验，制定了一系列新的正确政策。"① 邓小平认为，合理的所有制结构应能够适应生产力的状况，应能够调动一切积极因素，充分利用各种生产要素，最大限度地促进生产社会化和社会生产力的进步。1957~1978年单一的公有制显然不适合生产力状况，因而要对所有制结构进行改革。改革的目标是在坚持公有制主体地位前提下，允许其他所有制的存在与发展，从而提出了实行以社会主义公有制为主体，个体经济、私营经济、外资经济为重要组成部分，多种经济成分长期共存，共同发展的所有制结构政策。在调节方式上，邓小平不断摸索社会主义初级阶段计划与市场两种调节机制如何有机结合，实现生产要素在全社会范围内的优化组合、合理配置。他多次强调计划和市场都是经济调节的手段，资本主义有计划，社会主义也有市场，把计划同市场经济结合起来，就更能解放生产力，促进经济发展。中国共产党十四大确定的建立社会主义经济体制的经济体制改革目标模式，就是邓小平这种思想的体现。在分配方式上，邓小平提出以按劳分配为主体，其他的分配方式为补充，允许一部分人先富起来，先富带动后富，最终达到共同富裕。可见，在经济政策上，毛泽东和邓小平也有一脉相承之处。毛泽东的新民主主义理论和邓小平的建设中国特色社会主义理论在许多方面是相通的。邓小平的有中国特色社会主义理论是对毛泽东新民主主义经济理论的继承和发展。

四、基本经验

中国经济50年发展路径的基本特征，从哲学上讲，就是否定之否定。在这个意义上，它是合乎规律的，是螺旋形前进。从历史上看，前进中有曲折，有倒退，是一种常见的现象。对此，列宁等哲人早已概括过，因而不值得大惊小怪或予以责备。关键在于正确地总结其经验教训，以便发现中国经济现阶段的

---

① 邓小平《中国共产党第十二次全国代表大会开幕词》，引自《邓小平文选》第3卷，人民出版社1993年版，第2~3页。

发展规律,并据以指导今后的工作。

50 年间经济演变的"之"字路给我们提供了许多经验教训。

(1) 确定经济发展速度要从国力出发。太慢了吃亏,人们不愿意。人们都想快,但不能太快。太快就过热,国力承受不起,就要"着陆"。太快后的"着陆",不论是软的还是硬的("软着陆"当然比"硬着陆"好),都要着到陆地即降到谷底(波谷)然后才可以回升,波幅都会很大。波幅大,经济受的损失就大。所以太慢了会吃亏,太快了也会吃亏。1990 年,拙作《经济的稳定发展与增长速度》①一文中,对 1949~1989 年中国经济 40 年间增长的速度、波动状况等方面的实际情况作了一番考察后提出:"今后,国民经济若能以国民生产总值年增长率 6%~7% 之间的速度前进,就有可能持续稳定协调发展;可以保证我们分三步走的战略目标的实现;可以因为避免了大上大下,会在宏观经济上产生巨大的效益;可以使国民经济的发展处于良性循环的环境中。"1995 年,中共中央在关于 1996~2010 年的经济发展远景目标规划中,提出发展速度为 6%。② 这是一项以中国 45 年经济发展实际为依据,经过计算与论证的科学决策。搞经济工作,既要注重经济增长的速度,更要注重经济增长的质量,即效率与效益。只有效率高、效益好的经济增长才能给人民带来实惠。只有这样的增长才是经济发展的目的。只有带来这样增长的经济工作才是真正为人民服务。1957~1978 年的经济增长,就速度而言达到 6.36%。它在我们认为的适度速度范围之内。可是,投入大,人民付出了艰苦的劳动,所得却甚少。就整体而言,这是国民经济停滞时期。

(2) 指导思想是第一重要的。决定经济增长速度高—低—高,经济增长质量好—差—好,经济增长波动高位—平缓—低位—剧烈—高位—平缓,经济增长绩效或人民生活提供程度快—慢—快的直接原因,是经济结构(包括所有制结构,体制结构,产业结构等)的合理—不合理—合理。在经济结构诸因素中,所有制结构是个主要因素。它是体制结构的基础。它和体制结构决定产业等结构。导致经济结构变动的原因是中国政府的经济政策和中国共产党经济工作的指导思想。研究中华人民共和国经济史,不能不特别注重对经济工作指导

---

① 赵德馨:《经济的稳定发展与增长速度》,载《中南财经大学学报》1996 年第 4 期。
② 《中共中央关于制定国民经济和社会发展"九五"计划和 2010 年远景目标的建议》,1995 年 9 月 28 日中共十四届五中全会通过。

思想的研究，这是它的特点。观察中国的经济工作，不能不首先注重它的指导思想。做经济工作的中国官员和企业家，不能不首先研究指导思想。在现阶段，也就是要首先研究邓小平经济理论及中共中央对这个理论的阐释与运用。

（3）发展模式是可以选择的。新中国50年经济史证明，上述包括所有制结构、体制结构、产业结构等在内的经济结构（或被称为制度、模式）是可以选择的。中华人民共和国建立之初，中国共产党人选择的是自己创造的、在革命根据地行之有效的（试验过的）新民主主义模式。1952～1953年选择并在1957～1978年成为现实生活的是苏联社会主义模式（"传统社会主义模式"）。1978年以后选择的是中国共产党人创造的社会主义初级阶段模式。建国初期的（新民主主义）模式带来经济增长速度快，质量好。1957～1978年的（苏联社会主义）模式，带来经济的停滞。1978年以后的（社会主义初级阶段）模式，是在总结建国初期（新民主主义）模式成功经验和1957～1978年（苏联社会主义）模式失败教训的基础创造的。它是对建国初期模式的肯定和对1957～1978年模式的否定。在这个意义上，1978年以后的模式是对建国初期模式的肯定与继承，是对1957～1978年模式的否定和批判。1978年以后经济体制的改革，在本质上就是在既定历史事实（如对生产资料私有制社会主义改造的完成和社会生产力的发展等）的前提下，否定1957～1978年的不合中国国情的模式，重新肯定建国初期的合乎中国国情的模式。可见，人们虽可以选择模式，但所选模式是否有生命力，能否给人们带来经济实惠，从而为人们所接受并长期存在下去，在于它是否合乎国情。在这里，体现了经济发展规律的客观性，以及经济规律客观要求和亿万人民切身物质利益主观要求的一致性和不可违抗性。

（4）中国人能够创造符合国情的最佳的模式。50年经济发展的事实和中国人民的实践证明，建国初期的和1978年以来的带来经济迅速发展的新民主主义经济模式和社会主义初级阶段经济模式，都是中国共产党人在中国土地上创造的特有的模式，是符合国情的。导致1957～1978年经济长期停滞的传统社会主义模式是从苏联学来的。对于这一事实，以及中国革命中的其他事实，邓小平作了高度的概括："我们的现代化建设，必须从中国的实际出发。无论是革命还是建设，都要注意学习和借鉴外国经验。但是，照抄照搬别国经验、别国模式，从来不能得到成功。这方面我们有过不少教训。把马克思主义的普遍真理同我国的具体实际结合起来，走自己的路，建设有中国特色的社会主义，这就是我们总结长期历史经验得出的基本经验。"① 这也是 50 年新中国经济工作的基本经验。

（5）邓小平经济理论是 50 年经济工作经验的理论结晶。上述新民主主义经济模式和社会主义初级阶段经济模式，都是符合中国国情的，反映 20 世纪下半叶中国经济发展规律的，都是马克思列宁主义普遍真理与中国实际相结合的成果。因而，这两种模式的基本内涵相同。只因历史前提与时代的不同而在程度和表现形式上有所差异。新民主主义经济是新民主主义社会的基础。新民主主义经济模式是新民主主义理论指导下做出的选择。新民主主义理论是以毛泽东为代表的中国共产党人，在 20 世纪 40 年代，对中国共产党成立以后 20 多年革命与根据地建设经验教训的总结，是将马克思列宁主义普遍原理与中国实际相结合的产物，是中国共产党领导新民主主义革命 20 多年实践的理论结晶。社会主义初级阶段经济是社会主义初级阶段社会的基础。社会主义初级阶段经济模式是在社会主义初级阶段理论指导下而作出的选择。社会主义初级阶段理论是以邓小平为代表的中国共产党人，在 70～90 年代，在继承新民主主义理论精华的基础上，对建国以后四五十年来正反两个方面经验，亦即"之"字路经验的总结与升华，是中国共产党领导中国革命与建设 70 年多年来实践的理论结晶。这种理论的获得，标志我们对在中国搞现代化事业，已经知道得较多了。如果说过去的 50 年，我们是处在孙中山所说"不知也要去行；当中必走许多'之字路'"的阶段，那么，今后，我们已开始迈入"知道了以后才去行，是很容易的"的阶段了。

（本文原载于《中南财经大学学报》1999 年第 6 期）

---

① 邓小平：《中国共产党第十二次全国代表大会开幕词》，引自《邓小平文选》第 3 卷，人民出版社 1993 年版，第 2～3 页。

新中国六十年经济发展的路径、成就与经验

新中国成立以来的60年间，中国的经济发展经历了曲折的路径，取得了辉煌的成就，积累了宝贵的经验。作为一名长期从事新中国经济史研究的老人，联想到自己的亲身经历，真是感慨万千。

一、"之"字形路径

在这60年里，中国的经济发展经历了凯歌行进、停滞徘徊和高速发展三个阶段，呈现出一条"之"字形路径。

第一阶段：1949年10月~1957年，这是胜利连着胜利的阶段。

主要的胜利有两个：一是通过土地改革和接收国民政府的财产，变半殖民地半封建经济形态为新民主主义经济形态，接着通过三大改造，变新民主主义经济形态为社会主义初级阶段经济形态。这两次社会经济形态的转换使社会形态发生了翻天覆地的变化。二是采取一系列措施使国民经济迅速恢复，到1952年，一些主要工农业产品的产量已超过历史的最好水平。20世纪20~40年代，中国经济遭受战争破坏的时间之长，破坏之严重，是同一时期世界上所仅见的。1950年之后，恢复速度之快，恢复所用时间之短，也是仅见的。它是这个时期世界经济史上的一个奇迹。完成国民经济恢复的任务之后，接着有计划地开展大规模经济建设。到1956年，以四年时间完成第一个五年计划。按当年价格计算的国内生产总值，1956年为1 029亿元，4年间增长51.34%，平均每年增长10.9%。这也是奇迹般的成就。

由于经济快速增长，在开展经济建设时兼顾了人民生活，加上分配制度的改变，大多数人的生活状况得到改善。1952年职工工资比1949年提高70%左右，同时在职工中实行劳动保险、公费医疗和各种福利制度，职工生活水平得

到较大提高。在农村，土地改革使全国3亿无地和少地农民无偿地获得了7亿亩土地和其他生产资料，免除了每年向地主交纳的约3 500万吨粮食的地租。1952年农民收入比1949年增加30%以上。

经济的高速增长，使中国缩小了与发达国家经济的差距。根据经济计量分析与国际比较专家安格斯·麦迪森的估算，1956年与1950年相比，中国GDP增长56.3%，世界GDP增长34.2%。中国GDP在世界GDP中所占的比重，1950年为4.6%，1956年升至5.4%。按人均计算，中国1956年比1950年增长37.5%；1950年中国人均GDP为世界平均数的21.2%，1956年升至24.3%。从19世纪以后，中国GDP在世界GDP中占的比重，以及中国人均GDP与世界人均GDP之比，一直呈下降趋势，从1950年起开始出现上升，这是一个重大转折。

但是，胜利中潜伏着失败的因素。1956年，单一公有制基础上的高度集中的宏观经济管理体系、指令性计划为主的经济调节体系以及政企合一的企业模式初步形成。这种高度集中统一的计划经济体制使资源配置效率低下。同时，经济建设的巨大成就也让中国共产党的主要领导人产生了骄傲情绪。这些均为接下来的挫折埋下了伏笔。

第二阶段：1957~1978年，这是出现诸多挫折的阶段。

1957年冬开始"大跃进"，由此引起大调整，直到1964年，国民收入的绝对量才恢复到1957年的水平。紧接着，1966年又开始了"文化大革命"。这两次运动对国民经济造成巨大破坏。

就经济增长的速度而言，这一时期GDP年平均增长6.1%，似乎不慢。但是，这比社会制度相同的苏联东欧各国的平均数慢，比发展中国家的平均数也慢，比"亚洲四小龙"更是慢得多。据麦迪森的计算，这一时期中国GDP在世界GDP中占的比重由5.4%下降到4.9%，低于1952年。其间，1976年为4.5%，低于1950年，是中国历史上的最低点。第二次世界大战后的半个世纪是后进国家追赶发达国家最有利的时期之一，也是追赶最成功的一个时期，中国在这个阶段丧失了这个机遇。

由于实行重工业优先发展战略，为了给重工业建设筹集资金，国家实行以牺牲当前消费为手段的高积累政策。再加上"大跃进"和"文化大革命"的破坏，部分人生活水平有所提高，但很缓慢，大部分人的生活水平下降了。1957~

1978年，全民所有制单位职工名义工资由637元增加到644元，仅增加7元，实际工资则减少了14.8%。若就实际消费量而言，全国平均每人每年消费的主要消费品均有不同程度的下降。同时，在生活服务条件上，零售商业、饮食、服务网点及其从业人员大大减少，这给居民生活带来极大的不便。

从总体上看，这个时期的经济，正像邓小平概括的："从一九五八年到一九七八年整整二十年里，农民和工人的收入增加很少，生活水平很低，生产力没有多大发展。""中国社会从一九五八年到一九七八年二十年时间，实际上处于停滞和徘徊的状态，国家的经济和人民的生活没有得到多大的发展和提高。"

第三阶段：从1979年起直至当前，中国经济进入高速发展的阶段。

1979年以后，中国开始市场取向的经济体制改革，中国经济市场化进程在中断了近30年后被重新启动。在理论上，经历了从中共十二大的"计划经济为主，市场调节为辅"，到十三大"社会主义有计划商品经济的体制应该是计划与市场内在统一的体制"，再到十四大"建立社会主义市场经济体制"的发展过程。至此，市场化改革成为全党、全民族的共识。与此同时，中国实行了对外开放。

改革和开放使中国经济快速增长。1978年，中国GDP只有3 645亿元，2008年上升至30.07万亿元，年均增速超过9.5%。其中，GDP从1978年上升到1986年1万亿元用了8年时间，上升到1991年的2万亿元用了5年时间。此后10年，到2001年平均每年上升近1万亿元，2001年超过10万亿元大关。2002~2006年平均每年上升2万亿元，到2006年，中国GDP超过20万亿元。在此基础上，2007年、2008年又每年增加4万亿元以上。同期，世界经济平均增速为3.0%。中国这一时期的增速不仅明显高于1953年至1978年平均6.1%的速度，而且比日本、韩国经济起飞阶段平均增速（分别为9.2%和8.5%）还高一些。人均GDP由1978年的381元上升到2008年的22 698元，扣除价格因素，增长近10倍。人均国民收入由1978年的190元升至2007年的2 360美元。按照世界银行标准，中国已由低收入国家跃升至世界中等偏下收入国家行列，人民生活水平发生巨大变化。1978~2008年，城镇居民家庭人均可支配收入，由1978年的343.4元增加到15 781元，扣除物价因素，实际增长了6倍多。农村居民家庭人均纯收入由134元增加到4 760元，扣除物价因素，实际也增长了6倍多。

我曾经负责湖北省地方志的编撰工作，同省一级干部交往颇多，常常一起谈到新中国经济发展的道路。他们最难接受的是邓小平讲从1958年到1978年整整20年间中国社会基本处在停滞和徘徊的状态。这些昔日的省长、厅长们反复和我说，在这20年里面，他们艰苦奋斗，是做了大量工作的，经济增长速度不慢，成绩也不小。他们说的是事实，也是有道理的。但关键是根据什么标准，从什么角度看问题。我拿出国家统计局的数据，不管你们说做了多少工作，增长有多快，老百姓心里有本账，在统计表上也反映出来了，这20年老百姓的生活水平没有什么改善，大多数人是下降了。最终，绝大多数省长、厅长们接受了邓小平的看法，原来的路子走得不对，的确需要改革。

二、辉煌的成就

60年来，中国经济的发展虽然经历了曲折的路径，但从总体上看，成就仍然是辉煌的。这仅从GDP总量和人民生活两个方面的纵向（与中国历史上的其他时期）与横向（与同时期的其他国家）的比较中，便能得到说明。

根据国家统计局数据，1952～2007年，中国GDP的年均增长率高达8.1%。在这么长的历史时期，达到这样高的增长率，在全世界范围内十分罕见。2008年，中国GDP总量达到30.07万亿元，升至世界第三。

中国60年的经济增长，一改中国经济增长落后于世界平均水平的面貌。据麦迪森估算，从1820年到近代最高的1936年，中国GDP年均增长仅为0.3%。而1952～2003年，中国GDP年均增长率为6.1%，其中，1952～1978年为4.4%，1978～2003年为7.9%。中国的人均GDP也在迅速提高。1950年，中国人均GDP仅为448元，尚不及公元1000年时的450元，2003年增至4 803元，比1950年提高近10倍。中国人均GDP与世界人均GDP的差距迅速缩小。1950年，中国人均GDP仅占世界平均水平的21.2%，2003年升至73.7%。

在GDP总量快速增长的同时，中国完成了由农业国向工业国的转变。中华人民共和国成立时，旧中国留下来的是一个现代工业很少的产业结构。1949年，农业净产值占工农业净产值的84.5%，工业占15.5%。其中，轻工业占11%，重工业只占4.5%，轻重工业之比为7∶3，显然偏轻。经过60年的努力，产业结构发生巨大改变，三大产业比例逐渐走向协调。2008 年，在 GDP 中，第一、第二、第三产业所占比例分别为 11.3%、48.6%、40.1%。数据反映出中国已从农业国转变为工业国。

伴随着经济的发展，城乡二元结构发生了重大变化。1952 年，城镇人口在总人口中占的比重为 12.5%，1978 年为 17.9%，到 2008 年，上升为 45.7%。城镇化步伐明显加快，开始了由城乡分割向城乡协调共同发展的转变。

目前，中国是世界上综合实力最强的发展中国家，在世界经济舞台上的地位日益提高。在当前的国际金融危机中，各国政要纷纷表示希望与中国加强合作，共同应对危机。这从一个侧面反映出中国国际经济地位的提升。

谈新中国经济发展的成就，对一个专门研究经济史的人来说，是一个老题目。但不同时期写，内心感受是不一样的。1959 年是新中国成立 10 周年，上级布置了一个政治任务，让我写一篇文章，讲这 10 年比过去任何时候都好。我当时的心情是很不好的，正饿着肚子呢！统计数据再漂亮，也不能服人。这篇文章成为我研究写作中间的一个污点。今天讲 60 年的经济发展成就，不仅是根据上述数据，也是根据切身感受，以一种发自内心的喜悦心情来写的。

三、宝贵的经验

1949 年以来，中国发生了两次社会经济形态变革，取得了举世瞩目的经济建设成就，积累了丰富的正面的和反面的经验。其中，以下两条甚为重要。

第一，指导思想是第一重要的，科学发展观是 60 年经验教训的理论结晶。

60 年经济发展的事实是：中国共产党的经济工作指导思想正确，经济发展就速度快、质量好，反之，中国共产党经济工作指导思想不正确，经济发展就速度慢、质量差。对于经济的发展来说，经济工作的指导思想是第一重要的。

新中国成立以来，中国的经济增长经历了高—低—高的"之"字路，其直接原因，是经济结构经历了合理—不合理—合理的"之"字路，而根本原因则是中国共产党经济工作指导思想的变化经历了一条"之"字形路径。

执政党的经济工作指导思想决定经济发展，这是中国的特色。60 年来，在中国执政的一直是中国共产党，她具有严密的自上而下直到基层的组织和严明的纪律，全党保持高度一致，思想统一，行动统一。国家掌握经济命脉，对经济实行统一管理、统一计划。在此情况下，中国共产党的经济工作指导思想对于中国的经济发展具有决定性作用。这种情况在中国古代、现代欧美国家都不可能发生。中国古代也有经济思想，但那时候没有政党，基本上是私有经济、个体经济，经济思想的影响是很有限的。现代欧美国家各种经济思想观点不断涌现，有些对经济发展产生了很大的影响，但这些国家是多党制或两党制，政党之间相互制约，而且三权分立，特别是总统或者总理和议会相互牵制得很厉害，在这种情况下，某一种经济思想很难起决定性作用。

科学发展观是中国共产党人对新中国成立以来正反两个方面经验的总结与升华，是中国共产党领导中国革命与建设80多年来实践的理论结晶。这种理论的获得，标志着我们对在中国建设现代化事业的规律已经了解得比较多了。如果说过去的60年，我们是处在孙中山先生所说"不知也要去行，当中必走许多之字路"的阶段，那么，今后，我们就开始迈入"知道了以后才去行，是很容易的"的阶段了。

第二，从国力出发，好中求快，确定经济发展速度。

前一阶段，为了修订新中国经济史，我到西北跑了一个多月。从甘肃敦煌到新疆哈密坐汽车，300多公里一望无际，是一条直线，这是一种道路。最近，我到贵阳参加一个经济史研讨会，从贵定坐汽车到贵阳。我坐在司机旁边，看着司机不断调整方向盘，左一下，右一下，不知道转了多少弯。这又是一种道路。

新中国经济发展的道路，我觉得大体相当于从贵定到贵阳这条路，起伏很大，不断地被迫调整。1953～1978年的26年间，经济大幅波动和调整的情况发生过5次（1953年的"小冒进"、1956年的"冒进"、1958～1960年的"大跃进"、1964年的"大增长"、1969～1970年的"三突破"）。其中，最突出的是"大跃进"和由此引起的大调整，这是众所周知的。1978年以后，中国经济也有过5次高速增长（1978年、1984年、1987年、1992年和2003年）和随后的调整。这其中，一般老百姓比较熟悉的是1988年价格闯关失败和随后的三年治理整顿，以及邓小平南方谈话以后的经济过热和随后的经济"软着陆"。最近的一次高速增长周期为2003～2007年，这5年中国经济增长率一直在10%平台上加速。2004年4月，政府开始实行调控措施，由于中央政府措施缓和，地方政府扩张冲动强烈，调控未能到位。从 2008 年起，经济增长率下降，从 2007 年的 13% 降到 9%，这是一个 4 个百分点、1 万亿元左右的 GDP 调整，调整幅度很大。世界银行预测 2009 年中国经济增速为 6.5%。即使实现"保八"的经济增长目标，经济增长率仍在继续下滑。

近代以来，中国经济落后于世界，在很长一个时期内受人欺侮。国穷民贫，人民生活水平低下。因此，从国家领导人到一般群众，均希望经济快速发展，慢了不行。但是，经济发展速度受物质条件，即国力的制约，并非想快便能快。60 年的经济发展事实证明，超越国力高速发展，经济就会出现难以为继的局面，必须进行调整，放慢速度，从而造成经济大起大落。仅仅从经济上算投入产出的账，这是一种低效益的快；如果再从社会的角度全面算账，这种快是以能源资源高消耗和环境严重污染为代价的快。由于资源的稀缺性和许多资源难以再生或不可再生，这是一种"吃祖宗饭，断子孙粮"的快，是当代人求短期快而后代人不得不长期慢的快。由于空气、水等是人类的基本生存条件，它们一旦被污染，恢复起来很难，治理的时间很长，费用很大。在这种快的过程中，破坏了资源，破坏了环境。这是一种危及生存与健康的快。这种快是"快而不好"，是一种不能持久的快。

对中国经济增长速度究竟以多少为宜，不少经济官员和学者都曾做过研究，并提出建议。1990 年，我对 1949～1989 年中国经济增长的速度、波动状况等方面的实际情况作了一番考察后，提出国民生产总值年增长率以在 6%～7% 之间比较适宜。1995 年，中共中央在《中共中央关于制定国民经济和社会发展"九五"计划和 2010 年远景目标的建议》中提出 GDP 年平均增长率是 6%。2005 年制定的"十一五"规划，中共中央提出的是 7%（后来全国人大通过的是 7.5%）。这是以新中国成立以来经济发展实际为依据，经过计算与论证的科学决策。这也是一种没有水分的快，是符合中国实际的。

（本文原载于《百年潮》2009 年第 10 期）

经济史与经济理论的有机结合
——当代经济学发展的趋势之一

本文拟从对若干诺贝尔经济学奖得主研究工作的历程与研究方法的特征进行简略的考察入手，探求当代经济学领域里经济理论与经济史有机结合的趋势，从中找出中国经济学界在研究方法上存在的问题。

一、从两位经济史学者获诺贝尔经济学奖谈起

1993年10月12日，瑞典皇家科学院宣布本年度诺贝尔经济学奖授予经济史学家道格拉斯·诺思和罗伯特·傅戈。诺思和傅戈在经济学领域里的卓越贡献，主要在于他们致力于将经济理论和统计方法应用于对美国和西方经济史的研究，提出了对现代经济有参考价值的理论与设想，创立了新经济史学。诺思运用国民经济核算理论，经济增长理论和经济计量学等强有力工具，首先对1790~1860年的美国国际收支状况进行了经验性研究。1961年，他出版了《1790~1860年美国经济的增长》一书。1962年，他又发表了新经济史学代表作《美国工业化早期的资本形成》。同年，傅戈也发表了其代表作《铁路与美国经济》。诺思与傅戈研究工作的共同特点，是在对经济历史研究中抽象出对现实经济发展有借鉴意义的经济理论。

经济史学者诺思和傅戈荣膺经济学界的最高荣誉，作为一种象征，一种标志，表明经济史学受到当代经济学界的最高重视，表明经济史学与经济理论学的有机结合的趋势，得到当代经济学界的认同。诺思和傅戈之所以获奖，正是这种趋势发展的结果。

二、经济史与经济理论关系的发展趋势：从统一到分离，到在新的基础上的有机结合

从经济学萌生时期到政治经济学创始时期，经济史学与经济理论学二者是统一的。在现代经济学创始人威廉·佩第（1623~1687）和亚当·斯密（1723~1790）的许多论著中，抽象的理论推导和历史资料的统计分析二者结合在一起。自从大卫·李嘉图（1772~1823）以后，经济学的发展使其中所包含的各个部分逐步地丰富，各自承担不同的任务，使用不同的研究方法与叙述方法，经济史与经济理论逐步分离。19 世纪中叶，经济史与经济理论发展成为两门互相独立的专门学科，这本是经济学发展过程中的一大进步。在这两门学科的独立发展进程中，经济理论学界中相当大的一部分人认为自己的任务是进行纯理论的思维，弄清各种经济范畴、定义以及彼此间的相互联系，采取纯抽象的逻辑推论方法，只注重理论的演绎而忽略历史的归纳。经济史学界中相当大的一部分人则认为自己的任务是搜集整理经济史料，弄清经济发展的历史过程，采取了纯历史学的研究方法，出现了忽视从经济发展过程中抽象出经济理论的倾向。

正是在这个时候，以马克思（1818~1883）、恩格斯（1820~1895）为代表的少数经济学家，却注意将经济史学与经济理论密切地结合起来。就马克思而言，他在这方面具有一系列的特点。其中重要的是：第一，他既研究经济史上短期的事物、现象，更注意研究长期的事物、现象，考察经济发展的长期趋势，诸如整个人类经济发展的趋势，特别是他生活于其中的资本主义经济关系产生、发展的趋势。第二，他既研究经济史上微观的事物、现象，更注意研究宏观的事物、现象，着力于国民经济史和经济形态演变史。第三，他既运用既有的经济理论去分析经济史上的事物、现象，更注意在研究经济史的基础上作出理论的概括，抽象出新的经济范畴与经济理论。恩格斯在马克思的经济学代表作《资本论》的英文版序言中写道：马克思"这个人的全部理论是他毕生研究英国的经济史和经济状况的结果。"[1]

---

[1] 《马克思恩格斯全集》第 23 卷，人民出版社 1972 年版，第 37 页。

马克思的经济理论，如果从学科上加以区分，主要包括经济史学和经济理论学（含经济理论发展史）两个部分。马克思既是经济学界公认的经济理论学家，也是经济史学界公认的经济史学家。马克思继承了在经济学研究工作中将经济史学与经济理论学密切结合在一起的优良传统。他的研究方法及其成果，标志着经济史学与经济理论学的关系进入了一个新的阶段。

从经济史与经济理论混合不分的经济学，到经济史与经济理论分离为两门独立的学科，这是经济学发展历程中的一大进步。从经济史学与经济理论学各立门庭而不互相联系，到在两个学科独立发展的基础上将其有机地结合起来，这是经济学发展历程中的又一大进步。从最初的原生状态的两者统一不分，到在两者分离基础上的结合，这是一个否定之否定的过程，是经济学发展的规律与大趋势。

三、获得当代经济学最高成就奖的人，大都得益于采用将经济史与经济理论结合起来的方法

在马克思、恩格斯之后，有些经济学家继承了这个传统。就经济学界的整体而言，经济理论学家不研究经济史，经济史学家不追求理论抽象，经济史学家与经济理论学家互相隔膜的情况却依然是相当普遍的现象。然而，事实却是，凡是采取这种隔膜与分离态度的，大都成就甚小或无甚成就，凡是将经济史与经济理论结合一起进行研究的，往往得出了不可移易之言或传世之作。事实教育着研究者。20 世纪 40 年代以后，统计学、计量经济学兴起与计算机的发明、使用，越来越多的经济学家，特别是经济史学家，运用这些手段分析经济史中反映事物长期发展过程和多方面关系的大量统计数据，得出了一系列新的理论结论。一些经济学家之所以能获得诺贝尔经济学奖，大都得益于使用这种方法。为了用事实说明这一点，下文不惜用较多的篇幅简略地介绍几位诺贝尔经济学奖得主的研究情况。

1969 年，首届诺贝尔经济学奖授予挪威经济学家雷格纳·弗瑞希和荷兰经济学家扬·丁伯根。这二位经济学家的主攻方向是计量经济学，在经济学的研究方法和经济学的计量分析技术上开创了新的道路。他们的理论创建得力于对

经济史的研究。例如，弗瑞希在研究效用理论时，运用了巴黎合作联社的历史统计数据，算出了货币效用曲线。比如实际收入若增加40%，则货币的边际效用降低43.2%。丁伯根在数量经济学理论方面有三个突出贡献，其中之一便是根据历史统计资料，利用数学和数理统计方法，对各种商业循环理论进行统计检验。他通过对奥地利经济学家哈伯勒提出的各种理论同历史事实进行对比，利用可以计量的经济现象进行检验，出版了《商业循环理论的统计检验》（一、二册），《美利坚合众国的商业循环（1919~1932）》一书则是用上述方法为美国建立的第一个完整的宏观模型并据以分析该国1919~1932年间的商业循环。

1971年诺贝尔经济学奖得主是美国经济学家西蒙·库兹涅茨。他的思想方法是美国的制度学派思想方法。美国制度学派是德国历史学派在美国的变种，其特点是非常强调收集各国的历史经济材料，运用结构分析或制度分析的方法来研究社会经济及其发展趋势。库兹涅茨认为，整理知识最重要的目的是用过去一代人的经验来丰富当今一代人的直接经验，用其他民族的经验来开阔本民族的经验见识。所以，他始终致力于收集各国的历史统计资料。对历史资料进行整理、比较和分析是库兹涅茨研究工作的特点。库兹涅茨在研究被称为"库兹涅茨周期"过程中，研究了美国、英国、德国、法国等国几十种产品的生产和价格长达六七十年的统计资料，结果发现生产和价格第二变动（长期的起落称为第二变动）在大多数情况下都表现出良好的相关。进一步研究发现，生产存在着大约为22年的一个消长期，价格存在着大约为23年的一个消长期，这就是库兹涅茨根据历史统计分析提出的在主要资本主义国家经济发展中存在着平均长度为20年的长期消长理论。1941年，库兹涅茨发表了他关于国民收入核算研究的代表作《1919~1938年的国民收入及其构成》。在这一著作中，他研究了1919~1938年两次世界大战之间的国民收入，建立了国民收入核算体系的基本结构。他因为在国民收入核算方面的独到研究，而被誉为"国民生产总值之父"。40年代末50年代初，库兹涅茨把研究的中心转向经济增长理论。通过对大量历史统计资料的整理和比较，考察了资本主义发达国家的国民产值、生产率、产业结构、分配结构、产品使用结构等经济变量在经济增长过程中的变化趋势、变化特点和相互间的联系。然后对考察的结果进行分行和解释，试图以此来揭示现代经济增长的全过程。库兹涅茨研究经济增长一般是近100~125年的增长过程。在研究国民产值增长时，他利用英国、法国、比利时、瑞典、德国、荷兰、丹麦、挪威、意大利、日本、美国、澳大利亚、加拿大等14国不少于50年的统计资料，由此得出一系列的理论性结论。

1972年诺贝尔经济学奖得主是英国经济学家约翰·希克斯。希克斯一生的学术生涯可分为前后二期，前期主要从事经济学的数量分析，后期则着重于经济结构和经济史的考察。1969年，他出版了《经济史理论》一书。他在《序言》中写道："我不是经济史学家，但我对经济史早就怀有兴趣。"他说，他从当研究生起，就从一些最著名的经济史学家那里受到教益。他在这本书里立意从对经济史进行概括中，以得出"具有普遍意义的结论"。该书共十章，包括市场的兴起、货币、法规和信用制度的发展、农业的商业化过程、劳工市场的变化、工业革命的历史等。这本书"不仅涉及整个世界而且囊括了整个人类历史，从考古学家和人类学家已为我们提供了某些片断知识的'蛮荒邈远'的远古直到处于未知的未来的边缘的当代，完全包括在内。"[①] 这部著作以最长的时间跨度和最广的空间跨度，论证了市场经济的必然性，是将经济史与经济理论融于一体的典范之作。

1973年诺贝尔经济学奖得主是美国经济学家沃里西·里昂惕夫。他担任过德国著名经济史学家桑巴特助手。早在30年代，里昂惕夫根据美国1919~1929年制造业的调查资料，首次编出了美国经济中1919~1929年投入—产出表。1941年，他出版了第一部著作《美国经济结构1919~1929》，在该书中对投入—产出理论作了详细阐述，从而在世界上率先提出了投入—产出理论。这一崭新的理论是建立在对美国经济史的研究基础之上的。

1974年诺贝尔经济学奖由瑞典经济学家冈纳·缪尔达尔和美国经济学家弗里德里希·哈耶克共同获得。缪尔达尔自己把其学术生涯分为两个阶段。第一阶段是20世纪20~30年代，这一阶段的经济学研究属于新古典主义传统，研究纯粹理论问题。从40年代起，他转向制度经济学，成为一名制度经济学家。如前所述，制度学派的特点是强调对历史统计资料的收集和研究。1933年，他写了《1830~1930年间的瑞典生活费用》一书。缪尔达尔认为，社会经济制度是一个不断演进的过程，社会经济制度的演进是由于技术的进步以及社会、经济、政治和文化等因素的演变造成的。经济学的研究就在于发现和说明促进社会经济

---

① 希克斯：《经济史理论》，商务印书馆1987年版，第1~4页。

发展的各种因素，并探讨其运行方式。哈耶克研究的重点之一是经济周期。在1929年和1931年先后出版的《货币理论与经济周期》与《价格与生产》两本书中，他阐述的经济周期理论，是建立在对经济史上周期分析的基础之上的。

1979年诺贝尔经济学奖由美国发展经济学家威廉·刘易斯和西奥多·舒尔茨共同获得。刘易斯是战后首批研究发展中国家发展问题的经济学家之一，他提出了著名"二元经济"理论。刘易斯自述其学术生涯是："初期致力于各项工业的研究；旋则对若干发展中国家有所探讨；近来锐意于国际经济历史演变。"①他的《1919～1939年经济概论》（1949）、《热带贸易概论：1883～1965年》（1969）、《外援的发展》（1972）、《国际经济秩序的演变》（1978）、《1870～1913年的增长与波动》（1978）、《发展中国家与汇率的稳定》（1978）、《增长动力的衰退》（1978），都属于经济史著作。舒尔茨之所以获奖是由于提出了人力资本理论。这一理论是他在研究20世纪初到50年代美国农业史中提出的。他在研究过程中发现，农业生产率的提高并不像传统理论所说的源于土地、人口或资本存量的增加，而在于人的能力和技术水平的提高。他进一步提出，人力资本即人的知识、能力、健康等质量的提高对经济成长的贡献远比物质资本和劳动力数量的增加重要。1960年，舒尔茨发表《由教育形成的资本》一文，首次运用了经验研究的方法，对1929年到1957年间体现在雇佣劳动力上的人力资本成本值进行了估计，提出了"放弃的收入"这一人力资本理论的最基本的概念之一。

尽管1979年各位诺贝尔经济学奖得主的研究方法更加注重从经济历史过程的分析中得出经济理论，但从以上对自1969年诺贝尔经济学奖设立以后至1979年间9位得主的贡献与原因的简略介绍中，对于本文所要说明的问题似乎已经足够了，因而无须依次地叙述以后的各位得主的情况。

四、当代经济学家对经济史与经济理论关系的认识

1993年的诺贝尔经济学奖授予两位经济史学家诺思和傅戈，这件事的本身就反映了当代经济学界对经济史学及它与经济理论关系的认识。

---

① 《世界经济》编辑部：《荣获诺贝尔奖经济学家》，四川人民出版社1985年版，第338页。

对经济学作出了重大贡献的学者，首先是那些获得世界经济学界最高殊荣的人以及在全世界当代经济学界享有崇高声望的人，对于经济史学的重要性及其在他们取得成就中的作用，更有亲身的体验。舒尔茨运用了一个形象的比方，表达他对经济史在经济学中的地位和作用的认识："物理学的知识主要建立在受控制的实验上，然而，天文学的知识大多是依靠分析存在于各个天体的历史记载中的差异而来，虽然经济学家也渴望和物理学家一样，这就是为什么经济史在经济学中的地位是多么重要的原因。"①

谈到这个问题，有必要提及创新理论的提出者、美国著名经济学家约瑟夫·阿洛伊斯·熊彼特在总结治学经验时所说的话："'科学的'经济学家和其他一切对经济课题进行思考、谈论与著述的人们的区别在于掌握了技巧或技术，而这些技术可分为三类：历史、统计和'理论'。三者结合起来构成我们的所谓'经济分析'。"② 在这三门技术中，熊彼特认为经济史是"最重要的一门"基本学科。因为："首先，经济学的内容实质上是历史长河中的一个独特的过程，如果一个人不掌握历史事实，不具备适当的历史感或所谓历史经验，他就不可能指望能理解任何时代（包括当前）的经济现象；其次，历史的叙述不可能是纯经济学的，它必然要反映那些不属于纯经济的'制度方面'的事实，因此，历史提供了最好的方法让我们了解经济与非经济的事实是怎样联系在一起的，以及各种社会科学应该怎样联系在一起；最后，我相信，目前经济分析中所犯的根本性错误，大部分是由于缺乏历史的经验，而经济学家在其他条件方面的欠缺倒是次要的。"③ "如果我重新开始研究经济学，而在这三门学科中只许任选一种，那么我就选择经济史。"④ 如果说熊彼特到了晚年总结治学经验时，以遗憾的心情谈到他未能从经济史研究入手，那么，前面提到的里昂惕夫、希克斯和刘易斯等人，或在治学的初期就受到著名经济史学家的熏陶，懂得经济史学的重要性，或接受了熊彼特的经验，在治学生涯中较早地将自己研究的重心转向了经济史。

至于因在经济史学方面的成就而获诺贝尔经济学奖的科斯和诺思，自然对经济史的作用有深切的认识。以诺思而言，他在接受诺贝尔经济学奖时发表的

---

① 《世界经济》编辑部：《荣获诺贝尔奖经济学家》，四川人民出版社1985年版，第382页。
②④ 约瑟夫·阿洛伊斯·熊彼特：《经济分析史》第一卷，商务印书馆1991年版，第28~29页。
③ 约瑟夫·阿洛伊斯·熊彼特：《经济分析史》第一卷，商务印书馆1991年版，第29页。陈振汉将"技巧与技术"译为"基础学问"。

演说中，以下列一句话开始："经济史探讨的是一段历史时期的经济演变过程。该领域的研究目的不仅是对以往的经济活动作出新的说明，同时，通过提出某种分析框架还可以对经济理论有所贡献。这种新的分析框架能够使我们理解经济的变迁。"在结束演说时又说了下列的话："在求得对一段历史时期经济实绩理解的漫长道路上，我们才刚刚出发。今后的研究就是要把依据历史证据得出的新假设具体化，这样做不仅能提出一个能够解释历史经济演变的理论框架，而且，在这个过程中，我们还丰富了经济理论，使它能更有效地对付广泛的现实问题，这些现实问题超出了现有经济理论的认识范围。希望就在前头。诺贝尔委员会指出了希望之所在，这对我们沿着这条道路继续前进是一个巨大的鞭策。"①

五、我们可以得到的启示

中国的理论经济学和经济史学，在近几十年里，特别是最近的十几年中，取得了长足的进步，巨大的成绩，对中国经济发展的历史过程提出了一系列的解释，解决了一系列中国经济发展中的现实问题，其中有许多是所有诺贝尔经济学奖得主所未曾涉及从而也未能解决的问题。但是，中国的经济学在发展的过程也存在严重的弱点。以经济史学而言，实而少虚，优点是注重整理资料，弄清局部的或微观的过程，不足的在于至今尚无一部中国经济通史，理论概括弱、抽象少。以理论经济学而言，则又显得虚而少实。一些经济学家不愿费时间与艰苦的劳动对中国经济长期发展的事实、统计资料、趋势进行分析，一些经济学家对中国经济长期发展的情况与特色不甚了了。在一个时期，中国必须和只能实行单一的公有制基础上的计划经济的理论论著连篇累牍，且众口一词，可未见有一篇文章或一本书是从中国经济发展过程论证此时已到了实行单一的公有制基础上的计划经济的历史阶段。他们的论据是某些外国人对某些外国经济发展趋势的设想或某外国的经验，这种理论及其论据都是从外国引进的。宣传这种理论的经济学家不仅自己不研究中国经济发展的历史趋势与其中的必然

---

① 道格拉斯·C. 诺思：《经济实绩的历史透视》，载《美国经济评论》1994年第6期。

性，而且对经济史学家和历史学家经过几十年艰苦研究工作所揭示的，自唐以后，历经宋、元、明、清、民国，商品货币经济逐步发展、市场逐步扩大的事实，或不屑一顾，或不甚了解。所以他们的理论不是以中国经济进程的事实为根据，不是从对中国经济发展进程的分析中概括与抽象出来的。这种理论在中国的土地上没有根，它对中国经济发展的消极影响已是有目共睹的。这类理论因为在中国土地上没有根，其状态也必然如同《西厢记》里张生出场所唱的那样："脚跟无线如蓬转"，带有多变的特点。在经济学领域里，一个时期这个理论众口一调，在另一个时期另一种理论千文一词。某些学者，一个时期以阐述某种理论而著名，在另一个时期则以阐述与这种理论相对立的另一种理论而著名。不仅如此，在20世纪80年代关于股份制、租赁制、证券市场的理论论著中，宣称它们是中国80年代才出现的新事物，是"第一个"，而不知道它们早在一百多年前就已出现在中国土地上，并有过几十年的发展历史与经验教训。看来，上文所引熊彼特说的"经济分析中所犯的根本性错误，大部分由于是缺乏历史的经验，而经济学家在其他方面的欠缺倒是次要的。"不仅是对西方经济学界的中肯批评，也符合中国经济学界的情况。如果说他说这些话的前后，西方经济学界发生了批评"理论空盒"、重视经济史学以及经济史学与理论经济学有机结合的趋势，所有大学经济系在必修课中都开设两门（本国的和外国的）以上的经济史课程，那么，中国经济学界的趋势则相反。不仅经济学界越来越不重视经济史学，某些著名大学经济系中也取消了经济史课程，致使大量的经济学的后备人才没有受过经济史学的熏陶，缺乏对中国经济史的基本知识。这不能不令人担忧。然而可喜的是，经济理论学家中的有识之士，已深切地感到经济史学对经济理论的重要性（例如，中国研究经济理论的权威机构的一位负责人为此写了专论，另一位负责人说他1995年准备看两种书，一为新政治经济学，一为经济史著作）；经济史学家在逐步注重研究宏观的和长期的经济发展趋势的同时，加强了理论概括与抽象工作，这样，两者各自克服自身的偏颇，有可能走向有机的结合。这是振兴中国经济学，使之具有中国特色并在国际经济学界占有它应有地位的可行之路。

（本文原载于《经济学情报》1995年第2期，与李洪斌合作）

经济史学：理论经济学的基础学科

摘要：理论出自历史。经济历史出经济理论。经济史与经济理论的有机结合，是当代经济学发展的趋势。本文从用于分析经济史学的理论，以及分析经济史实得出的理论概括两个方面，介绍了作者编著《中国近现代经济史》在加强理论分析方面的努力。

关键词：经济史　理论经济学　现代化

加强理论分析与理论抽象，将中国经济史课程教学的主要目的，由使学生了解经济发展过程，变为了解经济发展过程中所蕴含的经济工作经验和经济理论与历史理论，是我在面向 21 世纪中国经济史课程改革建议中的三个目标之一。

一、经济史学是理论学科

经济史学教材之所以要加强理论分析，是根据以下三种情况：

（1）经济史学科的性质与学生的要求。开设中国近现代经济史课程，是为了使学生知道本国经济国情，包括本国经济发展的过程、规律、特点，中国经济发展已达到的水平与阶段，它的历史方位，经济工作中的经验教训，为解决中国经济发展问题而提出过的各种理论和方案，等等。要使学生深刻地掌握这些问题，教材必须给予理论的回答，即对一些问题进行理论分析和将对这些问题的分析成果凝聚成理论观点，以便于学生接受它们，并具有启发性。

经济史教材必须具有启发性，而不能限于告诉学生中国近现代时期里经济领域发生了哪些事实。教材不仅要使学生知道有关中国近现代经济发展过程、经验、方案的理论，而且要使他们知道，要用什么理论和怎样运用这些理论去分析史实与过程，得出新的理论结论，使他们从这个分析过程中学到经济理论、历史理论和分析问题的方法,启发他们的理论思考和运用理论分析具体经济问题的能力。具有理论性是经济史教材应有的特色。

任何一本经济史教材,它的首要任务是将历史过程事实叙述清楚。历史过程是进行理论概括的依据。学生对仅介绍史实的教材有意见。他们需要知道史实,也需要知道用以分析史实的理论和从分析史实中得出的理论。为了满足学生的这种要求,本书在叙述史实过程中,采用夹叙夹议的表达方式,对史实作理论分析。在每章的末尾设"结语",概括该章的理论观点,在每个历史大阶段后设立专章或专节,对相关的经济形态作理论分析。

讲授中国近现代经济史的直接目的,是分析历史过程,探索历史规律,总结历史经验,以说明现在,启示未来。没有理论分析和理论结论,达不到此目的。认为经济史学科就是讲史实的,是一门没有理论的学科,这是一种偏见。它的形成,与一些人对真正的经济史不了解有关。事实是,所有的经济理论都来源于对经济历史的分析。马克思"这个人的全部理论是他毕生研究英国的经济史和经济状况的结果"。经济学史证明,不仅是马克思的全部理论,而且是所有含有真理成分的经济理论,无一不是研究经济史与经济现阶段状况的结果。现状转瞬即是历史。故理论出自历史。历史出科学。经济史学担负着出经济理论的任务。

(2)教学改革的要求。当前,高等学校有关专业开设中国经济史课程的情况是:开设一门"中国近代经济史"课的,讲一个学期,每周4课时或3课时;开设"中国近代经济史"和"中华人民共和国经济史"两门课的,各讲一个学期,每周3课时或2课时。采用本教材开设"中国近现代经济史"课,从开中国近代经济史与中华人民共和国经济史两门课来说,是精简了一门课,但内容上不仅未减少,反而增加了。教学改革要求给学生更多的自学时间,以发挥他们的主动精神,因而必须精简课程与课时。故教学时间不可能增加,且有可能减少。教学内容增加与教学时间减少的这种情况,要求教学内容与教材内容少而精。加强理论分析与理论色彩,将大量史实与过程提炼为理论,这是达到少而精目的的办法。

(3)中国经济发展和中国经济理论发展的要求。中国经济的出路在于走自己的路。这需要有从本国经济发展过程与成败得失经验中抽象出来的经济发展理论作指导。100多年来,由于中国经济和中国经济理论的落后,中国长期没有摆脱搬用外国经济理论来指导本国经济发展的窘境。向西方国家学习经济理论经历了多个阶段。向西方国家学习资本主义经济理论，有成绩，但走资本主义经济发展的道路，在主体部分未获成功。学习苏联的社会主义经济理论，有成绩，也有教训。1958~1978年经济处于基本停滞和徘徊状况，就是与所学的经济理论有关。鉴于这种经验教训，1984年，邓小平在中共"十二大"的开幕词中宣布中国要"走自己的路"。这是一个正确的决策。邓小平确立的经济体制改革目标是建立社会主义市场经济。对于社会主义市场经济，我们既缺乏充分的实践经验，也缺乏系统的理论准备。西方国家发展市场经济已有300余年的历史，对于市场经济的研究比较充分，其中的许多成果值得我们借鉴。这就是为什么许多人都在学习西方经济学的原因。西方国家的市场经济并非社会主义市场经济，西方经济学是从西方国家的经济历史中抽象出来的。其中，有许多东西必然不合中国的国情。照搬西方经济学不能解决中国的经济发展问题，寻求指导中国经济发展的理论，必须采取两条腿走路的办法：一方面学习西方经济学，吸收外国的经验；另一方面研究中国经济发展学，从中国经济的历史事实出发，总结中国的经验，揭示中国经济发展的规律，建立中国经济学。这后一个方面是基础。因为，学得的外国经济理论是用于中国，必须与中国的经验相结合；从根本意义上说，中国经济发展要走自己的路，必须有自己的经济理论作为指导。这种理论只能从自己的历史中抽象出来，从本国经验中抽象出来，并系统化为中国经济发展学。

二、分析理论举例

《中国近现代经济史》以马克思列宁主义、毛泽东思想、邓小平理论作指导，尽可能地汲取国外研究中国近现代经济史的理论成果，同时也凝聚了作者50年来研究中国经济史所形成的部分观点，并使之系统化。它是一本专著性教材。因此，对某些理论观点需要作点介绍。

作者在加强理论分析上所做的努力，主要在两个方面：一是用于分析经济史实的理论；二是从分析经济史实得出的理论概括。在分析理论中，有用于某章某节某个专门问题的，有贯穿于全书的。后者对理解本教材的内容与结构颇为重要。现略举数例如下：

（1）经济现代化两个主要层次理论。经济现代化包括市场化与工业化两个主要层次，市场化是工业化和经济现代化的基础与前提理论。这个理论既与通行的"现代化在经济上表现为工业化"不同，也与"现代化就是市场化"有区别。本书以经济现代化为主线。对经济现代化内含的新解释和用这种认识分析经济现象，给本书带来一些新的观点。例如，用经济现代化包括市场化与工业化的理论观察经济变化，就会发现自然经济结构的瓦解，商品生产的发展，农产品的商品化，国内商业与对外贸易的发展，货币制度的统一与废两改元，地租与财政收支的货币化等，都是经济现代化在前进的表现；就会发现在1842年之前，中国经济已存在经济现代化的因素（萌芽），在向经济现代化方向前进，在走向经济现代化的门槛，中国经济现代化具有内在的基础与动力；就会发现中国近现代时期经济演变的基本趋势是发展、进步、上升，而不是如某些书所描绘的破产、进一步破产、崩溃或倒退、落后、破坏。

（2）过渡性社会经济形态理论。中国近现代时期社会经济形态的过渡性主要表现为多种经济形态并存与经济形态迅速转变。在一个半世纪的时间里，中国存在6种经济形态。在中国的主体部分（大部分地区），发生过3次重要的经济形态转变：从封建经济形态转变为半封建半殖民地经济形态，半封建半殖民经济形态转变为新民主主义经济形态，新民主主义经济形态转变为社会主义初级阶段经济形态。在一个半世纪的时间里，存在这么多种经济形态，经济形态发生这么多次转变，这在世界经济史是绝无仅有的。在这个意义上，1842~1991年的中国近现代经济史是一部经济形态转变史。这是中国近现代经济史的一大特点。在6种经济形态中，封建经济形态和殖民地经济形态在不少国家存在过；半殖民地半封建经济形态仅存在于土耳其、伊朗、中国3个国家，其中以中国的最为典型；新民主主义经济形态是中国特有的，其理论是中国共产党最重要的理论创造；社会主义初级阶段经济形态也是其他国家所没有的，它是中国共产党的另一个重要发现。1842~1991年间的半殖民地半封建经济形态、新民主主义经济形态、社会主义初级阶段经济形态，都是过渡性经济形态。多种经济形态并存与经济形态迅速转变，是中国近现代经济复杂性与过渡性的表现。本书沿着经济现代化这条主线，依时序考察这些经济形态的嬗变与相互影响，考察封建经济形态中经济现代化因素的形成与成长，考察经济现代化在其他 5 种经济形态中的历程与成效，从而比较其优劣，证明新民主主义经济形态——社会主义初级阶段经济形态是最有利于经济现代化的经济形态。

（3）互补理论。互补理论（对立互补理论）是对经济历史的如下现象所作的概括与抽象。历史上的经济都是多元的，而非单一的。多元的，即多个侧面和多个层次。这些侧面和层次之间，矛盾双方既有利益冲突、斗争、竞争的一面，又有互补、利益一致、相互依存的一面。这是一条经济规律。争取实现某种单一经济的努力，在历史上出现过多次。它们或者未能成为现实，或者一度成为现实，但不久又回到多元状态。总之，这种努力未曾成功过。在中国近现代经济史研究中、经济学研究、历史学研究，以及经济工作中，在理论上和思想方法上存在的一种毛病，是对经济的某些侧面和层次之间的关系，只看到对立的一面，而抹煞了互补的一面。这在分析外国资本与本国资本，国家资本与私人资本，市场与计划等的关系上，尤为突出。本书以互补理论分析中国近现代时期经济的各个层次和各个侧面，认为诸如生产力中手工业和机器工业，所有制中的公有制与私有制，经济成分中的个体经济与资本主义经济，私营经济与公有经济，中国资本与外国资本，地区关系中城市与乡村、东部与西部，等等，都存在既竞争又互补关系。当然，它们之间竞争与互补关系的情况各不相同。它们在对立中互补，有的层次且互相渗透与互相转化。把它们之间的关系看成只有矛盾、对立、竞争、排斥，是不符合历史实际的。把这样的观点教给学生，对他们思维方式是有害的。

互补理论的重要内容之一，是在特定历史阶段存在的各种经济形态中，那种最能发挥经济各个侧面与各个层次之间互补作用的，便是最有活力、最有优势的经济形态。用此理论分析中国近现代时期的各种经济形态，发现新民主主义经济形态和1979年以后的社会主义初级阶段经济形态就是这样的经济形态。它们中的互补关系主要是多种所有制、多种经济成分优势互补，共同发展，以适应生产力多层次的结构。多种所有制、多种经济成分同时共存又能共同发展，是这类经济形态独有的特征与优势。在这个意义上，可以称它们为多元互补经济。其他包括资源配置手段中市场与计划的互补等。中国的经济调节手段，在1949～1956年之间，主要是以市场为基础，同时使用计划调控手段，是市场经济加计划的体制，效果很好。1956年以后实行计划经济，市场仍存在，但失去调节作用，是计划经济加市场的体制。此时期经济长期处于徘徊状态。自1979年以后，逐步从计划经济体制转向市场经济体制，目标是市场经济加计划的体制。这个时期经济发展迅速。中国经济增长状态的事实说明，多元互补型经济适合中国国情，单一型经济对经济发展不利。互补经济形态适合中国国情。这是由中国近现代时期社会经济形态的复杂性与过渡性决定的。

三、理论概括举例

（1）三次现代化机遇的丧失。1842年以后中国丧失了三次现代化的机遇。

第一次机遇的丧失是1842～1895年。19世纪下半叶是后进国家追赶现代化先进国家的一次极好的机遇。中国的邻国俄国和日本与中国一样，都是后进国家，同为依附国。在这个时期，俄、日取得现代化的成功。中国清政府与太平天国及之后的捻军长期打仗，一方面交战双方均将大量的人力、物力消耗于战火之中；另一方面战火燃烧的地方，生产力遭受惨重的破坏。清政府在镇压了太平天国、捻军及少数民族起义之后，自诩"同治中兴"，但清政府只想维护统治，对现代化的积极性不高。引进外国机器、技术的洋务活动，多由地方督抚进行。这与同时期俄国与日本的统治集团励精图治，热心现代化，大力推进改革，大不相同。中国与俄国的这种不同，表现在俄国1861年实行农奴制改革及其后国内市场、资本主义工业交通业迅速发展，俄国成为侵略中国并在中国获得广泛特权的国家之一。中国与日本的这种不同，表现在日本1868年实行明治维新及其后国内市场、资本主义工业交通业的迅速发展，在1894～1895年中日甲午战争中中败日胜，中国除割让台湾外，还向日本赔款2亿两白银，赎辽费3 000万两白银。此后，日本用此款项推动进一步现代化，清政府因赔款而陷入财政困境，无力搞大型现代化事业。中日经济的差距越来越大。中国之所以丧失这次良机，主要原因是慈禧太后领导的清政府腐败与外国的侵略，特别是日本发动的侵华战争。

第二次机遇的丧失是1912～1945年。在此期间，在国内，1911年辛亥革命推翻帝制和满洲贵族统治，建立民主共和政体，国内民心大振。资本家阶级的代表人物参加政府，制定了一系列有利于私营工商业发展的政策。国际上发生了两次世界大战，欧洲的一些先现代化国家连续遭到重创。此时是一次新的科技革命（电气工业引起的革命，有人称为第二次工业革命）时期，为中国这类后进国家迅速现代化并赶上先进国家提供了一个极好的机会。与中国同为半殖民地的亚洲国家土耳其，就是在这个时期变成独立国家，并成为经济现代化国家的。在这段时期里，中国逐渐建立起市场经济体制。现代工业增长率高（1926～1936 年，8.3%，1928～1936 年，8.4%）。现代工业（包括矿业）总产值在工农业总产值中占的比重，1920 年为 5%，1936 年为 10.8%。如果连同工场手工业的产值一并计算，则资本主义工业产值占工农业总产值的比重，1920 年为 10% 左右，1936 年为 20.5%。单就工业来看，则工业总产值中的 58.6%，即一半以上是资本主义性质的生产。在交通运输业方面，1936 年在航空、水运、铁路、汽车、人力车、搬运、电信、邮政等总收入 13.5 亿元中，51% 是现代企业经营的。可以说，1937 年日本发动全面侵华战争之前，中国的工业和资本主义经济呈现快速上升趋势。但是，辛亥革命后袁世凯夺取了政权，他一心想当皇帝。袁世凯死后，各地军阀混战。1927 年以后，蒋介石领导的国民政府为了巩固一党执政，把主要精力用于对付国内的异己势力上。日本不允许中国强大，以战争方式对中国现代化进程直接进行破坏和摧毁，使中国经济现代化进程中断。这次良机丧失在袁世凯等北洋军阀领导的民国政府、蒋介石领导的国民政府和日本侵略者手中。

第三次机遇的丧失是 1957～1978 年。1949 年中华人民共和国成立后，国内空前统一。1952 年土地制度改革完成，消灭了封建土地制度，为经济现代化消除一大障碍。同年，国民经济在总体上大体恢复到 1936 年水平，创造了经济恢复速度上的奇迹。这说明新的经济制度充满活力。20 世纪 50 年代后期，美国学者罗斯托等人认为 1952 年的中国经济已具备经济起飞的条件。此时，在先现代化国家产生了计算机等工业，使新的产业革命兴起（有人称为信息工业革命或第三次工业革命）。发达国家将许多劳动密集型产业向后进地区转移。这为后进国家或地区加速现代化提供了机遇。韩国、新加坡和中国的台湾、香港地区（"亚洲四小龙"）是在这段时期实现经济起飞的。另一个邻国日本，在这个时期由战败国一跃而为世界第二大经济强国。中国则从 1953 年起，先是加速完成社会主义改造（比原订计划提前 10 多年），将多种所有制改造为单一公有制经济，同时实行计划经济。接着建立"一大二公"的农村人民公社体制，发动"大跃进"，开展反右派、反右倾、"四清"等一系列政治运动，直至的"文化大革命"，造成经济 22 年基本停滞与徘徊，从而丧失了实现现代化的又一次良机。

（2）经济现代化起步的被动型与嫁接型。世界上各个国家或地区都经历经济现代化过程。它们各具特点，属于不同的类型。对各国各地区经济现代化过程，可以从不同的角度，归纳为不同的类型。从经济现代化起步而言，可以在两个层次上各自区分为两种类型。

从经济现代化的最初推动者或动力而言，世界经济现代化进程发生于欧洲南部、西部的一些国家，然后扩及其他国家和地区。这些国家和地区的经济现代化，有主动的和被动的两大类型。主动型是主权独立国家经济现代化类型。在主权独立国家中，有不少是殖民国家。被动类型是主权不独立或不完全独立国家经济现代化类型。这两种类型的重要区别之一，在于前者是由本国政府依据自己的经济状况采取措施，推动经济现代化进程。后者是在殖民侵略者的压力下，被迫采取经济现代化措施。中国经济现代化属于被动型。

在被动型经济现代化国家中，外来现代化因素与内在因素的关系各不相同。有些国家，在遭遇外来因素之前，经济发展水平较高，外来经济现代化因素与本国传统经济可以衔接。另一些国家，因原有的经济很落后，外来的经济现代化因素与传统经济不能衔接。外来因素与内在因素结合的情况，前者类似植物的嫁接（即将一种植物的枝接到另一种植物上。它们必须是同科的植物），后者则类似移植（将一块土地上的植物移栽到另一块土地上）。其所以会有嫁接型与移植型的区分，主要是各个国家在经济现代化起步时经济发展水平不同。嫁接型的国家是本国有了较高经济技术发展水平和经济现代化因素萌芽。移植型的国家则缺乏这类嫁接的基础（犹如缺乏可用于嫁接的砧木）。就一个国家整体的现代化而言，大体上可以分此两类。就某一国家的具体领域的现代化而言，也有此两类。中国经济现代化的起步，从总体上讲，属嫁接型；就具体领域讲，既有嫁接型的，又有移植型的。中国现代化是有内在因素作基础的。

（3）"之"字形路径。世界上万事万物，其前进的轨迹都是波浪式的，螺旋形上升的。中国经济的发展过程也是这样的。从本书的叙述中，人们可以从不同的侧面、不同的层次看到这种"之"字形路径。下面是三个例证。

一是从中国经济在世界经济中的地位看，中国经济，无论是国内生产总值的总量还是人均占有量，在11世纪，在世界经济中，是最先进的国家。15世纪以后，在世界各国人均国内生产总值的排名中，地位逐步下降。18世纪中叶降到中等发展水平。从18世纪后期起，中国人均国内生产总值降至世界人均国内生产总值平均水平之下。20世纪70年代退到中国国内生产总值占世界国内生产总值的7%以下，中国人均国内生产总值占世界人均国内生产总值的30%以下。80年代以后，无论是前一种数据还是后一种数据，都在迅速上升。1991年，前者升至11.8%，后者升至60%，在世界各国的排名名次随之逐渐前移，朝着回到世界经济先进国家最前列位置的道路前进。预计21世纪中叶，人均国内生产总值将恢复到中等国家的水平，这是一条从最前列—落后—最前列的"之"字路。

二是从市场经济的发展历程看，8世纪（唐代中叶）以后，由于商品经济的发展，市场经济萌芽。这种萌芽逐渐地、曲折地壮大。19世纪40年代以后市场经济迅速发展，至20世纪30～40年代，市场体系与市场机制已基本建立起来。50～70年代，市场经济从萎缩到被计划经济所代替。80年代以后，实行市场导向和以建立市场经济为目标的改革，市场经济逐步恢复与发展。从市场经济的3个主要方面，即市场主体的自立性，市场体系的完善性和运用市场机制的规范性来看，市场经济经历了发展—衰落—恢复与发展的"之"字路。

三是从中华人民共和国经济发展的阶段性看，1949～1956年、1959～1978年和1978年以后所有制结构是从多种—单一—多种，经济体制是市场经济加计划—计划经济加市场—市场经济加计划，经济增长速度是快—慢—快，经济增长质量是好—坏—好，如此等等，呈现多个明显的"之"字形。

（本文原载于《中南财经政法大学学报》2002年第3期）

让中国经济史学研究的理论色彩更浓厚一些

我想就进一步加浓中国经济史学研究的理论色彩问题谈点认识,请诸位指正。

一、经济史学发展需要理论的指导

研究经济史的直接目的,是分析经济生活演变的历史进程,总结经验,探索规律,从了解过去,来认识现在,启示未来。没有理论分析和理论结论,是达不到这个目的的。

中国经济史学科发展的进程表明,学科的每一次重大进步都是以理论为先导的。例如,20世纪初,随着引进西方的经济学理论、历史学理论、社会学理论、地理学理论以及经济史学理论等,推动了中国经济史从传统型向现代型转变,现代形态的中国经济史学得以产生。1949年之后,随着马克思主义在整个社会意识形态中占据主导地位,中国经济史进入了一个以马克思主义为指导的发展时期。到了1978年以后,随着改革开放,又从国外引进了大量与经济史学有关的理论,中国经济史进入了一个形态多元的繁荣阶段。可见,经济史学的发展需要理论的开拓。我和在座的各位,都会有如下的切身体会:研究一个问题,当在理论上有了新的见解之后,就像打开一个新的窗口,扩大了视域,从而获得新的认识,取得新的成绩。否则,便会陷入窘境。在这方面,我既有经验,也有教训。这里介绍在经济史的分期与断限问题上的一点体会。1954年到1955年,历史学界开展中国近代史分期讨论时,一致的观点是以1919年的五四运动为界,在此之前为中国近代史,之后成为中国现代史。当时,我学习了社会形态理论,便把它运用在历史分期问题上,并在1955年的一次学术研讨会上提出,历史时代的基本内涵应该是社会形态,中国近代史的内涵是半殖民地半封建的社会形态，中国现代史内涵是新民主主义社会形态。因此，中国近代史和中国现代史的分界线应该是1949年，也就是说1949年是中国近代史的下限即终点，是中国现代史的上限即起点。我在1957年给学生讲"中国近代国民经济史"课时，就讲到了1949年。1958年出版、由我主持的《中国近代国民经济史讲义》是以半殖民地半封建经济形态的形成、演变与崩溃为基本线索的，也写到了1949年。该书出版后，在国外，日本、美国的学者相继全文翻译或节译。在国内，受到同行的鼓励，在大学的经济系和部分历史系，"中国近代经济史"课讲到1949年，而"中国近代史"课仍旧是讲到1919年。这样，在"中国近代"的下限问题上，中国近代经济史先行了一步。也是基于社会形态理论1958年，我认为新民主主义社会已于1956年终结，可以作为史学研究的对象了。所以自1958年起，我开始了对1949年到1956年经济历史的研究，也就是对中华人民共和国经济史的研究。1959年开设的"中国现代经济史"（"中华人民共和国经济史"）课讲到了1956年。这样，在"中国现代"的下限问题上，中国现代经济史比中国现代史又先行了一步。到了1983年，我们看到1978年开始的经济体制改革，使中国的社会形态特别是社会主义经济形态发生了阶段性的变化。它的第一阶段已经结束，从而成了历史学研究的对象。于是我们着手对它的研究。1989年出版的我们集体编写的书——《中华人民共和国经济史》第1～4卷，写到了1984年。对于我们的这种做法，南开大学郭士浩教授称之为跟随论，中国社科院董志凯研究员称之为沉淀论。在他们的启示下，我将这种做法概括为"跟随论与沉淀论的统一"，这也算是一种理论吧。根据这种理论，我们继续研究中华人民共和国经济史1999年出版的《中华人民共和国经济史》第5卷，写到了1991年。现在正在研究1992年至2001年的经济史。

可见，不论是对于经济史学整个学科建设，还是对于经济史作个别问题的研究，都需要理论的指导。

二、经济史学科理论的内容

经济史学科的理论，大体上可以分为两类：一类是与这门学科研究对象有关的理论，如自然经济史理论、市场经济史理论、土地制度史理论等。另一类是与这门学科本身有关的理论，诸如经济史学科对象的理论、经济史学科任务与社会功能对象的理论、经济史学科研究方法与叙述方法的理论，等等。前一类属于经济史学的一般理论，后一类属于本学科的专门理论。我将前者称为"经济史论"，后者称为"经济史学概论"。下面的经济史学科的结构图，表明了它们在经济史学科中的地位。

$$\text{经济史学科}\begin{cases}\text{经济史学}\begin{cases}\text{经济史}\\\text{经济史论}\end{cases}\\\text{经济史学概论}\end{cases}$$

（1）在"经济史学科"中，"经济史学"是主体。在"经济史学"中，"经济史"是主体。"经济史"的研究对象是经济事实（在这个意义上，也可将"经济史"称之为"经济史实"）。一切经济史理论都是从研究经济事实中得出的，一切经济理论也是从研究经济事实中得出的。"经济史"是经济史理论的基础，也是经济理论的基础。"经济史"担负着出经济史理论也就是经济理论的任务。所以，在"经济史学科"中，"经济史"是最重要的，经济史工作者的大部分力量就用在"经济史"上。"经济史学科"理论色彩的浓与淡，主要表现在"经济史"论著中。

（2）"经济史论"中，"论"是从经济史（经济史实）中抽象出来的，其成果是一种理论形态，采取理论逻辑。它表现为多个层次，常见的有两种。一种是介于史实与史论中间的，如对整个中国历史时期（通史）或其中的某个长时段、某种社会经济形态中的经济、经济领域、经济现象作理论的分析和概括（正是在这个意义上，我又将它称为"经济史通论"）。其成果采取理论逻辑与历史逻辑相结合，但以理论逻辑为主的形式。傅筑夫《中国古代经济史概论》，李文治、江太新的《中国地主制经济论》，属于这一类。还有许多经济史著作和论文，如梁方仲的《一条鞭法》，傅衣凌的《明清时代商人及商业资本》，方行的《中国封建经济论稿》等，虽然没有采取理论逻辑的体裁，却从分析具体经济史实中得出了重要的理论结论，具有浓重的理论色彩。我从学习傅衣凌先生著作中的中国传统社会"弹性论""多元结构论"和"明清社会变迁论"中，得到了重要的理论启示和使人愉悦的理论享受。这些作者，由于生活在中国的经济环境中，对中国社会经济生活有亲身的体验；他们创造的理论是从中国经济史中抽象出来的。在这种情况下产生的理论，符合中国经济的实际，与中国经济史实没有隔膜，所以适用于指导中国经济史研究，对分析中国的现实经济也最有用，这是这种理论的最大优点。同时，这种理论形态的成果容易走向世界，也为外国学者所重视，最能使中国经济史学者在国际经济史学界发出中国的声音。傅筑夫的《中国古代经济史概论》，"是为了要译成外文"（应美国学者之约）而写的。王亚南、梁方仲、傅衣凌等先生的论著，或被多国学者译成多种文字，或受到多国学者的推崇，就证明了这一点。

还有一种是纯粹的理论形态，完全采取理论逻辑。这类著作的代表，在国外，有希克斯的《经济史理论》、诺斯的《经济史中的结构与变迁》。在国内，有王亚南《中国半封建半殖民地经济形态研究》、胡如雷《中国封建社会形态研究》。这类经济史论著中所提出的理论，是理论经济学中诸理论的直接来源和组成部分。恩格斯在马克思的经济学代表作《资本论》的英文版序言中写道：马克思"这个人的全部理论是他毕生研究英国的经济史和经济状况的结果"。经济学史证明，不仅是马克思的全部理论，而且是所有含有真理成分的经济理论，无一不是研究经济史与经济现状的结果。诺斯在经济史研究的基础上概括出制度经济学，希克斯从经济史发展的过程中概括出市场经济是经济发展的必然的趋势，这些从经济史中概括的理论已成为当代理论经济学的重要内容。历史出科学，经济史学担负着出经济理论的任务。

（3）"经济史学概论"以经济史学为研究对象，它是一门关于经济史学这门学科的学问。这门学问包括两个基本部分：什么是经济史学和怎样研究经济史学。前者主要回答四个问题：经济史学研究什么、经济史学的构成、经济史学的功能和经济史学的历史；后者回答的主要问题也是四个：研究经济史学的工作程序、研究经济史学的理论与方法、经济史学研究成果的表述、经济史学研究工作者应具备的素养，这八个问题都需要由理论来回答。对于经济史学研究工作者来说，了解什么是经济史和如何研究经济史学，其意义在于能提高研究工作的自觉性。如若不了解什么是经济史和如何研究经济史学，研究工作就可能处于盲目状态。

从经济史学科的结构与内涵的分析中，可以看出，理论本是经济史学科的重要组成部分；理论研究是经济史学研究题中应有之义，是经济史学科发展的内在需求；"产出"理论是经济史学的功能，是经济史学研究者应尽之责，而不是"分外之事"①（正是在这个意义上，我说经济史学是理论经济学的基础学科）。经济史学研究者如若没有尽到这个应尽之责，他的研究成果中就缺乏理论色彩。本行人读起来便会枯燥乏味，外行人从中不会受益，不感兴趣，经济史学科不被重视也就成为必然的下场。

三、经济史学理论的现状有值得改进之处

关于经济史学理论的研究，近年来有了很大的发展，经济史学研究成果的理论色彩越来越浓。这是一种令人鼓舞的趋势，但仍有不足之处，这主要表现在三个不平衡上。

（1）经济史学科由经济史学和经济史学概论构成。近30多年里，经济史学研究硕果累累，经济史学概论的研究也有进展，在前述的八个问题中，较多涉及的是对象和方法问题，对其他六个问题，特别是对它的历史即本学科的学术源流的关注明显不足。这是一种不平衡。

（2）经济史学由经济史和经济史论构成。前者回答是什么，后者回答为什么的问题。近30多年里，经济史研究成果厚重，但是相应的理论概括和理论抽象却显得单薄一些。这两个方面的发展颇不平衡。

（3）经济史理论是一个开放的世界性的体系，既有中国人创新的，也有外国人创新的。中外经济史理论不平衡有两种表现：第一，由于前面的两个不平衡，导致中国学者提出的理论层次比较低，像希克斯、诺思那样的高层次的理论抽象，在中国经济史学界尚未出现，中国人的理论与外国人的理论发展不平衡。第二，在此情况下，向外国的同行学习我们缺乏的、具有科学性的理论，是理所当然的事。可是，有一些学者偏好甚至只看到外国经济史学理论，轻视甚至忽视中国经济史学者的理论，这也是一种不平衡。

近30多年的事实证明了：并不是所有外国学者提出的经济史理论都是正确的；并不是所有外国学者提出的经济史理论中正确的部分都适用于中国的情况。据此，我们应取的态度是：认真学习外国的经济史理论，更要认真分析这些理

---

① 参见拙作《经济史学：理论经济学的基础学科》，载《中南财经大学学报》2002年第3期；赵德馨：《经济史学概论文稿》，经济科学出版社2009年版，第140~149页。

论。第一，看看它本身是否正确，不要看到国外某人提出了某种理论，就宣传它如何如何了不起。第二，要看看这些理论产生的环境背景，它是否适合中国的情况。某些人拿来西方的理论，生搬硬套来研究中国经济史，削足适履，效果并不好，这是一种教训。

30多年来，与大量引进外国学者的理论相伴随的，是不断有中国学者在做上述分析工作。他们在研究成果中严肃地指出：某国某些人的某个理论，被中国某些人认为是什么什么创见，实际上只不过是对旧概念换上了一个新名词；某国某些人的某个理论，被中国某些人视为新论，可在论据和论证上存在严重缺陷；如此等等。这种分析工作，大大地提高了中国经济史学者的理论识别能力，提高了批判地学习和有选择地吸取的自觉性，减少了轻率地搬弄的盲目性，有助于将引进的外国理论中国化，这是一个可喜的现象。

对于解决中国经济史研究的指导理论来说，大量引进外国学者的理论并对它们作上述分析工作，起了很好作用。但根本的出路在于，中国的经济史学者要从中国经济史中抽象出中国的经济史理论，用来指导中国经济史学的研究工作。因为这种理论是从中国实际中抽象出来的，符合中国的情况，用来指导研究中国的经济问题，才是最有效的。

四、经济史研究工作中理论的进与出

在"经济史学科"中，第一层次中的"经济史学概论"和第二层次中的"经济史论"，因为都属于"论"，其成果都采取理论逻辑的形式，都是理论思维的产物，所以不可避免地带有理论色彩（它们的区分在于：一个是研究经济史这个属于客观事物的知识，另一个是研究经济史学科这个属于主观事物的知识）。"经济史"的情况稍有不同，因为它们研究的是经济事实，对经济事实的研究与表述可以有多种方法和形式。在抽象的学理上，主要的有三种：第一，考证的方法，考证某种经济事实是什么（它的原样或状态）。第二，叙述的方法，叙述某种经济事实的状态或演变过程。第三，分析的方法，分析某种经济事实的演变机理。这三种形式和方法对理论的需求程度不同，成果的理论色彩也不同。在实际生活中，这三种形式有时出现在同一论著里。其中，占主导地位的是第二种与第三种的结合，即寓分析于叙述中，夹叙夹议，在分析中得出结论。这些结论都会带有程度不同的理论色彩，这就是"论从史出"。

在这个过程中，研究者之所以能作出分析，是因为他已掌握了某种理论。我们在《社会科学研究工作程序》一书（与周秀鸾合著，中国财政经济出版社1987年版）中说，包括经济史学在内的社会科学，其研究工作程序，一般来说，是在选题之后，学习前人成果和理论，而后搜集资料，实地调查，整理资料，分析综合，得出结论。在这个过程中，先是学理论，带着前人的理论进入研究过程；后是在研究过程结束时，要出研究的结论，结论中应有新理论或新的理论观点。这就是说，在研究工作中，理论有个一进和一出的过程。60年来，我的体会是，进易出难。因为，要进的，是别人的理论，是现成的东西，你吸取就可以了。要出的，是自己得出的新理论，它是创新的成果。对于经济史研究中该不该运用理论和如何运用理论的问题，也就是"进"的问题，我认为已经基本上解决了。现在需要着重研究的，主要是在研究中如何出理论的问题。

我自诩一直在追求出理论，也自认为在这方面的努力取得了某些成果，问题是所出的理论的层次不高，且不系统。其所以成效不大，自己总结的教训有三条：一，年青时，在这个方面自觉性不高，自信心不强，没有树立高的追求目标。二，在课题设计时，往往没有提出要求证的理论假设。三，理论修养浅薄，没有注意培养和锻炼抽象思维能力。基于自己的教训，在出新理论方面，我产生了三点想法与建议。

第一，提高创新理论的自觉性，解放思想，增强信心，为自己树立高目标，并终身追求之。在创新理论方面，我们应该有信心。因为：

一，我们的前辈已经给我们树立了榜样和优良的传统。说远一点，老子、孔子、孙子等，在伦理学、哲学、军事学等领域创新理论，表现出了高度的抽象能力，他们创造的理论成果，虽然只几千字，但已传遍全世界。说近一点，在本领域，梁方仲、王亚南、胡如雷、傅筑夫、傅衣凌、吴承明等先生，其著作中都有大量的经济史理论观点，或者有经济史理论专著。他们的理论已经在世界经济史坛中产生重要的影响，是经济史中国学派的先行者。这说明中国经济史学者具有很强的理论创新和抽象思维能力。创新理论并不神秘，只要解放思想，在理论创新上"人皆可以为尧舜"。理论创新不是外国人的专利。

二，当今世界范围内，经济史学与理论经济学的结合，是一种明显的趋势。经济史的经验可以成为检验理论正确与否的根据，并进而提出新的假设，修正已有的理论，深化和引领理论研究。另外，理论可以作为方法，为经济史研究提供分析工具，从而深化对历史的认识，并进而发现新的问题指引经济史研究。经济史学与经济理论学的紧密结合，已成为20世纪30年代以来的重要趋势之一[①]。在新的条件下，经济理论学家力图从全部经济史中寻求新的经济观念，并给经济史实以新的解释；经济史学家则力图将经济史实的研究成果升华为理论，并建立或重构新的经济理论。这种结合促使经济学中产生一些新的理论、学派和分支学科。关于这种趋势在国外的表现，我在《经济史学与经济理论学的有机结合》一文中有所阐述叙说。在国内，一批经济史学家出了许多经济理论（刘大钧、王亚南等在20世纪30~40年代研究中国近代经济历史变迁的过程中，就得出过关于工业化、都市化、城乡关系、劳动就业、国民收入、资本形成、资金流向等一系列有见地的理论观点）；一批理论经济学家转向经济史研究（特别是在他们的晚年），出了许多经济史著作（如许涤新、苏星等）。这种结合使经济史成果的理论色彩大为浓烈。

近几年里，一批中国经济史学者，在多个国际学术研讨会上，发表了有份量的理论文章和意见，显示了高度的自信心。这是非常可喜的现象。

第二，改进研究方法。在课题设计时，要提出求证的理论假设。也就是说，研究一个问题，从一开始，就要设定出某种新理论的假设。研究工作过程中求证与分析，在研究工作结束时，或证实了原有的假设，或部分地修正了，或全部推倒了原有的假设，得出了新的理论性结论。这些新的理论性结论多种多样。从理论层次而言，有的低，有的高。就涉及的范围而言，有的大，有的小。有的只是就研究对象做出新的理论性结论，有的提出一个新的理论观点，有的是对问题进行了新的理论阐释，有的是创立一种理论体系，所有这些都是理论创新。

要在课题设计时能提出求证的理论假设，这与题目的类型有关。吴承明先生说："经济史是研究一定历史时期的经济是怎样运行的，以及运行的机制和效果。这就出现经济理论问题。经济理论是一定的经济运行的抽象，但不能从抽

[①] 赵德馨、李洪斌：《经济史学与经济理论学的有机结合——当代经济学发展的趋势之一》，载《经济学情报》1995年第2期；引自《赵德馨经济史论文选》，中国财政经济出版社2002年版，第764~775页。

象还原出实践。在研究经济史时，一切经济理论都应视为方法，思维方法或分析方法。"吴承明先生在这里想要强调的是："在研究经济史时，一切经济理论都应视为方法。"我从他的这段话中得到的启示是，涉及经济运行的机制和效果，对理论的需要更迫切，也更能出新的理论。因此，题材和分析研究不要止于考证和叙述，不要止于是什么和过程，而要深入到为什么和经济运行的机制与效果，这就比较容易出新理论了。这是在课题设计时能提出求证的理论假设的题型事例之一。相关的事例还很多。研究个案需要理论，也可以出理论，研究整体需要理论，也可以出理论，但相对而言，研究整体对理论的需求更迫切，也更能出新的理论。类似的情况，也存在于微观与宏观、断代与贯通之间。

第三，培养理论创新的能力，特别是提高抽象思维的能力。在这方面，我的体会是，多读理论论著，读多种流派的理论论著，多在研究实践中运用理论，运用多种理论，朝着出理论的方向去用功夫。这里说的理论论著，大体上包括两个部分：一是一般理论，其中重要的是哲学、经济学、历史学、社会学等学科的理论论著。二是经济史学专业理论，也就是前文说的经济史学概论和经济史论。前一类是基础性的，后者与经济史专业直接相关，也很重要。我当研究生时，限于当时的条件，没能接触到什么是经济史、如何研究经济史学以及经济史论这些知识，这使我的研究工作在很长时期内处于缺乏理论指导的状态，走了许多弯路。据一些同行青年说，他们现在也与我当年的情况一样。另一些同行青年则说，他们既上了经济史概论的课，也上了经济史理论课。他们比我要幸运得多，令我羡慕。我向他们表示祝贺。他们有了这样的理论基础，加上理论创新自觉性的提高，将来在理论创新上一定会做得很好。这使我对中国经济史的理论创新充满信心，中国经济史研究成果的理论色彩将会更浓厚，中国经济史的理论必将更多地走上世界经济史论坛！

（本文原载于《中国社会经济史研究》2013年第1期）

中国需要一门中国经济发展学

中国是一个发展中的社会主义大国。谋求经济发展,是中国面临的一项长期艰巨任务。我们认为,借鉴现有各种经济发展理论,从经济发展的角度对中国经济问题进行研究,较系统地总结中国经济发展的特点和规律,对于推动中国的经济发展是十分必要的。中国需要一门中国经济发展学。

一、发展经济学的发展需要中国经济的发展

(一)建立中国经济发展学符合发展经济学研究的国别化趋势

建立中国经济发展学,并不是要创立一门独立于一般经济发展理论之外的特殊学科。本文所说的中国经济发展学,属于发展经济学中的"个案"研究。

第二次世界大战以后,随着发展中国家的兴起,发展经济学作为一门独立的学科开始逐渐形成。发展经济学以发展中国家的经济发展为研究对象,探寻发展中国家贫穷落后的原因,研究经济发展的各种条件,探索经济发展的战略对策。这门学科之于发展中国家的价值,可以说是不言自明的。

然而,现实状况却不能让人满意。在经济发展理论研究方面首先起步并始终居于主导地位的西方经济学界,发展经济学在经历了 20 世纪 50~60 年代兴旺发达的情景之后,不仅未能随着实践的发展而走向成熟,反而出现了停滞的趋势,甚至面临着所谓生存危机。这种情况暴露出西方发展经济学所存在的一些严重缺陷。

有一种意见认为,西方的经济发展理论之所以存在着欠缺,一个重要的原因,是西方学者只能从外部来观察和研究发展中国家,由于种种条件的限制,他们往往产生认识上的偏差。这种看法虽不无道理,但也不应一概而论。实际

上，西方的一些发展经济学家，或有在发展中国家工作和生活的经历，或长期专注于某些国家的研究，对某些不发达地区的现实和历史，有相当深入的了解。他们的一些理论模式，应该说是有一定的经验事实作为支撑的。我们认为，西方发展经济学之所以陷入困境，主要是由于西方发展经济学家的理论模式，只是从相对狭窄的区域的实践经验中提炼出来的，而他们往往从这种理论模式出发，去建立一套旨在说明经济发展问题的一般理论。这种理论在更大的范围内加以运用时，必然会遇到许多难以解决的问题，以致表现为这种理论解决不了发展中国家经济发展的问题，显得无用或用处不大。

发展中国家的经济发展，既有某些共同处，又有各自的特点。各类发展中国家经济发展过程和特征的某些相似性，意味着一般经济发展理论的存在。以国情特殊而否定一般发展理论的存在是不妥的。但是，普遍性寓于特殊性之中。各个发展中国家的具体环境极不相同，其历史起点，历史传统、社会性质、发展阶段、经济体制、政治制度、地理环境、资源条件等，存在着极大的差异。在对个别的各种类型的发展中国家缺乏系统深入研究的情况下，是很难建立起能反映所有发展中国家经济发展规律的一般理论的。半个世纪以来，尽管许多发展经济学家企图找到适合于所有发展中国家的一般理论，但这些理论都无法概括不同类型的发展中国家的差异。事实表明，迄今为止，建立一般经济发展理论的目标，仍有待于今后的努力与成功。恩格斯在1877年写《反杜林论》中的政治经济学部分时指出："人们在生产和交换时所处的条件，各个国家各不相同，而且在每一个国家里，各个世代又各不相同。因此，政治经济学不可能对一切国家和一切历史时代都是一样的。……谁要想把火地岛的政治经济学和现代英国的政治经济学置于同一规律之下，那么，除了最陈腐的老生常谈以外，他显然不能揭示出任何东西。因此，政治经济学本质上是一门历史的科学。它涉及的是历史性的即经常变化的材料；它首先研究生产和交换的每一个发展阶段的特殊规律，而且只有在完成这种研究以后，它才能确立为数不多的、适合于一切生产和交换的、最普遍的规律。"[①] 恩格斯的这个观点，对发展经济学也是适用的，只是范围限于发展中国家罢了。

发展经济学的命运取决于其社会功用。在建立一般理论模式的条件尚不成

---

① 恩格斯：《反杜林论》，引自《马克思恩格斯选集》第3卷，人民出版社1972年版，第186~187页。

熟的情况下，有必要就不同的发展中国家，尤其是具有典型意义的两大类发展中大国开展研究，给发展经济学奠定扎实的基础与增添新的活力。20世纪80年代以来，西方发展经济学的最新走势之一，是从一般理论研究转向"类型学"研究，即从普遍规律的探讨，转而注重对不同类型的发展中国家作分组或国别的研究。在此方面，西方一些发展经济学家，如库兹涅茨、钱纳里、拉尼斯、克鲁格、石川滋等，已做了不少工作。不过，从总体上说，这种分类或国别的研究，目前还处于初期阶段。这突出地表现在：在资本主义制度与社会主义制度两大类发展中国家中，他们只研究了一类即前者，而将另一类即后者舍弃在视野之外；在后一类中，又对其中最大的一个国家即中国的经济发展过程不甚了解。

我们认为，在目前的条件下，由着力于建立一般发展模式转为着力于国别或类型研究，是经济发展理论研究中的一个积极趋势，也是发展经济学走向成熟的一个必经阶段。以中国经济发展的特点和规律为研究对象的中国经济发展学，理当成为这种国别研究中的重要组成部分。有人担心注重国别研究会使发展经济学这门学科归于比较经济研究的范畴而逐渐走向消亡。在我们看来，这种担心是不必要的。发展中国家都处于经济发展的过程之中，对发展中国家的经济发展进行国别研究和相互之间的比较，不但没有改变这门学科的研究对象，而且能使我们从中抽象出共同的规律和各种特殊的理论模式，这正是一般经济发展理论赖以建立的基础。

（二）发展经济学理论的检验与丰富有赖于中国经济发展学的建立

建立中国经济发展学，还能通过中国的经济事实，检验各种经济发展理论的得失，使我们正确地认识和对待发展经济学中的理论成果，使之更好地为我国的经济建设事业服务。按照一般的看法，发展经济学中存在着结构主义、新古典主义和激进主义三种分析思路。中国经济发展的实际过程及其中积累的经验教训表明，持结构主义思路的发展经济学家对发展中国家社会经济结构的特殊性作了较为深刻的概括和描述（如国民经济的二元结构、经济生活中的非均衡状态、市场体系不完全等），但他们的理论模式和政策建议，却存在着过于强调依靠计划化、国有化、资本积累和进口替代以开展工业化建设，而忽视市场机制、农业进步、人力资本和对外贸易的作用的严重缺陷。持新古典主义思路的发展经济学家把价格机制视为经济发展的重要机制,强调市场在资源配置中的重要作用,赞赏自由竞争而批评垄断控制,主张发展中国家政府的作用应限制在提供必不可少的服务方面。从中国改革前后经济发展的实践来看,持这种思路的发展经济学家在这些问题上的一些论述是较为深刻的,对中国的经济发展有不少启发作用。但是,这些发展经济学家对发展中国家经济结构和组织制度上的特殊性却重视不够,没有注意到发展中国家的体制和环境往往导致"市场失效"。他们虽提出应使市场经济完善起来,但对影响这一问题的经济制度和产权关系,又缺乏分析和论证。这样,他们以市场机制的作用等问题的论述,往往有脱离实际之嫌。另外,持新古典主义思路的发展经济学家把经济发展视为渐进的、和谐的过程,这一点与中国经济发展的事实也相距较远。持激进主义思路的发展经济学家强调穷国和富国之间的不平等地位和利害冲突,提出了发达国家与发展中国家的"支配—依附"关系。这些发展经济学家的思想虽有许多可取之处,但他们对制约经济发展的国内因素和发展对外经济关系的问题却缺乏足够的重视。中国经济发展中积累的丰富的材料,对激进主义经济发展理论的长处和短处同样能给予很好的说明。总之,用中国经济发展的事实对各种经济发展理论进行检验,有助于发展经济学的发展和完善,也能使我们正确地掌握和运用各种理论成果。但是,对发展经济学中的各种理论模式进行细致的检验,有待于对中国的经济发展问题作深入系统的研究,有待于中国经济发展学的建立和发展。

建立中国经济发展学,还可以从中国的经济发展实践中抽象出理论模式,从而丰富发展经济学的内容。中国在长期经济发展中遇到的许多问题,如政府在经济发展中的作用,制度因素对经济发展的影响,企业组织形式与经济发展的关系,农村家庭经营方式与农业资源、商品市场发展的关系,自力更生与对外开放的关系等,它们在发展经济学的研究中都具有十分重要的理论价值。对这些问题在较高的理论层次上加以概括和抽象,可以加深我们对经济发展规律的认识。迄今为止,发展经济学界对发展中的大国,特别是发展中的社会主义大国,还缺乏系统深入的研究。只有对中国这样具有典型意义的发展中的社会主义大国的经济发展进行研究,抽象出其特殊的发展规律和起飞条件,才有可能克服发展经济学中视野狭窄和理论不全面的缺陷,推动发展经济学的发展和完善。

二、建立中国经济发展学是中国经济发展的迫切需要

中国地域辽阔，人口众多，历史悠久，长期独立发展，具有典型的大国特征。新中国成立后，中国的经济建设虽取得了很大成就，但至今还没有摆脱贫穷落后的状况，仍处于由传统经济向现代经济转化的过程之中。中国是一个发展中国家，中国又是个社会主义国家，是上述两大类发展中国家中一类的典型代表。建立中国经济发展学，系统地研究中国经济发展的特点和规律，有益于中国经济的健康顺利发展。

中国的社会主义经济建设需要经济理论的指导，这是没有疑义的。但是，究竟应以什么样的经济理论作指导，在这个问题上，我们有过丰富的经验与教训。在较长一段时间内，我们较多地从国外搬来理论。或者是从"东方"的社会主义国家引进经济理论，或者是从"西方"某些国家搬来它们现成的经济学说。无论是东方国家的经济理论，还是西方国家的经济理论，其中的一些概念、观点和方法，特别是关于现代化大生产和市场经济的论述，是可资借鉴的。但是，从本质上说，它们都是别国经济运行过程的抽象和经济工作的总结，其研究的对象，与中国经济有很大的差异，因而不可能对中国经济建设中的一系列问题提供直接的答案。40多年来的实践证明，搬用别国的经济理论，难以有效地解决中国经济建设的问题，造成了不小的损失。中国经济建设的成就，是在从中国经济实际抽象出来的理论（诸如新民主主义经济理论、社会主义初级阶段经济理论）指导下取得的。

中国同其他发展中国家同处于经济发展的过程之中，又是在相似的国际环境中谋求经济发展的。因此，对于发展中国家的经验教训，以及在此基础上形成的各种经济发展理论，必须予以高度的重视。但是，我们在借鉴这些理论（如资本形成、人力资源开发、技术进步、人口流动、外资利用、外贸发展、计划与市场的关系等）时，必须从中国的实际出发，重新予以审视。而且，如前所说，目前的各种经济发展理论，只是在相对狭窄的实践基础上提炼出来的，一般来说，并不带有普遍意义，何况这些理论的概括范围，并不包括社会主义中国。这就要求我们在借鉴国外各种经济发展理论的同时，必须着力研究中国

经济的发展过程，建立以中国经济发展的过程特点和规律为研究对象的中国经济发展学。只有这样的理论体系，才能解释和说明我国所面临的各种经济问题，才能用于直接指导我国的经济建设。

三、从中国经济发展的历史中吸取养料

研究中国经济发展问题，不能从固有的概念和理论模式出发，而应从中国经济发展的实际出发，从研究中国经济发展的过程和状况出发。这样，经济史作为研究经济发展理论的基础学科，也就显示出其重要的地位。

经济史学与经济理论学在新的基础上的有机结合，是20世纪30年代以来经济学发展的重要趋势之一[①]。在新的条件下，经济理论学家力图从全部经济史中寻求新的经济观念，并给经济史实以新的解释；经济史学家则力图将经济史实的研究成果升华为理论，并建立或重构新的经济理论。这种结合促使经济学中产生一些新的理论、学派和分支学科。从这个角度考察，发展经济学是一个特定的领域——发展中国家经济——这种结合的结晶，或者说，发展经济学是研究发展中国家经济史的理论结晶。顺便指出，中国的一些经济学者，如刘大钧、王亚南等在20世纪30~40年代研究中国近代经济历史变迁过程中，就得出过关于工业化、都市化、城乡关系、劳动就业、国民收入、资本形成、资金流向等一系列有见地的理论观点，对后来的发展经济学的建立作出了中国学者特有的贡献。

在《简明不列颠百科全书》"经济学"条目中，用了下述一句话来描述发展经济学："发展经济学和上述的微观经济学与宏观经济学同属于经济学的三个主要派生领域，它类似经济史，企图解释经济体系随着时间的推移所发生的变化。"[②] 发展经济学"类似经济史"，这表明两者的密切关系。值得补充的是，一方面，经济史学萌生很早，19世纪中叶已成为一门独立的学科，而发展经济学作为一门研究经济发展的学科，形成于第二次世界大战以后；另一方面，经济发展作为一个过程，却不是"二战"以后才有的事实，或远非只有半个世纪的

---

① 参见赵德馨、李洪斌：《经济史学与经济理论学的有机结合——当代经济学发展的趋势之一》，载《经济学情报》1995年第2期。
② 中美联合编审委员会：《简明不列颠百科全书》第4册，中国大百科全书出版社1985年版，第423页。

历史。经济发展，就其狭义或发展经济学上的含义而言，可以说是一个以机器大生产为基础的现代经济取代以手工生产为基础的传统经济的过程。20世纪中期，已经或接近完成工业革命的西方列强侵入中国，使中国由一个独立的封建社会逐步沦为半殖民地半封建社会。中国人民在反对西方国家侵略的斗争与向西方先进事物学习的过程中，建立了机器生产这种现代化的生产形式。19世纪六七十年代以后，清政府举办了一系列现代军工、民用企业，私人资本也逐渐涉足现代化企业的经营活动，由此开始了中国经济发展的新历程。中国经济现代化虽起步较早，但其步伐却很缓慢。到1949年，中国的机器工业产值在工农业总产值中仅占17%，加上工场手工业，也只有23.2%。1949年新中国的成立，意味着中国的经济发展出现了重要转折，但从本质上说，在此以后中国的经济仍处于经济发展的过程之中。一部中国近现代经济史，实际上正是一部经济发展，即由传统经济向现代经济转化的历史。我们认为，研究中国经济发展学，必须从整个中国经济发展的历史中吸取材料，而不应将经济发展的时限仅仅局限于新中国成立以后。也只有这样，才能使我们全面地了解中国的经济发展过程，加深我们对中国经济发展的规律和特点的认识。

中国近现代经济史是一门以从中英鸦片战争直至当前阶段中国经济发展演变的过程及其规律为研究对象的学科。其中既包括以中国国民经济整体即生产力与生产关系矛盾统一演进过程及其规律为研究对象的国民经济史，又包括以中国特定的经济部门、行业、企业、地区、家族的经济演变过程为研究对象的各种专门经济史。研究中国近现代经济史，了解中国经济发展的过程，对于中国经济发展学的建立具有奠基的意义。

首先，了解中国经济发展的历史，是进行中国经济发展问题理论研究的基础，是中国经济发展学建立与发展的首要条件。反映中国经济发展规律的理论模式，只能从中国经济发展的事实中抽象出来。经济史学是经济学的基础学科，离开了经济史，即离开了对经济发展演变过程的研究，不可能抽象出正确表述经济规律的理论。马克思写《资本论》，研究资本主义经济规律，是以英国为典型的。恩格斯认为，马克思的"全部理论是他毕生研究英国的经济史和经济状况的结果"[①]。马克思如果不作这番研究，就不可能揭示资本主义经济发展的规律

[①] 马克思：《资本论》，引自《马克思恩格斯全集》第23卷，人民出版社1972年版，第37页。

和英国经济发展的特点。包括我国张培刚教授在内的发展经济学的奠基者与发展者，他们提出的并为经济发展证实的正确理论或观点，无一不是从经济发展历史实际中抽象出来的。在发展经济学的历史上，大概没有不研究经济史而能在发展经济学理论上有所建树的发展经济学家。同样，如果不研究中国经济发展的历史，也不可能揭示中国经济发展的规律，不可能建立起中国经济发展学。

其次，研究中国经济发展史，有助于弄清中国经济发展中经济因素和非经济因素的关系。经济发展是一个错综复杂的过程，影响经济发展的，既有经济方面的因素，又有各种非经济因素，如政治制度、社会结构、历史传统、文化状况、地理环境等等。对于中国这样一个历史悠久、人口众多、幅员辽阔的大国来说，情况更是如此。经济发展过程的叙述不可能是纯经济的，它必然要涉及许多非经济方面的事实。中国近现代经济史在研究生产力与生产关系的矛盾运动过程时，为了说明各种各样的经济现象，必然要考察上层建筑、意识形态、历史传统、战争等在经济发展中的作用，它提供了一个极好的方法与图像，使我们了解到经济因素和非经济因素是怎样相互作用、相互影响的。可以说，不掌握历史事实，不了解历史经验，就难以对经济发展问题进行正确的理论分析，就难以建立反映中国经济发展特点的理论模式。

最后，只有研究中国经济发展史，才能在较深的层次上认清制约中国经济发展的各种重要因素，从而为制定正确的经济发展战略和政策奠定基础。中国近现代经济发展的历史，向我们展现了一幅中国经济有所发展而又发展不速的图景，显示了许多制约中国经济发展的因素。例如，以国家资本压制私人资本的方针政策，强调机船矿路而忽视轻工业和农业的发展战略，以及重视国富而轻视民富的思想观念等，导致中国丧失了几次现代化的机会。当代中国经济发展中也有一系列相关的经验教训。只有深入研究制约中国经济发展的各种因素，才能真正从中国的实际出发，寻找适合国情的经济发展战略对策。

中国经济的发展问题，可以从其他发展中国家的经济实践及相关的理论研究中得到启示，但根本的途径却是从本国经济实践的历史中寻求答案。在建立中国经济发展学的过程中，应充分重视对中国近现代经济史的研究。只有这样，才有可能使中国经济发展问题的理论研究少走弯路，健康地发展。应指出的是，中国近现代经济史的研究，特别是中华人民共和国经济史的研究，近年来取得了较大进展。就这个方面而言，建立中国经济发展学的条件已逐渐趋于成熟。

四、中国经济发展学的指导思想和主要内容

研究中国经济发展学，应当以马克思主义、毛泽东思想作指导，即以马克思主义、毛泽东思想的立场、观点、方法分析中国经济发展的特点和规律。马克思、恩格斯在19世纪40年代发现历史唯物主义，与他们在这个时期用求实的态度研究人类经济发展历史有重要关系。没有后面这种研究，不可能知道经济在社会发展中正确地位，不可能把社会关系归之于生产关系，把生产关系归之于生产力，即归之于物，不可能把人类社会的历史看作一个自然历史过程，有其自身的即客观的发展规律。一句话，没有这种研究，便不可能创立历史唯物主义。当马克思、恩格斯发现了历史唯物主义，并将它运用于研究经济学、历史学、经济史学、法学等社会学科时，便使这些社会学科发生了一场革命：从传统的历史唯心主义的体系中解放出来，建立在历史唯物主义的基础之上，变成了科学。在此以后，研究经济学的学者，一部分人以马克思主义为指导，另一部分人则不是。百余年来，这两部分人都取得了成果，但成果的性质和大小，不可同日而语。马克思主义学者认为是这样，严肃的非马克思主义学者也认为是这样。英国著名经济学家、新剑桥学派的主要代表人物琼·罗宾逊夫人1980年访问我国时说：新剑桥学派和近来的学院派都遵循着自己的道路，达到了与马克思体系大体相似的境地。她还说，马克思的研究是从长远看问题的，这同长期动态的分析有关，而在现代西方经济学理论中，还没有超出短期分析的局限。可见，以马克思主义指导我们的研究工作，是一项正确的选择。

应当看到，西方一些形成了完整体系的经济学理论，对于分析中国的经济发展问题也具有重要的作用，如新古典主义理论从人与物的关系的角度，着重研究了资源的配置问题。这种理论便于精确地分析各种市场经济变量之间的相互关系和市场机制的运行规律，其中所运用的概念和方法，有助于分析中国经济发展中的许多问题。但是，这种理论把经济活动的社会方面（如经济关系、经济制度等）视为给定的背景条件，并不研究这些背景条件变化的原因、过程及其相互关系，这又使它难以解释经济发展中的一系列重要问题。凯恩斯主义理论的总量分析，在基本的研究方法上也是如此。相形之下，马克思主义经济

理论强调在生产力与生产关系的相互作用中研究经济问题,并着重考察了人与人之间的经济关系及其对经济活动的影响。新古典主义理论和凯恩斯主义理论中被视为外生变量的各种背景条件,在马克思主义经济理论中是作为内生变量而存在的。我们认为,研究中国经济发展学,必须从马克思主义理论的精神实质出发,考察生产力与生产关系的矛盾运动过程,分析社会经济关系、经济利益矛盾及其对经济活动的影响,并在此基础上运用其他各种理论成果。只有这样,才能有效地解释和说明中国经济发展中所面临的各种问题。

以毛泽东为主要代表的中国马克思主义者,运用马克思主义的普遍原理,结合中国的实际,解决了中国革命和建设中和的一系列问题,并在此过程中形成了一些重要的经济发展思想。毛泽东关于从半殖民地半封建经济形态转变为新民主主义经济形态、从新民主主义经济形态转变为社会主义经济形态的学说,关于实现国家工业化和农业现代化的思想,以及关于经济建设中重工业和轻工业、农业的关系,沿海工业和内地工业的关系,经济建设和国防建设的关系,国家、生产单位和生产者个人的关系,中央和地方的关系等问题的论述,都对中国的经济发展产生过重大影响,有些至今仍具有指导意义。中共十一届三中全会以后,随着马克思主义思想路线的恢复和现代化建设事业的迅速发展,中国共产党人对中国经济的发展问题的认识取得了重大突破。十多年来,邓小平对中国经济的发展环境、发展道路、发展动力、发展机制、发展速度、发展战略等问题,作了系统的阐述,提出了建立中国特色的社会主义、社会主义市场经济体制、改革是发展生产力的必由之路、科学技术是第一生产力、对外开放是改革和建设的必不可少的条件,以及社会主义的本质是发展生产力,消除两极分化,最终达到共同富裕等一系列重要命题。这些思想是马克思主义与中国经济发展实际在新的历史条件下相结合的产物,是研究中国经济发展学的重要依据。

中国经济发展学以揭示中国经济发展的特点和规律为核心,其主要内容包括以下几个方面:

第一,中国经济发展的总体过程和基本特点。研究中国经济发展学,必须首先弄清中国的国情。认识国情有两种基本方法:一种是解剖横断面的方法,或静态分析法;另一种是解剖纵向发展过程的方法,或动态分析法,从运动过程中认识各种因素的变化及其相互关系。相对而言,前一种方法简单、容易,后一种方法复杂、难度大。从中国当前对国情研究的情况看，大多使用前一种方法，使用后一种方法的少。实际上，中国经济发展的特点，是在长期的发展过程中形成的，也是长期起作用的。只有从对它长期形成过程的分析中，才能深刻地认识和把握它。分析中国经济发展的历史过程，是探索中国经济发展中诸问题的必备前提，也是中国经济发展学中的一项重要内容。在这方面，应分析中国传统社会的经济特点，考察中国经济发展的历史起点与演进过程，以及制约中国经济发展的长期因素。

第二，中国经济发展的国内条件。对于经济发展的国内条件，西方发展经济学界作过大量研究，取得了许多成果。他们的研究主要是从生产力方面的要素，如自然资源、资本形成、人力资源、科学技术等方面来进行的，对于生产关系方面的问题，如所有制结构、分配关系等，却重视不够，甚至完全忽视。我们认为，研究中国经济发展的国内条件，一方面要利用国外的有关成果，联系中国实际，分析中国资本形成、人力资源开发、技术进步、自然资源利用等问题；另一方面要分析中国所有制结构和分配关系上的状况和问题，并提出解决办法。

第三，中国经济发展的国际条件。开展对外贸易，利用外部资源，是中国经济发展的一个重要条件。对外贸易在经济发展中究竟起什么作用，传统的对外贸易理论是否适用，国外资源应如何有效地加以使用，对于这些问题，学术界长期存在分歧。只有分析中国经济发展的实际情况，才能对这些问题给予正确的回答。中国在对外经济交往中有过许多经验教训，对这些经验教训在理论上作系统的总结，是一项很有意义的工作。

第四，中国经济发展中的结构转换。自刘易斯1954年提出二元经济理论以来，西方的结构转换理论取得了重大发展。但这些理论仍存在着一些缺陷，特别是在对传统经济的看法上，如把传统经济等同于传统农业，忽视了传统经济中非农业部门的存在，否定传统农业中资源重新配置的作用，等等。盲目搬用西方的理论，显然是有失妥当的。中国的工业化如何开展，农业进步如何实现，农村剩余劳动力如何转移，应从中国的实际条件出发，借鉴国外有关理论进行系统的探讨。中国一些成功的经验，如发展乡镇企业等，也应进行认真的总结。

第五，中国经济发展机制。如何将计划与市场有效地结合起来，是一个需要深入探讨的问题。这里面的一个关键，是正确地发挥政府的经济作用。一百多年来，中国经济发展在这方面有很丰富的，包括正反两个方面的经验，值得认真总结。

第六，中国经济发展的动力。中国的经济发展，在很大程度上受到传统体制的束缚。只有通过改革，才能解决中国经济发展中的一些重大问题，推动社会生产力的解放和发展。在社会主义制度下，为什么改革构成了经济发展的动力？什么样的改革才能推动经济的发展？改革的困难和阻力是什么？这些都是中国经济发展学所需要回答的重要问题。

第七，中国经济发展的模式。多年来，中国在经济建设中往往片面强调数量扩张，单纯追求增长速度而忽视经济质量。实践证明，这种发展模式往往导致经济效益不理想，国民经济整体素质不高。要解决这个问题，必须更新发展思路，改变发展模式，实现经济增长方式从粗放型向集约型的转变。经济发展模式的这种转变，应在中国经济发展学中作深入的探讨。

第八，中国经济发展的环境。经济发展必须要有一个稳定的政治和社会环境。在中国的经济发展和体制转轨时期，各方面利益关系变动较大，各种矛盾也会比较突出，保持稳定具有十分重要的意义。如何处理好经济发展与改革、社会其他各个方面的协调关系，是中国经济发展学要研究的一个重要内容。

第九，中国经济的发展战略。中国经济发展学不仅要研究各种理论问题，还应在理论研究的基础上，研究适合国情的经济发展的战略对策。对于中国经济的发展道路、部门发展的优先顺序、地区发展的优先顺序、进口替代与出口鼓励的关系，以及人口、教育、生态环境等方面的问题，都应从战略的高度加以探讨。只有这样，才能更好地发挥中国经济发展学的社会功用。

在上列九项之外，还有许多重要问题是中国经济发展学应该研究的。研究中国经济发展学是一项很有意义的工作。只要我们实事求是，艰苦探索，这种研究一定能取得成效，推动中国经济学的发展，推动中国经济的发展。

（本文原载于《经济评论》1997年第1期，与周军合作）

中国经济发展学论纲

摘要：中国经济发展学是揭示中国经济发展历程和规律的科学。它以中国经济发展史和经济发展状况为逻辑起点。它的内涵体现在三个层面：一是对中国经济发展历程的历史描述；二是对中国经济发展历程的理论分析；三是从历史和分析中抽象出中国经济发展学理论。构建中国经济发展学，必须以辩证唯物主义和历史唯物主义为根本方法，同时综合使用历史归纳和演绎推理法、定性和定量研究法。中国经济发展学和中国特色社会主义政治经济学都属于中国经济学范畴，但在逻辑起点、研究对象、研究任务上有显著的区别，因而所做出的理论贡献也不相同。构建中国经济发展学，既是中国经济发展和中国经济学发展的需要，也是世界经济发展的需要。

关键词：中国经济发展学　中国经济发展史　中国特色社会主义政治经济

一、引言

从公元前2世纪开始，中国经济发展水平长期领先于世界，这一点毋庸置疑；18世纪工业革命以后，中国经济逐步落伍于欧洲，至晚清民国时期，中国经济发展水平远远落后于欧美发达国家，这一点也不必忌讳；1949年新中国成立以后特别是改革开放以来，中国经济发展取得举世瞩目的成就，经济总量在世界上的排名，改革开放之初是第十一位，2010年上升到世界第二位，这是不争的事实。中国经济发展走过了一条"领先于世界—落后于世界—领先于世界"的"之"字道路，迄今为止，世界上还没有第二个国家的经济发展出现过这样的"之"字道路。中国经济发展独创的"之"字道路，蕴含着丰富的经济学理论，这个理论就是"中国经济发展学"理论。实践的独特性决定理论的原创性。中国经济发展学理论是对中国经济发展道路的理论抽象，正因为中国经济发展

"之"字道路在世界上具有独创性,以此为基础抽象出来的中国经济发展学理论也具有原创性。现有的有关中国的西方经济学理论,不是建立在中国经济发展"之"字道路的基础之上,因而也就不属于中国经济发展学理论。

习近平在哲学社会科学工作座谈会上的讲话中指出:"面对我国经济发展进入新常态、国际发展环境深刻变化的新形势,如何贯彻落实新发展理念、加快转变经济发展方式、提高发展质量和效益,如何更好保障和改善民生、促进社会公平正义,迫切需要哲学社会科学更好发挥作用。"[①] 中国经济发展进入"新常态"以后的许多问题,是现有经济学理论特别是西方经济学理论解决不了的,需要从中国经济发展的历史和现实中寻求解决问题的答案,"按照立足中国、借鉴国外,挖掘历史、把握当代,关怀人类、面向未来的思路,着力构建中国特色哲学社会科学"[②],以中国经济发展史和经济发展现状为基础所构建的中国经济发展学是中国特色哲学社会科学体系的一个重要组成部分。二十年前,赵德馨首次提出从中国经济发展的历史和现实状况中抽象出中国经济发展学的命题,囿于当时研究条件的限制,没有提出构建中国经济发展学的具体思路[③]。本文试图从逻辑起点、主要内容、构建方法等方面对中国经济发展学的构建提出若干设想,并就中国经济发展学的理论特征和重大价值进行讨论。

二、中国经济发展学的逻辑起点

演绎和归纳是经济学两种最基本的研究方法。在斯密的《国富论》中,演绎和归纳是统一的。但自斯密之后,演绎和归纳出现分离:李嘉图崇尚演绎否定归纳,构建了演绎经济学,演绎经济学后来逐步发展成为主流经济学;马尔萨斯推崇归纳反对演绎,后来发展成为历史经济学。通过逻辑演绎方法建立起来的经济学流派,都是以某种假设作为其逻辑起点。譬如,新古典经济学就是以"经济人"假设作为其逻辑起点。当"经济人"在从事消费活动时,其目标是实现效用最大化,新古典经济学家以此为基础构建了消费者行为理论;当

[①②] 习近平:《在哲学社会科学工作座谈会上的讲话》,载《人民日报》2016年5月19日。
[③] 赵德馨、周军:《中国需要一门中国经济发展学》,载《经济评论》1997年第1期。

"经济人"在从事生产活动时,其目标是实现利润最大化,新古典经济学家以此为基础构建了生产者行为理论。经过萨缪尔森等人的综合所形成的现代宏观经学,以新古典经济学作为微观基础,这样一来,"经济人"假设也就成为了西方现代主流经济学的逻辑起点。西方非主流经济学尽管不赞同主流经济学的理论观点和政策主张,但由于它们都是遵循李嘉图的逻辑演绎思路来构建理论体系,非主流经济学也是以某种假设为其逻辑起点,如行为经济学以"有限理性"假设为基础,新制度经济学建立在交易费用为正的假设之上。由于前提假设不同,各经济学流派得出的结论自然不同,政策主张亦不相同。通过历史归纳法建立起来的经济学流派,则不是以某种假设作为其逻辑起点,而是以历史作为其逻辑起点。最典型的是德国的新旧历史学派。德国历史学派的理论体系是建立在详尽的历史资料和统计数据的基础之上,他们坚决反对把假设作为经济学逻辑起点的做法。施穆勒认为"政治经济学的一个崭新时代是从历史和统计材料的研究中出现的,而绝不是从已经经过100次蒸馏的旧教条中再行蒸馏而产生的"[①]。与历史学派有深厚渊源的熊彼特也说"历史学派方法论的基本和独特的信条是:科学的经济学的致知方法应该重要地——原来说是完全地——在于历史专题研究的成果以及根据历史专题研究所作的概括"[②]。熊彼特自己的研究也遵循历史学派的传统,在创新理论和生命周期理论领域取得了辉煌的成就。

马克思的经济学理论以历史和现实分析作为其逻辑起点,这一点恩格斯在《资本论》英文版序言中曾明确指出,马克思的"全部理论是他毕生研究英国的经济史和经济状况的结果"[③]。苏联经济学家没有沿袭马克思的从经济史中抽象出政治经济学理论的做法,所编撰的《政治经济学教科书》忽视了苏联经济史。1959年到1960年,毛泽东对苏联《政治经济学教科书》进行了深入的研究。他发现这本书存在很多问题,最突出的是"这本教科书有点像政治经济学辞典,总是先下定义,从规律出发来解释问题。可以说是一些词汇的解说,还不能算作一个科学著作"。《政治经济学教科书》为什么"不能算作一个科学著作"呢?毛泽东认为:"规律自身不能说明自身。规律存在于历史发展的过程中。应当从历史发展过程的分析中来发现和证明规律。不从历史发展过程的分析下手,

---

[①] 高德步:《经济学中的历史学派和历史方法》,载《中国人民大学学报》1998年第5期。
[②] 熊彼特:《经济分析史》第3卷,商务印书馆1996年版,第86页。
[③] 《马克思恩格斯全集》第23卷,人民出版社1972年版,第37页。

规律是说不清的。"[①] 我们将要构建的中国经济发展学[②]，是马克思主义经济学中国化的新成果，因而必须坚持马克思在经济研究上的正确做法。中国经济发展学以中国的经济发展史和经济发展状况（即中国经济发展"之"字道路的具体情况）作为逻辑起点。这里所讲的经济发展状况是指改革开放以来的经济发展状况，经济发展史是指改革开放以前的经济发展史，主要是中国近现代经济发展史。中国经济发展学是建立在对中国经济发展史和经济发展状况深刻把握的基础之上。通过对中国经济发展过程的描述和分析，从中发现中国经济发展的规律和学说，并用史实进行证真，形成中国经济发展学理论。近年来，中国经济学界正在着力构建中国经济学理论体系，有的学者从解释中国特色社会主义经济建设实践入手，有的学者从解读中国经济模式入手，目前尚无学者从解读中国经济发展历史和现状的视角入手。中国经济发展学将弥补中国经济学界的这一缺陷。

三、中国经济发展学的内涵

任何一门经济学理论都应该具有求真、求解和求用三大功能：求真就是对经济发展的过程与现状的真实情况作出准确的概述；求解就是对经济发展的机制、绩效作出合意的解释；求用就是致用于现实决策。中国经济发展学所研究的内容，融历史描述、理论分析、理论抽象三位于一体，历史描述是求真，理论分析和理论抽象是求解和求用。

第一层次是历史描述。即对中国经济发展过程做长时段的整体性描述，具体内容主要包括：（1）经济发展政策的演变。在社会主义市场经济体制确立以前，中国经济是政府主导型经济，经济发展政策对经济发展的速度、绩效的影

[①] 毛泽东：《关于社会主义政治经济学的对象与方法》，载《党的文献》1992年第1期。
[②] 在这里有必要指出发展经济学与中国经济发展学的异同。发展经济学是20世纪40年代后期在西方国家逐步形成的一门经济学新兴学科，它主要研究贫困落后的农业国家或发展中国家如何实现工业化、摆脱贫困、走向富裕的经济学。尽管发展经济学是研究发展中国家经济发展的学说，但发展经济学同样不具有普适性，也就是，发展经济学可能适用于甲国但不一定适用于乙国，发展经济学的A理论适用于甲国但B理论可能不适用于甲国，因此，各个发展中国家很有必要以发展经济学作为理论根据、根据本国经济发展的历史与现状构建自己的经济发展学说。中国不仅是世界上最大的发展中国家而且是世界上发展得最成功的发展中国家，以中国经济发展历史与现状为基础构建经济发展学说，意义尤其重大。中国经济发展学与西方发展经济学是并列的关系，西方发展经济学的某些原理适用于分析中国经济发展，因此，西方发展经济学理论是中国经济发展学的理论来源之一。

响巨大，因此，描述中国经济发展须先从经济发展政策的解构入手。（2）经济发展水平的数量描述。由于统计数据的缺失，至今没有完整的近代中国历年GDP数据，中国经济学家分析近代中国的经济发展居然不得不使用外国学者麦迪森的估算数据，因此，用一个合意的标准对近代以来中国经济发展水平作出合意的估算，是中国经济发展学一个重要目标。（3）经济发展质量的评价。经济发展水平的高低，既体现在数量上也体现在质量上，高速度的增长未必是高质量的发展，这已经是经济学界的一个共识，有必要对近代以来中国经济发展的绩效作出客观的评价。（4）经济发展的特点。中国经济发展道路既有别于西方市场经济国家也不同于其他发展中国家，具有鲜明的中国特色，如既突出政府调控的作用又发挥市场调节的作用、地方锦标赛对经济发展起着重要的作用、速度与效率逆向交替，等等。这一部分内容属于实证性经济史的范畴，给人们展示中国经济发展的全貌，它是中国经济发展学的逻辑起点。

第二层次是理论分析。历史描述不能直接出理论，要通过理论分析才能找到蕴含在历史中的规律，从而形成经济学说。所以，运用相关理论和方法对中国经济发展史进行分析，是构建中国经济发展学必不可少的中间环节。习近平深刻地指出，构建中国特色哲学社会科学需要"我们既要立足本国实际，又要开门搞研究。对人类创造的有益的理论观点和学术成果，我们应该吸收借鉴，对国外的理论、概念、话语、方法，要有分析、有鉴别，适用的就拿来用，不适用的就不要生搬硬套"[①]。在构建中国经济发展学的过程中，我们必须旗帜鲜明地坚持马克思主义理论和方法的指导地位，同时吸收包括西方经济学在内的一切有用的理论和方法。这一部分要分析的主要内容包括：（1）中国经济发展的国内条件。运用相关理论和方法从人口结构、资源禀赋、自然环境、资本形成、基础设施、人力资本、技术进步等方面，对影响中国经济发展的制约与推动因素进行全面分析。（2）中国经济发展的国际条件。运用国际贸易理论分析历史上对外贸易对中国经济发展的作用，运用国际金融和国际投资的相关理论分析历史上特别是近现代以来的国际投资和国际要素流动对中国经济发展的作用。（3）中国经济结构的转换。中国经济发展过程就是一个经济结构不断转换的过程，运用产业经济学相关理论与方法分析历史上特别是近现代以来中国产

---

① 习近平：《在哲学社会科学工作座谈会上的讲话》，载《人民日报》2016年5月19日。

业结构的转换、传统农业的改造与转型、制造业的转型与升级；运用区域经济学理论和方法分析中国区域经济结构和城乡经济结构的转换。（4）中国经济发展过程中的制度变迁与制度创新。运用马克思主义经济学中的制度变迁理论和新制度经济学理论探究历史上特别是近现代以来制度创新是如何推动中国经济发展，分析经济发展过程中是如何促进制度创新。这里所讲的制度包括宏观经济管理体制、产权制度、财政制度、土地制度、金融制度、价格制度、企业经营体制，等等。（5）中国经济发展中的政府与市场。有为的政府和有效的市场是推动经济发展的两大关键因素，政府无为或者乱作为均会阻碍经济发展，排斥市场和放任市场会阻碍经济发展。运用相关理论探究历史以来特别是近现代以来政府与市场在中国经济发展中的作为与教训。

第三层次是理论抽象，即从中国经济发展过程的分析中抽象出中国经济发展的一般规律。主要内容包括：（1）中国经济发展道路论。中国经济发展走过了一条"之"字道路，从长期来看，"之"道路形态表现为"领先于世界→落后于世界→领先于世界"；从短期来看，即中华人民共和国成立以来，中国经济发展总体上经历了"凯歌行进→停滞徘徊→高速发展"的"之"道路，具体体现在经济发展速度、经济增长质量、经济发展绩效、经济体制演进、所有制结构变迁、产业结构转换等方面[①]。（2）中国经济发展约束条件论。从中国经济发展的长期历史中归纳出约束中国经济发展的因素，主要包括两个方面的内容，一是自然条件，如土地资源稀缺、自然环境相对较差，等等；二是人文条件，如制度创新不足、缺乏冒险和合作精神、国际经济环境变幻莫测，等等。（3）中国经济发展动力论。从中国经济长期发展过程中提炼出推动中国经济发展的动力基因，这种动力基因就是中国经济的核心竞争力，也是体现在自然条件和人文条件两个方面，如人力资源极其丰富、技术创新能力强、人民勤劳勇敢、体制改革，等等。（4）中国经济发展速度论。通过分析中国经济发展面临的约束条件和动力基因，根据历史经验，提出中国经济可以承受的、可持续的发展速度，即7%上下波动，并用新中国成立以来的经济发展史实对此做出证明。（5）中国

[①] 中国经济增长速度呈现出阶段性的"快速增长→慢速增长→快速增长"的"之"字道路，中国经济增长质量经历了一条"高→低→高"的"之"字道路，人民生活提高速度走了一条"快→慢→快"的"之"字道路，所有制结构经历了一条"多种所有制并存→单一公有制→多种所有制并存"的"之"字道路，经济体制经历了"市场经济加计划经济→计划经济加市场经济→市场经济加计划经济"的"之"字道路，产业结构走了一条"比较协调→严重不协调→比较协调"的"之"字道路。参见赵德馨：《经济史学概论文稿》，经济科学出版社2009年版，第397~409页。

经济发展质量论。从中国经济发展的历史中提炼出衡量经济发展质量的标准，主要包括人民生活水平提高程度、经济效益水平、生态环境状况等，利用这个标准对中国经济发展进行质量评估。（6）中国经济发展模式论。从中国经济发展史中归纳出不同历史时期所出现的不同经济发展模式，剖析每种经济发展模式的特征、优势、不足，提出中国未来应该采取的经济发展模式。（7）中国经济发展机制论。西方国家推行的是市场经济机制，国内不少学者认为中国应该学习西方，建立政府作用最小化和市场作用最大化的经济发展机制，这与中国经济发展史并不相符。历史以来，中国政府对经济发展负有全责，这已经是中国人根深蒂固的观念，但以政府取代市场或者领导市场的做法也不利于经济发展，这也有深刻的历史教训，中国的经济发展机制应该是有为政府与有效市场相结合的机制。（8）中国经济发展的典型论。中国是世界上唯一走过了一条经济发展"之"字道路（即"领先→落后→领先"）的国家，中国经济发展具有典型意义，至少体现在三个方面：为他国提供了经验、带动了世界经济的发展、丰富了现代经济学的内涵。

在中国经济发展学的"三位一体"结构中，历史描述是逻辑起点，它不仅给人们提供对中国经济发展历程的全景描述，而且是理论分析的基础，还担负着检验理论的重任；理论分析上承历史描述，下启理论抽象。没有对中国经济发展进程的理论分析，中国经济发展史就无法上升到理论层面，中国经济发展学理论就无从入手；如果说历史描述属于实证性经济史、理论分析属于分析性经济史的话，那么，理论抽象就是经济史的最高形态——理论经济形态。所以，中国经济发展学是经济史和经济理论的统一。

四、中国经济发展学的方法

习近平指出："要推出具有独创性的研究成果，就要从我国实际出发，坚持实践的观点、历史的观点、辩证的观点、发展的观点，在实践中认识真理、检验真理、发展真理。"[①]"实践的观点、历史的观点、辩证的观点、发展的观点"

---

① 习近平：《在哲学社会科学工作座谈会上的讲话》，载《人民日报》2016年5月19日。

实际上就是辩证唯物主义和历史唯物主义方法的具体体现。这一方法适用于历史研究。列宁指出："历史唯物主义从来也没有企图说明一切，而只是企求提出'唯一科学'的说明历史的方法。"[1] 中国经济发展学植根于中国经济发展史，因此，辩证唯物主义和历史唯物主义是中国经济发展学的根本方法论。譬如，考察中国经济发展的历程必须用历史的观点、求解中国经济发展的最优速度必须用实践的观点、分析中国经济发展的约束条件必须用辩证的观点、剖析中国经济发展模式和机制必须用发展的观点，等等。

在经济学说史上，颇具争议的是历史归纳法和演绎推理法。所谓历史归纳法，就是在广泛地收集历史资料的基础上，对史料进行整理和归类，从史料中归纳出一般性结论。经济学研究运用历史归纳法的一般路径应是：第一步，尽可能多地收集相关史料；第二步，对史料进行考据加工；第三步，抓住涉及事物本质的史料并从中归纳出一般性结论。所谓演绎推理，就是从一般性的前提出发，通过演绎推导，得出具体或个别结论的过程。一般而言，经济学研究中的演绎推理法遵循三段式步骤，即"前提假设→逻辑演绎→研究结论"。前提假设处在整个链条上的前端，是研究的基础。例如，新古典经济学理论体系是建立在"经济人"假设、效用最大化假设、利润最大化假设、完全信息假设等假设之上，根据这些假设，演绎出消费者效用理论、生产者理论、市场理论等。经济学鼻祖斯密在方法论上综合运用历史归纳法与抽象演绎法。在《国富论》中，斯密运用演绎法推导出工资均等化趋势理论，然后又运用归纳法从英国经济史中归纳出阻碍这种趋势的因素。斯密之后的经济学家在方法论上兼采演绎推理和历史归纳两种方法，但到李嘉图那里，情况发生变化，李嘉图认为政治经济学是一门逻辑严密的科学，不能通过历史归纳来得出结论，只能通过以模型分析为特征的纯粹演绎推理来得出结论。李嘉图实际上彻底否定了历史归纳法[2]。李嘉图的极端做法遭到了历史学派的强烈反对，历史学派认为政治经济学的主要任务就是收集历史资料，并从历史资料中归纳出经济学结论，"历史学派方法论的基本和独特的信条是：科学的经济学的致知方法应该重要地——原来说是完全地——在于历史专题研究的成果以及根据历史专题研究所作的概括"[3]。历史学派实际上是把经济史等同

---

[1] 《列宁选集》第1卷，人民出版社2012年版，第14页。
[2] 熊彼特：《经济分析史》第3卷，商务印书馆1996年版，第147页。
[3] 熊彼特：《经济分析史》第3卷，商务印书馆1996年版，第196页。

于经济学①，因而在方法论上排斥逻辑演绎法，走向与李嘉图相反的另一个极端，因而也是不对的。后来的经济学家在经过反思之后，认为经济学方法应该回到斯密传统，发挥两种方法各自的优长。马歇尔指出："归纳法和演绎法都是科学的思想所必须采用的方法，正如左右两足是走路所不可缺少的样。"②

《资本论》是一部史论结合的鸿篇巨制。马克思写作《资本论》既运用历史归纳法又使用演绎推理法，把两者巧妙地统一于科学抽象之中。马克思的科学抽象分为两步：第一步是由具体到抽象，即通过分析和比较，去伪存真，从纷繁芜杂的表象中抽象出一般性结论，要达到这个目的，"必须充分地占有材料，分析它的各种发展形式，探寻这些形式的内在联系"③。第二步是由抽象到具体，即把抽象概念还原到现实中去，用具体事例来检验和修正一般概念，使一般概念变得有血有肉，"从抽象上升到具体的方法，只是思维用来掌握具体并把它当作一个精神上的具体再现出来的方式"④。第一步实际上就是历史归纳法，第二步就是演绎推理法。中国经济发展学作为马克思主义中国化的新的理论成果，在方法论上必须坚持马克思的方法用科学抽象来统一历史归纳和演绎推理，而不是割裂历史归纳和演绎推理。构建中国经济发展学也应分两步走：第一步，充分地搜集、占有关于中国经济发展的史料，对中国经济发展的历史和现状进行归纳性描述，勾勒出中国经济发展历程的全景，以形成对中国经济发展的整体性认识；第二步，通过对中国经济发展历程的分析，从中提炼出一般性结论，即上文所讲的中国经济发展"八论"，然后把结论放回到中国经济发展的历史长河中去，用丰富的历史资料去检验、修正结论。

经济学研究既要对经济发展状况作出准确的描述，同时又需要对经济发展的速度、绩效作出精确的数量分析，因此，定性分析和定量分析是经济学研究的两种不可或缺的方法。中国经济学界存在两种错误倾向：第一种是重技术而轻思想，过分推崇计量分析，忽视定性分析。这样的研究成果，并不能够解决实际问题；第二种是排斥计量分析，这在中国经济史学界有比较明显的体现。中国经济发展学是经济史与经济理论的结合，既需要对中国经济发展过程和发

---

① 德国历史学派代表人物罗雪尔认为经济学首先是"记述事物本身发展的过程"，而不是指出事物的理想状态应该是怎样的。威廉·罗雪尔：《历史方法的国民经济学讲义大纲》，商务印书馆1997年版，第1页。
② 马歇尔：《经济学原理》（上），商务印书馆1964年版，第49页。
③ 《马克思恩格斯全集》第23卷，人民出版社1972年版，第24页。
④ 《马克思恩格斯全集》第23卷，人民出版社1972年版，第103页。

展规律作定性描述和分析,也需要对经济发展的速度、质量作具体的计量分析。所以,构建中国经济发展学,要综合运用定性分析和定量分析方法。

五、中国经济发展学的理论特征

习近平在 2016 年 7 月 8 日召开的经济形势专家座谈会上,提出要"推进充分体现中国特色、中国风格、中国气派的经济学科建设"。我们所要建设的体现中国特色、中国风格、中国气派的经济学科就是中国经济学。"中国经济学,从广义上说,包括以中国经济为研究对象的一切经济学科,既包括理论经济学中的政治经济学、中国经济史、中国经济思想史、人口资源环境经济学等,也包括应用经济学中的国民经济管理学、金融学、财政学、区域经济学、产业经济学等"[1]。政治经济学由资本主义政治经济学和社会主义政治经济学组成,社会主义政治经济学经历了两种理论形态,以苏联高度集中的计划经济体制为基础的社会主义传统政治经济学是第一种理论形态,中国特色社会主义政治经济学是中国版的社会主义政治经济学,是社会主义政治经济学的第二种理论形态,是当代中国马克思主义政治经济学的同义语[2]。中国经济发展学是立足于中国经济发展史和发展状况,揭示中国经济发展历程和规律的科学,属于经济史的范畴。由此看来,中国特色社会主义政治经济学和中国经济发展学之间是并列的关系,都是体现中国特色、中国风格、中国气派的经济学科的重要组成部分。经济史研究必须坚持马克思主义理论为指导,中国特色社会主义政治经济学是当代中国马克思主义经济学,当然就是经济史研究的指导理论,中国经济发展学属于经济史范畴,自应以中国特色社会主义政治经济学为指导。

只有对中国特色社会主义政治经济学和中国经济发展学的异同进行比较,才能凸显中国经济发展学的理论特征。

第一,研究对象。政治经济学界对中国特色社会主义政治经济学研究对象的认识存在争议,有的学者认为是中国特色社会主义经济形态,即改革开放以后确立的中国特色社会主义生产关系以及在此基础上形成的中国特色社会主义经济

---

[1] 逄锦聚:《中国特色社会主义政治经济学论纲》,载《政治经济学评论》2016 年第 5 期。
[2] 张宇:《中国特色社会主义政治经济学》,中国人民大学出版社 2016 年版,第 2 页。

发展战略、发展理念、发展政策和发展道路。有的学者认为是社会主义初级阶段的生产力和生产关系，具体包括经济制度、经济体制、经济发展、经济运行、对外经济关系等等。不难发现，两者之间的主要区别体现在两个方面，一是时间上，前者是指改革开放以后，后者是指社会主义初级阶段；二是研究对象的内涵上，前者研究生产关系，后者研究生产力和生产关系。中国经济发展学以中国经济发展历史和以此为基础抽象的经济发展理论为研究对象。尽管两者都把经济发展作为主要的研究对象，但中国特色社会主义政治经济学研究的是改革开放时期或者说社会主义初级阶段的经济发展，中国经济发展学则是要探究历史上的中国经济发展，以及蕴含于中国经济发展历史土壤之中的经济发展理论。

第二，研究任务。中国特色社会主义政治经济学的任务是"揭示社会主义经济运动规律，为完善社会主义经济制度、促进生产力发展、满足人们日益增长的物质文化需要、实现人的全面发展、实现共同富裕提供理论指导。从这样的意义上说，中国特色社会主义政治经济学可以被称为改革的经济学、建设的经济学、发展的经济学"[1]。中国经济发展学的任务是对中国经济发展史（改革开放以前的中国经济发展历程）和经济发展状况（改革开放以后的经济发展历程）进行客观的历史描述，从中国经济发展的历史和现状中找出推动中国经济发展的有利条件和不利因素，探寻经济发展中的政府和市场作用，分析经济发展中的制度变迁与制度创新，最后从历史基因中抽象出中国经济发展学理论。

第三，逻辑起点。中国特色社会主义政治经济学和中国经济发展学都以事实作为逻辑起点，但内涵却不相同。以公有制为主体、多种所有制共同发展是社会主义初级阶段的基本经济制度，决定着中国特色社会主义经济的各个环节和各个方面，"基本经济制度"构成了中国特色社会主义政治经济学的逻辑起点，这就是说，中国特色社会主义政治经济学是建立在社会主义初级阶段基本经济制度的基础之上[2]。前文已指出，中国经济发展学以中国经济发展史和经济发展状况为逻辑起点。

第四，理论贡献。中国特色社会主义政治经济学的理论创新成果异常丰硕，包括社会主义本质论、社会主义基本经济制度理论、共同富裕理论、社会主义市场经济理论、宏观经济调控理论、用好国际国内两个市场和两种资源理论、

---

[1] 逄锦聚：《中国特色社会主义政治经济学论纲》，载《政治经济学评论》2016年第5期。
[2] 张宇：《中国特色社会主义政治经济学》，中国人民大学出版社2016年版，第7页。

科学发展观理论、"新四化"协调理论、创新、协调、绿色、开放、共享五大发展理念理论、供给侧结构性改革理论等等。中国经济发展学的理论贡献表现为关于中国经济发展的"八论",即中国经济发展的道路论、约束条件论、动力论、速度论、质量论、模式论、机制论、典型论。

以上比较揭示,中国经济发展学与中国特色社会主义政治经济学由于研究对象、研究任务、逻辑起点不同,因而所做出的理论贡献也不相同。四个不同,一方面彰显了中国经济发展学的理论特征,另一方面也凸显了中国经济发展学的重大价值。

六、中国经济发展学的重大价值

中国经济发展学的重大价值体现在三个方面。

第一,中国经济发展需要中国经济发展学。中国经济发展史所呈现的"古代领先于世界→近代落后于世界→当代领先于世界"的"之"字道路,在世界上绝无仅有。"之"字道路本身的内涵是什么?为什么会呈现"之"字道路?从"之"字道路中可以抽象出什么样的经济发展学理论?回答第一、二个问题需要回顾中国经济发展历程,回答第三个问题是从中国的历史基因中提炼出切合中国实际的经济发展理论。当下中国经济发展急需从自身历史中抽象出理论来作指导。林毅夫的研究揭示,"按照西方主流理论转型的国家大多出现经济崩溃、停滞、危机不断,少数在转型中取得稳定和快速发展的国家,推行的却都是被西方主流理论认为是最糟的双轨渐进的改革"[1]。改革开放以来,中国经济发展的巨大成就,特别是 2010 年,中国取代日本成为全球第二大经济体。与第二大经济体不相称的是,中国由于没有对中国经济发展史和经济发展状况作深入而系统的研究,因而迄今没有形成指导经济发展的理论。我们可以庆幸的是,没有照搬西方主流理论指导中国经济发展,否则中国经济也可能陷入停滞状态;我们担心的是,中国经济发展自 2012 年进入中高速发展的新常态之后,如果还不构建切合中国实际的经济发展学理论来破除经济发展的阻碍因素,激发推动经济发展的新动力,中国经济发展有可能陷入停滞状态。这

---

[1] 林毅夫:《以理论创新繁荣哲学社会科学》,载《新湘评论》2016 年第 6 期。

种担心绝非危言耸听！因此，促进中国经济的可持续发展需要中国经济发展学。

第二，构建具有中国特色、中国风格、中国气派的经济学科需要中国经济发展学。自李嘉图之后的西方主流经济学家都宣称他们所构建的理论是放之于四海而皆准的普适性原理。中国国内也有一部分学者对此笃信不疑，认为中国当前的任务是学好用好西方经济学而不是构建中国经济学。这种观点是极其错误的，恩格斯早就说过"人们在生产和交换时所处的条件，各个国家各不相同，而在每一个国家里，各时代又各不相同。因此，政治经济学不可能对一切国家和一切历史时代都是一样的"①。习近平更是深刻地指出"中国特色哲学社会科学要体现民族性，历史和现实都表明，一个抛弃了或者背叛了自己历史文化的民族，不仅不可能发展起来，而且很可能上演一场历史悲剧"②。西方经济学没有体现中国的民族性和中国的历史文化，因而在总体上不适用于中国。中国经济发展学植根于中国经济发展的历史与现状，是具有民族性、体现中国特殊性的经济学说。它的构建，将有利于中国经济学的建设。中国经济学目前"在国际上的声音还比较小，还处于有理说不出、说了传不开的境地"③。为什么声音比较小呢？是因为中国经济学还没有深挖"中国故事"，没有讲清、讲透"中国故事"，因而没有引起国际上的广泛关注。中国经济发展学将深挖"中国故事"、讲透"中国故事"，这就必将扩大中国经济学的国际影响④。

第三，世界经济发展需要中国经济发展学。建国之初，中国是世界上最贫困的国家之一，人均 GDP 甚至低于非洲的很多贫困国家。经过建国以后特别是改革开放以后近 40 年的发展，中国一跃成为世界经济大国，创造了人类经济发展史上的奇迹。2009~2010 年，中国经济增长对世界经济增长的贡献率达到 50%，2012 年以后，尽管贡献率有所下降，但仍然保持在 30% 以上，中

---

① 《马克思恩格斯文集》第 9 卷，人民出版社 2009 年版，第 153 页。
②③ 习近平：《在哲学社会科学工作座谈会上的讲话》，载《人民日报》2016 年 5 月 19 日。
④ 在 19 世纪的欧洲，英法是先起的资本主义国家，德国是后起的资本主义国家，英法主流经济学家大肆推广其自由主义经济学，因为自由贸易有利于先起的英国和法国，不利于后起的德国。以李斯特、罗雪尔为首的德国历史学派学者反对英法主流经济学，根据德国的历史和现状构建"国民经济学"，后来发展成为可与主流经济学争锋的历史经济学，"从而使德国历史学派成为一个具有本土特色并且走向世界的学派"历史学派"高举反古典学派的旗帜，取得了理论和实践上的巨大成就，为德国统一和富强、发展资本主义和快速实现工业化做出了巨大贡献"。德国历史学派学者深挖"德国故事"、讲透"德国故事"的经验可资我们借鉴。参见颜鹏飞、陈银娥：《新编经济思想史》第 3 卷，经济科学出版社 2016 年版，第 263、279 页。

国成为世界经济发展的引擎。中国经济发展得好，世界经济发展就有希望，这已经成为世界共识，所以，中国经济发展不仅是中国的问题而且是世界的问题，中国经济发展需要中国经济发展学，世界经济发展也需要中国经济发展学。习近平指出："要围绕我国和世界发展面临的重大问题，着力提出能够体现中国立场、中国智慧、中国价值的理念、主张、方案。把中国实践总结好，就有更强能力为解决世界性问题提供思路和办法。"[①] 立足于中国经济发展历史和现状的中国经济发展学，必将能为解决世界经济发展问题提供新的思路和方法。

（本文原载于《求索》2017年第10期，与易棉阳合作）

另有关于"抽象出理论"的如下文献供读者参阅：

1.《何谓"复归"——我与杨家志教授的学术切磋》，载《中南财经大学学报》1997年第1期。

2.《学者的忧患与深思》，载《中南财经大学学报》1996年第3期。

3.《建立中国经济发展学刍议》，引自《发展经济学与中国经济发展》，经济科学出版社1996年版（与周军合作）。

4.《开设"中国经济发展学"课程刍议》，载《云南财贸学院学报》1998年第4期（与周军、陶良虎合作）。

5.《中国迫切需要自己的经济发展学》（访问记录），载《中南财经政法大学报》2004年9月22日。

6.《中国经济发展的路径、成就与经验》，载《贵州财经学院学报》2009年第5期（与乔吉燕合作）。

7.《辉煌的60年：新中国的经济成就》，载《史学月刊》2009年第10期。

8.《中国近现代经济史（1842~1949）》导论，厦门大学出版社2013年版。

[①] 习近平：《在哲学社会科学工作座谈会上的讲话》，载《人民日报》2016年5月18日。

第五部分
方　法

赵德馨教授认为，中华人民共和国经济史研究面临着当代人写当代史所遇到的诸多困难。一是历史沉淀的时间短导致的客观认识上的束缚，二是作为历史亲历者的研究者容易受到个人情感的羁绊，三是作为历史亲历者的读者往往会提出更高的要求。因此，在中华人民共和国经济史学科起步时就能秉持科学的研究方法，方能使其沿着正确的轨道发展，才能少走弯路。故赵德馨教授非常重视中华人民共和国经济史研究的方法问题，他关于方法问题的研究体现在两个方面："分析与叙述框架"和"处理几个重大关系的方法"。

（一）分析与叙述框架

赵德馨教授重视构建中华人民共和国经济史研究的总体分析框架与叙述框架。该框架的特征主要体现在以下四个方面：

第一，重视对中华人民共和国经济演变的历史起点和路径研究。他认为，新中国的经济演变是中国几千年经济独立发展进程的延续；1949年中华人民共和国成立之前，中国是半殖民地半封建社会经济形态，经过新民主主义社会经济形态过渡到社会主义初级阶段社会经济形态；1949年以来的中国经济现代化是中国经济现代化历程的一个阶段，新中国经济现代化的起步展现出显著的路径依赖特征。只有清楚地认识到这一点，才能准确定位新中国经济史的历史方位，进而客观评价新中国经济现代化的历史成就。

第二，倡导开展国民经济史研究，将经济作为整体看待，主张多视角、全方位考察影响中国经济发展的因素。赵德馨教授主张对经济史进行全景式考察，采用全要素分析方法，全方位考察资源、环境、人口、生产、交换、分配、消费、生活、文化、教育、卫生、国内政治环境、国际环境与对外关系等诸领域及内部诸部门的演变和相互关系。赵德馨教授研究经济史以求"通"为目标与特点。在纵向上，他力求"通古今之变"，追求"纵通"。在横向上，他主张整体把握、综合研究，追求"横通"。《中国近现代经济史》和他主编的多卷本《中华人民共和国经济史》明显具有这种"通"的特质。

第三，重视经济指导思想变化对国民经济发展的影响。关于指导思想的重要性，已在"理论"的"指导思想"目阐述，此处不赘。

第四，将人民生活水平作为衡量经济发展绩效的主要标志。赵德馨教授认为人民生活水平的持续提高是经济发展的重要落脚点，应将其作为衡量经济发展绩效的主要标志。故多卷本《中华人民共和国经济史》的每一卷，都辟有专章分析人民生活水平状况。

赵德馨教授所构建的中华人民共和国经济史著述的分析与叙述框架，或许可以成为一种范式，对于中华人民共和国经济史学科建设具有开拓性和奠基性的意义。他对中华人民共和国经济史研究分析与叙述框架问题的探索，体现在由他主编的多卷本《中华人民共和国经济史》和《中国近现代经济史》中。下面列举《中华人民共和国经济史》第一卷和《中国近现代经济史》（高等教育出版社 2016 年版）的章节两级目录，读者或可从中一窥该框架与范式的特点。

《中华人民共和国经济史（1949～1956 年）》目录

第一章　建国时经济发展的环境与出发点
　　第一节　资源与人口
　　第二节　殖民地地区和原殖民地地区经济的变化
　　第三节　半殖民地半封建经济形态的基本特征及其崩溃
　　第四节　新民主主义经济形态取代半殖民地半封建经济形态

第二章　建国后经济体制的构思与工作重心的转移
　　第一节　新中国经济体制构思的形成
　　第二节　局势的变化与中国共产党工作重心转移

第三章　社会主义国营经济的形成与发展
　　第一节　解放区公营经济变为国营经济的一部分
　　第二节　没收官僚资本
　　第三节　废除外国在华的经济特权与处理外资在华企业
　　第四节　中国社会主义国营经济产生的特点与在国民经济中的地位

第四章　财政经济工作的统一与通货膨胀的停止
　　第一节　建国初期的财政困难与通货膨胀
　　第二节　打击投机资本与实行财经统一管理
　　第三节　实施全国财经统一管理的成果
　　第四节　抗美援朝战争爆发后的财经工作

第五章　民主改革和调整工商业
　　第一节　企业的民主改革

第二节　对工商业的第一次调整

第三节　"三反""五反"斗争和工商业的第二次调整

第四节　城乡物资交流渐趋活跃

第六章　彻底消灭封建土地所有制

第一节　开展全国性土地改革前的土地关系和主、客观形势

第二节　开展土地改革的过渡步骤与政策法令

第三节　土地改革运动的进程和成就

第七章　逐步趋向集中统一的经济体制

第一节　经济体制逐步趋向集中统一的原因

第二节　经济体制逐步趋向集中统一的具体表现

第八章　工农业生产的恢复和发展

第一节　严重的恢复任务与为恢复工农业生产创造条件

第二节　工农业生产的恢复

第九章　开始有计划的大规模经济建设

第一节　过渡时期的总路线与总任务的提出

第二节　编制发展国民经济的第一个五年计划

第十章　着手建立社会主义工业化的基础

第一节　国家社会主义工业化的目标与措施

第二节　重点工程的选择和建设

第三节　社会主义工业化基础的初步奠定

第十一章　农业合作化运动的全面开展

第一节　土地改革后农村经济的状况和农业互助合作运动的初步开展

第二节　农业生产合作社的迅速扩展和整顿

第三节　农业合作化高潮及其影响和评价

第四节 农业集体经济管理体制的产生和发展

第十二章 对私营工商业社会主义改造的基本完成
第一节 中国共产党对资本主义工商业的利用、限制、改造政策
第二节 国家资本主义由低级到高级的发展
第三节 资本主义工商业社会主义改造的高潮
第四节 对小商小贩的社会主义改造

第十三章 手工业生产的恢复、发展和手工业合作化
第一节 手工业生产的恢复和发展
第二节 手工业合作化
第三节 手工业生产合作社的经营管理
第四节 手工业合作化中的主要问题

第十四章 社会主义对外贸易体制的建立与打破美国的经济封锁
第一节 实行对外贸易的国家统制
第二节 美国对中国的经济封锁与中国积极开展对外贸易经济联系
第三节 对外经济贸易工作的经验与存在的问题

第十五章 少数民族地区经济的变化
第一节 建国前后少数民族地区的经济概况
第二节 少数民族地区的民主改革
第三节 少数民族地区农牧业的社会主义改造
第四节 少数民族地区经济的发展

第十六章 建国后人口增长的第一次高峰
第一节 1953 年的人口普查与人口状况
第二节 过渡时期的人口经济问题
第三节 人口思想和人口政策的发展

第十七章　社会主义经济制度的建立与集中型经济体制的形成
　　第一节　社会主义经济制度的建立与所有制结构向单一的社会主义公有制方向发展
　　第二节　经济决策权力进一步集中于中央
　　第三节　以指令性计划为主的经济调节体系的建立
　　第四节　产品分配中供给制特点的削弱与管理权的集中
　　第五节　企业成为行政机构的隶属物

第十八章　经济建设的巨大成就与人民生活状况的改善
　　第一节　提前一年完成"一五"计划中经济建设的任务
　　第二节　人民的物质文化生活的改善

第十九章　对七年建设成就的再认识
　　第一节　七年建设取得巨大成就的宝贵经验
　　第二节　对社会主义建设道路探索的开始

《中国近现代经济史》目录

第一章　中国经济迈向现代化的门槛　（远古～1842）
　　第一节　原生形态与多元一体
　　第二节　五主经济形态的演进
　　第三节　整个经济迈向现代化的门槛
　　第四节　中国经济在世界经济中的地位

第二章　中国经济现代化的起步　（1842～1895）
　　第一节　中外关系剧变与中国经济现代化的起步
　　第二节　农业生产的震荡与自然经济结构走向瓦解
　　第三节　手工劳动向机器生产过渡的开始与经济现代化领域的扩大
　　第四节　国民收入的缓慢增长与清政府财权的下移和外移

第三章　中国经济现代化的全面展开　（1895～1936）
　　第一节　改革活动与市场经济的初步形成
　　第二节　产业领域经济现代化的全面展开
　　第三节　经济制度、财政制度与生活方式的现代化

第四章　中国经济现代化的挫折与经济转型　（1937～1949）
　　第一节　国民政府管辖区的经济建设与国民经济的崩溃
　　第二节　抗战时期日本在其占领区实行的经济政策与经济变化

第五章　中国半殖民地半封建和殖民地经济形态的基本特征
　　第一节　半殖民地半封建经济形态的基本特征
　　第二节　殖民地经济形态的基本特征

第六章　新民主主义经济形态从局部地区萌生到扩展全国（1927~1949）

第一节　解放区的产生与新的经济工作指导思想
第二节　建立新的经济形态
第三节　工农业现代化的新模式
第四节　保障军需供给与努力改善劳动人民生活

第七章　寻求现代化新道路与新民主主义经济形态的形成（1949~1952）

第一节　新中国经济体制构思与中央财经领导权的确立
第二节　恢复国民经济的主要战略与方针
第三节　两次调整工商业与城乡物资交流
第四节　城乡民主改革
第五节　新民主主义经济形态的建立与国民经济的恢复

第八章　重工业优先发展战略与高度集中的计划经济体制的建立（1953~1956）

第一节　过渡时期的总任务和发展国民经济的第一个五年计划
第二节　统购统销与"三大改造"的完成
第三节　从市场经济体制到计划经济体制
第四节　经济快速发展

第九章　全面开展社会主义经济建设与经济大上大下（1957~1966）

第一节　对中国式社会主义建设道路探索的开始
第二节　"大跃进"和人民公社化运动
第三节　国民经济的调整、巩固、充实与提高
第四节　十年经济建设的成就与大起大落中的教训

第十章　"抓革命，促生产"与经济徘徊（1967~1978）

第一节　战略转轨与经济跌宕起伏历程
第二节　以"三线"为重点的工业、交通建设与西部经济的发展
第三节　农村经济的停滞与商业的衰落

第四节　又一次不成功的经济体制改革
第五节　成就与问题

第十一章　改革开放与社会主义经济形态从传统式向有中国特色式转轨的起步（1979~1984）

第一节　经济现代化道路历史性转折的契机
第二节　对国民经济的调整
第三节　农村经济体制改革与农业现代化新道路的开创
第四节　城市经济体制改革的起步
第五节　"六五"计划提前完成与经济发展道路的根本性转变
第六节　探索中国式社会主义经济体制模式过程中的理论创新

第十二章　两种经济体制的磨擦与经济在震动中前进（1985~1991）

第一节　新的基本路线与新的发展战略
第二节　经济体制全面改革的起步与新旧体制的摩擦
第三节　治理整顿与经济体制改革的徘徊

第十三章　新中国经济发展的路径、阶段与基本经验（1949~2000）

第一节　经济增长的"之"字路
第二节　经济结构演变的"之"字路
第三节　"之"字形路径中蕴含的经验与理论

另有关于"分析与叙述框架"的如下文献供读者参阅：

1.《中国社会主义经济历史前提的特殊性——对中国半殖民地半封建经济形态特点的分析》，引自《社会主义在中国》，中国财政经济出版社1988年版。

2.《从新民主主义到社会主义初级阶段——论中国共产党对马克思列宁主义的独特贡献》，载《湖北社会科学》1991年第7期（与苏少之合作）。

（二） 处理几个重大关系的方法

赵德馨教授认为，中华人民共和国经济史的分析方法的核心，是如何处理六大关系。这充分体现在此处收录的《中华人民共和国经济史研究方法中的几个问题》一文中。关于中华人民共和国经济史的分析方法，本书多篇文章有所涉及，除前文《发扬面向现实、反思历史的优良传统》中对历史与现实、点和面、专题研究与综合研究、主观和客观等四个关系的处理方法外，经济史学科的分类与研究方法还可参见他的专著《社会科学研究工作程序与规范》。

对中国经济 1949～1999 年发展阶段的几点认识

中华人民共和国成立以来的经济发展过程，明显地呈现出 1949～1956 年、1957～1978 年、1979 年以后三个发展阶段。在这三个阶段上，经济增长速度的变化是高—低—高；经济增长质量的变化是好—差—好；经济波动状况的变化是高位平缓型—大起大落型—高位平缓型；人民生活提高速度的变化是快—慢—快；所有制结构的变化是国营经济领导下的多种所有制并存—单一的公有制—以公有制为主体的多种所有制并存；经济体制结构的变化是市场经济加计划—计划经济加市场—市场经济加计划；产业比例状况的变化是比较协调—严重失调—比较协调。以上 7 个层面都呈现为 1957～1978 年对 1949～1956 年的否定，1979～1998 年对 1957～1978 年的否定和对 1949～1956 年的肯定。这种否定之否定，螺旋形上升，就是本文所说的"之"字路。

经济是社会的基础。经济基础决定上层建筑。随着国民经济中所有制结构的变迁，社会阶级、阶层、群体结构和国家政治体制也发生了变迁。其变迁的路径同样是"之"字形的。

中国经济 50 年发展路径的基本特征，从哲学上讲，就是否定之否定。换言之，它是合乎规律的。它是螺旋形前进，不是后退。从历史上看，前进中有曲折，有倒退，是一种常见的现象。对此，列宁等哲人早已概括过，因而不值得大惊小怪或予以责备。

50 年间经济演变的"之"字路给我们提供了许多经验教训。确定经济发展速度要从国力出发。太慢了吃亏，人们不愿意。人们都想快，但不能太快。太快就过热，国力承受不起，就要着陆。太快后的着陆，不论是软的还是硬的（当然软着陆比硬着陆好），都要着到陆地即降到谷底（波谷）然后才可以回升，波幅都会很大。波幅大，经济受的损失就大。所以太慢了会吃亏，太快了也会吃亏。1995

年，中共中央在关于 1996~2010 年的经济发展远景目标规划中，提出发展速度为 6%[①]。这是一项以中国 45 年经济发展实际为依据，经过计算与论证的科学决策。搞经济工作，既要注重经济增长的速度，更要注重经济增长的质量，即效率与效益。只有效率高、效益好的经济增长才能给人民带来实惠，只有这样的增长才是经济发展的目的，只有带来这样增长的经济工作才是真正为人民服务。

决定经济增长速度高—低—高、经济增长质量好—差—好，经济增长波动高位—平缓—低位—剧烈—高位—平缓、经济增长绩效或人民生活提高程度快—慢—快的直接原因，是经济结构（包括所有制结构、体制结构、产业结构等）的合理—不合理—合理。在经济结构诸因素中，所有制结构是个主要因素。它是体制结构的基础。它和体制结构决定产业等结构。导致经济结构变动的原因是中国政府的经济政策和中国共产党经济工作的指导思想。从这个角度上说，中国经济变化"之"字路形成的根本原因，在于经济工作指导思想的正确—错误—正确。研究中华人民共和国经济史，不能不特别注重对经济工作指导思想的研究，这是它的特点。观察中国的经济工作，不能不首先注重它的指导思想。在现阶段，也就是要首先研究邓小平经济理论及中共中央对这个理论的阐释与运用。

新中国 50 年经济史证明，上述包括所有制结构、体制结构、产业结构等在内的经济结构（或被称为制度、模式）是可以选择的。中华人民共和国建立之初，中国共产党人选择的是自己创造的、在革命根据地行之有效的（试验过的）新民主主义模式。1952~1953 年选择并在 1957~1978 年成为现实生活的是苏联社会主义模式（"传统社会主义模式"）。1978 年以后选择的是中国共产党人创造的社会主义初级阶段模式。可见，人们虽可以选择模式，但所选模式是否有生命力，能否给人们带来经济实惠，从而为人们所接受并长期存在下去，在于它是否合乎国情。在这里，体现了经济发展规律的客观性，以及经济规律客观要求和亿万人民切身物质利益主观要求的一致性和不可违抗性。

50 年经济发展的事实和中国人民的实践证明，建国初期的和 1978 年以来带来经济迅速发展的新民主主义经济模式和社会主义初级阶段经济模式，都是中国共产党人在中国土地上创造的特有的模式，是符合国情的。导致 1957~1978

[①] 《中共中央关于制定国民经济和社会发展"九五"计划和 2010 年远景目标的建议》，1995 年 9 月 28 日中共十四届五中全会通过。

年经济长期停滞的传统社会主义模式是从苏联学来的。对于这一事实,以及中国革命中的其他事实,邓小平作了高度的概括,"我们的现代化建设,必须从中国的实际出发。无论是革命还是建设,都要注意学习和借鉴外国经验。但是,照抄照搬别国经验、别国模式,从来不能得到成功。这方面我们有过不少教训。把马克思主义的普遍真理同我国的具体实际结合起来,走自己的道路,建设有中国特色的社会主义,这就是我们总结长期历史经验得出的基本结论"①,这也是50年新中国经济工作的基本经验。

上述新民主主义经济模式和社会主义初级阶段经济模式,都是符合中国国情的,反映20世纪下半叶中国经济发展规律的,都是马克思列宁主义普遍真理与中国实际相结合的成果,因而,这两种模式的基本内涵相同。只因历史前提与时代的不同而在程度和表现形式上有所差异。社会主义初级阶段经济是社会主义初级阶段社会的基础。社会主义初级阶段经济模式是在社会主义初级阶段理论指导下而作出的选择。社会主义初级阶段理论是以邓小平同志为主要代表的中国共产党人,在20世纪70~90年代,在继承新民主主义理论精华的基础上,对建国以后正反两个方面经验,亦即"之"字路经验的总结与升华,是中国共产党领导中国革命与建设70多年来实践的理论结晶。这种理论的获得,标志我们对在中国搞现代化事业,已经知道得较多了。如果说过去的50年,我们是处在孙中山所说"不知也要去行;当中必走许多'之字路'"的阶段,那么,今后,我们已开始迈入"知道了以后才去行,是很容易的"阶段了。当然,所谓"很容易",也仅仅是相对于"不知也要去行"而言的。在前进的路途中,我们还会遇到不知或不甚知之的事物,需要继续探索和在实践中去认识它们。

(本文为《中国经济50年发展的路径、阶段与基本经验》一文的第四部分,原载于《当代中国史研究》1999年第5、6期。题目是新拟的)

---

① 《中国共产党第十二次全国代表大会开幕词》,引自《邓小平文选》第3卷,第2~3页。

中华人民共和国经济史研究方法中的几个问题

在现阶段讨论中华人民共和国经济史的研究方法，很有必要。这是因为：第一，这门学科正处于开始建立的阶段。对于任何学科，无论处于何种发展阶段上，均需要研究它的方法。自然科学史与社会科学史已证明，每门学科都是随着研究方法有所突破而前进的。对于中华人民共和国经济史学这类处于诞生过程中的新学科来说，探讨一下它的研究方法，使之从开步时起，便能沿着正确的轨道前进，不走或少走弯路，从而健康而又迅速地发展，其需要更迫切，其意义更重要。第二，中华人民共和国经济史研究的对象是当代的经济，即当代的历史。研究者是当代经济史的创造者，当代人对于当代史写作的冲动强烈，当代史对当代人教育意义大，吸引力强。可是，当代人写当代史，困难特别多。除了其他因素外，"历史的沉淀时间"短，是客观原因之一；研究者的感情，是主观原因之一。当代人亲身经历当代事、读当代史，既倍感亲切，也因此而鉴别力强，要求高。如果研究者没有科学的或比较科学的方法，写出的论著不能高于读者目睹耳闻的现象，没有历史的启示作用，便很难使读者受益，满足他们的要求，取得他们的谅解。所以研究中华人民共和国经济史要特别讲究方法。本文所涉及的，主要是中南财经大学中华人民共和国经济史课题组在近五年来研究工作中遇到的一些问题，及对这些问题的看法。个别相关的地方，免不了涉及所见所闻的不同意见，目的是为了引起讨论，得到指正。

一

首要的一个问题，是如何处理各种研究方法之间的关系。在这个问题上，遇到两种情况。一种意见是，它们是互相排斥，互不相容的。一见到运用西方国家经济史学者率先使用的经济计量学方法、发展经济学方法等，便认为是资产阶级的方法，是违背或脱离了历史唯物主义方法，是反马克思主义的方法。另一种意见是，对于研究经济史来说，各种各样的研究方法，如历史唯物主义方法、考据学方法、经济计量学方法、社会学方法等，彼此是平列的，互无关系的，无高下、优劣之别。可见，在这方面的分歧，涉及研究中华人民共和国经济史的指导思想或方法论，以及能否和如何借鉴其他国家经济史同行的研究方法等问题。

中华人民共和国经济史研究的对象是当代中国国民经济的发展过程。这种国民经济的结构与变化是多方面的，很复杂的。要将其研究清楚需要使用多种多样的方法。各种方法均有其长处或用处，不能互相代替，从而能独立存在。研究不同的问题，要用不同的方法。研究同一个问题，也可以采取不同的方法，从不同的角度证实和加深对同一问题的认识。研究方法是手段，凡有利于达到研究目的，即有利于揭示中国当代经济发展现象之间的因果关系或规律的一切手段，都应当而且可以使用。从这个意义上来说，科学的研究方法愈多，愈有利于这门学科的发展。它们之间并不一定是相互排斥的关系，各种各样的研究方法又都有自身的适用范围。同时，对于研究中华人民共和国经济史来说，各种各样的研究方法又都是用于研究同一对象。因而必是一个统一体，不是互无关系的、并列的。各种方法就其适用范围等方面来说，各自处于统一体中的不同层次上，有属于高层次的，即哲学方法论；有属于低层次的，如具体分析方法；有介于两者之间的，即中间层次的，包括各种通用方法。它们是有高下之分的。分清各种方法所居的层次，有利于人们集中注意力于高层次的方法，坚持马克思主义；同时又使人们便于和善于处理处于不同层次的各种方法的相互关系，吸取一切可以为我所用的具体方法。不明确研究方法是有不同层次的差异，便会将各种方法平列，如将哲学方法论与通用方法、具体方法平列；或认为借鉴西方学者使用的通用方法与具体方法，便是代替和反对马克思主义的哲学方法；或低估了哲学方法论或指导思想的地位和作用。这些认识所导致的危害是有目共睹的。

在不同层次，特别是最高层次上的各种方法，是有优劣之分的。在一门学科研究方法的系统中，居于指导地位的即最高层次的方法，本身就是一种理论，一种哲学方法论。任何一个或一群研究者，无论本人承认与否，都是以某种哲学方法论指导自己的研究工作的。在哲学方法论这个层次上，对于研究中华人民共和国经济史来说,马克思主义,具体地说,历史唯物主义,是唯科学的方法论,也是最基本的方法,这已被科学研究的实践所证明。马克思恩格斯多次说过,他们的理论不是教条,而是一种研究方法,中南财经大学中华人民共和国经济史课题组成立之初,在讨论研究方法时,一致同意以马克思主义的立场、观点、方法分析建国以来的经济发展过程。为什么要采用这种理论和方法而不用别的方法,在我们看来,是一个无须多加说明的问题。自觉地以马克思主义作为研究的哲学方法论,是中国学者研究中华人民共和国经济史的特点之一。马克思、恩格斯在19世纪40年代发现历史唯物主义是与他们在那个时期用求实的态度研究人类经济发展历史有着重要关系。没有后面这种研究,不可能知道经济形态是变化的、不断交替的;不可能知道经济在社会发展中的正确地位;不可能把社会关系归之于生产关系,把生产关系归之于生产力,即归之于物;不可能把人类社会的历史看作一个自然历史过程,有其自身的即客观的发展规律。一句话,没有这种研究,便不可能创立历史唯物主义。当马克思、恩格斯发现了历史唯物主义,并将它运用于研究经济学、历史学、经济史学、法学等社会科学时,便使这些社会学科发生了一场革命,从历史唯心主义的体系中解放出来,建立在历史唯物主义的基础之上,变成了科学。在此以后,研究经济史的学者,一部分人以马克思主义为指导,另一部分人则不是。百余年来,这两部分人都取得了成果,至于成果的性质与大小,则不可同日而语。马克思主义学者认为是这样的,严肃的非马克思主义学者也是这样认为的。英国著名的经济学家、新剑桥学派的主要代表人物琼·罗宾逊夫人1980年访问中国时说:新剑桥学派和近来的学院派都遵循自己的道路,达到了与马克思主义大体相似的境地。两派都认为资本主义蕴含着它自身崩溃的种子。她还说,马克思的研究是从长远看问题的,这同长期动态分析有关,而在现代经济学理论中,还没有超出短期分析的局限。可见,以马克思主义指导我们的研究工作,是一种正确的选择。

在明确了研究方法是一个有层次的统一体和最高层次的方法论之后,关于借鉴国外同行们使用的通用方法与具体方法问题,便可迎刃而解了。这本不应成为问题的,其所以会成为一个问题,是由于两种情况造成的。第一,有的人把借鉴简单地理解为搬用,生吞活剥,不论好坏,一切照抄,甚至于把西方国家少数经济史学家用于分析某些经济现象的具体方法,抬高到与历史唯物主义并列，或用以代替历史唯物主义的方法。我们主张借鉴，不主张照搬。外国的经济史学家有各式各样的。他们使用的方法不尽相同，研究方法多种多样，有的有鲜明的阶级性，有的并不具有阶级性，我们首先要了解和鉴别、区分出哪些是科学方法，或具有科学因素的方法，然后再结合我们的情况，予以试验、运用或舍弃。第二，在长时期"左"的指导思想影响下，有的人把外国一切经济史学家使用的研究方法，等同于"资产阶级的方法"或"唯心主义方法"，予以排斥、责难，不屑一顾。他们不了解经济史学的研究方法是有不同层次的。只要我们坚持研究方法中历史唯物主义这个最高层次，便可以大胆地借鉴外国经济史学家使用的属于中间层次和低层次的方法，对它们作出马克思主义的分析和改造，把它们吸收到马克思主义的研究方法的系统之中，使我们的研究方法成为开放型的、不断发展的、最为丰富也最先进的研究方法。在这个方面，许多研究者感到，我们对国外经济学家研究中华人民共和国经济史即当代中国经济的情况，特别是对其中的最新成果，了解不多，评介不够。实际上，国外正在兴起研究新中国经济的热潮，论著很多。他们的某些见解值得我们思考，他们使用的某些研究方法，特别是数量分析的一些方法，值得我们借鉴。

二

如何处理历史和现实的关系，是中华人民共和国经济史研究方法中的另一个重要问题。中华人民共和国经济史的研究对象是生产力和生产关系的矛盾统一过程，这决定了它在本质上是一门经济学科。它的研究方法必须是经济学的方法，它与以经济为研究对象的其他经济学科的区别之一在于，它以研究经济发展的具体过程为前提，即按照经济发展的历史顺序，从动态中揭示经济运动的轨迹。这决定了它具有历史科学的特性，它的研究方法必须具有历史学方法的特点，首先是动态分析方法的特点。经济史学的研究方法是将经济学方法与历史学方法融为一体。历史学方法中的核心问题之一，是以历史主义的态度处理历史和现实的关系。建国以来，经济政策是由中国共产党及其领导的政府制订的，是以马克思主义为指导的。今天，我们研究中华人民共和国经济史，也是以马克思主义为指导。一些研究者因此把当时的文件、社论的词句依次串起来成为论著，便认定是以马克思主义为指导的了。另一些研究者看到了经济政策先后不同，看到了它们的变化。他们不区分情况，一律认为，先一种政策是马克思主义的，后一种政策也是马克思主义的，所有的经济政策都是马克思主义的。这个问题的实质，是今天如何用马克思主义作指导，去分析过去以马克思主义为指导制定的经济政策及其实施后果。我们认为，在处理这个问题时，以下四点是必须明确的。

首先，必须站在今天的高度去认识过去。或者说，必须以发展到当前水平的马克思主义去分析过去，必须用中国共产党十一届三中全会以后发展了的马克思主义研究中华人民共和国经济史，这关系到怎样才算是真正运用了马克思主义方法的问题。当中华人民共和国经济在地平线上出现时，马克思、恩格斯、列宁早已作古，他们未曾见到这种经济，未曾对它作过分析或发表意见。因此，不可能搬来他们的现成结论——根本不存在这种结论作我们的结论。以马克思列宁主义指导我们的研究工作，是运用马克思列宁主义的方法分析经济现象。以毛泽东为主要代表的中国马克思主义者，运用马克思列宁主义的普遍原理，结合中国的实际，解决了中国革命和建设中的一系列问题，领导中国人民创建了中华人民共和国，把半殖民地半封建经济形态改造成新民主主义经济形态，又从新民主主义经济形态过渡到社会主义经济形态，同时进行社会主义建设，使社会生产力得到中国历史上未曾有过的迅速发展。一部中华人民共和国经济史，是中国马克思主义者创造性运用马克思列宁主义解决中国经济问题的历史，是马克思列宁主义、毛泽东思想胜利的历史。马克思列宁主义、毛泽东思想是一个不可分割的理论体系。基于上述情况，对研究中华人民共和国经济史来说，马克思列宁主义基本原理与中国实际相结合的毛泽东思想具有更直接的关系。中国共产党从十一届三中全会起，倡导准确、完整地理解马克思列宁主义、毛泽东思想，坚持马克思列宁主义，发展马克思列宁主义。在这次全会精神的指导下，全党解放思想，实事求是，总结了建国以来的经验教训。在十一届六中全会上通过了《中国共产党中央委员会关于建国以来党的若干历史问题的决议》（简称《决议》）这篇重要的历史文献，标志着中国共产党在指导思想上胜利地完成了拨乱反正的历史任务，体现了用马克思列宁主义、毛泽东思想作指导分析建国以来的若干重要问题作出的结论，即对这些问题的马克思主义的观点。以后，中国共产党又制订了一系列重要文件，包括党的十二大的文件、十二届三中全会与六中全会的文件、十三大的文件等，其中主要是对许多新问题的马克思主义的分析，也包括对过去一些问题的新的分析，补充和发展了《决议》的内容。我们在研究建国以来的经济发展过程时，是用十一届三中全会以来中国共产党的决议中阐明的观点，去分析经济现象，衡量得失，判断是非。在中国共产党十一届三中全会以后，我们才明确，从社会主义改造完成以后直至今天，中国处于社会主义初级阶段；马克思主义的核心是发展社会生产力；社会主义经济是有计划的商品经济。取得这样一些认识，经历了30多年的经济工作实践过程。我们不能要求任何人一开始就有这些认识。分析经济史上的任何一个问题，都必须将它置于当时的历史环境之下，不能用今天的认识去要求过去，不能以今天的经济政策去套过去。获得这些认识之后，就必须站在今天的认识水准之上，去考察过去的事物（顺带地说一句，这是历史的问题被不断重新研究、评价的原因，也是历史学既最为古老而又永远年轻的原因）。例如，探究建国以来每一项经济工作的经验教训，就不能不看它对社会生产力和有计划的社会主义商品经济的发展是有利还是不利，以及利或不利的大小。关于改革和开放，也应是这样的。在今天，写一部中华人民共和国经济史，不写1979年以后经济体制改革和改革的进程、成果与经验教训，是难以令人满意的。但仅仅反映这个阶段的改革与开放，仍然是不够的。我们要以改革和开放的精神、改革和开放的眼光，去分析建国后的经济历史。我们认为，这样做，是以中国共产党的十一届三中全会以来的决议与文件正确解释并发展了马克思列宁主义毛泽东思想作为指导的。很显然，这不仅不会限制我们的研究，而是使我们的研究有可能获得较高水平。

其次，检验真理的标准，是几亿中国人民长期的社会实践，而不是付诸实践之前的经济政策。有的研究者认为，既然中国共产党和中华人民共和国政府在实施每一项重大的经济政策时，都论述过是根据马克思主义制定的。因此，在研究中华人民共和国经济史时，判断是非可以以当时的文献为准。根据这种看法，在撰写论著时，把中国共产党和中华人民共和国政府有关财政经济的文献，以及制定这些文献的会议连贯解释下来，作为中华人民共和国全部经济史。表现在文字上，每一句话都以当时的文献作根据。我们认为，中国共产党和中华人民共和国政府在制订经济政策时，是真诚地以马克思主义为指导的。在实施这些经济政策时，进行论证和宣传，说它们是有马克思主义理论作根据的，或者是符合马克思主义的，也是工作的需要。这种论证和宣传，代表着当时的认识水平。至于是否真的符合马克思主义，则要看经济政策付诸实践后的效果。中国共产党及其领导的政府根据这种实践的效果，补充或修正其经济政策，即是说，认识水平随着实践进程在不断地提高。据此，研究中华人民共和国经济史，必须站在今天的认识高度上，才是真正地以马克思主义作为方法论。例如，人民公社，1958~1960年的"大跃进"运动，农业生产合作社与农村人民公社实行的劳动日、工分制等，都曾被宣传是马克思主义发展史上的创举，实践却证明它们不符合中国的国情，不符合马克思主义，它们已被历史证明是没有生命力的。当然，研究中华人民共和国经济史，不可能不研究这些经济政策文献。因为这些文献中，所包含的经济政策及经济思想，是影响经济发展的。在中华人民共和国建立之后，因社会化的大生产与日俱进，国营经济占主导地位，全国空前统一，并建立了严密的组织与纪律，实行计划经济、高度集中的经济决策与经济运行模式，经济思想和经济政策对经济发展过程的影响，是历史上其他时期不可比拟的。但中华人民共和国经济史的内容，不是这些文献所能全部概括得了的，如千百万群众的经济活动就远远超出这些文献的范围。从实践效果看，对即对，错即错，半对半错即半对半错，如此等等，这样才会有经济史学。如果以文件或文献的是非为是非，而不以实践为判断是非的标准，实际上是取消中华人民共和国经济史的研究任务。坚持实践是检验真理的唯一标准的方法，也就是实事求是的方法。研究中华人民共和国经济史，是根据实践，根据已经发生的事实，分析经济现象，认识其本质。经济史学是当"事后诸葛亮"，经济史学的方法也是"事后诸葛亮"的方法。当前和未来是历史发展的产物，它们藏身于历史之中，历史预见未来，历史告诉未来。

再次，要区分绝对时间意义上的经济史与经济史学的研究对象。从绝对时间的意义上，凡是已过去的、昨天的经济活动，都已成为不可改变的经济史了。但并不是所有客观的经济史都应成为经济史学的研究对象。当某一经济事物尚处在发展之中，即目前的阶段尚未结束时，人们不可能根据实践的效果，对它作出历史性的结论与评价。这样的经济事物或其发展阶段，不属于经济史学研究的对象。作为中华人民共和国经济史学的研究对象来说，必须是作为一个整体的国民经济史运动过程中已经结束的阶段。某些研究者对作为绝对时间意义上的经济历史与作为科学研究对象的经济历史没有分开，过于追求历史与现实的衔接，企图泯灭历史感与现实感之间的界限，把尚未完结的过程纳入经济史研究对象之中。他们以为，凡付诸实践并变成现实的经济政策或经济思想，便是合理的，便是马克思主义与中国实际相结合的产物，于是轻易地下结论，稍加研究，便能发现这种结论往往是随着政策的变动而变动的。作为宣传文章，理应随时宣传政策。作为科学研究成果的论著，特别是总结历史经验的学术著作，应力求其结论具有相对的稳定性。稳定性是建立在科学性基础上的。这种科学性来源于正确地反映实践的性质。作为检验真理标准的实践是生动的，发展着的，有时还是长期的。有些经济思想通过经济政策，付诸实践，变成相当长期（可以长到几十年之久）存在的社会现实，却不一定是真理。相反，正是由于相当长期的实践，证明其不是真理。如关于社会主义经济的发展与商品经济的发展成反比的观点、社会主义人口规律是人口数量迅速增长的观点，等等。有些经济理论，未能付诸实践，但或因其对立的观点付诸实践时失败了，反证其可能是正确的；或虽不能证明其正确，也不能说它是错误的。以社会主义时期如何对待农民为例。农业合作化的主张与基本论点，是恩格斯在 1884 年发表的《法德农民问题》一文中提出的。引导私有制下的农民走合作化的道路，无疑是正确的。对于这件事，对小农采取何种态度，采取什么步骤，时间的长短等等，则有不同的理论，恩格斯说："当我们掌握了国家权的时候，我们对于小农的任务，首先是把他们的私人生产和私人占有变为合作社的生产和占有，但不是采用暴力，而是通过示范和为此提供社会帮助。"（《马克思恩格斯选集》第 4 卷，第 310 页。此处"暴力"一词《马克思恩格斯全集》第 22 卷，第 580 页译作"强制的办法"）。"我们将竭力设法使他们的命运较为过得去一些，如果他们下决心的话，就使他们易于过渡到合作社，如果他们还不能下决心，那就甚至给他们一些时间，让他们在自己的小块土地上考虑考虑这个问题。"（同上书第 311 页）在苏联，斯大林提出必须加快农业集体化的速度和消灭（驱逐）富农的理论，农业集体化是在短时期内完成了。理论付诸实践。这种理论对不对呢？看了苏联农业集体化以后到 1953 年斯大林逝世时为止的农业生产状况，粮食产量和大牲畜数低于 1913 年（这是 1 亿多农民 20 多年间的社会实践），便能明白。在中国，毛泽东提出"趁热打铁"的理论，从建国到农业合作化的完成，我们用的时间比苏联更短。粮食产量，按人均计算，1978 年与 1956 年一样。1956 年以后，农业生产增长率下降了，可见，变成了现实的理论，不一定是最好的理论，未变成现实的理论——如上述恩格斯的观点却不一定不是真理。中华人民共和国经济史研究的是当代的事实。研究者与研究对象距隔的时间太近，以致研究对象中有些事物的实践过程已结束（如土地改革、人民公社），有些事物的实践过程尚在进行之中（如现代化、农业合作经济的发展……）一方面，对于前一种情况，虽然相对地说，较好研究，但历史沉淀的时间仍然很短，对于后一种情况，则难以下结论。另一方面，正因为某些事物的实践过程是长期的，作为检验真理标准的是数亿中国人民长期的社会实践（这是研究中华人民共和国经济史的特殊矛盾之一，也是客观上的重大困难之一），这就要求研究者在处理历史感与现实感的关系时，要特别慎重，下结论时要留有余地，不要企图随便贴上规律一类的标签。研究的对象距现实愈近，其准确性中的"风险因素"也愈大。因为，历史沉淀的时间短，现象与本质、短暂现象与长久现象、主流与支流、旧事物的残余与新事物的萌芽，尚处于难以分清的阶段；事物对后来历史的影响尚不知道；研究者处于当事人地位，眼界的局限性与个人的感情，影响对事物的认识。研究中华人民共和国经济史的人，要具有随着经济实践前进的步伐，不断地修改或补充研究结论的勇气与思想准备，其论著大多数在相当长时期内属于"未定稿"的性质。

最后，研究经济历史上的问题要与现实的经济问题相结合。在确定研究题目时，要首先选择现实经济中最迫切需要解决的问题，为解决这些现实的经济问题提供历史的启示。譬如，现在需要解决国民经济怎样才能长期稳定增长的问题，我们便可以研究 1949 年以来几个经济稳定增长阶段的经验和几个经济大上大下阶段的教训，为解决这个问题提供借鉴。中华人民共和国经济史研究的是当代的经济。在这个意义上，它所研究的属于"今"，而无"古"。它所提供的历史启示是本国的，最近的，往往是当事人曾经亲身经历过的。因此，它的历史启示的功能大，这是中华人民共和国经济史的优点。经济史学的研究对象与现实有短暂的时间间隔。只要选题是符合现实需要的，则这种短暂的时间间隔并不影响历史与现实的结合、历史感与现实感的一致。

三

处理整体与局部的关系，如国民经济与部门经济的关系、国民经济与地方经济的关系、生产方式与生产力、生产关系的关系等等，是研究中华人民共和国经济史过程中不可回避的问题。要扎实而又深入地研究中华人民共和国经济史，必须分时期、分地区、分部门进行专题研究；然后以此为基础，进行综合研究。没有地区经济史与部门经济史的深入研究，中华人民共和国经济史是不可能建设好的。这样，就会产生如下两种情况的整体和局部的关系。在中华人民共和国经济史这门学科的内部，存在着国民经济史这个整体与地区经济史、部门经济史这些局部的关系。在研究地区经济史与部门经济史时，存在着站在地区或部门的即局部的立场上进行评价与站在国民经济即整体立场上进行评价的关系。例如在某个时期，将农业中产生的积累过多地用于工业建设时，对于工业来说，该时期发展迅速；若从整个国民经济来说，则可能延缓发展速度。在开展"三线"建设时期，对于有"三线"建设任务的地区来说，得到的投资多、设备多、技术支援多，经济发展快；从整个国民经济的发展来说，则可能是一种投资布局战略方面的失误。如果不能正确地处理整体和局部的关系，无论是研究国民经济史，还是研究地区经济史或部门经济史，都难以得出科学的结论。

研究作为国民经济史的中华人民共和国经济史，采取国民经济史的方法，应是无疑的。每每遇到的，也是容易被人忽略的，是未将国民经济史的研究方法与部门经济史、地区经济史、专门经济史等经济史的研究方法区分开来。国民经济史的研究对象是生产方式，是一个国家经济整体的发展过程。在整个经济史学科体系中，它是属于最高层次的。它研究的对象最广泛，综合性最强。这决定它的研究方法在许多方面不同于部门经济史、地区经济史、专门经济史的研究方法。下文论述的，是其中的几个重要方面。

第一，研究中华人民共和国商业史、对外贸易史、金融史、财政史等流通和分配领域内部的经济史，会涉及与社会生产力的关系，但它们的研究对象，却是不包括社会生产力的。因此，在它们的研究方法中，没有研究生产力的方法。国民经济史则不同，国民经济史的研究对象，我在1960年的一篇文章中已说过，是社会生产力和生产关系的矛盾统一过程。如果不包括社会生产力，则既不成其为国民经济，也不成其为一国经济的整体。一切经济工作，一切经济变革，是否必要，是否成功，要从其对社会生产力起何种作用来判定。发展生产力，应是研究中华人民共和国经济史的一个基本观点。主要是基于对社会生产力现实水平与发展速度的分析，我们认为中国当前处在社会主义的初级阶段。

这是我们认识中国过去 30 年、当前以及今后若干年经济问题与社会问题的立足点。中华人民共和国经济史的研究对象包括生产力问题，不仅涉及它是否有重大现实意义，也关系到它的研究方法。有人认为，经济史学与政治经济学都是以生产关系为研究对象，它们在研究方法上的区别，仅仅在于经济史学带上了一个"史"字，从而要按时间顺序叙述。这种看法是不全面的。应该说，它们在研究方法上更本质的区别，根源在于研究对象上的差异，即经济史学的对象包括社会生产力。这里便产生国民经济史如何研究生产力的问题，其中包括从什么角度研究社会生产力、研究社会生产力的哪些方面、采取什么方法去达到研究的目的。在我们的研究工作中，其选题，或是直接分析生产力的问题，如生产力的发展速度、发展水平、生产力布局、产业结构等；或是围绕社会生产力发展的有关问题，如社会经济计划、经济模式、劳动力的数量与质量、生产关系变动等。总之，研究工作是以社会生产力为中轴展开的。我们深深地感到，由于多年来强调经济史学的研究对象只是生产关系，不注意研究生产力，以致对经济史学应如何研究生产力这个问题，尚未积累起足够的、系统的经验。在这方面，苏联和东欧国家的一些经济史学家，如民主德国的库钦斯基等人的研究方法，值得借鉴。

第二，研究中华人民共和国经济史，必须考虑国民经济的整体性。只有从整体性出发，采取宏观经济的分析方法，对国民经济的各个方面之间的关系予以综合研究，才能获得总体的、国民经济发展规律性的认识。这种方法要求，首先，必须研究经济结构的模式、经济体制等等属于国民经济整体性的问题。诸如，中华人民共和国经济史的"开篇"，为什么会是新民主主义经济形态。又如，为什么后来采取集中计划型经济模式。其次，必须研究长期制约中国经济发展诸因素的形成过程，即中华人民共和国经济发展的历史或传统的背景，自然的与社会的环境。撇开了长期制约的因素，中华人民共和国经济发展中的许多现象便是不可理解的，更谈不上阐明中国特色与中国经济发展规律，诸如，中国生产力的结构、经济地理与生态环境、人口增长规律与人口思想，等等。不了解点中国古代经济史，特别是中国近代经济史，想研究好中华人民共和国经济史，是很困难的。再次，必须研究整个中华人民共和国境内的经济活动，而不只是限于局部地区。即使研究了占中国人口总数 90% 的汉族居住地区的经济发展史，也是不够的。因为，中华人民共和国是一个多民族的国家，中华人民共和国经济是一种多民族的经济的统一体。不研究和叙述少数民族地区的经济，则不能成为完整的中华人民共和国经济史。

第三，中华人民共和国商业史研究的是商业的变化，必然从建国时的商业状况开始。同样，中华人民共和国工业史，理应从建国时工业状况入手。中华人民共和国经济史包括各个经济部门在内的国民经济。在研究方法上，首先，它要阐明各个时期的国民经济是由那些经济部门构成的，以及各个经济部门是如何变化的。这种阐明，当然不能不按经济部门分门别类地叙述，但又不能是各部门经济史简单的平列与相加。因为，国民经济是由各部门经济构成的有机整体，是一种经济结构，整体大于各部分相加的总和。离开了国民经济整体的分析与叙述，便不是国民经济史研究方法。各部门经济是国民经济整体中的有机部分，它们之间的相互关系即构成状况及其变化，是国民经济结构在不同时期变化与特征的表现。不分部门叙述与分析，整体便成了混沌物。离开对部门经济史的研究，也无所谓国民经济史的方法。其次，要阐明国民经济在各个时期的活动如何实现社会再生产过程，这里涉及两个性质不同而又相互联系的方法。一种是按生产、交换、分配、消费的再生产过程，物质再生产和人的再生产过程先后次序论述的方法。另一种是按不同时期国民经济活动的带头部门、带头产业与政府经济工作的重心即轻重次序论述的方法。这两种方法，是可以在研究方法与叙述方法上结合起来，互为补充。一部完整的中华人民共和国经济史，其谋篇布局，即叙述方法，以前一种方法为宜，至于从何处入手进行研究，则应考虑后一种方法。我们认为，按照建国前后国民经济的实际情况，经济工作的重心以及社会主义经济是有计划的商品经济的观点，则以从流通领域开始较为妥当。

四

如何处理经济与政治的关系，是中华人民共和国经济史研究者感到不好解决的困难问题之一，处理经济和政治的关系，是研究任何一个国家任何一个时期的经济史都会遇到的问题。在1949年以后的中国，在很长的一个时期内，严重地影响经济的政治运动与政治事件几乎是接连不断。这是研究中华人民共和国经济史遇到的特殊情况之一。对于这种情况，有的人认为，在这个时期内的中华人民共和国的经济发展，受政治运动与政治事件影响太大，研究它，只有历史学的意义，而无经济学的意义。也有些研究者，全然不顾政治运动与政治事件对经济发展的影响，把已经发生的经济增长速度及周期情况，当作是中国社会主义经济发展规律的表现。这两种认识与做法，都是想回避或"抽象掉"政治对经济的影响，当然，无助于对中国经济发展规律的探索。妥当的做法应是在研究过程中正确地处理这个时期政治和经济的关系。

首先，应该认识过渡时期与社会主义初级阶段经济与政治关系的特殊性。与以往各种社会比较，过渡时期和社会主义初级阶段的上层建筑对经济的作用要强得多。这与过渡时期存在"谁战胜谁"问题的特殊情况有关，与社会主义初级阶段生产资料公有制状况，与建立在生产资料公有制基础上的国体与政体，与由有严密组织纪律的中国共产党执政也有关系。在中国历史上，没有一个朝代或一届政府，能象中国共产党领导的中华人民共和国政府的经济政策这样，在全国范围内认真地贯彻下去。中华人民共和国的建立，不仅标志着历史上几百年或几十年一见的政权更替的开始，而且是历史上几千年或几百年才发生一次的社会经济形态更替的开始，而这次社会经济形态的更替，又是私有制经济形态到公有制经济形态的剧变。中华人民共和国经济史所研究的，是从半殖民地半封建经济形态到新民主主义经济形态，又到社会主义经济形态初级阶段的时期，所以不仅有政权更替时期常见的为巩固新政权而产生的现象，更有为巩固新经济形态而采取的措施。再加上相当长的时期里指导思想上强调阶级斗争，强调政治的作用，以致提出"政治可以冲击一切"，包括冲击经济的口号。所以新中国成立后的一个阶段里，政治事件、政治运动频繁，对经济发展的影响很大，研究这个阶段的经济史，不分析每一次政治运动对经济发展的具体影响，无法说清楚经济发展过程中的现象，也无从总结重大的经验教训。如果有人研究新中国成立以来的经济增长的周期，仅仅根据统计数字作纯经济的描述，从绝对数量来看，其所述周期或许是正确的。但这种周期的大部分主要是政治运动、政治事件造成的。因此，把这种周期说成中国经济发展的规律，必然与事物的本质相距甚远。研究经济周期等问题是必要的，但必须细心地、具体地分析出哪些现象是政治运动或政治决策造成的后果。当然，我们也不赞成下述的观点：新中国经济发展过程中，受政治运动的影响大，因而不具备作为经济史学研究选题的对象的条件。对于经济史学来说，是不能跳越任何一个历史时期的，不能不研究每个时期的经济发展过程。问题不在于回避，而在于要有一个与客观情况相适应的研究方法。

其次，要坚持历史唯物主义的方法。是用经济决定政治、政治反作用于经济的观点，还是用政治决定经济、经济反作用于政治的观点研究经济史，从来就是两种根本对立的经济史研究方法的主要区别之一。前一种方法从经济出发，从生产力与生产关系的矛盾统一运动出发，揭示一些政治运动、政治事件发生的必然性、合理性；另一些政治运动、政治事件不是经济发展要求的，是人为的，可以避免的，并进一步揭示这两类政治运动、政治事件对经济发展起着根本不同的作用。后一种方法从政治出发，先认定政治事件、政治运动都是必然的、合理的，对经济总是起着推动作用，把经济史作为政治史的后果。我们的研究应表明，那些符合经济发展要求的政治运动、政治事件，是如何促进经济发展的；那些违反经济发展要求的政治运动，是如何阻碍了经济发展的。从而使人们得出结论：要记住后面这类政治运动干扰、冲击经济建设的教训；想要国家富强，人民富裕，必须珍惜安定团结的局面。

再次，要从研究经济史的角度，对各类政治运动、政治事件的内容进行具体的分析，分别对待。有的虽被习惯地称为政治运动，但实际内容是改变生产关系的经济斗争，或主要是经济内容但又具有重要的政治意义，如建国初期农村土地改革运动，城市民主改革运动，稍后的"五反"运动，它们改造或改变旧的生产关系与阶级关系。有的是用群众运动的办法去完成经济工作的任务，从而具有经济运动的色彩，如合作化运动、"大跃进"运动、农业学大寨运动，是运动其形式，经济其实质，是不应列入政治运动之列的，以上这些"运动"是中华人民共和国经济史不可缺少的内容。有的政治运动或政治事件，既不是经济发展的客观要求的，本身的性质属于政治思想领域的，如1957年的反右派运动、1959年的反右倾运动。这些政治运动本身不属于中华人民共和国经济史研究的范围。但是，这些运动曾对经济的发展发生了重要的影响。为了准确地说明国民经济发展的条件，从中总结可资借鉴的经验教训，只要分析这些政治运动是如何影响经济发展的即可。

最后，必须区分政治运动，政治事件对经济发展的影响与政治运动，政治事件发生时期内经济发展的状况。这是互有影响而又内容不同的两件事。以

"文化大革命"为例。"文化大革命"是中华人民共和国成立以后历时最长、规模最大、对经济影响最严重的一次政治运动。"文化大革命"本身不是中华人民共和国经济史研究的对象，但"文化大革命"时期即1966~1976年的经济，却是中华人民共和国经济史不能不研究的。"文化大革命"对经济起了严重的破坏作用。中华人民共和国经济史既要分析"文化大革命"对经济发展产生的消极影响，又要全面分析这十年经济的变化，并说明产生这些变化的原因。只有作出这种区分，才能对经济发展的实际情况给予合理的令人信服的说明。

五

采用历史比较方法，处理不同时间与不同空间经济发展的对照关系，是研究中华人民共和国经济史必须采取的。将一个时期经济的发展与另一个时期经济的发展进行对比，将一个地区经济的发展与另一个地区经济的发展进行对比，将中国经济的发展与别国经济的发展进行对比，是对中国各个时期各个地区的经济发展进行具体分析，探求其特殊性的重要方法。有比较才能看到同与异，才能有鉴别，才能找出变化和特点、经验和教训。如果不进行对比分析，就无从认识中国经济的特殊性。科学研究的灵魂与目标，就是对具体事物进行具体分析，从而认识具体事物的特殊性。要认识中国社会主义经济的特点，就要把它和苏联、民主德国、匈牙利、南斯拉夫、朝鲜等社会主义国家的经济进行对比。从认识特点这个角度来看，可以说没有比较就没有分析。在研究中华人民共和国经济史时，很多人和我们一样都用过比较分析方法，但成绩颇不理想。在这方面，既存在客观的困难，也有认识问题。

现在使用较多、成果较大的是纵向比较，用新中国经济发展的成就，与旧中国的经济对比，可以看出社会主义经济制度的优越性，得到只有社会主义才能救中国的认识。在分析新中国经济发展过程中，将中国共产党十一届三中全会前后进行对比，可以看得出，在此之前的某些时期，由于指导思想上出了偏差与经济体制等方面的原因，未能使社会主义经济制度的优越性充分发挥出来。通过对比，可以加深对中国共产党十一届三中全会以来路线的正确性与经济体制改革的必要性的认识。这些比较是很有说服力的，必须坚持，进一步使之完善与准确。问题主要在横向比较方面。首先是中国内部不同地区之间的比较。这种比较可以找出各地的优势与加速地方经济发展速度的经验。这是一个广阔的研究领域，可惜很少人涉猎。其次是进行国与国之间的比较。这有利于认识中国的国情，从而有利于探索中国式社会主义建设道路。从比较中可以看出，中国经济的发展，在有些时期比某些国家快，比另一些国家慢；在某些时期比多数国家快；在另一些时期则是慢；如此等等。通过分析，有利于总结经验教训，发现和借鉴别国的经验教训。要进行比较，无疑地必须具有可比性的前提。从可比性出发，有人认为只能与印度对比，因为 1949 年新中国成立时，两国的经济发展水平差不多，两国原来的处境差不多（一个是半殖民地，一个是殖民地），又都是人口众多的大国。有人认为只能与苏联比较，因为两国都是社会主义国家，经济体制一度大体相同，又都是大国。这两种观点中关于可比性因素的分析是对的。在进行国与国之间的比较研究时，可以较多地与印度、苏联等国比较。但是，如果从上述可比因素的论证出发，得出只能与印度比，或只能与苏联比的结论，便是值得讨论的了。首先，无论是印度还是苏联，与中国的经济，既有可比的因素，也有不可比的因素，实际上，不可比因素远远超过可比因素。如果两者之间完全可比即完全相同，也就无所谓比较了。可比因素与不可比因素同时并存，存在不可比的一个方面，又存在可比的方面，正是进行比较的前提。其次，在比较研究中，进行比较的方面、角度、方法等极为丰富。国民经济史研究中的比较方法，是历史比较法，可比的角度、方法更是多种多样。历史比较法并不局限于同一时间发生的事进行比较，不同时间发生的同一类事，也可以进行比较。可以进行单项的比较，如比较工业化资金的来源，同哪个国家不能比呢？如比较钢铁产量从 100 万吨到 400 万吨所用的时间，可比的国家是很多的。如比较每人平均国民收入从 20 美元到 300 美元所用的时间，可比的国家更多。还可以比差别，如与某国比，在某年中国与之相差多少年；在某年，只相差多少了；如此等等。这种国与国之间进行比较的研究方法，实际上也就是从世界的角度研究中国经济的方法。没有这样广阔的视野，对中国经济发展的影响、地位、特点及方向等，是难以看清楚的。把比较的对象局限于极小的范围，不利于研究，不利于得出说服力强的结论。只要比较时使用的资料是准确的，方法是科学的，得出的结论便会是有说服力的。这种结论会说明社会主义经济制度的优越性，说明否定经济工作"左"的指导思想的正确性，说明当前改革的必要性。

六

　　正确处理认识主体和认识客观之间的关系，是研究中华人民共和国经济史过程中得到科学结论的关键。科学研究的过程，是研究者（即认识主体）认识研究对象（即认识客体）的过程。科学研究工作的正确程序应该是人们获得正确认识的过程。每门学科在研究方法上有自己的特点。这些特点主要是由该学科认识客体的特点，以及认识主体与认识客体之间关系的特殊性决定的。作为一门经济学科，中华人民共和国经济史在研究方法上的特点之一，是要顺时序研究过去的经济。这是与其他经济学科研究方法上的不同之处。中华人民共和国经济史研究的是以往的经济运动轨迹。以往的经济运动的轨迹是客观存在的，确切地说，是已经过去的存在。它既不会重现，人们也无法重演，更不能通过实验去观察，只能借助于反映经济运动轨迹的各种现象的资料，即经济史料，通过研究，近似地复原它的本来面貌。换言之，即弄清历史的事实。只有在弄清事实的基础上，才能谈得上正确地总结经验，揭示规律，抽象出经济理论。经济史料，从不同的侧面，在不同的程度上，正确或歪曲地反映过去存在的事实。人们通过对它们的分析，可以得出不同的结论。中华人民共和国经济史的研究者是认识的主体，以往的经济运动的轨迹及相关的经济现象是认识的客体。由主体到客体，必须经过经济史料这个中介。就思维活动及研究方法的特点而言，这个过程中存在着主体、中介、客体这三极。没有丰富的经济史料，或对经济史料不做认真的去伪存真、去粗取精的整理工作，所谓研究工作及其结论，只能是无稽之谈。资料是研究工作的基础。资料工作是研究工作的一部分。资料工作的第一步是要广泛地搜集资料。研究中华人民共和国经济史的有利条件之一是资料极为丰富。为此要编出资料索引，便于研究者搜集、利用有关资料。只有在广泛搜集资料的基础上，才能编写出准确的、详细的大事记，整理出丰富的、内容全面的资料长编。只有在丰富资料基础上进行的专题研究，写出的专题论文或专著，才是有根底的、可信的。我们认为，在论文或专著中的观点，可能有不正确之处，一定会被新的论著补充或代替，但资料索引、大事记和资料长编则是长期有用的，可以为本学科以及众多相关学科的建设奠定基础。基于这种认识，我建议，在中华人民共和国经济史学科开始建设之际，研究工作者要花大力气抓好这项基础工作，特别是要组织人力编辑资料索引与资料长编，并在可能的范围内资助它们的出版。

研究中华人民共和国经济史，除了认识主体和认识客体之间的关系存在着特殊性，从而要求研究方法与之相适应之外，在认识主体与认识客体的本身也存在着特殊性。与古代经济史和近代经济史不同，认识客体是刚发生的事情。现象与本质尚未经过历史的沉淀而有所区分。事情对后来的影响尚未出现，即还不可能知道。认识主体与认识客体之间往往有亲历其事和亲闻其事的关系。这种关系对研究工作可以产生有利的影响，也可能产生不利的影响。不利的影响，诸如，相信本人亲身经历的事而产生认识上的局限性、亲历其事也会产生认识主体对认识客体的感情问题，这往往是正确评价事物的最大障碍。有利的影响，诸如，亲历其事便能知其奥秘，亲闻其事便能知道某事有某人参加、某人知晓，从而可以通过调查、访问、座谈等方式，从知情人口中获得许多活的资料，有利于认识事情的本质。用各种办法从当事人那里获得活的资料与认识，是中华人民共和国经济史研究者极为有利的研究方法，也是一项刻不容缓的"抢救"任务。

（本文原载于《中南财经大学学报》1988年第1、2期）

另有关于"方法"的如下文献供读者参阅：

赵德馨、赵凌云：《中国人民对社会发展道路的选择》，载《湖北社会科学》1990年第10期。

第六部分
主　线

赵德馨教授认为，原有的中国近现代经济史著作一般按三种主线撰写。一是以阶级斗争为主线，内容和革命史无大异。二是以生产关系为主线，未能突出生产力和反映国民经济现代化进程的本质。三是以生产方式为主线，涉及面仍有限，且未能反映生产力与生产关系变化的时代特征。他认为，中国近现代经济史应以经济现代化为主线，理由是：第一，经济现代化是1842年以后中国经济变化的本质，是中国近现代经济区别于中国古代经济的时代特征。第二，从19世纪中叶起步的中国经济现代化过程，至今仍在延续。第三，只有经济现代化才能有效贯穿中国近现代经济史。第四，在中国近现代经济史的时限里，经济现代化是世界各国的共同趋势。当然，关于"经济现代化"的内涵，见仁见智。赵德馨教授认为，经济现代化主要包括市场化和工业化两个层次，其中，市场化是基础与前提，这是他的重要学术观点，此处收录了其中的两篇论文。

市场化与工业化：经济现代化的两个主要层次

内容提要："经济现代化包括市场化与工业化两个层次，市场化是基础与前提"的这种认识，是对世界和中国经济现代化过程的一种概括。其中包括：(1) 16 世纪以后欧洲经济现代化（实际上也是世界经济现代化）是从市场化起步到工业化，然后市场化与工业化互相促进的过程。(2) 中国近代时期经济现代化是从流通领域即市场化开始，从流通领域到生产领域（工业化），然后市场化与工业化相互促进的过程。(3) 苏联在 20 世纪 20 年代到 80 年代，中国及其他社会主义国家在 20 世纪 50 年代到 70 年代，离开市场化基础搞工业化、现代化，后来又回到以市场化为基础搞工业化、现代化的过程。这种认识反映了 500 年来世界经济发展的一条规律。作者以其 50 年来学习经济史心得的形式表达他的这种认识的形成过程，文体别具一格。

关键词：经济现代化　市场化　工业化

经济现代化是 500 年来世界近现代经济发展的基本趋势与时代特征，也是中国一个半世纪以来中国近现代经济发展的基本趋势与时代特征。离开了经济现代化，既不能揭示 500 年来的世界经济史与 150 多年来的中国经济史发展的本质，对这个时期的各种经济现象也难以说明白，经济现代化既是研究世界近现代经济史与中国近现代经济史概括出的一个范畴，又是世界和中国近现代经济史中的一个重大课题。

对经济现代化的研究已经取得了重大进展，但还有许多问题，包括一些基本的或初步性问题需要探讨。本文讨论的经济现代化的内涵或近现代经济发展的规律，就是其中之一。

一、"经济现代化包括两个层次"论点的提出

1987年,在"对外经济关系与中国近代化国际学术讨论会"上,我和班耀波提交了《世界经济大危机与湖北农产品商品化的变化》一文。在文章的小序中,我表达了对中国近代时期经济近代化(与"现代化"同义,下同)内涵的观点。并在报告我们的论文时,着重对这个观点作了说明。(1)经济近代化的内涵包括多个层次,其中主要的是两个:市场化和工业化。市场化过程与从自然经济到商品经济的过程同步,它是以社会分工和生产、分配、消费、交换的社会化为基础。市场化是经济运行机制现代化的代名词,工业化是指从手工劳动到使用机器的过程。从手工生产到使用机器,不限于手工业—工业领域,农业、交通、通信、商业等领域都有这个过程。工业化实际上是设备技术现代化的代名词。(2)市场化与工业化在不同的历史阶段的具体表现形态不同。本次会议讨论的是中国近代时期经济的近代化,所以我强调了经济近代化的近代特征即时代特征:在市场化方面,主要是中国对外贸易的迅速增长以及国内商品生产和商品交换的发展,也就是国内外市场的发展。此时期国内市场发展的主要特点是被卷入世界市场并依附于世界市场。在工业化方面,主要体现在使用机器的发展。使用机器的都是资本主义性质的企业。而在资本主义生产中,外国资本占着重要地位,这是半殖民地国家经济现代化的特征。我们现在讨论的是中国近代时期的现代化。若讨论中国现代时期的现代化,则特征不同。但经济现代化的内涵依然是市场化与工业化两个层次。(3)在经济现代化内涵的解释上,我的新意有三点:第一,经济现代化不仅是工业化。我在工业化的之外加上了市场化层次。第二,强调市场化是工业化的基础与前提。实际上,市场化也是经济现代化的基础与前提。第三,经济现代化的进程是从市场化开始,从流通领域进入生产领域。

二、事实依据与学习心得

关于"经济现代化包括市场化与工业化两个层次,市场化是基础与前提"

的这种认识，是我学习和研究世界近现代经济史和中国近现代经济史的一点心得，是对世界和中国经济现代化过程的一种概括。这种认识是以世界和中国近现代经济发展的事实为依据的，其中包括：（1）16世纪以后欧洲经济现代化（实际上也是世界经济现代化）是从市场化起步到工业化，然后市场化与工业化互相促进的事实。（2）中国近代时期经济现代化是从流通领域即市场化开始，从流通领域到生产领域（工业化），然后市场化与工业化互相促进的事实。（3）苏联在20世纪20年代到80年代、中国在20世纪50年代到70年代，以及其他社会主义国家，离开市场化基础搞工业化、现代化，后来又回到以市场化为基础搞工业化、现代化的事实。

（一）欧洲经济现代化起步的事实与1958年表述的学习外国经济史的心得

（1）1958年，在《中国近代国民经济史讲义》中表达的对欧洲现代经济起步过程的认识写在《中国近代国民经济史讲义》第二讲[①]中关于15～19世纪中叶欧洲经济、世界市场发展与英国产业革命的过程与观点，是1958年之前我们学习外国（主要是欧洲国家）经济史的一点心得。

对这个过程，我们分为三个问题叙述："一，欧洲各国对海外的掠夺和商业革命。""二，英国资本家对农民土地的剥夺和国内市场的开拓。""三，英国的产业革命和资本主义大工业的发展。"这三个问题中的第一个，是写西欧国家的国外市场与世界市场的建立和商业革命，第二个是讲英国国内市场的开拓和农业革命。第三个是写英国的工业革命与资本主义工业制度的确立。在我们看来，历史的事实是，先有商业革命和市场化，然后才有农业革命和工业革命（工业化）。国外市场和国内市场的开拓，是工业革命的前提和基础。

关于欧洲和世界经济从古代型向现代型的转变，我们从地理大发现写起。1492年哥伦布发现美洲。1498年达伽马发现绕过好望角到达印度的航线。其重要的后果是欧洲与东方各国、美洲的贸易量大增，交换的商品从体轻价贵的奢侈品、香料等扩大到广大群众需要的日用品，大量的金银流到欧洲，引起了物价飞涨（一场价格革命）。商业利润已不再是依靠向少数富贵者出售只有他们才

[①] 湖北大学政治经济学教研室：《中国近代国民经济史讲义》，高等教育出版社1958年版，第58～65页。该讲由周秀鸾和我合作写成。

享受的奇货之暴利，而是依靠群众性日用品的大量多销。商业规模、商品性质、商品价格、商业利润来源的变化，表明传统商业到现代商业的转变，亦即商业革命。地理大发现以后发生的商业革命的历史意义在于：第一，它集中了货币资本，这是进行资本主义机器生产所不可少的条件。第二，创造了市场，为机器工业的产生和发展提供了可能性和推动力。最后，也活跃了商品经济。因此，商业革命是资本主义生产方式发展的历史前提。"在资本主义剥削关系产生的推动下，与国外掠夺同时进行的，是对国内劳动者（主要是农民）的剥夺。""当被剥夺的农民转化为工资劳动者，他们的生活资料及劳动手段转化为资本时，另一方面也就为资本创造了它的国内市场，即生产资料市场和生活资料市场，是与劳动力市场一起形成的""这个过程在英国大约开始于 15 世纪的末叶"从 15 世纪最后 30 年到 16 世纪 80 年代，英国"农业经营从过去封建式到资本主义式的大变革称为农业革命。""产业革命最先发生在英国，是因为英国具备了上述各种条件"[①]。

以上的这些叙述，是在 1957 年写的。当时我们没有用"经济现代化"这个词。我们在上述三个问题中分别使用"商业革命""农业革命"和"产业革命"（工业革命）这样的词，表达了我们对 15 世纪末地理大发现到 19 世纪 30 年代工业革命完成这段时间里，西欧国家商业、农业、工业三大经济部门发生的变化的性质与进程顺序的认识，认为通过这些革命，使 19 世纪 30 年代后的经济与 16 世纪以前的经济在性质上根本不同。这个过程，如果用现在流行的术语来表达，就是从传统经济向现代经济的转变，就是经济现代化过程的起步。

世界经济现代化是从欧洲开始的，欧洲经济现代化的起步，也就是世界经济现代化的起步。这些认识得益于学习前人，首先是斯密、马克思、恩格斯等人的论述。

（2）斯密、马克思、恩格斯的分析与概括。

"经济现代化"是 20 世纪出现的概念，其内容是指从传统（古代）经济到现代经济的转变过程。对传统经济到现代经济的转变过程作经济学理论分析，早在 18 世纪就开始了。其中成就显著的是现代经济学的奠基人亚当·斯密。他认为现代经济的特点是有一只"看不见的手"在支配人们的经济活动和社会经济的运行。相对而言，以往的经济是由"看得见的手"支配的。现在看来，斯

[①] 前揭《中国近代国民经济史讲义》，高等教育出版社 1958 年版，第 58~65 页。

密是从经济运行机制、从资源配置方式区分现代经济与传统经济的。这种"看不见的手"就是市场经济所特有的机制。斯密是第一个在理论上阐明市场制度理性的经济学家。他对市场经济产生的意义有着清醒的认识。正因为如此，在1776年的著作《国民财富的性质和原理的研究》一书中，他认为"美洲的发现及绕好望角到东印度通路的发现，是人类历史上最大而又最重要的两件事"[①]。斯密以它们作为欧洲或世界从传统经济向现代经济转变的标志，即认为现代经济始于15~16世纪的流通领域。值得注意的是，在1776年之前，1687年牛顿发现物体运动三大定律、1765年瓦特发明蒸汽机，亚当·斯密没有把这样的事件称之为"人类历史上最大和最重要的事件"。从18世纪中叶到斯密去世的1790年，工业革命正在如火如荼地进行。斯密极为重视交换领域的变革与市场化的历史作用，对身边发生的工业革命或工业化进程颇为忽视[②]。

对于从传统经济到现代经济的转变，如果说斯密是从经济运行机制角度进行分析的，那马克思、恩格斯则主要从经济制度，即封建主义经济制度转变为资本主义经济制度角度分的，在分析中，马克思、恩格斯非常重视交换或流通的作用，认为在从封建社会到资本主义社会这个特定的历史时期里，交换方式的变革是引起生产方式变革的契机、前提和基础。这从他们对资本主义经济制度和机器工业的产生过程的叙述与理论抽象中即可看出：

"美洲的发现、绕过非洲的航行，给新兴的资产阶级开辟了新的活动场所，东印度和中国的市场、美洲的殖民化、对殖民地的贸易、交换手段和一般商品的增加，使商业、航海事业和工业空前高涨，因而使正在崩溃的封建社会内部的革命因素迅速发展。

以前那种封建的或行会的工业经营方式已经不能满足随着新市场的出现而增加的需求了，工场手工业代替了这种经营方式……

但是，市场总是在扩大，需求总是在增加。甚至工场手工业也不再能满足需要了。于是，蒸汽和机器引起了工业生产的革命，现代大工业代替了工场手

---

① 亚当·斯密：《国民财富的性质和原理的研究》，商务印书馆1981年版，第194页。
② 诺思在《经济史上的结构与变迁》一书中，注意到斯密及其后的李嘉图（1772~1823）等生活在工业革命中"古典经济学家竟然未能认识发生在他们身边的事情"。诺思认为，古典经济学家忽略了产业革命也许并不为奇，"因为那些革命性的转变在150年前已发生了"（指15~16世纪的商业革命），在那之后，"新的东西仅仅是量上的变化，而没有革命的特征"（上海三联书店1991年版，第181~182页）。这就是说，西欧的经济革命早在16世纪开始了，产业革命不过是这个进程的继续"加速"而已。诺思本人认为，从中世纪经济结构到现代经济结构的变革始于1450~1650年之间贸易是引起变革的"一种根本动力"。贸易的发展使产权制度发生变迁，使生产组织从手工业到领料加工，再到工厂制，即导致工业革命。

工业。"①

马克思、恩格斯把行会手工业到工场手工业，再到机器大工业变化的动力归之于市场扩大引起的需求增加，归之于流通领域和商人资本的发展。对此，马克思在《资本论》中有过精辟的理论抽象。

"商人资本的存在和发展到一定水平，本身就是资本主义生产方式发展的历史前提。"

"在16世纪和17世纪，由于地理上的发现而在商业上发生的并迅速促进了商人资本发展的大革命，是促使封建生产方式向资本主义生产方式过渡的一个主要因素。世界市场的突然扩大，流通商品种类的增多，欧洲各国竭力想占有亚洲产品和美洲富源的竞争热，殖民制度所有这一切对打破生产的封建束缚起了重大作用，……世界市场本身形成这个（引者按：指资本主义）生产方式的基础。"②

马克思、恩格斯认为，市场的发展是资本主义生产方式和工业革命产生的历史前提和基础，现代经济始于16世纪。

斯密、马克思、恩格斯没有使用"市场经济""市场化""工业化""现代化"概念，当时也没有这种词语，用我们现代的词语来表达，他们叙述的正是市场化，工业化亦即经济现代化的。

史学家通常以1500年作为世界现代史的上限，语言学家认为"现代"即1500年或1450 史学家通常以1500年作为世界现代史的上限，语言学家认为"现代"即1500年或1450年以来的时代。虽然"现代史""现代"与"现代化"是内容不同的概念，但"现代化""现代"与"现代史"同在16世纪开始，却是确凿无疑的事实。

（二）中国经济现代化起步的事实与1987年表述的学习中国近代经济史的心得

（1）1987年在《中国近代国民经济史教程》中表达的对中国近代时期经济现代化过程认识提出"经济现代化包括市场化和工业化两个层次"观点的1987年，是我为主编的《中国近代国民经济史教程》定稿之时，在该书的第一章第一段（小序）中，我写道：从1842年起，"中国经济逐渐地由独立型经济向附

---

① 马克思、恩格斯：《共产党宣言》，引自《马克思恩格斯选集》第1卷，人民出版社1972年版，第252页。
② 《马克思恩格斯全集》第25卷，人民出版社1975年版，第365，第371~372页。

属型经济，由封建经济向半殖民地半封建经济，由自然经济向商品经济，由古代经济向近代经济演变"[①]。这句话是我对1842~1949年间中国经济变化本质的概括，表达了我对中国近代时期经济现代化的认识。它落脚于"由古代经济向近代经济的演变"，我在该书的"导言"中指出，这种演变"是从流通领域开始，即先引起商业和金融的变化，然后才引起生产和财政的变化"[②]。中国经济现代化是从流通领域开始，亦即从市场化开始。

我根据对中国近代时期经济现代化内涵的认识，设计了此书的结构，首章从国际国内市场状况及其相互关系写起，分析了中国市场与世界市场关系的变化与对外贸易发展。紧接着在第二章中分析国内商业与金融的变化，对外贸易、国内商业与金融业都属于流通领域，所以我在第二章的小序中指出，"鸦片战争后，外国资本主义侵入，引起中国社会经济发生变化。这个变化首先从流通领域开始，市场、商业、商业资本、金融等方面都在急剧变化中"，在第二章的"结语"中，我再次强调："鸦片战争后，我国社会经济发生了重大变化，这个变化首先开始于流通领域，鸦片战争后，封闭的国内市场被打破"。初步形成了全国性的商业网，为全国性统一市场的形成创设了条件。"私人资本主义商业的出现，是流通领域的重要变化""商人资本更多地渗入手工业领域，促使手工劳动向机器生产的转化，表明中国社会经济内部的向前发展"。第三章的小序是，"《南京条约》签订之后，中国流通领域的变化逐渐影响及农村，而蕴藏已久的社会矛盾也随着被激化，爆发了以太平天国为主的多次人民武装起义，中国封建农村经济在这些国内外力量的冲击下，发生了前所未有的剧烈震荡和一系列的变化"。这章写的是农村经济和农业生产的变化，主要是农产品商品化和自然经济结构开始瓦解。第四章的小序是，"鸦片战争后，中国社会经济的一个显著变化是，生产力从手工劳动向机器生产过渡，出现了大机器生产，生产关系方面，资本主义经济已不是处于萌芽状态，而是作为社会经济中的一个成分出现"，这一章写手工劳动向机器生产过渡的开始，其中主要写工业、采矿、电信、交通运输业的现代化。在结语中强调："由于中国从手工生产到机器生产的过渡，向现代化起步，是在外国资本主义侵入，国家沦为附属国的过程中开始的""由于清政府的腐败，导致这

[①] 赵德馨：《中国近代国民经济史教程》，高等教育出版社1988年版，第16页。这是一本集体编写的书。为了全书的统一，各章的小序和结语，由我撰写或由我改定。
[②] 同注②，第5页。

次近代化机会的丧失。"① 第一章到第四章的结构与内容，是按照市场变化——产业（农业、工业）变化，亦即市场化工业化这种事实和思路展开的。这表达了我的一种认识：中国近代时期工业、农业、交通运输业等产业的变化，是由市场的变化引起的，市场变化是产业变化的前提与基础。

（2）同行学者的支持与鼓励。对我的中国近代时期经济现代化包括两个层次的观点首先表示支持的，是《中国近代国民经济史教程》（简称《教程》）编写组5个大学的11位教授，因为意见统一，我的这个观点在书中得到较好的贯彻，在书稿杀青之时，副主编李运元教授在总结时说："我们这本书的特点之一是贯彻了近代化这条主线，注意了流通领域，它从流通开始，以流通结束。"②

对于《教程》这种结构安排及其特点，同行专家是观察到了的，并给了我以鼓励。

陈庆德教授在《〈中国近代国民经济史教程〉评介》一文中认为："作者不仅对农业、工业两大主要产业部门作了大量的定量分析，而且对以往教科书论述不详或空缺的国内商业、金融财政等都另辟专章予以详述，这样，为中国近代国民经济各部门的发展勾画了一个总体轮廓，使人们得以更为全面地来认识近代中国社会经济的发展，掌握各经济部门在近代化演变过程中的关系。"③

班耀波副教授在《〈中国近代国民经济史教程〉评介》一文中认为："中国经济近代化从何时开始，以什么为标志，学术界包括教材中比较流行的观点，是以19世纪60年代洋务张兴办军事工业，尔后又开办民用工业，以机器生产代替手工生产为开端和标志的，《教程》采取新的分析方法，新的观察角度，在导言、第一章中，系统、清楚地表述了中国经济近代化的含义、标志时间，指出中国经济的近代化是与中国开始演变为一般附属国经济同时发生的，即从1842年开始的；其标志就是由封闭的、独立型的经济向开放型附属型的经济，由自然经济向商品经济，由手工生产向机器生产，由封建主义经济向资本主义经济演变。与

---

① 赵德馨：《中国近代国民经济史教程》，高等教育出版社1988年版，第34页，第49~50页，第51页，第67页，第92页。顺便说一句，1958年出版的《中国近代国民经济史讲义》，也是按此顺序叙述的。但没有提出现代化这样的概念，没有作出从流通领域到生产领域这样的概括。
② 李运元教授说的"从流通领域开始"，已见上文；"以流通领域结束"，是指《教程》分析1946~1949年国民政府统治区国民经济崩溃，亦即中国半殖民地半封建经济形态崩溃时，是从对流通领域的恶性通货膨胀入手，说明它导致整个流通阻塞，财政崩溃，生产瘫痪，国民经济不能正常运转，人民不能正常生活，因而不能照旧维持下去了。
③ 陈庆德：《〈中国近代国民经济史教程〉评介》，载《博览群书》1989年第3、第9期合刊。

此相适应，中国经济近代化分为两个层次。一个是与世界市场相联系的简单商品经济的发展，另一个是以使用机器生产为特征的资本主义经济的发展。"[1]

由于这本书比同类书更加重视流通领域，重视市场的作用，杨家志教授在《中国现代化起点问题上的争论与选择》一文中，将我的观点概括为"流通论"。他认为在中国现代化起点的争论中，关于起点标准与领域的选择上，有政治论和经济论，"在经济论中，又分为两大派：一是工业论，一是流通论""坚持工业论的学者认为，既然中国的现代化过程就是一个从传统的农业国向现代的工业化社会的过程，那么，中国现代化的起点，就应该选择在工业部门。现代工业在中国出现的那一天，就意味着中国现代化的开始""提出流通论的是中南财经大学的赵德馨教授，在中国近代史的研究中，赵德馨教授从20世纪50年代起，就不同意以范文澜、胡绳为代表的离开社会经济形态分析，单纯从政治事件来划分历史时期的做法。在20世纪80年代，他又明确地提出了中国现代化开始于流通领域的论述。"杨家志教授在引证了前述我在1987年会议上与《教程》中表达的观点后写道："这样，在中国现代化的起始点研究中，赵德馨教授不仅鲜明地树起流通论的旗号，而且明确地把中国现代化的起始点确定在鸦片战争结束的1842年。"[2] 我在论著中没有使用过"流通论"一词，我的观点可能称不上什么"论"，可以自信的是，我确实重视流通在经济发展的作用，这不仅表现在中国近代经济史的研究中，也表现在对古代经济史和中华人民共和国经济史的研究中。

（三）中国等社会主义国家经济现代化的事实与1999年表述的学习中国现代经济史的心得

1. 离开市场化搞工业化，效果不好，因而不能持久

1958年，我开始编写中华人民共和国经济史教材和讲授"中华人民共和国经济史"课程。自此以后，跟随着中华人民共和经济前进的步伐，随时观察和体验着它的变化。从1983年起，我主持"中华人民共和国经济史"课题组的工作，到1999年，我们完成了对1949~1991年中华人民共和国经济发展过程的研究，出版了《中华人民共和国经济史》1~5卷和《中华人民共和国经济专题大

---

[1] 班耀波：《〈中国近代国民经济史教程〉评介》，载《中国社会经济史研究》1990年第4期。
[2] 杨家志：《太原经济管理干部学院学报》2000年第1期。

事记》1~5卷①。在这17年的研究中，我发现中华人民共和国经济发展路径呈现为一个"之"字形，基本的经验教训与理论问题尽在这个"之"字形中。因而作《"之"字路及其理论结晶》②一文。在该文中，我指出：

1949~1956年是从市场经济向计划经济转变的时期。在这个时期里（特别是1949~1953年），市场在资源配置方面起着基础作用，随着市场经济向计划经济演变，这种作用的力度一年比一年弱，就整个时期的体制而言，是市场经济加计划，在这种经济体制下，生产率高，经济增长速度快；经济效益好；波动周期长，波动次数少，波位高，波幅小；产业部门结构、地区结构向合理方向前进；人民所得实惠多。经济现代化进展比较顺利。

1957~1978年是计划经济时期，这时也有市场，但它已失去资源配置功能和作为经济体制的独立品格。沦为计划经济体制的附庸，这个时期的经济体制是计划经济加市场，在这种体制下，与前一个时期比，经济增长速度减慢；生产率与经济效益下降；波动周期缩短，波动次数增多，波位下移，波幅加大；产业部门结构与地区结构变为不合理；人民所得实惠甚少，在这22年间，经济建设也取得一些成就，但总体状况是基本停滞，经济现代化严重受挫。事实说明，在这种经济体制下，无法实现经济现代化的目标，这正是1979年以后对这种经济体制进行改革的动因。

1979年开始实行以市场为导向，以建立社会主义市场经济为目标的经济体制改革，自那时以来，是从计划经济向市场经济转变的时期。在资源配置中，市场的作用日益增加，计划调剂的范围日益缩小，1979~2000年的22年与1957~1978年的22年比较，经济增长速度加快，生产率和经济效益提高；波动周期延长，波动次数减少，波位上升，波幅减小；产业的部门结构与地区结构趋向合理；人民生活迅速改善。经济现代化进展比较顺利。

在上述3个阶段中，经济现代化由快速前进—基本停滞—快速前进，由比较顺利—严重受挫—比较顺利。其所以如此，关键的一条是在第一、第三阶段中，经济市场化程度高（相对第二阶段而言）；在第二阶段中，市场在资源配置中作用很小。这一正一反一正的经验教训，说明脱离了市场化的基础，经济现代化是难

---

① 赵德馨主编：《中华人民共和国经济史》第1~5卷；赵德馨主编：《中华人民共和国经济专题大事记》第1~5卷，河南人民出版社，1988年、1989年、1999年。
② 赵德馨：《"之"字路及其理论结晶》，载《中南财经大学学报》1999年第5期。

以进行的；经济现代化的顺利进行，离不开市场化这个基础。中华人民共和国50年经济工作的最大教训，就是1978年以前推行工业化、现代化与市场化逆向而行的政策，或者说，脱离市场化基础搞工业化、现代化。中华人民共和国50年经济工作最重要的经验和最主要的理论成果，就是1979年以后推行建立社会主义市场经济体制的政策和社会主义市场经济理论，也就是在市场化的基础上推进工业化、现代化以达到实现经济现代化目标，我的这点心得及相关的事实根据，除在上述两个五卷本中有较为详尽的记载与分析外，又在《跟随论与沉淀论的统一》①《中国经济50年发展的路径、阶段与基本经验》② 等文中作了概括性的表述。

2. 离开市场化搞工业化，导致跛行的现代化

在1957～1978年期间，中国建立了许多工厂、矿山，修筑了一些铁路等，工业有长足的进步，这是否可以说明工业化或经济现代化可以不要市场化作基础呢？这里涉及几个问题需要讨论。

第一，经济现代化是国民经济整体的现代化。它包括工业，但不仅是工业。工业的发展有多种道路与后果，一种是工业与国民经济其他部门同步发展，互相促进，人民生活水平提高，这是经济的全面现代化。另一种是在国民经济中，工业部门一军独进，并为此牺牲农业等部门的利益，压低人民的消费水平，以积累发展工业所需要的资金。这样做的结果是，工业在一定时期内有所发展。农业等部门受到损失，农业生产中手工劳动的状态没改变，市场衰落，这种工重、农轻、商业衰的情况，是一种跛行经济现代化，由此看来，工业的发展不等同于经济现代化。

第二，经济现代化的目的是减轻人民的劳动和改善人民的物质生活，使人民物质生活现代化，得到实惠。这是经济现代化的实质，不可能有人民得不到实惠的经济现代化。或者说，如果人民得不到实惠，那是不应该叫作经济现代化的。邓小平指出："从1958年到1978年整整20年里，农民和工人的收入增加很少，生活水平很低，生产力没有多大发展。""中国社会从1958年到1978年20年间，实际上处于停滞和徘徊的状态，国家的经济和人民的生活没有得到多大的发展和提高。这种情况不改革行吗？"③

第三，由于农业发展落后，商业衰落，人民生活水平没有多少提高，使工

---

① 赵德馨：《跟随论与沉淀论的统一》，载《中南财经大学学报》1998年第6期；《中华人民共和国经济史1985～1991后记》，河南人民出版社1999年版。
② 赵德馨：《中国经济50年发展的路径、阶段与基本经验》，载《中国经济史研究》2000年第1期。
③ 《邓小平文选》第3卷，第115～116、237页。

业产品缺乏工业领域之外的市场，因而只能在工业内部找出路。这使工业的发展也难以为继。这种发展道路使经济现代化走进死胡同。这就是中国以及与中国类似的离开市场化搞工业化的国家，都或先或后实行经济体制改革，离开原有的发展模式，重新培育市场，为工业化、现代化奠定市场化基础的根本原因。

3. 经济体制改革是以市场化为导向并从流通领域开始

从1978年开始的经济体制改革是以市场为导向的。从体制改革的总设计师邓小平1979年关于社会主义也可以搞市场经济的言论看，他心目中的改革目标早就是建立社会主义市场经济。1978年12月中共十一届三中全会作出把党的工作重点转移到经济现代化以及要对经济体制进行改革的决定，同时作出发展农村农副业生产和提高农产品价格的决定。这是政策方面的。在理论上，强调经济工作要依照经济规律办事，对社会主义条件下价值规律的调节作用进行了全面的肯定。在实践中，流通领域中的价值规律首先得到重视。可见，中国经济体制改革是从流通领域开始的。

1984~1985年，在进入以城市为中心的全面经济体制改革后，1986年中共十二届三中全会提出"商品经济的充分发展是社会经济发展的不可逾越的历史阶段"的论断，这个论断使人们从以生产和物品为中心的思维模式中摆脱出来，把眼光转向流通和价值的形成，特别是价值的实现过程，使人们把搞活流通与搞好生产紧紧地联系在一起。经济体制改革过程中的这种实践和理论，使我受到启发。这是我在1987年提出经济现代化包括商品经济发展和机器工业发展两个层次的一个重要原因。

4. 苏联经济现代化的事实与学习社会主义国家经济史的心得

新中国的经济建设，最初是向苏联学习经验，苏俄（俄罗斯—苏联—俄罗斯）在经济现代化过程中，在处理工业化建设与市场之间的关系上，也走过"之"字路。1917年十月革命之后，俄国为恢复被战争破坏的大工业，维持城市人民及军政人员的生活，需要大量的粮食及其他农产品。政府为获得粮食与其他农产品而采取的办法，是向农民征收余粮。这种不通过市场商品货币交换的办法，损害农民的利益，引起农民的不满，导致农业大减产，工业和城市得不到农产品供应。这种做法把工业化建设与市场对立起来，结果是不仅没有达到恢复工业生产的目的，而且陷入了一场长达3年的内战，使苏俄在经济上、政治上面临绝境。不得已只有放弃这种政策，改为恢复商品交换、把工业的建设放在一个自由发展的市场环境中，这就是新经济政策。这是一次市场取向的经济体制改革，效果很好。到1925年，工业恢复到1913年（战前）的水平，这本来是一个很好的经验。可是限于意识形态的束缚，在1926年开始搞工业化时，斯大林实行计划经济政策，虽然不再像1917年底至1921年3月那样不要市场，但严格限制市场的范围与作用。一方面，有商品货币关系，农民、集体农庄能通过市场出售农副产品，买到工业消费品，使城乡矛盾、工农矛盾得以缓和。另一方面，用计划手段配置资源，使市场在资源配置方面不起调节作用。农民、集体农庄在市场上等价交换的权利受到计划价格的限制，国家通过商品交换，以"剪刀差"形式从农民身上取得工业化的资金，这严重挫伤了农民的积极性，使苏联直到1953年斯大林去世时，粮食等主要农产品仍未恢复到1913年的水平，由于农业萎缩，以农产品为原材料的轻工业得不到发展。这样，在工农业两大物质生产部门之间，工业这个腿长、农业这个腿短；在工业内部、在重工业和轻工业之间，重工业这个腿长，轻工业这个腿短。苏联经济跛行前进，人民生活改善缓慢。这是斯大林去世后，苏联便开始改革的原因。此时，在理论上，强调商品生产和商品交换的必要性，强调价值规律的作用，强调物质利益原则，强调企业要以利润为指标。在实践上，逐步地放开市场，扩大市场调节作用的范围。至苏联解体的前夕，已经开始了以建立市场经济为目标的改革。苏联解体后，苏联各国现在都在走以市场经济为基础的经济现代化之路。苏联的解体，经济方面的原因，根本的一条就是搞计划经济，使工业化与市场化背向而行。

不仅苏联如此，1917年以来，在欧洲、亚洲和美洲建立过社会主义制度的国家（按20世纪60~80年代计算是10多个；按90年代计算，是30多个），或先或后地先是建立计划经济体制，后又开始放弃计划经济体制，建立市场经济体制。有趣的是，当苏联在1956年以后开始强调价值规律作用及其相关的物质利益原则、利润指标时，中国指责这些做法是"搞修正主义的"，可是，从1957年到1978年，苏联经济的发展虽不如某些国家快，却比中国好。1979年以后，中国开始强调价值规律的作用及其相关的物质利益原则、利润指标。此时，又有社会主义国家指责中国的这种做法是"搞修正主义"。可是，从1979年到现在，中国经济的发展比批评中国的社会主义国家快得多、好得多。

20世纪的社会主义经济史证明，无论用多大的政治力量、思想力量为支撑，走不以市场化为基础的经济现代化道路的国家，没有一个国家能将这条道路坚持走到底，原因在于这条路走不通。此路之所以走不通，中华人民共和国经济史 50 年的事实、苏联 70 多年社会主义经济史的事实，以及其他国家的社会主义经济史，都证明了：一，离开了市场化，工业化和经济现代化是畸形的、跛足的。二，离开了市场化，生产率和经济效益低下，实现不了迅速改善人民生活这个工业化和经济现代化的根本目标，人民不满意。离开市场化的工业化，不具备经济现代化的本质。由于这两个原因，离开了市场化，工业化和经济现代化不可能长期坚持下去，必须实行经济体制改革，发展市场经济，使工业化和经济现代化建立在市场化基础之上。

这个事实从另一方面证明，经济现代化不能不以市场化为基础。这个事实也证明，从 1917 年开始的社会主义现代化发展模式的探索，被中国的社会主义市场经济模式引上了正确的道路。社会主义市场经济模式告诉人们，现代化建设的道路问题，既不是什么优先发展重工业，也不是优先发展轻纺工业等，而是首先要从流通入手，从市场的需求中寻找经济的增长点。

可见，把经济现代化等同于工业化，认为经济现代化的内涵就是工业化，是不全面的。

（四）近现代经济史发展的规律

现将上文叙述的事实与学习心得归纳为下列几点。

（1）从 15 世纪末年 16 世纪初发端的欧洲近现代史，是一部经济现代化史。欧洲的经济现代化的进程是由商业革命到农业革命、工业革命，是从流通领域到生产领域，是从市场化开始的。市场化是工业化的历史前提与基础。500 年来，欧洲国家（不含一度建立社会主义制度的"苏、东"国家，下同）始终是沿着市场化和工业化互动的道路走过来的。

因为世界现代化发端于欧洲，因此，欧洲国家经济现代化开始之时也就是世界经济现代化开始之时，欧洲国家步入经济现代化的道路也就是世界步入经济现代化之路。

因为这些欧洲国家现代化起步早于其他国家，因此，它们的现代化之路也就是早发型现代化之路。

因为这些欧洲国家现在都是发达国家，因此，它们经济现代化之路也就是发达国家经济现代化之路。

（2）从 1842 年开端的中国经济现代化过程，是从对外贸易、国内商业和金融等流通领域开始的，是从市场化开始的。市场的发育为 19 世纪六七十年代机器工业的产生准备了条件。19 世纪六七十年代以后，直到 1949 年，工业的每一步扩大都以市场的扩大为前提条件。市场化与工业化相伴而行，兴衰与共。

因为中国是后发的现代化国家，因为在后发型现代化国家中，除日本这个特例外，其他各国几乎都有过与中国相同或类似的经历，现在又几乎都与中国一样，属于发展中的国家。因而中国经济现代化的进程与内涵，在后发型现代化国家和发展中国家中具有典型性。

（3）从 1917 年开始，世界上出现了共产党领导的，以马克思主义为指导的社会主义国家。至 20 世纪 90 年代，其中的多数国家放弃了社会主义制度，现在仍然坚持社会主义制度的只有中、朝、越、古四国。这些国家，无论现在实行何种社会制度，在经济史上有一点是共同的：它们都实行过使工业化、现代化与市场化背道而驰的计划经济体制，效益都不好；现在，都转而实行市场经济，在市场化的基础上推进工业化和现代化。这从另一个角度证明，没有市场化作基础，工业化和现代化是搞不好的。

由于中国是四个至今仍在坚持社会主义制度国家中，领土最广、人口最多的一个；由于中国是首先实行以建立社会主义市场经济体制为改革目标，并且取得巨大成功的国家，在社会主义经济史中，中国的经验最具代表性。

以上所述说明，无论是早发型现代化国家或后发型现代化国家，无论是发达国家或发展中国家，无论是资本主义国家还是社会主义国家（从现代化来说，大的类型仅此三种分类法），在经济现代化进程中，在市场化与工业化的关系上，它们的经验是一样的：当工业化与市场化同步前进时，经济现代化成效好；若工业化与市场化逆向而行，经济现代化一定受挫折，并最终要回到以市场化为基础的工业化轨道上来。这就是说，一部近现代世界经济史，证明了经济现代化必须包含工业化与市场化这两个主要层次，二者缺一不可，其中，市场化是前提，是基础，这是 500 年经济史中的一条规律。

杨家志教授在他的前引文章里认为我的观点（他称之为"流通论"）的提出，"有着非常广阔的社会历史背景"，第一，"是在总结中国自 1978 年开始的……市场导向的经济体制改革的认识成果基础之上提出的"。第二，"是在总结自俄国 1917 年十月革命到如今，80 多年间的社会主义国家经济建设经验基础之上提出的"。第三，"是在总结从 15 世纪欧洲文艺复兴到如今的 500 年间，人类现代文明取代传统文明的历史经验基础上提出的"。他对此都作了论证。其中有些分析，高于我的认识水平，使我深受启发，需要补充的是，我的认识的重要来源和事实依据之一，是对 1842～1949 年中国经济现代化起步与发展的分析。

三、实践检验与学者论证

（一）中国从市场导向改革到建立社会主义市场经济的改革实践

到我提出"经济现代化包括两个层次、市场化是基础与前提"论点的 1987 年为止，中国经济体制改革理论的最新成就是提出社会主义商品经济。1987 年以后，商品经济的发展，使市场调节范围扩大，作用增强，但是直到 1991 年，中国共产党和全国人大、国务院的政策文件中，强调社会主义商品经济是"有计划的商品经济""中国实行的是计划经济与市场调节相结合的一种经济""在总体上自觉实行有计划、按比例地发展国民经济""决不可能把社会主义公有制为基础的经济全部变为市场经济""如果一味削弱乃至全盘否定计划经济，企图完全实行市场经济，必然导致经济生活和整个社会的混乱"。所以既不提改革是以市场为导向，也不提市场化是工业化、现代化的历史前提与基础。在 1989～1991 年，有的报刊发表文章，把"在社会主义条件下实行市场经济"的观点，作为经济学领域中资产阶级自由化的表现予以批判。

1992 年，邓小平提出社会主义也可以搞市场经济。同年，中共十四大决定以建立社会主义市场经济体制为经济体制改革的目标。1997 年，在中共十五大上，江泽民同志全面论述了中国社会主义初级阶段现代化的任务。其中，与经济有关的内容是，"社会主义初级阶段，是逐步摆脱不发达状态，基本实现社会主义现代化的历史阶段；是由农业人口占很大比重、主要依靠手工劳动的农业国，逐步转变为非农业人口占多数、包含现代农业和现代服务业的工业化国家的历史阶段，是由自然经济半自然经济占很大比重，逐步转变为经济市场化程度较高的历史阶段；是由文盲半文盲人口占很大比重、科技教育文化落后，逐步转变为科技教育文化比较发达的历史阶段；是由贫困人口占很大比重、人民生活水平比较低，逐步转变为全体人民比较富裕的历史阶段；是由地区经济文化很不平衡，通过有先有后的发展，逐步缩小差距的历史阶段；是通过改革和探索，建立和完善比较成熟的充满活力的社会主义市场经济体制、社会主义民主政治体制和其他方面体制的历史阶段……"他在论证什么是社会主义初级阶段有中国特色社会主义经济和怎样建设这样的经济时说："建设有中国特色社会主义的经济，就是在社会主义条件下发展市场经济，不断解放和发展生产力。"坚持完善社会主义市场经济体制，使市场在国家宏观调控下对资源配置起基础性作用[1]。在这里，江泽民同志提出了"经济市场化"的概念，强调了市场的"基础性作用"，论证了中国现代化的内涵，在经济领域方面，主要是工业化和市场化以及由此带来的人民生活的改善与地区经济的平衡发展。如前文所述，我在《中国近代国民经济史教程》一书中指出，1842～1949年中国经济的变化，是由自然经济向商品经济，由手工劳动向机器生产，由古代经济向近代经济演变的过程，即经济现代化过程。新中国经济史表明，这个过程并未在1949年结束，它在1949年以后仍在继续。并且是中国当前阶段和今后一个很长时期经济发展的基本走向。江泽民同志在中共十五大关于现代化内涵的阐述，使我感到经济现代化内涵包括两个主要层次的观点受到了实践的检验，这使我受到鼓舞。

（二）学者们的论证

1987年以后，中国经济史学界从现代化理论视角论证经济现代化包含市场化的，我所看到的有沈祖炜研究员的《传统因素和经济现代化》一文。他写道："西化、资本主义化或工业化都是中国经济近代化的重要内容，但不是全部内容。诸如生产力的发展、生产的社会化、市场的发育、经营方式的改善等，不一定是移植西方资本主义机器大工业的结果，可是都属于近代化的范畴。"[2]

1992年，中国确定要建立社会主义市场经济体制，从此时起，从市场经济角度考察中国与世界经济现代化进程的论著增多了，其中，论证最为有力的，

---

[1] 江泽民：《高举邓小平理论伟大旗帜，把建设有中国特色社会主义事业全面推向二十一世纪》，载《人民日报》1997年9月13日。
[2] 沈祖炜：《传统因素和经济现代化》，载《中国经济史研究》1989年第3期。

是吴承明研究员和刘佛丁、王玉茹教授等。

对经济现代化内涵的解释，吴承明研究员有一个发展的过程。他原来认为："从历史上看，（近代化）大体包括经济上的工业化，政治上的民主化以及新的文化观念和价值观念的确立等几个方面。"① 这是他1988年的观点。6年以后，即1994年，在《洋务运动与国内市场》一文中，他写道："二次大战后，西方史学界对经济近代化的看法有所改变：过去十分强调工业革命，现则认为欧洲经济的变革始于16世纪的重商主义，200年后的工业革命不过是市场需求的扩大和它所引起的政治经济变动的结果。"这种理论"作为历史观，即作为思考问题的方法论，也适用于中国的近代化研究，尤其是在洋务运动时期"②。在1997年发表的《传统经济·市场经济·现代化》一文中，他介绍了西方一些学者关于16~18世纪西欧经济变迁的论述，实即他们关于欧洲早期现代化的理论。在此基础上，他对经济领域现代化的内涵作了概括，认为"从传统经济向市场经济的转变过程实即经济现代化或近代化的过程"。他把"过渡到市场经济作为经济现代化的标志"③。1998年，他又在《现代化与中国十六、十七世纪的现代化因素》一文中，进一步探讨了现代化内涵和人们对它认识的变化过程。他写道："研究西欧的现代化虽常是从文艺复兴讲起，但经济上的变动，或现代化因素的出现，实始于16、17世纪的重商主义时代，这几乎成为史学界共识。"他在引述马克思、恩格斯、希克斯和诺思的论述后，得出如下结论，"以上各家理论显示：西欧早期的现代化始于16世纪市场和商业的发展，经过政治和制度变革，导致18世纪末的工业革命"。④ 1998年底，他在一次访谈中说，"我最早是搞工业化研究的，工业化实质也是现代化，但不等同于现代化，它是1860年以后开始的。……西方现代化是从市场化开始的，商业革命引起工业革命。这实际上是马克思的理论，西方理论家也是这样说的，这几乎成为定论""我一直都是在研究现代化问题，我现在是采用希克斯的学说，'现代化就是市场经济化'"⑤。

在1996年和1997年，刘佛丁教授、王玉茹教授著《中国近代的市场发育与

---

① 吴承明：《市场·近代化·经济史论》，云南大学出版社1996年版，第8页。
② 吴承明：《市场·近代化·经济史论》，云南大学出版社1996年版，第277、279页。
③ 吴承明：《传统经济·市场经济·现代化》，载《中国经济史研究》1997年第2期。
④ 吴承明：《现代化与中国十六、十七世纪的现代化因素》，载《中国经济史研究》1998年第4期。
⑤ 吴承明：《市场史、现代化和经济运行》，载《中国经济史研究》1999年第1期。

经济增长》和刘佛丁、王玉茹、于建玮著《近代中国的经济发展》先后出版。在前一本书中，作者开宗明义，"通过对世界各族经济发展历史的考察可以看到，一个国家或地区的经济由传统社会过渡为近代社会的主要标志是自然经济向商品经济，亦或由依靠习惯或指令分配资源的经济向自由市场经济转化过程的完成""商品形态的普遍化和国内统一市场的形成是近代经济的主要特征""可以说，由自然经济向市场经济的转变，不只是在由传统社会向近代社会转化的历史上，而且在整个人类文明史上都是最重要的事件""从传统的生产方式向近代生产方式的转变，无论是历史和逻辑的起点，都应当从商品生产开始，它是区别资本主义生产方式（近代生产）和诸种前资本主义生产方式（传统生产）的最本质的特征和分水岭""由传统社会向近代社会转变，过去强调生产力的变化，亦产业革命的作用，但产业革命是在18世纪后半期才开始的，在此之前的近三个世纪西方经济已经向近代社会转变，其标志主要是近代市场制度的建立，即自然经济向市场经济转化"①。在后一本书中，作者将自己的观点表达得更加明确，并结合中国近代的实际作了论述，"1840年的鸦片战争以后，尤其是19世纪70年代以后，中国开始了其经济近代化的进程。由传统经济向近代经济转化，在生产力的因素之外，最根本的特征是自然经济转变为市场经济"②。

吴承明、刘佛丁与王玉茹论证之精辟，是我的能力所不能企及的。故援引他们的论证作为自己论点能够成立的新的依据，并从中受到鼓舞。

关于经济现代化的内涵包括工业化，学者们并无不同的认识，似乎无须再说什么，吴承明研究员说他现在认为"现代化就是市场经济化"。我的理解是，这并不是说他认为经济现代化不包括工业化，因为，在此之前，他已说过"经济现代化就是工业化"。在此之后他又说："工业化实质也是现代化"。他是在"经济现代化就是工业化""工业化实质也是现代化"的基础上，补充"经济现代化就是市场化"。这是对"经济现代化"内涵认识的深化：它既包括工业化这个层次，也包括市场化这个层次，对于经济现代化的内涵，仅说是工业化，是不全面的；仅说是市场化，也是不全面的。

---

① 刘佛丁、王玉茹：《中国近代的市场发育与经济增长》，高等教育出版社1996年版，"序论"第1~3页。
② 刘佛丁、王玉茹、于建玮：《近代中国的经济发展》，山东人民出版社1997年版，第226、230页。

四、经济现代化两个层次的关系

对于那些认为经济现代化的内涵只是一个层次（或工业化，或市场化，或资本主义化）的学者来说，他们没有必要去探索经济现代化内部各层次的关系。笔者认为经济现代化包含多个层次，这就有一个探索经济现代化内部多层次之间关系的问题。研究这个问题的实践意义大于理论意义。

根据世界各类国家经济现代化进程的事实，市场化和工业化两个层次之间的关系是：

1. 市场化是工业化的前提

正因为如此，经济现代化从市场化开始，从流通领域开始，其进程是从流通领域到生产领域，从市场化到工业化。市场化为工业化准备条件。市场化，亦即市场经济形成与发展过程，是经济现代化的第一个阶段。没有市场化阶段，便不可能出现工业化阶段。从经济发展的趋势来看，市场化无完结之日，但有起始之时，在欧洲，市场经济形成的起点，在地理大发现后世界市场开拓之时。市场经济萌芽与资本主义萌芽同时出现于 14 世纪末 15 世纪初，在中国，市场经济形成的起点是 19 世纪中叶，市场经济萌芽亦即经济现代化萌芽的时间，或说明代中叶[1]，或谓宋代，还有春秋战国时期就有市场经济诸说[2]。我以为是在唐代中叶均田制瓦解，商品经济起步之时（其绝对年代，可以以两税法实行之日为标志）。看来，有关经济现代化内涵的理论，必将影响对传统经济走向与许多经济现象历史意义的讨论。我在 1994 年撰文呼吁重视对中国市场经济史的研究，[3] 目的之一也在这里。

2. 市场化是工业化的基础

正因为如此，当工业化以市场化为基础时，市场越扩大，工业的规模越大。市场扩展越快，工业发展越快。当工业化与市场化背离时，市场缩小，工业发展投入产出比低，效益低下、工业结构畸形，进程受挫。一些国家一度在计划经

---

[1] 前引《中国经济史研究》1998 年第 4 期吴承明文。
[2] 尹进：《中国历史上的市场经济问题》，载《经济评论》1994 年第 1 期。尹进：《再论中国历史上的市场经济》，《中国前近代史学理论国际学术研讨会论文集》，湖北人民出版社 1997 年版，第 607 页。
[3] 赵德馨：《重视对中国市场经济史的研究》，载《经济评论》1994 年第 5 期。

济体制下推进工业化,然后都改为依靠市场化推进工业化的事实说明,工业化必须以市场化为基础是一条经济规律,违背了这条规律就要吃亏,经济现代化就要走大弯路,并终究要回到遵循这条规律的道路上来。市场化决定工业化,需求决定生产,这是现代经济与传统经济的不同之处。传统经济的主导方面是生产决定需求,是生产导向。现代经济则相反,是需求导向,从需求中寻找经济增长点。要使经济增长快,在工作上必须从扩大市场入手。市场包括国内市场与国外市场。拉动经济增长的三驾马车:投资、外贸与内需,都通过扩大市场发生作用。

3. 市场化与工业化互相促进

马克思在叙述从传统经济到现代经济的历史进程时,在上引关于商业革命"是促使封建生产方式向资本主义生产方式过渡的一个主要因素"之后,他写道:"如果说在16世纪,部分地说直到17世纪,商业的突然扩大和新世界市场的形成,对旧生产方式的衰落和资本主义生产方式的勃兴,产生过非常重大的影响,那末,相反地,这种情况是在已经形成的资本主义生产方式的基础上发生的,世界市场本身形成这个生产方式的基础。另一方面,这个生产方式所固有的以越来越大的规模进行生产的必要性,促使世界市场不断扩大,所以,在这里不是商业使工业发生革命,而是工业不断使商业发生革命。"[①] 马克思在这里所说的"工业"是工厂手工业,不属于工业化的范畴。他所揭示的工业与商业,生产与流通互动的关系,是16世纪以后的普遍现象。在现代经济中,市场化与工业化为经济现代化的两个车轮,互相促进以推动经济现代化滚滚向前。200多年来欧洲的经济是这样。20多年来中国的经济也是这样。国内城乡商品销售量与出口商品量增加,拉动工业产值的增加。新的工业产品(包括新质量的产品),诸如电视机、电脑、DVD的出现,使市场迅速扩大,从扩大市场中找出工业发展的出路和发展新产品以扩大市场,已是当代经济工作者与企业家的一般常识。

五、经济现代化的标志

把经济现代化的内局限于工业化,其必然的结果是把工业化作为经济现代

[①]《马克思恩格斯全集》第25卷,人民出版社1975年版,第372页。

化的唯一标志。具体地说，就是以工业产值在工农业总产值或国内总产值中占的比重作为工业化和经济现代化的唯一指标。这导致实践上一味追求工业一个部门产值的增加和比重的增加，为此不惜提高工业品价格，压低农产品价格以达到工业产值所占比重的扩大，为此不惜以农业、商业、金融等部门的停滞甚至衰落为代价提高工业的产值和比重。在苏联等国的经济史中，这类事实屡见不鲜。

在经济现代化的两个层次中，市场化的内涵比工业化的内涵更广泛、更丰富。市场化或市场经济覆盖一国经济的各个部门，所有方面，并把它们联系起来成为一个整体，因而，市场化涉及国民经济的整体，而不是局限于工业一个部门或工业、农业等少数几个部门，这是第一。第二，如前面所揭示的，市场化或市场经济代表一种经济运行机制和经济增长的动力，这是工业化内涵所没有的。

根据经济现代化内涵包含多个层次的理论和世界各国现代化进程的历史事实，经济现代化的主要标志或特征是：

（1）市场主体（政府、企业、居民个人）独立与自主的程度。诸如佃农从劳役地租或分成租制下按地主意旨生产，转变为在定额租制下按自己意旨生产；国有企业按政府指令生产转变为按市场需求自主生产等。

（2）生产的专业化与社会分工扩大。各个生产领域产品商品率的增长。国内贸易额与对外贸易额在 GDP 或 GNP 中所占比重的提高。

（3）市场组织水平和市场体系完善化和有序化程度。广泛的商品流通和服务设施的增加，批发业、百货公司、银行股份公司、跨国公司、证券交易所、计量贵金属货币和信用货币、铁路、公路、航空、电信、信息业、商会的发展。

（4）城市化程度。城镇与城市的数量增加，规模扩大。城市人口在总人口中所占比重增加。城市在经济发展中的作用的提高（处于主导的或领导的地位）。城市辐射作用和工业产品向农村渗透程度的大小。

（5）市场机制的发育程度。市场在资源配置中所起基础性作用。国民经济和企业具有竞争的环境、持久的创造性、技术及组织管理方面创新能力，投入产出比扩大，效益提高。

（6）机械化、电子化、自动化、信息化和使用非生命能源程度，工业与农业等部门的经营效率同时增长。第一产业、第二产业、第三产业的增长率依次递增，它们的产值在 GDP 中所占比重依次递减。

（7）劳动者的素质、人身自由、受教育和对经济事务的广泛参与的情况。

人口的流动，知识与才能的专门化，产品中的科技含量和科技对经济增长贡献率的提高。

（8）GDP、人均GDP、人均收入与人均资本的持续增加，财富分配趋向更为合理。资本密集活动超过劳动密集活动；主要通过企业组织资金积累，人民物质生活，包括吃、穿、住、行、用、娱乐的科学化与现代化。

与这些方面相应的，是社会群体、阶级结构、社会组织、法律制度、政治制度与价值观念的变化。

（本文原载于《中国经济史研究》2001年第1期）

对中国经济史教学改革的两点建议

中国经济史是目前高等院校开设的理论济学系列课程之一。伴随世界与中国历史发展的进程以及中国经济史学科近期所取得的成就，中国经济史教学的现状应当予以改革。我认为改革的主要内容：一是改造现有的课程设置，建设一门新课程即"中国近现代经济史"；二是改变课程的主线，即改以阶级斗争或生产关系变化作主线为用经济现代化作主线。

一、建设一门新课程

开设"中国近现代经济史"课程，是历史发展与教学改革的需要，也是中国经济史学科发展科学性的要求。现在的情况是，大多数经济学系设置"中国近代经济史"课；少数几个高等院校，既开设"中国近代经济史"课，又开设"中华人民共和国经济史"课。

在前一类院系里，讲授的是1840年到1949年的中国经济发展的进程。如果说，在中华人民共和国成立之初，把经济发展过程讲到与现实经济基本衔接的1949年，是合理的。那么，进入21世纪以后，若仍只讲到1949年为止的经济演变过程，讲授的内容与现实相隔两种社会经济形态（新民主主义经济形态和社会主义初级阶段经济形态），学生学起来有隔世之感。这使中国经济史课为现实服务的功能削弱，使它不受学生的重视。对在中国经济史中抽出这么一段来讲授，上距人类经济活动起始上万年，下离现实经济半个世纪，学生们不理解。他们热切希望系统地、具体地了解中华人民共和国成立以来经济发展的过程与特点、经济工作的经验与教训。中国经济史课程理应满足他们的这种要求。实际上，这也是时代发展对这门课提出的要求。1978年12月召开的中国共产党十一届三中全会，决定将工作重心转向经济建设，把经济建设作为全党全国人民的中心任务，要求总结中华人民共和国成立以来经济工作的历史经验，为加速经济发展和改革开放准备思想的和理论的条件，提供历史借鉴。因此，只讲中国近代经济史，已经不合形势的需要，这种课程设置的情况应当予以改革。

在后一类院系里，开设了"中华人民共和国经济史"课程，系统地介绍1949年以来中国经济发展的过程与特点，经济工作的经验与教训，关于中国经济发展的各种理论及它们之间的争论，内容丰富、生动而又贴近现实，但是，这仍然存在一些问题需要解决。第一，因为在课程设置上，中国经济史分为"中国近代经济史"与"中华人民共和国经济史"两门课程，造成在内容上互不衔接，在概念上也往往不统一。例如，中国近代经济史讲的是"经济近代化"，中华人民共和国经济史讲的是"经济现代化"。实际上，"经济近代化"与"经济现代化"两个概念的内涵完全相同。又如，新民主主义经济形态产生于1927年，终止于1956年，当以1949年为界区分为中国近代经济史与中国现代经济史时，一部完整的新民主主义经济形态史被"腰斩"了。在中国近代经济史中所讲的买办与官僚资产阶级，在中华人民共和国经济史中，则不见它们的去向与下落。开设一门中国近现代经济史，打通1949年这个界限，这些有拦腰斩断或有首无尾的经济现象，都会一以贯之有始有终，特别是中国经济现代化的全过程将被呈现出来。第二，中华人民共和国经济史与中国现代经济史在研究对象上有所不同。以内容言，前者讲述新民主主义经济形态史和社会主义初级阶段经济形态史，后者还要加上殖民地经济形态史和资本主义经济史。建设"中国近现代经济史"课程，并不是将现在开设的"中国近代经济史"课程与"中华人民共和国经济史"课程简单地加在一起，而是有许多新的内容。

开设"中国近现代经济史"课程，有助于中国经济史课程教学质量的提高和社会功能的加强。这是因为，这种改革除了上述理由及优点外，它还会带来以下的好处。第一，适应高等学校教学改革精简课程、教学内容系统化和少而精的要求。第二，可以在同一门课程里实现1949年前后，即新旧中国经济的对比，有利于学生认识中国共产党选择的社会发展道路的正确性。第三，有利于提高中国经济史教学的科学水平。因为，只有打通近代经济史与现代经济史的时间界限，才能看出中国一个半世纪以来经济发展的整个过程的连续性与规律性，才能看清有关事物的性质与特征，并作出正确的判断。

二、以经济现代化为主线

每一本经济史教材，都应该有自己的主线。主线，是反映特定空间和时间内经济发展的基本趋势，贯穿全书的基本观点或中心思想。主线能将该地区该时期国民经济各个部分紧密地联接在一起，使一本教材能够成为一个体系，从而使学生更好地认识研究对象的本质。

以往的中国经济史教材有三种情况。第一种，以阶级斗争为主线。学生对以阶级斗争为主线写成的中国经济史教材的评价是"内容与革命史差不多"。第二种是以生产关系为主线。如1958年出版的、由我主持编写的《中国近代国民经济史讲义》，就是以半殖民地半封建经济形态的形成、发展和崩溃过程为全书的主线，叙述1842~1949年中国经济发展过程①。就中国近代经济史的社会性质而言，这个见解并无不妥之处。但是，作为一本中国近代经济史专著性教材的主线，它是有缺点的。它着重于生产关系，未能突出生产力和反映国民经济现代化进程的本质。第三种，以生产方式为主线。1988年出版的，由我主编的《中华人民共和国经济史》，就是如此。我在该书的"导言"里写道：中华人民共和国经济史"是一部新旧经济形态交替史，一部社会主义经济形态建立和巩固史，一部社会主义经济建设的创业史"。这关注了生产关系与生产力两个方面。其中，特别强调了后者。"一切经济工作，一切经济变革，是否必要，是否成功，要从对社会生产力起何作用判定。发展社会生产力，是贯彻本书始终的基本观点。书中的各章各节，或是直接分析生产力问题，或是围绕社会生产力展开的"②。这种做法比仅以生产关系的变化为主线有所改进，但涉及面仍然有限，且未反映生产力与生产关系变化的时代特征。以上三种主线都有它的局限性。我建议新的"中国近现代经济史"采取以经济现代化为主线。

第一，经济现代化是1842年以后中国经济变化的本质，是中国近现代经济

---

① 我在该书的"前言"中写道："我们编写这份讲义，就是企图按照上述中国近百年来经济发展变化的基本线索进行初步探讨：中国怎样从封建经济一步一步地变成半殖民地半封建经济的？半殖民地半封建社会经济性质又如何加深和走上崩溃的？各阶段社会经济发展变化有什么特点？伴随着经济变化而来的阶级斗争又怎样？等一系列问题。"这里所说的"基本线索"与"主线"同义。高等教育出版社1958年版，"前言"第11~12页。
② 赵德馨：《中华人民共和国经济史》，河南人民出版社1988年版。该书"导言"第2页，第15页。

区别于中国古代经济的时代特征。在生产力与生产关系现代化的同时，影响经济发展的经济思想、经济政策也在现代化。以现代化为主线，能将国民经济的各个方面以及制约国民经济变化的各种因素联系成为一个整体。

第二，从19世纪中叶起步的中国经济现代化过程，至今仍在延续。经济现代化既是中国过去150年经济演变的基本趋势，又是当前和今后很长一个时期的中心任务。以它为主线讲授过去150年经济发展的过程和总结150年间经济现代化的经验教训，使中国经济史课程的教学能更好地为现实服务。

第三，只有经济现代化才能贯穿中国近现代经济史的始终。1842年至今的150年间里，经历清朝、中华民国和中华人民共和国3个时期。就社会经济形态而言，中国大部分地区先后经历封建社会经济形态、半殖民地半封建社会经济形态、新民主主义社会经济形态以及社会主义初级阶段社会经济形态，部分地区（香港、澳门、台湾）经历过殖民地社会经济形态和资本主义社会经济形态。这6种社会经济形态中任何一种，都没有贯穿1842年至今的这个历史时期的始终。只有"经济现代化"贯穿了全过程。以它为主线，能将3个时期和6种经济形态下的经济变化过程串起来。以经济现代化为主线，是中国近现代经济史教材特定历史背景的要求。

第四，在中国近现代经济史的时限里，经济现代化是世界各国的共同趋势。各国的现代化过程自有其民族的特征，但也有共同规律。用现代化作为这个时期中国经济史的主线，可以引导学生以整个世界现代化的历程为背景来观察中国的经济变化。

三、经济现代化的内涵与主要标志

经济现代化既是发展的过程，也是发展的目标。作为过程，它指中国从传统经济向现代经济的转变。这个转变是一个动态过程，涉及经济生活所有方面的深刻变化。经济现代化的内含包括多个层次，其中，主要是市场化和工业化。市场化是工业化的基础与前提。市场化是指从指令经济到市场经济的过程，它以社会分工和生产、分配、消费、交换的社会化为基础。市场化是经济运行机制现代化的代名词。工业化是从手工劳动到使用机器的过程。从手工生产到使用机器（广义的，包括电子设备等）的变化，不限于手工业—工业领域，农业、交通、通讯、商业等领域都有这个过程。工业化是设备技术现代化的代名词。

根据中国经济现代化的历史事实，经济现代化的主要标志或特征可以归纳为以下8个方面：(1) 市场主体（政府、企业、居民个人）独立与自主的程度。诸如佃农从在劳役租制或对分租制下按地主意志生产，转变为在定额租制下按自己意愿生产；国有企业从按政府指令生产，转变为按市场需求自主生产等。(2) 各个生产领域产品商品率（商品化）的增长。国内商业与对外贸易额在GDP或GNP中所占比重。(3) 机器化、电子化、自动化、信息化和使用非生命能源的程度。工业产值在GDP中所占比重。(4) 城市化程度。城市人口在总人口中所占比重。城市在经济发展中作用的提高（处于主导的或领导的地位）。城市辐射作用空间和工业产品向农村渗透程度的大小。(5) 市场组织水平和市场体系完善化和有序化程度。广泛的商品流通和服务设施的增加，批发业、百货公司、银行、股份公司、跨国公司、证券交易所，计量贵金属货币和信用货币、铁路、轮运、公路、航空、电信、信息业、商会的发展。第三产业产值在GDP所占比重。(6) 劳动者的素质、人身自由、受教育和对经济事务的广泛参与的情况。人口的流动，知识与才能的专门化，产品中的科技含量和科技对经济增长的贡献率。(7) GDP、人均收入与人均资本的持续增加。(8) 人民物质生活，包括吃、穿、住、行、用、娱（娱乐）的科学化与现代化。

中国近现代经济史教材分析经济现代化进程，具体地说，应该主要叙述这些方面的进程。

（本文原载于《经济学动态》2001年第5期）

另有关于"主线"的如下文献供读者参阅：

1. 赵德馨：《论经济现代化的层次与标志（上）——学习经济史的一点心得》，载《经济与管理论丛》2001年第1期。

2. 赵德馨：《论经济现代化的层次与标志（下）——学习经济史的一点心得》，载《经济与管理论丛》2001年第2期。

3. 赵德馨：《中国近现代经济史1949~1991》导论，厦门大学出版社2017年版。

第七部分
分　期

新中国经济发展呈现出显著阶段性特征。正确区分互相衔接而又各有特点的不同阶段，辨别各个阶段互相联系而又互相区别的因素，考察依次演变的各种经济形态，是厘清新中国经济演变规律的内在要求。因此，在学科建设过程中迫切需要解决分期问题。赵德馨教授对新中国经济史分期问题非常重视。此处收录了两篇代表性文献。

中华人民共和国经济史的分期

我们在研究经济史和编撰经济史论著时，需要考虑分期问题。这是因为经济发展的客观过程本来就呈现阶段性，正确区分互相衔接而又各有特点的不同阶段，辨别各个阶段互相联系而又互相区别的因素，寻找依次发展的各种形态，是认清经济演变规律所必需的。在人类社会发展过程中，经历了不同的社会经济形态，正确的分期才能准确地体现和区分各个时期的社会性质。在同一种性质的社会经济形态时期，根本矛盾相同，"但是根本矛盾在长过程中的各个发展阶段上采取了逐渐激化的形式。并且，被根本矛盾所规定或影响的许多大小矛盾中，有些是激化了；有些是暂时或局部地解决了，或者缓和了；又有些是发生了，因此，过程就显出阶段性来。如果人们不去注意事物发展过程中的阶段性，人们就不能适当地处理事物的矛盾"。[1] 对经济发展过程不划分阶段，即不分期就不能说明经济的变化、发展，各阶段的特点及其规律，不能完成经济史学科的基本任务。

正在兴起的中华人民共和国经济史学科，在建设过程中迫切地需要解决这个问题，现将鄙见陈述于下。

一、标准

要正确地分期，需要有正确的分期理论与方法。首先要有正确的分期标准。

国民经济史（简称经济史）分期的标准，与通史和其他专史（政治史、政党史、文化史、军事史……）不同，与各经济专史（工业史、农业史、金融史、资本主义经济史、封建土地制度史……）也不同，原因在于它们的研究对象不

---

[1]《毛泽东选集》合订本，人民出版社1964年版，第289页。

同。经济史的研究对象是国民经济整体的发展过程，生产力与生产关系的矛盾与统一的过程。经济史的对象决定了它的分期标准。经济史的分期标准应是国民经济整体变化的重要表现，即生产力与生产关系发展变化的重要表现。

我们现在的分期对象是 1949 年以后的中国经济发展。它的一些重要特征，是我们在处理分期问题时必须予以注意的。

第一，新中国成立以后，中国历史进入了社会主义革命和建设的时期。整个来说，社会主义经济居主导地位。由于中国经济和中国革命的特点，代替旧中国半殖民地半封建经济形态的是新民主主义经济形态。新民主主义经济形态产生于民主革命时期的根据地里，经历过发展、胜利的过程和不同的阶段。从建国到 1956 年三大改造基本完成时止，是过渡时期。过渡时期的经济是新民主主义经济形态，是新民主主义经济形态发展的最后阶段。在中国的过渡时期，不是什么从资本主义过渡到社会主义，也不是什么从半殖民地半封建过渡到社会主义，而是从新民主主义过渡到社会主义。这样，新中国成立以来，先后有过新民主主义和社会主义两种经济形态；经历过改半殖民地半封建经济形态为新民主主义经济形态，从新民主主义经济形态过渡到社会主义经济形态这样两次经济形态的转变。新民主主义经济形态是过渡性的经济形态。社会主义经济形态也是过渡性的，但相对于前者，则稳定得多，时间也长得多。我们在分期时必须考虑到这种经济形态的转变。

第二，新中国成立以后的时期，是社会主义革命和社会主义建设并进的时期。生产关系和生产力经常地处在变化之中，但不同阶段的侧重点是不同的。在社会主义改造基本完成以前，侧重于经济形态的变化。主要是变换生产关系，生产关系变化剧烈是这个时期的特点。社会主义改造基本完成以后，主要是进行社会主义建设，发展生产力。因而，在分期时，要考虑到这两个大阶段各自的特点。在这两个大阶段内分期时，在前一个大阶段内，必须侧重于生产关系变化的情况，在后一个大阶段内，必须侧重于生产力变化的情况。

第三，新中国成立以后的时期，也是探索的时期。探索的总题目是中国社会主义道路，包括社会主义改造的道路与社会主义建设的道路。因为是革命和建设并进，生产力变化与生产关系变革的关系极为密切、直接、明显。因为是在革命时期，生产关系变动激烈、封建经济、官僚资本主义经济相继被消灭，私人资本主义被改造为社会主义国营经济，农业、手工业中个体经济变为社会主义集体经济，如此等等。因为是探索的时期，在探索中免不了成功与失误，前进与倒退。因为谁也没有在像中国这样经济落后、人口众多的半殖民地半封建社会的废墟上干过建设新民主主义经济与社会主义经济。革命时期必然的生产关系的变革与探索过程中的成功与失误结合在一起，使国民经济的发展变化激烈：有前进有倒退，陡上陡下，"跃进"多，调整也多。在划分历史时期时，必须考虑国民经济发展的这些重要表现，要注意因探索引起的经济结构变化与经济发展起伏所呈现出来的阶段性。

第四，建国以后的经济，从整体上说，是实行集中管理体制和计划经济的时期。在这样的体制下，领导机关，首先是主要领导人物的经济思想、战略决策、计划安排，在一定时间内对经济发展的影响很大。我国先后提出并贯彻过"一主两翼"（过渡时期的总路线和总任务）、"超英赶美"（"十五年赶上并超过英国"）、"备战、备荒、为人民"（以加速建设三线战略后方基地为中心）、"翻两番"（四个现代化的第一步目标）等经济发展战略。从1953年起，先后制订并执行过六个五年计划。苏联社会科学院经济研究所编的七卷本《苏联社会主义经济史》，除了战争及其后的恢复时期外，都是按五年计划分期的。有人问，对中国社会主义经济史，是不是也可以按五年计划分期？我们认为，如果人们对计划工作史进行分期，因为分期的对象是计划工作，那是可以按"一五计划""二五计划"等来分期。我们现在讨论的分期，其对象是国民经济发展过程。对这个问题，就不能简单地用"可以"或"不可以"来回答。因为：（1）经济发展战略和五年计划，虽对经济发展起重要作用，但它们是人们提出的、制定的，属于主观范畴，而国民经济发展过程则是客观范畴。所以，首先要研究清楚经济发展战略或五年计划，与经济发展客观过程的阶段性是否完全一致。很难想象，一个国家经济发展的客观阶段，每次都与人们的主观愿望相吻合，每个阶段又恰恰是五年！从苏联、中国和其他国家的经济史来看，经济发展的客观阶段性与主观制定的五年计划的起迄时间有时是一致的，有时又是不一致的。七卷本的《苏联社会主义经济史》虽力图按五年计划分期，也不能贯彻始终，原因就在这里。写一部中华人民共和国经济史，看来也很难始终按五年计划分期。一部书中，如果"一五"时期按五年计划作为分期标准，后面又不以五年计划作为分期标准，那就很难说有统一的分期标准。（2）各个国家、各个时期的情况不同。如果有的国家的某些时期基本的任务是发展生产力，生产关系和管理制度没有大的变动；经济计划制订得科学，符合经济发展的阶段性；国际国内形势稳定，未影响经济计划的贯彻，计划执行的结果刚好达到预期目标。在这样的情况下，国民经济史的分期可能与计划工作史的分期相一致。我国建国后的情况不是这样。因此，现有的新中国经济史著作中，尚未见到自始至终按几个五年计划分期的。

二、分期

至今尚未读到关于中华人民共和国经济史分期问题的论著。在我们提出分期意见之前，只见到孙键同志的著作《中华人民共和国史稿》，该书写到1957年，分为两编。第一编为国民经济恢复时期（1949年10月~1952年）。第二编为第一个五年计划时期（1953~1957年）。最近，又读到柳随年、吴群敢同志主编的《中国社会主义经济简史（1949~1983）》，分为五编。第一、第二编与上书同。第三编"大跃进"和经济调整时期（1958~1965年）。第四编，国民经济的"十年动乱"时期（1966~1976）。第五编，开创社会主义现代化建设新局面时期（1976~1988年）。这两本书的作者未说分编即分期，但从明确地标明某某"时期"且有具体断限年代来看，似乎可以看成是一种分期。我们应该把它当作一种重要的分期意见来考虑。

我建议将建国后的国民经济发展过程分为四个时期九个阶段：

（一）1919年10月至1956年，经济形态转变和生产由恢复走向发展的时期，或称过渡时期，包括两次经济形态的转变或过渡。在相应的时间内，生产力的状况亦不相同，一是恢复，二是发展。据此应区分为两个阶段：（1）1949年10月~1952年，继续改造半殖民地半封建经济形态为新民主主义经济形态和生产力恢复阶段。新民主主义经济形态是随着解放战争的胜利步伐迅速扩大，在中国土地上代替半殖民地半封建经济形态的。这种代替有一个过程，主要通过消灭封建经济的土地改革，没收官僚资本主义企业并在企业里实行民主改革，消除帝国主义在中国的经济势力等工作来完成。新中国成立前，这些工作已经开始。新中国成立后，为完成这些工作，又用了三年时间，使新民主主义经济形态取代了半殖民地半封建经济形态，并使生产力恢复到抗战前水平。与此同时，发展社会主义经济因素。所以，中华人民共和国的成立，标志着新民主主义革命的胜利，标志着从新民主主义向社会主义过渡的开始。（2）1953～1956年，新民主主义经济形态转化为社会主义经济形态和开始有计划、大规模经济建设的阶段。

关于这个时期，分歧之处在于：应分为一个时期（1949年10月～1956年），还是两个时期（1949年10月～1952年，1953年～1956年）？我们认为从1949年10月到1952年，土地改革和民主改革基本完成，工农业主要产品的产量恢复到抗战前水平，从1953年起开始有计划地建设，同时实行过渡时期总路线，加速三大改造的进程。1952年与1953年间，国民经济显示出明显的阶段性，因此划为一个时期的两个阶段。为什么不划分为两个时期？这是因为：从新中国成立后30多年经济发展过程来看，有几个明显的时期，划分各个时期要有共同的标准，一个时期必须是与另一个时期相称的，能并列的。不能把仅够成为某个时期内的小阶段，划为一个时期。从30多年的经济历史过程和与其他时期相对照，可以看出，1949年10月～1956年是一个完整的时期，它是中国历史上从新民主主义过渡到社会主义的历史时期。新中国成立后的30多年的经济史，从整体上看，经历了两个大的段落。一个是以社会主义改造为特征的革命与建设并进的段落。另一个是以社会主义建设为特征的改革、调整与建设并进的段落。与这两个段落相适应的，有两次探索。在前一个段落里，探索的是中国的社会主义改造应走什么道路的问题。在后一个段落里，探索的是中国的社会主义建设应走什么道路的问题。这两个段落和两次探索，以1956年三大改造的基本完成为时间区分的界标。据此，应将1949年10月～1956年划为一个时期。

（二）1957～1966年，全面进行经济建设的时期，也是第一次探究中国社会主义经济建设应该走什么道路，和在探究中严重失误，生产大上大下，进行大调整的时期，包括一次不成功的改革尝试与总结经验教训、摸索新方法两个阶段。（1）1957～1960年，以总路线、"大跃进"、人民公社"三面红旗"的提出与实践为基本内容。这是一次想把从苏联那里学来的模式加以改革，根据我国的情况走出自己的建设道路，以加快社会主义经济发展速度的试验。因为"左"的指导思想，主观主义和没有经验，这次试验以失败告终。但它是一次改革，一次试验，失败的经验是极为重要的。（2）1961～1966年，以"调整、巩固、充实、提高"方针（"八字方针"）的提出、贯彻为基本内容。正像恩格斯指出的："要明确地懂得理论，最好的道路就是从本身的错误中、从痛苦的经验中学习。"① 在总结新中国成立以来经济建设正反面经验教训和调整经济的过程中，在理论上对中国社会主义建设道路，如多种经济成分（全民、集体、个体）、多种商品流通渠道（国营、合作社、集市贸易）并存，商品生产、价值规律、按劳分配的作用，农轻重之间、积累与消费之间、发展速度与经济效益、主观能动性与客观条件之间的关系等，有新的认识；在实践上，出现了农村三级所有、队为基础的所有制，包括"责任田""包产到户"等联系产量的生产队责任制等许多新的形式，着手试行按照经济规律管理经济的体制改革，诸如企业管理体制、两种劳动制度和两种教育制度等。

这个时期的两个阶段是很明的，大概不会再争论。有分歧的是这个时期起于何年，是1957年还是1958年？主张后者的理由，一是"一五"计划的时间是从1953年到1957年，前一时期应止于1957年；二是三年"大跃进"是1958年到1960年，本时期应始于1958年。我的意见是：（1）如前所述，若是写中华人民共和国计划工作史，前一时期应止于1957年，本时期理应起于1958年。我们现在讨论的是国民经济史，而不是计划工作史。况且，"一五"计划的主要指标，在1956年提前达到。我们是事后写历史，应以实践的效果为标准，不应以事先设想的时间为标准。（2）从探索我国社会主义新道路及其实践这个角度来说，转变发生在1956年至1957年之间。1957年的经济发展是转变开始的标志。1956年以前，我国的经济工作，在经济管理体制、计划管理、处理农轻重关系、积累和消费比例、工业建设、工资制度等许多个方面是学习苏联经验的。在实践中发现，苏联的经验，有一些本身存在严重的缺陷，有一些在苏联或许是合适的，但不适合中国的国情。从1956年初起，我们党着手探索中国社会主义建设的新路子。同年4月，毛泽东的《论十大关系》开始提出我国的建设路线。9月，党的八大制定社会主义建设的路线（社会主义建设总路线是在后来，即1958年3月成都会议上确定的）。1957年2月，毛泽东在《关于正确处理人民内部矛盾的问题》的讲话中，对八大的路线从理论上作了阐述，对中国社会主义经济发展的道路说得具体、明确。1957年9月，在党的八届三中全会上，通过了改进财政体制、改进工业和商业管理体制等三个文件。所以，改革经济管理

---

① 《马克思恩格斯选集》第4卷，第458页。

体制的实践始于 1957 年可以说 1957 年的经济工作的安排与成就，是这种探索成果应用于实践的表现。（3）事情还有另一面，探索也有失误的一面。从指导思想看，"左"的指导思想成为错误中的主体是从 1957 年开始的，标志是 1957 年上半年开始的反右派斗争严重扩大化，这是一个影响深远的重要转折。10 月 9 日，在党的八届三中全会上，毛泽东在讲话中否定了八大决议上关于先进的社会主义制度同落后的社会生产力之间的矛盾是主要矛盾的提法，认为主要矛盾仍是无产阶级和资产阶级的矛盾，社会主义道路和资本主义道路的矛盾；批评了反冒进，主张恢复多快好省、农业发展纲要（四十条）和"促进委员会"。接着就是公开地反对反冒进，"大跃进"的口号最初就是《人民日报》1957 年 11 月 13 日反反冒进的社论《发动全民，讨论四十条纲要，掀起农业生产新高潮》中提出的。鼓足干劲、力争上游、多快好省地建设社会主义的总路线也是在这时形成并于 1958 年 3 月提出的。总路线、"大跃进"和随之而来的人民公社化运动，都是"左"倾思想和探索中失误方面造成的，主要是"左"倾思想的产物。（4）最主要的是 1956 年已基本完成了社会主义改造，新民主主义经济形态时期结束了，建立了社会主义经济形态，社会的主要矛盾变了，党的工作重心转移了，国家进入了社会主义全面经济建设时期。正因为经济发展客观进程是这样的，所以试图按五年计划起止时期分期，即断限于 1957 和 1958 年间的论著。在叙述过程中，又不得不承认从 1957 年起，我国社会主义进入了新的历史时期。柳随年、吴群敢主编的《中国社会主义经济简史》的第二编止于 1957 年，第三编从 1958 年开始，该编开宗明义写道：

"1956 年在生产资料所有制方面的社会主义改造取得了决定性胜利以后，我国进入了一个新的历史时期，即开始大规模全面建设社会主义的时期。"

"当时，在整个国民收入中，国营经济、合作社经济和公私合营经济所占的比重，已由 1952 年的 21.3%，上升到 92.9%，各个部门的经济活动都以不同的形式纳入了国家的统一计划，或者受着计划的指导。我国基本解决了无产阶级与资产阶级的矛盾，基本消灭了几千年来的阶级剥削制度，完成了由新民主主义向社会主义的转变，进入了'各尽所能、按劳分配'的社会主义历史阶段。"（第 209 页）

既然到 1956 年为止结束了一个历史时期，从 1957 年起开始了一个新的历史时期，顺理成章，当然应以在 1956 年与 1957 年间断限为宜。

（三）1967~1976年，经济曲折、畸形发展的时期。"文化大革命"中批判"修正主义路线"，在经济领域内，主要是批判1956年以来，特别是1961年后探索中国社会主义建设道路的一些改革措施。所以是对前一时期所取得的进步的否定。大批判带来经济上的大损失。经济发展经历几下几上的曲折过程。由于不适当地贯彻"备战"方针，使产业结构与生产力布局等畸形发展。具体情况，前期和后期有所不同，因而区分为两个阶段。(1) 1967~1971年，"文化大革命"造成的全面内乱，林彪、江青反革命集团的破坏，"左"的指导思想，使经济大下降。(2) 1972~1976年，其间虽有"四人帮"发动的1974年"批林批孔"和1976年"反击右倾翻案风"给经济带来挫折，但在周恩来、邓小平主持下的经济调整与全面整顿，使经济发展出现转机，取得成效。

有人主张这个时期的上限断在1966年，上一时期的下限断在1965年。理由有二：一是"文化大革命"是从1966年开始的；二是"三五"计划也是从1966年开始的。这后一点理由，前面已经讨论过了。此处讨论前一点理由。我们认为这个时期的上限断在1967年似乎比断在1966年更妥当些。因为若是通史、政治史的分期，以断在1965年与1966年间，或断在1966年5~8月间，是合适的。我们现在讨论的不是通史，也不是政治史，而是经济史。政治的变动要影响经济的变动。不过，这总是要有一个过程的。另外，经济活动一般以年度为周期，在一个农业人口占人口总数80%以上，农业在国民经济中占有很重要地位的国家里，尤其是如此。因此，分期断限，除特殊的例外（如建国要标在1949年的10月，以示一个新的历史时期的开端），一般情况下是按年度的。1966年1~7月，经济形势很好。8月开始的大串连以及随之而来的"批判资产阶级反动路线"，冲击党政机关，直接干扰和破坏铁路货运和生产指挥系统，对工业生产、基本建设、邮电、商业、外贸等发生了不同程度的影响。从全年来说，经济在继续增长，而且增长的幅度较大。1966年工农业总产值比1965年增长13.4%，其中农业增长9.2%、工业增长15.8%。主要工农业产品完成或超额完成年度计划。铁路货运比上年增长11.9%；国家财政收入增长24.4%，收大于支171 000万元。这和1967年开始的全面下降；财政经济状况恶化，经济从蓬勃发展的趋势到走向灾难，是根本不同的。如果不是以单纯的政治事件为标准，也不是以五年计划起止时间为标准，而是以经济客观进程的阶段性即国民经济变化的重要表现为标准，这个时期的起点以断在1967年为宜。

（四）1977年以后，经济建设走上新道路和起飞的时期。其间经历着转折、调整、改革的过程。（1）1977～1978年，粉碎"四人帮"以后到党的十一届三中全会召开之前，为恢复经济与酝酿新道路的阶段。打倒了"四人帮"，标志着"文化大革命"的结束。接着清除"四人帮"的骨干势力，终止了内乱，实现了安定团结。在指导思想上，虽然对长期以来存在的"左"的错误未能认真清理，在经济工作中出现了急于求成的失误，但在思想理论上已开始对"左"的指导思想进行拨乱反正，提出并讨论了经济体制、商品生产、按劳分配等重大问题，为经济发展新道路和实行新的方针准备了条件。（2）1979～1982年，以调整为主的阶段。党的十一届三中全会开始全面纠正"文化大革命"中及其以前的"左"倾错误，从指导思想上进行拨乱反正，确定了解放思想、开动脑筋、实事求是、团结一致向前看的指导方针，解决了20多年来没有解决好的工作重点转移问题，把全党带到向"四化"进军的新的历史进程，指出了国民经济中存在的问题及应采取的办法，实际上指出了应进行调整、改革、整顿和提高。这次全会是建国以来党的历史上具有深远意义的伟大转折。全会结束后4个月，正式提出了"调整、改革、整顿、提高"的新的"八字"方针。这条方针的提出，标志着经济建设思想的根本转折。指导思想的拨乱反正，经历了一个过程。1981年6月党的十一届六中全会及其通过的《关于建国以来党的若干历史问题的决议》，到1982年9月十二大的召开，标志着党完成了指导思想上拨乱反正的任务，实现了历史性的伟大转折。与此同时，贯彻"八字"方针，也经历了一个过盘。在这个时期，首先和主要的是调整；对国民经济管理体制的改革是局部的，探索性的。执行"八字"方针使我国经济发展速度比较实在，经济效益比较好，人民可以得到更多实惠。国民经济渡过了最困难的时期，走上了稳步发展的健康轨道。（3）1983年以后，贯彻十二大制定的"走自己的道路，建设有中国特色的社会主义"的根本战略方针和经济建设的战略目标、战略重点和战略部署，进入了以改革为主的阶段。

这里涉及的一个问题是，我们写中华人民共和国经济史，下限断在何年为妥。有一种意见是"写到去年"，即写到成书的前一年。认为这样做才与现实联系紧密，意义大。我认为这是值得讨论的一种观点。人们之所以需要历史，是因当时人看当时事常受一些因素的局限。事物的发展、其全部暴露、其阶段性，都需要有一个过程，要经过若干年后，回过头去看一看，研究一番，才能对事物的过程、本质认识得更清楚。马克思在给恩格斯的一封信中说："由于某种判断的盲目，甚至最杰出的人物也会根本看不到跟前的事物。后来，到了一定的时候，人们就惊异地发现，从前没有看到的东西现在到处都露出自己的痕迹。"① 由于事物发展的规律和认识发展的规律，使人们"常做实践上的和理论上的蠢事，……往往当真理碰到鼻尖上的时候还是没有得真理"。② 只有对经济发展过程和本质的认识是清楚的，这种认识才能正确地指导实践。这就是说，要对历史认识清楚，必须间隔一个必要的历史思考的时间。就研究现代经济史来说，这种历史思考时间自然不能太长。以多长为好？是不是以五至十年为宜？请大家讨论。

三、余论

一门以中华人民共和国成立以来生产力与生产关系演变过程及其规律为研究对象，从动态中阐明国情、总结经济工作经验教训、在实践的基础上探讨社会主义经济理论为目的的经济学科正在兴起。相应的课程正在一些院校开设。有不少同志正在从事这门学科的研究。对这门学科或课程用个什么名称为好，似乎值得议论一下。因为学科的名称涉及研究范围，况且，对这个问题存在着不同意见。

第一种意见是称这门学科为"中国社会主义经济史"。这个名称的好处，是能与"封建主义经济史""资本主义经济史"等并列，指出了"社会主义经济"这个特定性质。苏联科学院经济研究所编的 1917 年 10 月革命以后的经济发展史，就名曰《苏联社会主义经济史》。照此办理，研究中国 1949 年以后的经济发展史，似乎也可以称为"中国社会主义经济史"。其实不然。中国和苏联的情况有所不同。"社会主义经济"这个概念，可以指"社会主义经济成分"，也可以指"社会主义经济形态""社会主义经济制度"。在苏联，十月革命的性质是社会主义革命，社会主义经济成分和社会主义经济形态都是在十月革命后产生的，即同时出现。因此，把十月革命后的经济史，称为"社会主义经济史"，这个"社会主义经济"的含义，无论是指"社会主义经济成分"，还是指"社会主义经济形态"均无不可，都符合历史实际。我国则不然。我国革命的特点是，民

---

① 《马克思恩格斯选集》第四卷，第 366 页。
② 《马克思恩格斯选集》第三卷，第 555 页。

主革命和社会主义革命是文章的上篇与下篇的关系，二者直接衔接，在民主革命阶段，又是武装的革命反对武装的反革命，从农村发展到城市，在中国共产党领导的工农武装的地区，建立了新民主主义政权和新民主主义经济，新民主主义经济形态中包括了社会主义性质的公营经济和具有社会主义因素的合作社经济，中华人民共和国成立后建立的是新民主主义社会，从新民主主义过渡到社会主义，从新民主主义经济形态过渡到社会主义经济形态。我同意柳随年等同志的表述：1956年三大改造的基本完成，"表明我国已从过渡时期的多种经济成分构成的新民主主义经济制度变为公有制经济占绝对优势的社会主义经济制度"（《中国社会主义经济简史》第147页）。根据中国经济发展中的具体情况，周秀鸾同志曾提出："研究中国的社会主义经济发展史，遇到的第一个问题就是应该从什么时候开始"的问题。"之所以会遇到这个问题，是由于中国革命和中国经济发展有其特殊性"。"在根据地产生了新民主主义经济，其中包括社会主义性质的经济成分，而社会主义经济形态则产生于中华人民共和国成立以后。当我们研究中国社会主义经济形态发展史时，当然从中华人民共和国成立时开始；当我们研究中国社会主义经济发展史时，就不能不从包括社会主义经济因素的新民主主义经济形态入手"。[①] 这个意见是值得重视的。1840年以后的中国经济史若按经济形态划分，可以分成：半殖民地半封建经济史、新民主主义经济史、社会主义经济史（有人认为还应列上殖民地地区的经济形态）。"中国社会主义经济史"中的"社会主义经济"一词的内容，若指社会主义经济成分，似乎应从土地革命时期写起；若指社会主义经济形态，似乎应从1956年三大改造基本完成后写起。

第二种意见主张称这门学科为"中华人民共和国经济史"。将1949年10月1日中华人民共和国成立以后的经济历史称之为"中华人民共和国经济史"，名实相符，不可能出现异议。相对"中国社会主义经济史"一词，这个名称的内含要宽一些。用此命名书籍或课程时，其内容理应包括中华人民共和国领土内各种经济发展过程。同时，按此体例，1949年10月1日以前的中国经济史，似乎要称为《中华民国经济史》《清朝经济史》……若把1840~1949年9月的中国经济发展过程称为"中国近代经济史"，而将1949年10月以后的经济过程称为"中华人民共和国经济史"，显然是体例不一致。

[①] 周秀鸾：《重读〈必须注意经济工作〉和〈我们的经济政策〉》，载《江汉论坛》1984年第5期。

第三种意见是：称为"中国现代经济史"，问题在于"中国现代"一词的具体含义。对中国的"近"代指的是哪个时期，"现代"指的是哪一个时期，这个问题我在1956年1月26日中国人民大学中国历史教研室举行的"中国近代史分期问题讨论会"上发言时提出："近代"的内含应是半殖民地半封建社会时期，具体时间是1840～1949年9月，"现代"的内含是社会主义社会时期，具体时间是1949年10月1日以后的年代。① 这个意见当即得到与会者林敦奎等老师的鼓励与支持。1956～1957年，我们在编写《中国近代国民经济史讲义》（高等教育出版社1958年出版）时，就是按照上述意见断限的。随后，在《关于中国近代国民经济史的分期问题》一文中，进一步说明了这样断限的根据，经过关于中国近代经济史分期问题的那场讨论②，从以后出版的论著看，在经济史学界似乎已取得一致的看法。在通史学界直到最近，仍有坚持"现代"即1919～1949年观点的。"现代"一词的实际所指是随着时代的演变而变化的，认为五四运动以后的历史属现代史，是三十年代出现的观点，四十年代颇为流行。在那时，这种称谓是合理的。中华人民共和国成立后，换了人间，中国已进入了一个新的历史时代，若仍把1919～1949年称为"现代"，那末，1949年10月以后的这个时代又称为什么呢？称为"当代"？"当代"即"现代"，"现代"即"现在这个时代"。我国现代是社会主义时代，社会主义革命和社会主义建设的时代，已不是半殖民地半封建社会时代，也不是民主革命时代了。时代换了，仍沿袭旧时代关于"现代"的含义，就落后于时代了。相信在不久的将来，通史学界也会就此取得一致意见的。

上述三种称谓，是按不同标准区分经济史时期的结果。1949年10月1日以后的中国经济史，可以称为"中华人民共和国经济史""中国社会主义时期经济史""中国现代经济史"。由于早已存在"中国古代经济史"和"中国近代经济史"学科与课程，由于习惯用"古代""近代""现代"区分时期，也由于"现代"这个词简短、明确，"中国现代经济史"这个称谓可能将逐步地为人们所共用。

（本文原载于《青海社会科学》1986年第1期）

---

① 该发言稿的摘要发表在《中国近代史分期问题的讨论》，载《历史研究》1957年第3期；《新华半月刊》1957年第10期；《中国近代史分期问题的讨论集》，三联书店1957年版，第206～215页。
② 讨论情况见《关于中国近代经济史分期问题的讨论》，载《光明日报》1961年1月16日。

简论国史分期问题

一、分期的对象、标准与标志

要正确地分期，需要弄清楚三个相关的理论问题：分期的对象、分期的标准与分期的标志。这些也是国史分期产生意见分歧的原因。在这三个问题上获得共识，具体分期的意见也就易于一致了。

历史有多种，有通史，还有经济史、政治史、军事史、文化史、社会史等专门史和部门史。国史属于通史类，这是对国史进行分期时首先要明确的一点。通史与其他史的区别在于，它的对象是社会的整体；其他史的对象是社会的某个局部。研究对象不同，研究的内容与承担的任务不同，分期的标准与标志自然也就不同。研究党史的以党的指导思想为标准，将新中国成立后的这一段历史分为毛泽东时代和邓小平时代；研究改革史的以改革为标准，将这一段历史分为改革前与改革后两个时期；研究现代化的以现代化发展过程为标准，将这一段历史分为探索、受挫、复兴等几个时期，它们各有其道理。这些分歧，表面看来源于标准不同，实则源于对分期对象的把握。弄清楚研究对象的确切内涵是进行正确分期的前提，因为分期的对象决定分期标准与标志的选择。

分期标准由分期对象决定。对什么样的历史进行分期，就应有什么样的标准。如对军事史进行分期，标准应是军事的；对政治史进行分期，标准应是政治的；对经济史进行分期，标准应是经济的，这是不说自明的事。如以经济作为军事史分期的标准，以军事作为经济史分期的标准，人皆以为不可。至于通史的分期标准是什么，这正是我们现在要讨论的问题。笔者认为，国史分期的标准应该是由通史的研究对象来决定。通史的对象是社会整体，它的分期标准只能是社会形态。具体地说，当通史的时限包含多个社会形态时（如中国通史、欧洲古代史等），标准应是社会形态。如通史的时限只包含一种社会形态（如中国近代史），标准应是同一社会形态内部的部分质变。

在确定分期标志时，要弄明白标志与标准的关系。历史分期的标志是由标准决定的。标志要选择最能表明标准本质的现象，即能代表标准的本质又易于识别的事物。在这个问题上不会有大的分歧。现在面临的问题是，国史的对象是社会形态，对它的分期应采用什么标志？在社会形态中，经济形态是基础，有什么性质的经济形态便有什么性质的社会形态。纵观整个人类社会的历史，人们发现，社会形态或重要制度的质变或部分质变，往往表现为重大政治事件，这种事件可以明确指出其发生的年、月以至日。

重大政治事件有多种，其最重要的形式是政权的变化。政权的变化也有多个层次：一种是带来社会形态发生根本性质改变的非同质政权的变化，另一种是并没有带来社会形态质变的同质政权的更迭。政治变化的另一重要表现形式是政策。在中华人民共和国的历史中，社会形态与政策的重大变化，集中体现在唯一的执政党——中国共产党的会议文件和全国人民代表大会的会议文件（特别是宪法）上，这些文件反映了社会形态已发生的变化以及新政策的内涵。

二、1949年以来中国社会形态的演变进程与国史的三个时期

社会形态变化的基础是社会经济形态的变化。社会经济形态变化主要表现在经济制度和经济体制上。根据这些重大变化，笔者将中华人民共和国史划分为三个阶段：1949～1956年、1957～1978年、1979年以后。此中的1956年和1978年是两个界标年份。1956年举行的中国共产党第八次全国代表大会，宣布对生产资料私有制的社会主义改造基本完成，中国进入社会主义社会；1978年的中共十一届三中全会，确立了新的思想路线，启动了以市场为导向的经济体制改革，导致中国社会形态演变到新阶段。

三、国史分期的下限

与中国古代史、中国近代史等种类的历史分期不同,现代史分期有一个特殊的问题,即下限问题。国史属于现代史,自然也有这个问题。对此,笔者曾经提出两个观点:一个是"跟随论",另一个是"沉淀论"。所谓"跟随论",是说研究历史不能远离现实。时代前进了,出现了新的应被关注的问题,史学工作者要从历史渊源的角度展示这些问题的由来及演变过程,历史学研究对象的时间下限即研究的内容也应跟随历史的步伐前进。所谓"沉淀论",首先是指客观事物的产生、发展和终结以及它对后来的影响,它的本质的显现,要有一个"沉淀"的过程。其次,人们对事物本质的认识也要有个过程。只有当人们占据了足够说明问题的材料,有了正确的理论和冷静的思维,人们才能对某一过程或某一阶段进行探索和总结。这个认识的过程,从时间概念讲,也是一个"沉淀"的过程。所以,在时间的绝对意义上,凡是过去的活动都已成为不可改变的历史(所谓"转过身来即历史"),但史学工作者研究的对象,作为一门科学的历史学的对象,应该是已经结束的过程或是已经结束的阶段。这就是说,只有当事物的发展过程或某一过程的某一阶段已经结束,其本质已经暴露,才进入历史学的范畴。

四、阶段的客观性与标准的主观性

历史发展的阶段性是客观存在的,历史工作者划分历史阶段的标准(连同标志)却是主观设定的。主观设定的标准是否正确地反映客观的历史阶段,这取决于历史工作者的学识素养和视角(故笔者对上文所述的标准与分期是否与国史的发展阶段相一致,不敢自恃),此其一。其二,每种历史研究的对象都有多个侧面(像国史这类通史研究的社会整体,更是如此),每个侧面都有它的发展趋势,人们不仅可以而且应该从不同的角度去观察它的不同侧面,得出不同的结论。对它的观察,不同的研究者可以采用不同的视角。同一研究者也可以采取不同的视角。从多个视角出发，观察不同的侧面，就可以从多个方面分析社会演变的多种趋势，从而得出较为全面的认识。多种视角对认识客体有利，单一视角容易导致片面。在国史分期问题上，笔者主张多种视角、多种标准互补。在当前阶段，重要的和应该花大力气去做的事是：第一，从理论上阐述清楚为什么要采用这种标准和标志；第二，更重要的是，用自己主张的分期法去实践，写出一本国史著作来，让读者去评审，让时间去检验，若干年后，自有公论。

（本文为提交学术研讨会的论文原稿，其摘要原载《当代中国史研究》2010年第1期）

另有关于"分期"的如下文献供读者参阅：

1. 赵德馨：《中华人民共和国经济史（1949~1966）》导言，河南人民出版社1988年版。

2. 赵德馨：《中国近现代经济史（1842~1991）》导言，厦门大学出版社2017年版。

第八部分
工作程序与规范

赵德馨教授向来重视研究工作程序。他在《中华人民共和国经济史》课题组成立之初，就专门为课题组成员讲述了研究工作应遵循的程序，该课题研究就是按照他设计的程序，分五步实施的。第一步，广泛搜集资料。仅仅是为了搜集资料做准备工作，1982～1983年编辑了约110万字的《新中国经济文献目录索引》。课题组成员收集的资料，粗略估计大约在2亿字以上。第二步，按专题编写大事记。大事记初稿约300多万字。经删减后出版的4卷本《中华人民共和国经济专题大事记》约130余万字。第三步，整理专题资料长编。这套长编，因篇幅大，缺经费，至今尚未出版。第四步，撰写专题研究论文。已发表相关论文100余篇。第五步，撰写5卷本《中华人民共和国经济史》。

在研究工作程序方面，赵德馨教授发表了若干篇论文，与周秀鸾教授编著了《社会科学研究工作程序》（中国财政经济出版社1987年版），近年又出版了《社会科学研究工作程序与规范》（湖北人民出版社2016年版）。因已有专著，此处只收录了上书之外的三篇文献。

《1949～1982 年中国经济文献索引》 前言

　　五十年代末至六十年代初，我们几个从事经济史数学的同志，曾着手研究过中华人民共和国成立之后经济发展的过程。工作的直接目的是开出中华人民共和国经济史（当时称为中国现代经济史）课程。经过几年的努力，编出了教学大纲和讲义，也向同学们讲授过。当然，初生之物，说不上成熟，但颇受同学们欢迎。在这几年的工作中，我们深深地体会到，没有一本有关新中国经济的文献索引书，面对卷帙浩繁的资料，工作起来很不方便，往往是事倍功半。于是开始便辑文献索引，这项工作到六十年代中期中断。1979 年，党的十一届三中全会后不久，学院领导上又布置了研究中华人民共和国经济史的任务，并为此成立了科研课题组。我们认为，系统地总结建国三十年来积累的建设社会主义的丰富经验，有利于肯定和发扬其中成功的方面，否定与记取其中失败的方面，推动当前的经济工作；有利于探索马克思主义和中国建设实践相结合的历程，从中国社会主义经济建设实践中，抽象出具有中国气魄的社会主义经济理论；有利于从我国社会主义经济运动轨迹中，发现它的规律，找到一条具有中国特色的社会主义经济建设的道路。因此，可以说，研究三十年来新中国经济史，是时代的要求，是经济学界的一项迫切任务。工作应从何处着手呢？从这门学科建设的实际状况出发，根据我们以往工作的体会，决定先编辑文献目录索引，然后循序展开研究工作。呈现在读者面前的这本工具书就是几年来工作的一个成果。

　　编辑这本索引，本是供自己开展研究工作使用的。既成之后，考虑到它不仅对其他从事研究新中经济史的学者，而且对研究与讲授中共党史、政治经济学、计划经济、对外贸易、基本建设经济、统计、会计、财政、金融、经济信息诸学科的教师与科研人员，对编写地方志和总结三十多年经济工作经验的党政部门，可能提供查找文献的方便，从而得到部分资料信息。于是萌生了出版的念头。这个想法一提出，立即得到了湖北人民出版社的热情支持。

我们在搜集资料目录时，力求细致一些，广泛一些。在编辑工作中，曾经考虑过两种方案：一种是将次要的去掉。这样做，好处是简明，弊病是对研究某些小的、地区性的问题不方便。另一种是把所有的目录都排列进去。这样做，好处是详尽，弊病是次要的淹没主要的，用处不大的淹没宝贵的。考虑到对多数使用者来说，后一种方案弊多利少，所以采用前一方案。这样，慎重选择就成为必要了。要选择就要比较，从比较中决定取舍。这需要时间，更需要学识。我们的一个共同体会是：编好一本索引，并不是一件容易的事情，希望读者给我们提出改进意见。

过去的资料已经散失。这次又从头做起。本书的资料收集、编排、校核工作，主要是由苏少之、王秀兰、赵凌云三同志做的。苏少之同志负责第一、二、三、五部分的资料收集、编排、参加校核工作；王秀兰同志参加第三、四部分资料收集，负责校核工作；赵凌云同志负责第四部分的资料收集、编排，参加校核工作；罗小平同志参加校核工作。我负责全书的编辑、审定，理应对书中的缺点错误负主要责任。湖北人民出版社的游守成、张开群同志给我们提了一些很好的意见。我院科研处、图书馆、政治系资料室的同志都给了大力的支持。政治系、基建系近百名同学参加了抄写、校核工作。对于他们的支持与帮助，在此一并表示谢意。

一九八四年九月二十日
（本文原载于《湖北财经学院学报》1985 年第 1 期）

《中华人民共和国经济专题大事记（1949~1966）》前言

关于为什么要研究建国以来经济发展的过程，总结近40年来经济工作经验教训的问题，我在《中华人民共和国经济史（1949~1984）》一书的导言中有所说明。在这里，只就这本专题大事记的有关事项，做些交代。

我们在开始研究中华人民共和国经济史时，曾经想利用已有的几种中华人民共和国经济大事记或大事典。但是，在实践过程中，深深地感到，这些资料除了是否全面、精确与详略问题之外，还由于各种体裁和体例各有长处，也有其短处。现有的几种，对于开展研究来说，还不能满足需要。于是，决心自己动手编辑一本中华人民共和国经济专题大事记。

我们希望所编的大事记，全面、准确和便于使用。为此，给自己提出了一些要求。第一，科学地确定大事的标准，严格按照大事的标准选择事项。力求做到凡大事一件不遗漏，非大事一件不列入。不允许见到资料即编入而不论其是大事还是小事的做法。第二，大事涉及的时间、地点、人物、会议、文件等的名称，内容都要准确，实事求是。不准杜撰大事，也不允许隐讳大事。资料的来源力求是第一手的。不同的资料记载有矛盾的、或自己对资料有疑问的，要作必要的考证。尽量吸收已有的成果。第三，紧扣主题。主题是商业，必须件件大事都是关于商业的。主题是财政，必须件件大事是关于财政的。不蔓生枝节，把一般的经济背景拉入其中，以致淹没主题。第四，严格遵照事件发生的时间顺序排列，避免先后颠倒。第五，前后呼应。有前因，必有后果，借以表述事物的动态。尽可能杜绝前有来龙，后面查不到去脉的现象。第六，限于叙事，用事实说话。大事记是由一系列大事组成的，其任务是反映事物的发展过程，故不对这些大事进行评论。第七，以简练的文字将事实说清楚。字数多少以表达清楚为限，在一般情况下，每条不超过300字。不允许将大块资料，不予摘要、提炼，便塞入其中，以充篇幅。第八，全书是一个整体。为了节省篇幅，同一件事如涉及两个或两个以上专题的，则记在前一个专题中，在后面的有关专题中不再重复。第九，严格按照大事记的体裁。在一般情况下，记当日之事，不追前述后，为本事纪末。个别特殊之处，从方便读者出发，在括号内用一两句话注明前因后果。第十，严格遵循统一的体例与规格，尽量减少众手成书可能带来的毛病。

编写大事记遇到的第一个难题是如何判断和选择"大事"。这些大事记书籍之所以质量不高，问题往往出在这里。我们认为大事，即关于研究对象发生、发展过程中的重大事件。所谓重大事件，有下列各种情况：在当时影响大；新生事件，对后来有影响；从量变到质变的转折点；对研究对象发展起巨大作用的外界变化。大事的标准，取决于研究对象及其在社会大系统中所处的层次。研究的范围不同，大事的标准也就不同。就中华人民共和国经济史而言，它研究建国以来社会生产力与生产关系矛盾统一的演变过程，着眼点是建国后近40年国民经济整体的发展、变化。据此，我们认为，与它相关的大事应包括下列内容：（1）党、政中央一级（包括派出机构，如中央局、大区军政委员会或行政委员会）及其职能机构（即部、委、会）的有关会议与决策。（2）党、政中央一级发出的有关文件。（3）中央领导人的重要讲话、论著，或反映其主旨的有关社论与文章。（4）在经济学界有重大影响并对经济政策、经济行为起了作用的发表的论著。（5）作为阶段性的全国财经工作的成果。诸如五年计划的执行情况，一年的经济成就，或者具有历史转折意义的季度经济成果。（6）对全国财政经济有重大影响或者是一种标志性的事件。事件的重要与否是就当时而言的。有些事件是全国性的，但在不同的地区有不同的表现，则选择典型地区的事件为代表；有些看来是个别地区的事件，但由于它是新生事物，在当时以及以后对全国经济产生了较大的影响。至于少数民族地区经济这个专题，必然是以选择地区性事件为主。

本大事记上起中华人民共和国成立之日，即1949年10月1日，下止1984年12月31日。编辑的方法是先分时期。按照我们关于中华人民共和国经济史分期的观点，分为四个时期（1949年10月~1956年，1957~1966年，1967~1976年，1977~1984年）。每个时期为一卷（为方便读者阅读，两卷合为一册出版）。在每卷之中，分为若干专题。在每个专题之下，按时间顺序排列大事。每卷的专题是根据该时期国民经济的实际情况确定的。有些专题，如基本建设、财政、金融等等，是各个时期都有的，反映了经济运动的连续性；有些专题，如土地改革、没收官僚资本与民主改革、"大跃进"等等。是某个时期特有的。各卷专题的不同，反映了各个时期经济运动的特殊性。专题内容涉及的范围广，其中包括工业、农业、建筑业、商业、金融、财政等国民经济体系的各个部门，以及直接影响经济发展的经济理论、经济政策、经济计划、科学技术、教育、文化、人口、人民生活等各个方面。中国是一个多民族国家，每一卷中都列有少数民族经济专题。这样，本书不仅便于那些从事中华人民共和国经济史、中国社会主义经济理论、中共党史、中国革命史等学科教学和科研的人员使用，也便于从事部门经济学、部门经济史和实际经济工作的同志们使用。

本书各卷的专题由赵德馨与各卷主编们提出。体例由赵德馨与张宪成拟订。在拟订体例时，考虑的主要原则，是使读者使用方便。如币值，均已折合为 1955 年 2 月以后的新人民币币值；各种计量，均已按 1984 年 2 月国务院颁布的法定计量单位折合。某些事件发生的时间，知其月而不知其日，则暂系于该月末日之下。某些事件，如土地改革、没收官僚资本等等，过程始于中华人民共和国成立之前，为了使读者了解事情的原委，不感到突兀，对建国前的过程，以极简练的文字记在 1949 年 10 月 1 日条目中。

本书的编者，同时是《中华人民共和国经济史》的作者。他们是各个经济专业的教授、副教授、讲师和研究生。此书的绝大部分出自教授、副教授的笔下。他们是某个专业的教授和副教授，从事《中华人民共和国经济史》中该项专题的研究，同时编写本书中该专题的大事记。其余的讲师和研究生，在他们的指导下进行工作。这样的一支编写队伍，又采取这样的工作方法，我想，是能够做到选择大事适当，对大事能撮其要的。

本书的编辑工作从 1982 年开始，历时 6 年。所阅资料甚为广泛。这些资料的部分目录已编入《中国经济文献目录索引（1949～1984）》，共 100 多万字。本书的初稿，也较现在出版的详细得多。为了国家经济的繁荣与学科的建设，欢迎需要者前来利用与查阅我们的劳动成果。当然，更欢迎指出本书中的缺点和错误。

（本文原为《中华人民共和国经济专题大事记 1949～1966》一书的前言，河南人民出版社 1988 年版）

资料工作：科学研究真与伪的分水岭

一

1989年，在我主编的《中华人民共和国经济史（1949～1984）》1～4卷和《中华人民共和国经济专题大事记（1949～1984）》1～4卷同时出版之后，《中州书林》的记者问我："《中华人民共和国经济专题大事记》有何特点？"我是这样回答这个问题的：

在这两套书中，如果要作比较，我更喜爱《中华人民共和国经济专题大事记》，这是因为：

第一，真实可信，时效久远。它的每一条记事都以第一手资料作依据，并详细注明了出处（出版时，为节省篇幅，责任编辑将它删掉），这就保证了所记之事的可靠性。因为有了这一点，它的社会效益与学术效益的时效，将比4卷本《中华人民共和国经济史》更久远。《中华人民共和国经济史》是学术著作，它侧重于记载我们的学术观点。对于这些观点，读者可能同意，也可能不同意；后人一定会超越它，从而时效是有限的。《中华人民共和国经济专题大事记》是工具书，它记载的是历史事实。除了所据个别史料本身可能失真或不全面，需要校正、补充外，不存在人们是否同意或超越的问题。它有长久被人们使用，从而长期存在下去的价值。

第二，体裁新颖，有分有合。这部大事记在体裁上的特点是分专题记事。专题的内容包括工业、农业、交通运输业、建筑业、商业、金融业、财政等国民经济各部门，少数民族、"三线"建设等各类地区，经济工作指导思想、经济政策、经济计划、人民生活状况等各个方面，科学技术、教育、文化、人口等各种影响经济发展的因素。分别看，各个专题是国民经济的各个部门和影响经济发展的各种因素，合起来则是国民经济发展的整体。这种有分有合体裁的经济大事记，至今尚未见过。这种体裁便于广大读者使用。

第三，体例划一，简明扼要。我们这部大事记，记事力求简明扼要。严格规定每条记一事，即或最重要之事，也不得超过300字。它不是原文照抄，而是一种依据史料进行的创作。有的大事记，既不分类，又不对史料进行研究、归纳，见到什么资料就照抄，原文多的多抄，原文少的少抄，在篇幅上长短悬殊，且眉毛胡须一把抓，看似一大本，实际上许多内容、许多大事从中查不到。

第四，标准严格，比较科学。编写大事记遇到的第一个难题是如何判断和选择"大事"。一些大事记书籍之所以质量不高，问题往往出在这里。我们认为，大事，即研究对象发生、发展过程中的重大事件。所谓重大事件，有下列各种情况：在当时影响大；新生事件，对后来有重大影响；从量变到质变的转折点；对研究对象发展起巨大作用的外界变化。大事的标准，取决于研究对象及其在社会大系统中所处的层次。研究的范围不同，大事的标准也就不同。就中华人民共和国经济史而言，它研究新中国成立以来社会生产力与生产关系矛盾统一的演变过程，着眼点是新中国成立后国民经济整体的发展、变化。据此，我们认为，与它相关的大事应包括下列内容：（1）党、政中央一级（包括派出机构，如中央局大区军政委员会或行政委员会）及其职能机构（即部、委、会）的有关会议与决策。（2）党、政中央一级发出的重要文件。（3）中央领导人的重要讲话、论著，或反映其主旨的有关社论与文章。（4）在经济学界有重大影响并对经济政策、经济行为起了重要作用的论著的发表。（5）作为阶段性的全国财经工作成果。诸如五年计划的执行情况，一年的经济成就，或者具有历史转折意义的事件。事件的重要与否是就当时而言的。有些事件是全国性的，但在不同的地区有不同的表现，则选择典型地区的事件为代表；有些看来是个别地区的事件，但由于它是新生事物，在当时以及以后对全国经济产生了重大的影响。至于少数民族地区经济专题，必然是以选择地区性事件为主。这些大事标准，是经过多次讨论后确定的。在现在已出版的其他大事记中，我们还没有看到它们公布自己的大事标准。

第五，出自专题研究者之手，选得准。大事记的水平取决于编者的学术水平。高水平的大事记，必须出自专题研究者之手。因为只有他们才能科学地判断什么是大事，严格地掌握大事的标准；才能准确地认识一件事物、一次会议或一个文件的新意与精华之所在，从而撷其要；才能辨别史料的真伪，而不是真伪并存。我们的这部大事记，每个部分都是出自专题研究者之手。这些专题研究者只有个别人是讲师、硕士,其余的皆为教授、副教授。在各种大事记中,有如此编写队伍的,可能是少有的。

由于有这些特点,我相信它会受到读者的欢迎与重视[①]。

《中华人民共和国经济专题大事记》1~4卷初次印刷3 560册(平装本1 810册,精装本1 750册),作为一种工具书,数量不算少。可一投入市场,很快销售一空。当年年底,一些不相识的读者,如《人民日报》编辑部蒋业平等同志,来函诉说买不到此书,请予帮助。我希望河南人民出版社在条件许可时,将此书重印一次,以满足读者的需要。

《中华人民共和国经济专题大事记》第5卷保持了前4卷的特点,我相信它也会受到读者的欢迎。

二

我在上文中说大事记是工具书,这大概不会错。如果想查找某个经济领域(如商业)在某个时期内(如1958年)发生了哪些大事,在《中华人民共和国经济专题大事记》里,可以按专题(商业)和时间顺序(1958年)很快地找到。所以,对于读者来说,大事记是一种用处颇大的工具书。对于我们这些编写者来说,它既是工具书,又是科学研究过程中的阶段性成果。编写大事记是社会科学研究工作程序中的一个重要环节。关于大事记是工具书及其作用,似乎无须多作说明,而关于它是科研工作过程中的一个环节和阶段性成果,则有必要多说几句。

除了某些从概念到概念的逻辑推理研究等特殊学科、特殊课题之外,研究某个事物都要编写大事记。在科学研究过程中,编写大事记是很重要的一个步骤。这是因为事物总是发展变化的,发展脱离不了时间和空间这两种形式。在时间上,发展表现为新陈代谢,后者否定前者又继承前者,下一个阶段接着上一个阶段。事物的演变总是会经历一系列不同的发展阶段。研究一种事物的兴衰及其规律,需要首先按照时间顺序考察它的演变情况。从收集的资料中,选择有关该事物演

---

① 《中州书林》1990年第5期。

变的重大事项，按照时间顺序（年、月、日、时）排列出来的大事记，对于弄清楚该事物是怎么演变的，区分演变过程中的不同形态（低级的、高级的等等）及其先后次序，寻找其间的因果关系与矛盾，进而发现其内在联系，从历史逻辑中发现理论逻辑，使理论逻辑与历史逻辑统一起来，是大有好处的。故真正的学者都非常重视大事记（其名称甚多，如年表、日志、系年要录等等）工作。

我在《社会科学研究工作程序》一书中说过，编写大事记是整理资料的方法之一与形式之一，而且是最主要从而也是最常见的两种形式之一[1]。编写大事记是我所叙述的社会科学研究工作程序中的第六个步骤。在它之前的步骤是选题，研究已有的成果，学习理论，搜集文献资料，实地调查。后两个步骤都是为了获得有关研究对象的资料。收集充分的资料是编好大事记的前提，也是整个科学研究的基础工作。科学研究是搜索事物的发展规律，也就是实事求是。"'实事'就是客观存在着的一切事物。'是'就是客观事物的内部联系，即规律性。'求'就是我们去研究。"[2] "实事"，即客观存在的事物。科学研究工作者把客观事物弄清楚，是研究工作获得正确结论的前提条件。事不实，"求"不到真实的"是"。要弄清"实事"，就要收集和掌握有关该事物的各种资料。反映该事物各个方面及其关系的资料收集得越多，整理得越好，对该事物的了解就愈全面，研究工作的结论就愈能接近真理。所以搜集和整理资料极为重要，同时也最费工夫。恩格斯说："即使只是在个单独的历史实例上发展唯物主义的观点，也是一项要求多年冷静钻研的科学工作，因为很明显，在这里只说空话是无济于事的，只有靠大量地、批判地审查过充分地掌握了的历史资料，才能解决这样的任务。"[3] 对于科研工作者来说，只有充分地掌握了对所研究问题的有关资料，才能求得真（真情、真知和真理）。只有不怕艰苦，不怕麻烦，自己动手搜集和整理有关资料，才是愿意求真的态度。不愿花功夫做资料工作，不愿做这项基础工作，其结论必伪，而且这种态度本身就是伪。愿不愿意做资料工作，是科研工作真与伪的分水岭。

（本文原载于《经济与管理论丛》1999年第5期）

---

[1] 赵德馨、周秀鸾：《社会科学研究工作程序》，中国财政经济出版社1987年版，第54页。
[2] 毛泽东：《改造我们的学习》，引自《毛泽东选集》1~4卷合订本，人民出版社1966年版，第759页。
[3] 恩格斯：《卡尔·马克思〈政治经济学批判〉》，引自《马克思恩格斯选集》第4卷，人民出版社1975年版，第118页。

另有关于"工作程序"的如下文献供读者参阅：

1. 赵德馨：《谈谈大事记及资料长编》，《湖北方志通讯》1984年第4期。

2. 赵德馨：《中华人民共和国经济史 1949~1966》，河南人民出版社1988年版。

3. 赵德馨：《中华人民共和国经济史 1949~1966》，河南人民出版社1988年版。

4. 郭晖、李素华：《信史·明镜·基石——郭晖、李素华主编〈中国轻工业职工的劳动与工资史〉代序》，载《中国轻工业职工的劳动与工资史》，中国轻工业出版社1999年版。

5. 赵德馨：《中华人民共和国经济专题大事记1949~1966》，河南人民出版社1989年版。

6. 赵德馨：《中华人民共和国经济专题大事记1967~1984》，河南人民出版社1989年版。

7. 赵德馨：《中华人民共和国经济史1985~1991》，河南人民出版社1999年版。

第九部分
组织工作与专业人员的培育

赵德馨教授不仅是一名成就卓著的研究者，也是一位难得的学术研究组织者。中国社会科学院经济研究所李根蟠研究员2004年在《中南财经政法大学学报》著文说："在经济史学界，有些人很能钻研，成果累累，但拙于学术上的组织协调；另一些人长于组织协调，而独自研究的能力相对欠缺，或者从事组织工作的同时，难以兼顾自身的研究。赵德馨教授既是出色的研究者，又是出色的组织者。在学术组织方面他具有将帅之才，善于提出任务，指出方向并组织实施。他领导的学术群体已经取得丰硕的成果，成为经济史研究的重镇"。

　　赵德馨教授的众多大型研究成果，均是由其牵头组织完成的。多卷本《中华人民共和国经济史》就颇具代表性。该课题组最初成立时18人，后扩大到49人。在他的带领下，寒暑无间，苦干六载，不仅取得了丰硕的科研成果，同时培养了一批优秀的青年学者。该课题组延续至今，历时近四十年，核心成员稳定，新老交替顺利完成。

　　此处收录了赵德馨教授相关著述三篇。本书前列《中华人民共和国经济史课题开题报告》（1983年10月5日）也涉及了此问题。

中华人民共和国经济史课题组的成立与工作

一

为了说明中南财经大学中华人民共和国经济史课题组（以下简称"课题组"）的成立，需要从中南财经学院经济史教研组的工作说起。

我们研究中华人民共和国经济史，酝酿于1957年，着手于1958年冬。研究组的成员是张郁兰、谭佩玉、周秀鸾和我。研究的方法：一是分工阅读文献资料，包括公开出版物和一切能够得到的资料。从《人民日报》的创刊号起，至1958年年末的一张，我逐日读完。读别的报刊，亦如此。其他同志，也是这样做。方法虽笨，但重温一遍我们亲身经历过的事，印象颇深，得到的资料也较为系统。二是实地调查。张、周和我，多次去农业生产合作社、人民公社和农场，或劳动，或工作，短则几天，长则一年。谭、周和我参加武汉市工商业社会主义改造的调查与研究。到1961年为止，取得两个方面的文字成果：一是和武汉市粮食局的几位干部合作，写出《武汉市面粉工业发展史》，30余万言。二是编成中国现代经济史教学大纲和讲义，把原来讲授的中国近代经济史课程扩展为中国近现代经济史（先是1840~1956年，后是1840~1958年）。1964年春节，毛泽东在一次座谈会上指示，大学里要砍掉课程的1/3，有的课程要精简。我们的这门课，先是被"精"，即去掉现代部分，后在有的系又被"减"。经济史学科的发展，经历着风风雨雨，与国家同命运。每一次"左"的风暴刮来，它要遭殃。每次强调研究本国国情，它总是应运而兴。

那时，我们为什么要研究建国后的经济史？它不是领导布置的任务，而是出于我们的主动。此事由我提出，与我治学的观点有关。我研究的是经济史。这门学科与经济学和历史学的关系密切。我认为，研究经济应从研究经济发展的过程即经济的历史入手，而研究历史则应跟随着历史前进，这种认识是经过切身体验产生的。我从学习经济学的过程中体会到，经济发展的过程（经济发展的事实，人们的经济实践）及研究这个过程的经济史学是源，经济理论是流。理论来源于事实，来源于实践。研究与借鉴外国学者创立的理论，有利于启发人们的思维和认识某些经济现象的本质。但教条式地从外国搬来一些从外国经济发展历史中抽象出来的经济理论，则难以直接说明中国经济的问题，更不能直接用以解决中国的经济问题；如果直接用之，必带来严重后患。我们在这方面多次吃过大苦头。能真正说明并正确解决中国经济问题的理论，只能来自分析中国经济发展过程的研究实践。而且研究的对象距现实愈近，对现实的意义愈大。正是基于这种认识，我们从1956年起，把中国近代经济史课讲到1949年。学生和干部（函授学员）认为，学了此课程，对认识中国经济国情、现实的经济现象与经济政策，颇有裨益。1956年，对生产资料私有制的社会主义改造基本完成，社会主义经济制度的建立，使我看到，中国经济的发展进入了新的阶段，中国经济史也应随之翻开新篇章。我们理应把研究的领域和教学的内容延伸到1956年，我的倡议得到同事们的支持，这使我很高兴。

从1961年至1964年秋，我被调去参加严中平先生主编的中国近代经济史编写工作。以后，参加农村"四清"。再后，服从组织调令，离开中南财经学院，成为从事理论工作的干部。到1979年才再回到中南财经学院（中南财经大学），这时，院长（校长）洪德铭找谭佩玉和我商量，是否开展中华人民共和国经济史的研究。他的这个倡议，符合中共中央关于总结建国以来经济建设经验的要求和学校教学的需要，是个高明的主意。对我来说，可谓正中下怀。但我却未立即接受任务，当然也不会拒绝任务，而是提出两个条件：他做负责人，我们干实际工作；将来若受批判一起挨板子。这表明，经过"文化大革命"，我还心有余悸。

在此后的3年间，洪德铭院长和主管科研工作的崔之庆副院长，多次登门动员，其诚意令我感动。3年间，我还与知心的朋友、同窗、同行、亲戚交换意见。结果是：没有一个人赞成我接受此项任务。他们说：你不研究则已，一研究就会有自己的看法。你的看法与上面的说法不同怎么办？研究当代经济史，对成败得失，不能不评论。事是人干的。有关人能容许你们评好评坏吗？劝我的话，千言万语，一个声音："这是禁区！""太危险！""中国当代的事，中国人研究不得，只能由外国人去评说！"

他们说的是真情实况，本意是劝我不干。但也正是"中国当代的事，只能由外国人去评说"这种情况，使我感到耻辱，感到愤怒，促使我下决心非冲破这个禁区不可。他们劝我不干的话，竟起到了"激将法"的作用。种豆得瓜！这是关心我的人们未曾预料到的吧。

他们关怀我的心意，我是领会的，理解的。这是诸多因素造成的一种后果。这种后果不能不影响许多人，影响许多研究工作者。不是吗？请看，1988年2月18日的《人民日报》，登载史存信《现代史难于宇宙史》一文。文中列举了这么几个例子：1981年10月出版的《中共党史大事年表》，所列八届一中全会选举的中央副主席的名单，单缺林彪；一家出版社原定要出闻一多传，因怕影响什么什么工作，不出了；一些参加40年代学生运动的人拟写回忆录，到了1987年，为了避免一些麻烦，只能辍笔兴叹。然而，作者说出了人所共知的大实话："距离（今）越近越难，倒是远些的好办，所以'民国史'已问世，而当代史未刊行。既然古代史比近现代史显得容易些，宇宙史当然更显得比人间史容易了。"

我写这么多，是想让读者对写当代史的上述环境与困难有个印象，对处在这种环境中的当代史的作者之心态有所了解，从而知道，本书为什么会有那么一些表述方式，会有那么多的不足之处。

二

我从犹豫到下决心要搞，除了上文提及的感情的因素外，还有认识上的原因。在3年的学习与实践中，我得到了以下两个方面的认识。

首先，经济史学及与之有关的经济学和历史学需要改革，研究中华人民共和国经济史，是它们改革的结合点之一。历次政治运动中"左"的一套和个人崇拜的盛行，使人们对许多领域不敢涉足。在经济史学、历史学与经济学中，形成了一些不成文的禁区与规则，在经济史学界，在史学界，对古代史，趋之若鹜；对当代史，噤若寒蝉。历史在前进，历史学研究的重心在后退。二者相背而行。历史学的研究重心同现实越离越远，这样的经济史学和历史学直接社会效益小。人们对这样的经济史学和历史学，兴趣不大，于是一部分经济史学工作者和史学工作者感到陷入"危机"之中。由于对现行的经济政策只能说对，对建国以来的经济状况只能说好，对反映现实经济的资料高度保密，于是，研究经济理论的，只能写些、说些对一切国度、一切时期都适用的"规律"，只能写些、说些既能为正确的政策，也能为错误的经济政策作解释的"理论"，只能为与现实无关的著作作注释、考证。研究经济史的，对于当代有关的经济问题，避之犹恐不及，岂敢实事求是？也无法实事求是！万一涉猎，或是回避失误，或是粉饰失误，这样的经济史与经济理论，尽说空话、假话。人们对这样的经济理论与经济史不感兴趣，理所当然。于是，经济学陷于贫乏之中。对这样的经济史学、历史学和经济学，应予改革。改革涉及的因素很多，但关键的一条是要使之对现实有用，或直接有用，或间接有用。当前和今后，中国人民的中心任务是经济建设，因此，它们应对经济的发展起作用。为此，在经济史学和历史学，对古代史、近代史的各种课题，都应研究，但研究的重心应转移到现代史上来，转移到经济方面来。在经济史学和经济理论，纯理论的研究工作，考证与注释的工作，应继续加强，但重心应是移到研究现实即研究中国当代经济的方面来。所以经济史学、历史学和经济史学研究内容方面改革的结合点，是新中国经济发展的过程。在研究方法上，无论是历史学，还是经济学都应从凭空推理的方法、牵强附会的方法，转到从实际出发、理论与实际相结合的方法、实证的方法，从经济发展过程即事实出发的方法。这种方法，就是通过一切迂回曲折的道路去探索人类本身发展过程的"依次发展的阶段，并且透过一切表面的偶然性揭示这一过程的内在规律性。"[①] 这种方法就是"考察每个问题都要看某种现象在历史上怎样产生，在发展中经过了哪些主要阶段，并根据它的这种发展去考察这一事物现在是怎样的。"[②] 这就是经济史的方法。研究中华人民共和国经济发展过程，是经济学和历史学采取这种方法的结合点。本书之作，是提倡、实践、实验这种方法的一种尝试，是经济史学、经济学、历史学学科改革的一种探索。没有这种想法，我们便不会有此课题之设立。

其次，学术研究的春天定将到来，研究中华人民共和国经济史不仅不会触犯禁忌，而且是时代的要求，会受到欢迎的。

---

① 恩格斯：《社会主义从空想到科学的发展》，引自《马克思恩格斯选集》第3卷，第421页。
② 列宁：《论国家》，引自《列宁选集》第4卷，第43页。

第一，建国以来，绝大多数中国人民在辛勤地诚实地劳动，中国共产党是真心实意地想把中国建设成富强的国家。中国已经建立起社会主义经济制度。30多年来，经济的增长有时快，有时慢，有时还倒退，但总的说来，今昔相比，成就巨大。在中国经济史上，没有哪一个时期可以与这个时期相比。这些事实俱在，有目共睹，是谁也否定不了的。讲成就，不需任何夸张，必然是巨大的。成就与错误缺点相比较，也必然是主要的。因此，只要坚持实事求是，便不会出现"成就讲得不够"的情况，也不必担心此类指责。

第二，中国共产党根据实事求是的原则，对于建国以来的成败得失，系统地进行了总结，其中包括对经济工作方面所犯错误的公开的严肃的自我批评。这集中表现在十一届三中全会公报、十一届六中全会《关于建国以来党的若干历史问题的决议》及以后的一系列文件之中。这些文件中贯彻着总结过去工作宜粗不宜细的原则，因此，留有广阔的、其结论不会与这些文件中的观点发生矛盾的研究领域。实践在发展。人们的观点，中国共产党及其领导人的观点，也在发展。对于学术研究，中国共产党实行"百家争鸣"的方针，没有不可研究的问题。因而，在如实地肯定成就的同时，如实地分析缺点错误，便不必担心"讲得太多"之类的指责。

第三，社会主义在实践中，社会主义在创造中。在中国，是如此。在全世界，也是如此。谁也不是神仙或上帝，谁也不可能事先拿出一个万无一失的详尽具体的建设社会主义的方案。各个社会主义国家都在探索。我们把建国后的各种经济主张、政策、实践，无论是成功了的，还是失败了的，都看成出于探索的动机，是一种试验，一种探索的过程。从这样的角度去认识，便好理解已经发生的事件，便知道缺点错误，包括一些重大的失误，在这个意义上说，是难以避免的，其经验是宝贵的。

第四，1979年开始的经济体制的改革，是中国经济发展的迫切需要。多年来，经济领域中的问题越积越多，越来越严重。赶、超外国的结果，是差距越拉越大，靠政治运动动员，靠拼消耗自然资源，拼劳动力数量与劳动时间，压低人民生活，来维持经济增长速度的做法，已经失灵。旧的路子走不通。旧的经济发展模式应予否定。中国共产党十一届三中全会关于改革的决策，正是建立在对过去进行批判性分析的基础上。如果过去做的一切都是对的，那为什么还要改革？深刻准确地指出问题之所在，指出哪些地方要改革，总结历史改革的经验教训，肯定哪些改得对，那些做法不解决问题，正是宣传与贯彻中国共产党十一届三中全会路线的需要。

我相信中国人民创造的业绩，相信中国共产党做一切工作的初衷。这种业绩与初衷，只要求实事求是地予以反映。因为它们本是伟大的、可敬的。我相信社会主义是在探索中前进，已经开始的改革将是不可逆转的。这种探索和改革，要求实事求是地总结过去。我相信我们的党在总结经验之后，将会认真坚持实事求是的思想路线，真正贯彻"百家争鸣"的方针，不会对学术研究设置禁区。如果真有什么禁区，那也要求有人带头去冲破。有了这么一些想法和准备，看问题便大不一样了，敢于实事求是了。

然而，我不能要求课题组全体成员都做好这种思想准备。这种状况，在书中是会留有痕迹的。

实事求是是编写本书的指导思想。实事求是是本书的价值与生命力所在。我为本书做的工作，主要费在"实事求是"这4个字上。这4个字，说来容易，真正要做到，难啊！

三

课题组于1983年10月5日开成立会，成员18人。半年之后，增至20余人。一年之后，已有30余人。到1985年下半年，逾40人。现共49人。

课题组在构成上有三个优点。

第一，老、中、青相结合，教授（7人）、副教授（12人）。讲师与馆员（18人）、助教（7人）、研究生（4人）相结合。黄希源教授已逾古稀之年。赵凌云、刘素阁等才20出头。在这二者之间，各个年龄组的人都有。其中，主力军是一批40多岁、50多岁的教授、副教授与讲师。这种多层次的结构，除了便于以老带青，通过工作传授知识、研究方法与学风，从而带出一批人之外，对于研究当代史，还有特殊的好处。年岁大的，亲身经历新旧两个社会，亲身经历中华人民共和国经济发展的全过程，对经济发展的本来面貌，知之具体，知之深刻。深知成绩得来之不易。年轻者，思想敏锐，善于发现问题，新知识多，新方法多。他们不受"亲历者"的感情束缚。我在30多年研究历史，特别是近几年参与编纂地方志与当代经济史的研究工作过程中切身感到,写史的过程,充满着现实与历史的交锋,理智与感情的交锋。现实与历史的交锋是不可避免的,因而历史学是常青的。理智与感情的交锋也是不可避免的,因而历史学的研究对象与研究者之间,要有一个历史沉思即冷静的时间,问题在于要在这两者之间求得某一种平衡关系。我们课题组的年龄结构,有利于获得这种平衡。

第二,跨系科的多种专业相结合。有研究经济理论(政治经济学、西方经济学等),有研究历史(中国经济史、世界经济史、中国革命史、中共党史、中国农业史、中国商业史、中国财政史等)的;有研究中国的,有研究外国的;有研究国民经济的,有研究工业、农业、商业、金融、财政等部门经济的,有研究地区经济的。需要特别指出的是,有几位教授、副教授与讲师,为了本书的需要,在原有专业之外,又研究了新的课题,如张鸣鹤教授研究少数民族地区的经济,李俊杰副教授研究人口经济,朱矩萍副教授、许国新讲师、冯蓉蓉讲师研究城镇手工业与二轻工业。经过几年的努力,他们已经成为有关课题的专家。

第三,团结与和谐。这个班子的年龄结构不同,从事的专业不同,所在单位不同,对一些学术问题的看法并非全都相同,但大家为了一个目标,互相帮助,步伐一致。我们有讨论,却从来没有发生过争吵或闹意见。个人的困难再大,自己想方设法去克服,课题组的任务却能按期完成。这么多的人,在这样长的时间能够做到这个程度,是很不容易的。同志们的这种行动,给我以鼓励,给我以欢欣。为什么能做到这样,我想,可能与下述几个方面有关:加入课题组是完全自愿的;对课题的意义、指导思想与研究程序认识一致;人人注意学者风度,彼此尊重,互相支持,多个别协商;实行主编负责制。所有这些,归结为一条坚持课题组的学术组织的性质。

在这里,想就实行主编负责制的情况与体会,简单地说几句。5年多的实践表明,对于"中华人民共和国经济史"这一类涉及面广、属于新开拓的领域、非一二人在短期内所能研究完成的研究课题,如果想争取在一定时间内取得成果,采取课题组即协作的形式,集合众人之力,是必要的。要想通过这种形式取得好的效果,自愿结合与主编负责制两条,颇为重要。没有自愿参加与自由退出,课题组便不符合学术组织的性质,也难以开展工作;同时,对于课题组这类自愿结合的学术组织,众手成书,如果不实行主编负责制,没有对全盘工作拿主意、敢负责的人，便不会有整体结构，不会有一以贯之的研究成果问世，更难以保证成果的质量。

五年来，在以下几个方面，我为课题组做了一些工作：

（1）发现课题研究需要的专门人才，确定各卷主编、副主编、统编的人选；安排分工、协调关系；为有前途的中青年创造显露头角的条件。

（2）统一对课题研究意义的认识，说明研究的指导思想提出分期（分卷）观点、研究方法与工作程序。

（3）组织编辑文献目录索引，提供基本参考资料，印制资料卡片。

（4）拟订或参与拟订《中华人民共和国经济史》与《中华人民共和国经济专题大事记》的体例，各卷专题研究题目，编写提纲，为各卷的观点定基调。

（5）修改专题论文，组织学术讨论会（其中包括一次全省性的，一次全国性的），向有关刊物介绍好文章。

（6）与出版社的联系。

（7）全书的定稿。在定稿过程中，提出修改意见，并直接予以修改、补充。对有的章节，修改几遍。个别章、节、目，实际上是重新写过了。至于由我添写的段落，则所在多有。

因此，我对全书负责。

我为课题组贡献了我可能有的、然而是绵薄的力量。我认为我所做的事，是一个主编至少应该做的事。这种认识，得益于我的老师的教导。1983年夏，周秀鸾和我去看望我们的老师傅筑夫教授。在谈起经济史学科建设时，他说："有些事情，现在看来非集体的力量不能完成；即使是组织集体力量，也要早点动手。郭沫若主编《中国史稿》，范文澜主编《中国通史简编》，都有很强的班子，又都是书未编完，主编已去世。我已80多岁了，看来，我的七卷本《中国封建主义经济史》是写不完了。过去，人们做学问，都是单干的多。一个人的力量有限，一些大项目，或是无人干，或是未干成，你们要出面主持办几件事。不过，当主编要注意，主编的种类多得很。有快活主编，挂个名，不干实事。此类主编者，不干事之谓也。也有累死人的主编，花了好大劲，帮助别人改文稿，他后来还说你不该改，骂你。你们要不怕骂，为了经济史学科的建设，主编出几本书来。"此次见面，竟成永别。老师的话，对我们来说，便是遗言。可以告慰傅老师在天之灵的，是我们按照他的愿望，为学科的建设与普及做了一点事情。我没有当"不干事之谓也"式的主编,也没有挨编写者的责骂,这是因为编写组的成员都是学者,他们为了学科的建设,不为名利,精益求精,给我以无私的支持。我怎能不衷心地感谢他们呢!

四

40多个人,寒暑无间,苦干5年(从做准备工作算起,实足6年),取得了一定的成绩。

(一) 编写与翻译了以下的资料与论著

(1)《中华人民共和国经济史》1~4卷(简称《史》,河南人民出版社出版)。

(2)《中华人民共和国经济专题大事记》1~4卷(简称《记》,河南人民出版社出版)。

以上两项是课题组第一阶段的"主体工程"。为了完成这两项"主体工程",我们还做了一系列的工作。

(3)为了收集资料而编辑《新中国经济文献索引(1949~1984年)》,100余万字。

(4)为整理资料而拟订《中华人民共和国经济专题资料长编提纲》。

(5)为写书而进行专题研究,写了有关中华人民共和国经济史的专题论文40余篇。

(6)为了将我们的一些观点公布出来,提供讨论,征求意见,使《史》书中的观点更成熟一些,同时普及学科知识,编写了《中华人民共和国经济史纲要》(湖北人民出版社出版)。

(7)为研究方法与工作程序统一,编写《社会科学研究工作程序》(中国财政经济出版社出版)。

(8)为了了解国外学者对中华人民共和国经济发展的分析而翻译他们的论著,包括李思勤(Carl Riskin)的《中国的政治经济学:1949年以来对发展的探索》。

以上各项，共计 500 余万字。

课题组为中华人民共和国经济史这门新学科的建立，做了些打基础的工作，为经济学、历史学、经济史学开拓了一个新的研究领域。

课题组成员的研究成果受到社会上的广泛重视。湖北省政府、武汉市政府和一些经济部门邀请他们中的一些人，参加经济决策的咨询工作，参加《地方志》《当代中国》《部门经济史》等等的编写工作，请他们协助总结历史经验，以推动当前的建设与改革。

(二) 将科研的成果转入教学

通过科研活动，教师们更新了知识，充实了教学内容，推动了教学工作。

首先，开出了一些新课。如为本科生开出"中华人民共和国经济史"和"社会科学研究方法"两门新课，现正准备开设"当代中国经济"课。

其次，在课题组研究的基础上，1985 年和 1986 年招收中华人民共和国经济史方向的硕士研究生两届，共 11 人，占全国这个专业（或方向）研究生的一半以上。课题组中的教授、副教授，在专题研究的基础上，向研究生讲授多个中华人民共和国经济史专题，内容丰富，有理论深度。研究生参加课题组的活动。进入高年级时，与导师们一起，搜集资料，研究专题，撰写大事记和论著的部分章节。这使他们成长快，出成果早。他们有可能成为建设这门科学的科研人材，成为高等院校中华人民共和国经济史、当代中国经济等课程的骨干教师。

再次，使一些原有的课程补充了新的内容。如农经系、商经系、财政金融系参加课题组的教师，将中国农业经济史、中国商业经济史、中国财政史课程的时间下限，从 1949 年延长至建国以后，即增加了中华人民共和国农业史、商业史、财政史的内容。另一些课题组成员，准备开出中华人民共和国计划工作史、金融史、对外经济关系史、工业史、手工业史、合作经济史、人口经济史、经济思想史等课程，从各方面总结建国以来经济工作的经验。

最后，对教学影响最大的，是参加课题组的教师，通过开展科学研究，系统地了解了中国 30 多年经济发展的具体过程与经验教训，从而在教学中能更好地将理论与实际结合起来，并推动对社会主义经济理论的研究。这些教师讲课的内容与过去相比，更为具体，更为生动，更为丰富和更为深刻，从而受到学生的欢迎与好评。

课题组成员受到了科学研究方法与严学风的锻炼。这有利于科学研究人才的成长与学校学风的建设。课题组的成员有的已从事科学研究多年，有的在科学研究方面刚刚起步。他们共同研究，以老带新。为了带出一支学风好的科研队伍，课题组从建组开始，就注意培养严谨的学风和正确的研究方法。要求从详尽、系统占有资料入手，即从实际出发，理论联系实际，史论结合，反对从抽象的概念出发。强调科研的本质在于创新。在科研过程中，严格按照科学研究程序办事，首先广泛地收集资料，经过整理，编出大事记和资料长编，然后进行专题研究，写出专题论文，在系统占有资料和专题研究的基础上撰写书稿。课题组的成员，基本上是教师，其中有些还担任系主任、教研室主任、教学组长、教务处长、科研处长等职务。他们一个人受影响，便能影响一片人，课题组在这方面的作用将是长期的，比写出几本书的意义更大。

1988 年 6 月 8 日
（本文原为《中华人民共和国经济史（1967～1984 年）》的附录二）

我与导师工作

一、五年准备

从1979年冬开始，到1983年，4年间校系有关领导多次动员我带研究生。在他们看来，我已发表了一些论著，有的被译成英文、日文，在国内外经济史学界有一定知名度，对某些经济史问题有自己的见解，具备了带研究生的条件。可是，我把带研究生看得颇为严重，认为自己尚未准备好，所以一推再推，直到1984年，我认为准备工作已基本就绪，才同意招生。1985年秋开始上专业课。从1979年冬至1985年秋的5年多时间，是我为带研究生做准备的时间。

我的准备工作包括两个方面。

第一个方面是了解国内外经济史学科已达到的水平与发展趋势。通过80年代初几次全国性经济史学术讨论会，同行聚首，交流了国内情况。那几年我特别注重调查国外的情况。因为多年的封闭，对国外经济史学的成就知之甚少。在对有限资料的研究中，我感到经济史学发展的趋势是：

第一，跟踪时代的发展，研究过去，探讨现在，预见未来。中国经济史学界以往的做法是只谈过去而不涉足现在。大概由于政治环境的影响，经济史学家缄口不谈现实经济，把自己的研究领域与现实经济之间的界线划分得清清楚楚，且以距离越远感到安全系数越高。或声明研究不过1949年这条线，或说不逾1919年这条鸿沟。这种研究状况，又使他们对现实经济缺乏了解，既丧失了对现实经济的发言权，又不能站在现实的高度看历史。国外经济史学家则不同，他们不仅讲过去的经济，而且研究现在的经济，还对经济的未来发表意见，并取得一定成就。这使经济史研究带有时代气息，古今结合，发挥了经济史学的社会功能。对经济史发展趋势的这种认识，坚定了我从五六十年开始的研究领域随着历史前进步伐而下移的决心,以致不顾亲戚、朋友、同行的劝说,继续中华人民共和国经济史方向,带出一批既了解经济历史又了解经济现实的人才来。这样做,既是经济史学科的发展的趋势,也是中国经济发展对人才的一种要求。

第二,对从经济史事实的研究中抽象出经济理论的意识加强了。经济理论源于人们的经济实践,是经济发展客观规律的反映。经济规律存在于长期发展过程之中。一日一月一年之事,几年十几年之事,是谈不上发展规律的。在这个意义上,经济理论无不来源于对经济发展过程,即到今天为止的经济历史的研究。(例如,马克思"这个人的全部理论,是研究英国经济史和经济现状的结果",见恩格斯《〈资本论〉英文版序言》)。经济史研究的目的,也在于探索寓于发展过程中的客观规律,抽象出反映这些规律的理论。在实践过程中,像马克思这一类从研究经济史中得出经济理论,以得出经济理论为研究"结果"的人,为数甚少。许多经济史研究者以揭示、复原经济发展过程为满足,他们甚至认为,经济史研究的任务就在于说明以往的经济是怎样的,能够得出这样的结论也就完成了本学科的任务。在中国,直到80年代初期仍是这种状况。在国外,这种状况在50年代以后有了明显的变化,出现了一些从经济史中抽象出的经济理论,有的且直接以经济史命名,如英国希克斯的《经济史理论》,从人类经济发展过程中所经历的几种类型,特别是其中的交换发展过程,论证进入市场经济的必然性。又如美国诺斯的《经济史中的结构与变迁》,论证了制度在经济发展中的作用,这是他从研究经济史实中得到的理论结论。现在大家都知道两本书中的观点对现实经济工作及对当代的经济理论发展的影响,这两个作者都已获得诺贝尔经济学奖。在接触到这批论著之初(当时,有的只看到对它们的内容简介),我获得两点认识。一,这是经济史著作的新体裁,这种体裁源于研究经济史的思路(后来,我将这类论著归之于"经济史通论"——经济史学科的一个分支)。二,这种经济史理论是经济史学科与现实之间最好的桥梁。正是这种理论使研究经济历史的成果可以指导现实。这两点认识体现在我为研究生设计的课程安排和课程内容上,强调史论结合,强调从史实中抽象出理论性结论,强调学习经济史的研究生要培养和发展理论思维能力。

第三,研究方法的多样化与研究手段的现代化。时代的进步,跨学科的发展,引起经济史研究方法的变革。在中国,经济史的研究,一种是使用历史学方法，经济史成为历史学中的专门史之一。另一种是使用经济学方法，经济史是经济学中的一个分支。在其他国家，以往的情况也是这样，但后来发生了变化。他们研究经济史，不仅要用历史学的方法和经济学的方法，还要用社会学（在中国，这门学科在50年代被取消了）方法、心理学方法、地理学方法以及某些自然科学方法。研究的角度也不限于从经济中分析经济（从生产力与生产关系的矛盾中，从生产、交换、流通、消费的关系中分析经济），而是从社会与自然的各个方面、各个角度分析经济。在研究手段或工具上，从20世纪50年代起，统计学方法和电子计算机的运用，引起计量经济史学的产生。我欣赏熊彼特的概括：经济学包括经济理论、经济史和统计学三个分支，所以除了强调经济理论外，我很重视统计学，在研究生入学考试中，统计学是考试科目之一（从1996年起，服从研究生部的规定，这个考试科目已被取消）。与重视统计学的同时，我强调学生必须学会运用计算机，将计算机课程的学习时间从学校规定的一个学期延长为一年。

第二个方面是根据上面的认识为研究生安排课程并准备相应的教材。重点是准备以下4门课程与教材。

（1）经济史学概论。这是经济史专业基础理论课，使学生掌握本专业的基本理论知识，了解经济史学最新的动态和研究成果。在我三年中国经济史专业研究生学习期间，我的老师是通过传授他们的知识，告诉我们这就是经济史，研究经济史就是这样做的，而没有向我们讲过经济史是研究什么的，如何研究，为什么要研究，研究经济史应具备哪条件，国内外研究达到什么水平，有哪些理论学派等等。我认为这些问题是研究生应该了解的。为此设立了专门以经济史学为研究对象的"经济史学概论"。顺便说一句，在全国，我是第一个开设这门课的。为了写这门新课的讲义，费了很多精力。因为它是补空白的，中国社会科学出版社曾将我的"经济史学概论"一书列入1993年出版计划。只因我感到一些问题思考还不成熟，未将稿子交给该社。

（2）经济史研究方法。经济史的研究方法本是"经济史学概论"的组成部分，因为我认为这一部分特别重要，需要着重学习，且其本身自成体系，故将其独立出来成为一门课。从1980年起，我以"社会科学研究工作程序"为题，在校内外讲过多次，讲演稿提纲在校内外多次印发。1984～1985年间，《青年社会科学》在"研究方法讲座"专栏连载周秀鸾和我写的"程序"全文（6万余字）。1987年中国财政经济出版社出版的《社会科学研究工作程序》，就是在这个基础上修改而成的。书中强调指出，社会科学的范围很广，各门学科都有自己特有的方法，但研究工作程序基本相同，我们熟悉的是经济史学的研究方法。所以书中讲的大都适用于经济史学。我们将它作为经济史研究方法的基础教材。

（3）中华人民共和国经济史。1960年，我曾经讲过"中国近现代经济史"课，内容上起1840年，下至1956年，把中华人民共和国经济史作为一门独立的课程，是在80年代初期准备的。有这种准备工作，使我能为经济史专业开辟"中华人民共和国经济史"这个新方向，并于1985年开始招生；使我能在80年代主编《中华人民共和国经济史纲要》和《中华人民共和国经济史》1~4卷（它们分别于1987年和1989年出版）。它们都是学术著作，又可用作本科生和研究生的教材。我校是招收"中华人民共和国经济史"方向研究生最早的单位，也是人数最多、研究生学位论文发表数量最多、论文发表刊物层次最高的单位，中华人民共和国经济史方向已成为我校经济史专业的特色之一。

（4）中国近代国民经济史。这是一门老课。就教材而言，我主持的《中国近代国民经济史讲义》，是高等教育部选定的推荐教材，1958年出版，1969年美国出版英文节译本，1973年日本出版日文全译本，后来又重印。在那时，是被国内外公认的居于前列水平的教材。但我不以此为满足（因为我知道它的缺点所在），于1983年邀请5个学校的12位中国近代经济史教授，编写《中国近代国民经济史教程》。它被列入国家教委普通高校文科教材建设"七五"计划，1988年出版，被定为推荐教材。迄今已重印4次。一些高等学校都是反映，作为本科生教材，略嫌深了一点，广了一点。实际上，在主编之初，我就想使它既作为本科生教材，又可充当研究生入门之书。因为当时还没有一本可用作经济史专业研究生学习中国近代经济史的教材。

除了上述四门专业课教材外，在这五年里，我还与校内外同行合作，编辑了《中国古代、近代经济史论著目录索引（远古到1949年9月）》《新中国经济文献目录索引（1949年10月到1982年）》和《中国经济史辞典（远古到1949年）》。三者各百余万字，颇为详细，为研究生学习专业时查阅专业术语和重要事件提供工具书，为他们作专题研究准备查找资料的线索。为研究生的学习与研究做这种准备工作，在全国经济史专业研究生培养工作中，尚属首例。我的准备工作集中在两个目标上：一，使自己了解或掌握中国经济史在80年代中期所达到的水平，从而能把研究生带入经济史学科发展的前沿。二，使研究生入学后有东西可读，特别是有代表自己和导师组学术观点的论著供他们研究，为他们的学习与研究提供较为方便的条件。这两个方面，用一句话说，就是使我们具备带研究生所必须具备的专业知识方面的基本条件。"没有金刚钻，不揽瓷器活。"我不想在尚未具备这种基本条件之前，贸然招研究生。我认为，欲以己之昏昏，使人昭昭，实则误人子弟，误人青春。那样做，虽然当了导师，也是于心不安的。

我深知自己的力量和知识非常有限。个人无论怎么努力，也不能将研究生所要学的经济史专业知识都准备好。为了弥补自己的不足，在校内邀请几位政治上很强、学风严谨、学有专长的教授组成导师组，分别担任些专业课。我们实行的是集体导师制——导师组负责制。所有关于导师的工作，从专业方向设置、招生、课程安排、教学方法、学位论文选题到思想政治工作，无不经导师组集体讨论。在导师组内部，对导师的工作也有严格的要求，有一套未形成文字但每个导师都知道的制度。充分发挥导师组诸教授的智慧，是我们这个专业提高研究生教育质量的关键。

除了导师组诸教授外我还请校内一些专家讲课；规定研究生要听校内校外一些专家的学术报告；还请校外经济史专家讲课（如请西南财经大学候宗卫教授讲授外国经济史，湖北省博物馆舒之梅研究员讲授中国古代经济史）；还请专家讲授专题（如请国家计委吴群敢等5位研究员讲新中国经济史专题，武汉大学彭雨新教授讲中国财政史专题）。这样，使学生能学到作为一个中国经济史专业研究生必须知道的基本知识。

以上说的是招收第一、二届研究生时做的工作。实际上，为研究生教学做准备工作是一种无止境的事。导师要跟随时代与学科前进的步伐，不断地充实自己，准备新的教学内容、新教材或开新课。我们在招研究生之后，又写了《近代中西关系与中国社会》（它是《中国近代国民经济史教程》的补充教材，是专供研究生用的）和《中华人民共和国经济史》第五卷（《中华人民共和国经济史》第1~4卷的延续，也是研究生教材），还写了《毛泽东的经济思想》，是为向研究生开"毛泽东经济思想"课做的准备工作；现在又在研究邓小平的经济思想，一旦取得了系统的成果，就准备为研究生开设这门新课程。

二、三条出路、"三个一点"与三种能力

我带研究生，首先考虑的是把研究生培养成什么样的人，他们毕业以后能干什么。我认为对研究生的培养目标，应该包括专业水平的培养目标、素质的培养目标和对人才类型的培养目标。

（一）三条出路

经济史专业的研究生，毕业时获得的是经济学学位，当然应当是经济学，首先是经济史的专门人才，毕业之后即能担任经济学，特别是经济史学的教学与研究工作。由于经历了"文化大革命"这场浩劫，经济史专业人才的培养工作中断了十年，经济史教学与研究极度缺乏。为培养后备人才，在带研究生的最初几年，我强调培养经济学、经济史的教学与科研人才。在1989年之前毕业的19名研究生中，16人毕业后到高等学校和科研单位工作。另外3人中的2人，本来也想到高等学校任教，只因特殊原因改为去银行工作。只有1人是毕业时就想到公司工作。

从1988年起，我对经济史专业研究生培养目标的认识逐步发生了变化。引起变化的主要原因是在讲授"经济史学概论"课程中对经济史学功能的思考。为什么几千年前就有人记述经济发展的历史过程并从中总结种田、做工、经商（传统意义上的，即广义的"商"，包括商业、工业、金融等等，下同。）和管理经济工作的经验教训？为什么会产生一门独立的经济史学科，社会为什么需要它，它怎样满足社会的需要？我们经常说经济史学可以使人深刻了解一国经济发展的过程与规律，深刻了解国情，总结各种经济活动与经济工作的经验教训，提供历史借鉴，抽象出经济理论以指导人们的行动，如此等等。研究和学习经济史的人，难道只能提供这些知识、经验、理论，而自己不能去直接运用这些知识经验、理论？若如此，我们为什么强调要在高等学校一些专业中开设经济史课程？一个人在深入了解了中国经济发展过程、特点、规律与中外经济工作的经验教训之后，运用这些知识与经验管理国家的经济工作（即从政）或管理

企业（即经商），把国家的经济工作做好，把企业搞好，有什么不好呢？经济史学的知识是可以应用的，而且必须应用，它才有存在价值。研究与学习经济史学人，可以通过科研或教学，提供这些知识供别人应用，也可以自己直接应用。因此，经济史专业研究生毕业后从事经济史、经济学的研究或教学，固然是干本行，就是到政府机关或企业做经济工作，也不是专业不对口。诺贝尔经济学奖获得者、《经济史理论》一书的作者希克斯（J. R. Hicks），在其另一著作《社会框架——经济学导论》（克拉仑敦出版社）中写道："经济史学是过去时期的应用经济学，后者则是当代的经济史学。"他是从历史与现实的关系上说明经济史学与应用经济学的关系。我想从基础学科与应用学科关系的角度予以补充：经济史学既是基础学科（经济学、历史学中最基础的学科），又是可以应用的学科。基础学科与应用学科的区分不是绝对的。

毕业以后直接到或先在学校工作后来转到政府机关或企业从事经济工作的研究生的实践（他们把自己的知识运用到工作中，取得好成绩，得到好评价）证实了和巩固了我的上述认识。基于这种认识，经济史专业研究生的培养目标，一类是毕业后从事研究和教授经济史知识的人才，一类是运用经济史学知识的人才。前一类是从学人才，后一类是从政、从商人才。从学、从政、从商，是经济史专业研究生的三条出路。其中，从学是主要的，也是我所鼓励的。

（二）三个一点

我认为经济史专业研究生必须学会一些在未来工作中很有用的基本功。为此，我给研究生设计的专业学习目标为"三个一点"，即加深一点基本理论，掌握一点基本技能，学一点研究问题的方法。

"加深一点基本理论"，就是作为经济史学专业的研究生，必须在已学得的基本理论方面进一步加深。这些基本理论包括三个主要方面：（1）马克思主义、毛泽东思想、邓小平理论。其中，特别是毛泽东、邓小平关于中国社会主义建设的理论。（2）基础经济理论，包括政治经济学和西方经济学。（3）基本专业理论。为了使学生掌握这基本理论，设置了"科学社会主义理论与实践""资本论"（讲一年）"西方经济学"（也讲一年）"经济史学概论"四门课。在入学考试科目的内容中，就包括毛泽东、邓小平的经济思想。入学之后，又带他们参加毛泽东邓小平经济思想研究中心（我任该中心主任）的学术活动。

"掌握一点基本技能"，就是在研究生期间，掌握三个工具。第一是中文。不仅要懂现代汉语，还要懂点古代汉语，要掌握基本写作技巧。第二是外语。在这三年中，必须掌握一门外语，力求达到听、说、读、写"四会"。第三是计算机。为了使学生掌握这些工具，在课程设置中设置了"经济史料选读"，在研究生"外语"课之后又设"经济史专业外语"，还有"计算机"。此外，研究生入学后，从第一学期起，我就布置写作任务，要他们练笔，为他们改文章，以发现他们在写作上的问题。及时纠正、指导，在这方面，我花的时间比上课还多。

"学一点研究问题的基本方法"。这包括学一点经济史学的基本研究方法和研究社会问题的方法。研究生学习这些方法的主要途径，是通过听各门课程，从众多教授结合具体问题谈分析方法的讲授中学习。除此之外，又设立一门"经济史研究方法"课，以《社会科学研究工作程序》为教材，实际的内容不仅是研究经济史学的方法，而且是研究一切新问题的基本程序与步骤。经济史学与别的社会科学学科在具体的研究方法上有所不同，但基本程序与步骤是相同的。

"三个一点"着眼于进一步拓宽基础知识和技能，培养研究生的学习能力、创新能力和适应能力，将知识与能力结合起来。这是从现实情况出发的。（1）这些基本的理论、技能与方法，是当代学习和研究经济史者所必须具备的知识。设立这些课程，提出"三个一点"的要求，是经济史专业人才的需要。况且，我们培养的不是财政史、农业史、工业史一类的专门史人才，而是国民经济史人才。国民经济史包括工业、农业、财政、金融等等各个部门。"三个一点"更显得不可或缺。（2）这些基本理论、技能和方法，对经济史专业研究生毕业后，无论是从事教学、科研、从政、经商，都是有用的。在改革开放引起的社会急速变动的时代里，在市场经济中竞争激烈的环境里，在科技和各种知识日新月异的情况下，只有具备这些条件，才有不断学习以更新知识的能力，才有解决不断出现的新问题的创新能力，才有在人才市场上竞争的能力，才有适应市场经济多变的能力。（3）经济史专业的研究生，在入学之前，或没有学过这些理论、技能和方法，或虽学过而过于疏浅。特别是我国本科专业目录设置中，没有经济史专业，连经济史专门化也没有（匈牙利这样的小国却设有经济史系）。经济史学科兼跨历史学和经济学，经济史专业的研究生，有些原来是学历史的，经济方面的知识相对薄弱；有些是学经济的，历史方面的知识相对欠缺。无论原来是学什么专业的，由于本科生分科很细，所学知识面很窄，不仅经济史专业方面的理论、方法没学过，一些基本理论和技能也没过关，故必须有针对性地为他们开设如上的一些课程，加强他们的基础知识与技能，为培养"通才"补课，准确地说，补"通才教育"之课。

三、以讨论为主和参加课题研究的教学方法

招收经济史专业研究生之前，我和有关主管的领导人讨论过培养研究生的方法问题。针对当时流行的两年上课（如本科生样）加一年写论文的模式，我谈了自己的见解：研究生阶段是求学的新阶段，它与本科生阶段根本不同，研究生的三年不是本科生的五、六、七年级，研究生阶段不仅是要掌握某专业学科前沿的知识，提高学习能力，更要学到独立研究与解决问题的能力，即创新能力，研究生阶段教学的基本特征在于"研究"二字；各个学科的研究方法各有特点，因而培养研究生研究能力的方法也不尽相同。基于这种认识，我提出了在遵守国家与学校关于研究生教学一般规定的条件下，允许我在教学方法上做些试验与探索。幸运的是，我的试验与探索得到了历届领导的支持。

我的探索，除了上述的课程设置以外，还有教学方法。在教学方法方面，我尝试在一些专业课教学中以讨论为主和带研究生参加课题研究的办法。

第一，在一些专业课中实行以自学和研究性讨论为主的教学方法。在经济史专业研究生学习课程中，全部基础课和部分专业课是以系统的课堂讲授为主，辅之以讨论和写作。这类课程占全部课程的大多数。另一部分专业课，则实行自学和研究性讨论为主，辅之以启发式的课堂讲授，同时参加导师正在进行的课题研究。这少数专业课，大都是我主持的。在这些专业课的教学中，我强调研究生要自学，要学会独立研究问题，充分发挥自己的潜能，要用听、看、问的方法，从导师那里学到知识。听，是要求学生一听导师在课堂上的讲授，二听老师在各种学术会议上的发言或报告，三听导师在与自己讨论问题的意见。通过这些听，从导师那里听到问题，听到分析、解决问题的思路、方法和资料线索。看，是要求学生一看导师指定的文章、书籍。二看导师是怎样在研究问

题，三看导师对所交作业的修改。研究生学习的每一专业课，都有基本教材和教学大纲。教学大纲中有该门课的体系，必须掌握的问题和导师的观点，有关这些问题的论著目录。论著目录包括国内外最新研究成果，其中包括导师们的论著在内。我送给他们一份我的论著（含主编和主持的）目录和评介这些论著的文章指导他们读书。学问，要从问中学。我鼓励学生在听课、提出研究生水平的问题，提出问题，同老师讨论。同时要求他们善于提出问题，提出研究生水平的问题，即研究性问题。我告诉他们，我的知识很有限，我的一点经济史知识，绝大部分已经写在那些论著里了（那些论著还包括参加写作的其他专家的见解）。对这些已经文字化（系统化）的知识，与其我拿着它们在课堂上讲，不如他们自己去看（看比听的好处，是有更多的时间用于思考，可以边看边思考）。我需要讲的，只是近期研究的新心得与正在想的新问题。对于他们提出的问题，有我可以回答，有些我回答不了，只能和他们一起学习、讨论、探求。所谓专家，是在某一个或几个问题上有专门学问，没有一个导师在任何问题上都是专家。做学问，要得到一个新观点是很不容易的，要老师在任何一个问题上都有新观点是不可能的。因此在追求学问、请教老师方面应有一个正确的认识。对老师不要寄予太高期望。老师是引路人，学生应该不泥古，不泥师，要争取超越老师。

对研究生采用讨论为主的启发式教学方法，比课堂讲授方法，教师用的时间和精力要多（我是从研究生入学的第一学期起，就给他们提出问题，布置写作，为他们修改文章，而课程表上，只是到了第四学期才有我的课）。同时，采用这种方法，也是有条件的。条件之一是教师必须为研究生准备好基本的教材以及代表自己学术观点的论著供研究生阅读。若没有这种条件，又不系统地进行课堂讲授，学生无从了解这门课的基本知识与教师的学术观点，讨论便缺乏基础，想讨论也是讨论不起来的。当然，研究生想学好这门课而又勤于思考，善于提出问题，也是采用这种方法并取得好效果的条件之一。如果研究生不愿学好这门课，不好好钻研指定的教材与论著，提不出问题或提不出有深度的问题，也是无从讨论的。

第二，吸收研究生参加课题研究。关于吸收研究生参加课题研究，可以从我主编的两本书的"后记"谈起。

（1）1987年出版的《中华人民共和国经济史纲要》的"后记"中有这样两

段话:

"本书的编写工作由赵德馨主持,实行主编负责制。主编负责设计全书的框架,提出基本观点,在拟订写作提纲初稿时,苏少之、赵凌云参与了工作。各章均根据赵德馨的意见进行写作。最后,由赵德馨做了两次统一的修改。"

"参加本书写作的有:赵德馨(导言),苏少之(第 1~7 章),王斌(第 8~9 章),吴有必(第 10~11 章),陈俊东(第 12~13 章),过文俊(第 14~15 章),朱危安(第 16 章),赵凌云(17~19 章)。"

现在可以告诉读者,参加本书写作的八个人,是赵德馨和他的 1985 年级的七位研究生。这七人俱还在我主编的《中华人民共和国经济史第三卷》中各写了一章(该卷共 13 章),在《中华人民共和国经济专题大事记第三卷》各写了一个专题(该卷共 12 个专题)。他们是通过参加这个课题,了解我在"中华人民共和国经济史"这个学科领域(这门课)的基本观点,并从中学到研究方法和写作方法如其中的赵凌云,在他的第一本专著《市场力论》的"后记"中写道:"1983 年开始,我师从赵德馨教授,他手把手地教导我从事科研工作。在他门下,我初步学到了用理论框架反观历史,从历史的角度思考现实,基于历史抽象理论,从历史中寻找未来的方法。"

(2) 1993 年出版的《近代中西关系与中国社会》的"后记"中写道:"本书的主旨、结构和各章的基本论点由我提出"。"我们在确定篇章之后,分工进行专题研究。分工的情况是:导言,赵德馨;第一章,姚会元;第二章,班耀波;第三章,周秀鸾;第四、五、六章,赵德馨与王年咏、杨锦科、钟长贵;结束语,赵德馨。我们在专题研究的基础上写出第一稿。经集中讨论,分头修改,完成第二稿。再次传阅、讨论、修改,得出第三稿。周秀鸾对第三稿进行统稿、修改和补充。最后由我来定稿。"这些作者中,周秀鸾、姚会元和我是导师组成员,王年咏、杨锦科、钟长贵是 1990 年级的研究生。

上述(1)是我个人带研究生参加课题研究之例,(2)是导师组集体带研究生参加课题研究之例。从 1985 年开始到今天完成的"中华人民共和国经济史 1~5 卷"课题,每卷都有研究生参加。中国经济史专业的研究生,大多数与导师合作进行过课题研究。

其所以只是大多数而不是全体,是因为以课题带研究生是有条件的。从导师方面说,手中要有课题,研究成果要能发表(出版),要愿意与研究生进行经常性的讨论，反反复复地为研究生改稿子（所用时间往往比自己动手写还要多）。从研究生方面说，一是要对研究工作有兴趣，愿意参加，对于没有兴趣参加课题研究的研究生，绝对不可勉强吸收他们参加；二是要具有参加的能力。对研究生尚不具备参加条件的课题，也不能吸收他们参加，例如我主持的 10 卷本《张之洞全集》和 12 卷本《中国经济通史》，参加工作的全部是教授，而没有让研究生参加。

以课题带研究生，是一种类似师傅带徒弟的方法。它的好处，一是使研究生受到导师极为具体的指导，在做课题的过程中看到导师的研究方法，了解导师的学术观点。二是最有利于导师发现研究生学习的情况，他的知识结构的优点与不足，以便因材施教。三是给研究生提供发挥潜能、展露才华的机会。四是有利于导师从研究生那里吸取新的想法（青年人接受新思想快，思想活跃，想法多），课题的质量，加快课题完成的进度。因此，我的研究课题，只要是研究生能够做的，就尽可能地吸收他们参加。事实证明，凡是参加过一个课题全过程的研究生，对研究工作程序掌握得甚好，独立研究能力较强，学位论文的质量较高，毕业后工作成绩就较大。

四、从严要求

实行上述这种带研究生的方法，必须与从严要求相结合，才能达到目的。同时，这种方法也为从严要求创造了条件：学生经常与导师联系，导师对其思想行为、学习情况了如指掌。

严要求是从招生过程中，特别是面试时就开始了。招生过程中可以了解考生的某些品德。面试时，我们一直坚持考查考生外语的听、说能力。对一切都合乎条件，导师组认定要录取的考生，我会根据学生的具体情况，指出他在入学之前应该努力的地方。有的是要补外语课，有的是要读一点经济理论的书，有的是要练字，每天写 300 字寄给我。对此，考生们都是接受的。

在研究生入校时，对他们在为人、学习、生活等各个方面提出了明确、具体的要求。

在道德与文章方面，我们更注重道德品质的要求。首先是做一个在政治上立场坚定，对大是大非头脑清醒的人，一个正直的人。在政治思想和做人品德的教育上，我们反复宣传国家对研究生的基本要求，鼓励他们做个优秀共产党员或争取做一个共产党员（中国经济史上专业毕业的研究生，共产党员占70%），争取当三好学生或三好学生干部（每届都有）。同时我们反复强调一个最低要求：在校时，遵守法纪，诚敬待人，努力学习；毕业之后，从政不当贪官，经商不做奸商，为学不当伪学者。如果变成了贪官、奸商或伪学者，我就将他从我的学生名单中除掉。因为，他不愿接受我的教育，也就是自绝师生关系。我和我们导师组在政治思想和做人品德方面做了大量的、经常的、艰苦细致的工作，也取得了较好的成绩。对此，我们将在专门的总结中叙述。

在校期间，待人以诚敬，首先要对老师，包括学校所有的教职员工，都要诚实敬重。我和他们谈心时常常说到，我比你们大三四十岁，受的教育不同，我是受"一日为师，终身为父"这种被某些人称为旧思想影响颇深的人，在我青少年时期，家中神龛的正中贴着"天地君亲师"五个字，逢年过节都要问他们叩头行礼。心目中的师生关系颇为神圣。对于你们，我既不要求，也不企望终身不忘师恩。我只想做一个渡你们过河到达彼岸——你们想去的地方——的船夫。但我希望你们尊重学校的所有老师，正确处理好师生关系。师生之间要以诚相待。绝大多数的学生与我的这种想法一样，所以相处很好。有的研究生，报考时说如何如何热爱经济史，或为什么想学经济史，实际上，他们只不过是想以此专业为桥梁，取得研究生这种资格，变换自己的工作环境。当这些研究生坦诚地向我谈了他们中的心情与要求后，我表示能够理解，并给予实际的帮助，对他们实行主修辅修制，即主修经济史专业，凡教学计划中安排的经济史专业课程必须学好，学位论文必须选经济史学科的题目，在此前提下，可以辅修（选听）另一专业的课程。这是研究生素质教育的两个重要方面，与经济史专业研究生毕业后可以走三条路的主张是一致的。

在学习上，我最注重的是学风培养。在学风上强调"严谨"两个字。这种培养从大处着眼，从细微处入手。小到写字。前面提到，面试时就要求有些考生练字。入学后，我们规定，凡交给导师的作业，字必须写得清楚能认，否则，导师退回，重抄。导师为研究生作业改正的错别字，在以后的作业不得重复出现。到写学位论文时，常用字中如仍再写错的，每个字扣10分，如有五个错别字，便不能提交答辩。我向研究生解释作出如此规定的原因之一，是因为这是对研究生的一个最起码的要求。你们毕业之后，有了这样的学历，有了这样的年龄，再写错别字，再读错别字，别人已不好意思指出来。到那时，想找老师指正也找不到了。至于句法、章法、行文规范和研究规范，则通过讲授研究方法与修改作业指明。对他们的论文，我要求：凡言理，必以事实作根据；凡言事，必有出处；凡言数，必须准确；凡征引，必是原文；凡属别人的观点，不能说成自己的见解；学位论文及发表文章都要有新意。我还鼓励研究生坚持不懈地追求真理，在学术上学习老师同时又要敢于超越老师，既不能数典忘本，又要敢于坚持自己的真知灼见，不唯师，不唯上，不唯书，不随波逐流，追求独立之精神，自由之思想。研究经济史的人写书，写文章，第一条是写成对历史负责，对当代人负责，对后代人负责的信史。这是史德的要求，我们要做道德与文章相统一的人。

按照我的这种带研究生的方法，导师用于培养研究生的时间多，研究生用于学习的时间也多，寒暑假中的多数时间也要用于学习。我当研究生时有一个计算时间的公式：一年两个学期，共九个月，寒暑假共三个月。在校三年的寒暑假，也是九个月。三年不过寒暑假，我三年的学习时间等于别人的四年。我向研究生介绍这个公式。他们中的不少人接受了它。

经济史专业导师组对研究生的要求严格，已经形成传统。对它，主管部门和部分老师称道之，部分老师认为是导师自找苦吃。研究生虽感叹"做赵老师学生真难！"但其中的大多数还是遵守了这些要求。他们兢兢业业，惜时如金，勤于书海，花大量时间在图书馆借书、看书。图书馆里许多无人问津的资料，只有经济史专业的学生借阅。在中南财经大学，经济史属于冷门专业之一，本科中又没有对口的专业，考生质量不比其他专业高。但他们成长快。全校评选的科研明星经济史专业研究生占的比例甚大（有三年连续出在经济史专业）。已毕业的39人，学位论文质量高，在答辩委员会里都是全票通过。其中，三篇参加了国际学术讨论会并被收入论文集；一篇扩充成书出版；十篇发表在经济史专业国家级刊物《中国经济史研究》上；十五篇发表在其他学术刊物上。他们走上工作岗位以后，没有一个违背我对他们提出的最低要求，没有出一个贪官，没有出一个奸商，没有出一个伪学者；实际上，他们都做出了优秀成绩，迅速地成为所在部门的骨干，其中优秀者，在不到十年时间里，教书的成了教授，经商的成为经理，从政的进入了高等学校校级领导班子。他们风华正茂，前程无量。他们从全国各地不时向母校通告各自的业绩，使我备感欣慰，这是我快乐的源泉之一。

（本文原载于《中南财经大学研究生学报》1998年第1期）

长期规划　横向联合
——我在建设中国经济史学科中的一些做法

1951~1953年,我担任"中国合作社历史与理论"课程的教学任务。1953~1956年,师从尚钺教授与傅筑夫教授,学习中国经济史,以后长期从事这门学科的教学与研究工作。半个世纪中,我为中国经济史学科的建设做了一些工作,取得一点成就。就本校而言,经济史学科的教学内容从古代、近代扩展到现代,建立起完整的中国经济通史;教学层次从本科教学,到硕士研究生,到设立博士点,培养了新的学科带头人与接班者,建立了一个较为完整的学术梯队和经济史学人才培养的方法。我们先后多次为兄弟院校提供中国经济史课程的教材和相关资料,为他们培养了一批师资力量,我的研究成果使中国经济史学科更加丰富,并开拓了中华人民共和国经济史、经济史学概论等新的领域。在从事中国经济史学科建设的50多年过程中有一些经验教训。其中,有两点对其他学科和后之学者可能有借鉴意义:一是进行长期规划,分步实施;二是开展横向联合,主动协作。

一、长期规划,分步实施

1951~1956年,在学习中国经济史学科的过程中,我认识到:这门学科有重大理论意义与现实意义;它永远也不会成为一门显学;尚处于襁褓之中,学科建设任重而道远,我很想在这个领域有所作为。作为一个完整的学科,中国经济史的内含,时间跨度长(上下五千年,分为古代、近代、现代三个部分),空间领域广(中国各个地区、各个民族),内容复杂(作为国民经济史,包括经济生活的各个方面)。可是,基础极为薄弱。建设一门以马克思主义为指导的中国经济史学科是一件极为艰难的任务。面对这种研究对象和这种状况的学科建设,我为自己拟订的努力目标是:一、弄清楚中国经济是怎样发展变化的；二、弄清楚经济史是一门什么样的学科。要实现这两个目标，绝非短期内可以完成的，必须终生耕耘，长期规划，分步实施；也绝非一人的力量可以完成，必须集同行之努力，协作进行，才能较快地取得成效，以解决教学之急需。

（一）《中国近代国民经济史讲义》和《中国近代国民经济史教程》

1956年，我决定以近代经济史作为切入点。这是基于如下认识：经济史学科的建设与教学必须为国家的经济建设服务，近代经济史与现实经济最为贴近，最有利于发挥经济史为现实服务的功能。

在当时，无论是历史学界，还是经济史学界，都把"中国近代"的下限断在1919年。1955年，我提出"中国近代"的下限应延伸到1949年。按照这个观点，我们在1956~1957年编写了《中国近代国民经济史讲义》（下文简称《讲义》）。1958年，高等教育部在成都举行高校教材展览会，送到会上展览的中国近代经济史教材有16本。经过专家评议与领导审定，选择我们（周秀鸾、彭雨新和我）编的《讲义》作为高等教育部向全国高校推荐使用教材。会后，经张郁兰和我统编后，由高等教育出版社出版。这是我国第一部由国家教育部门向全国高等学校推荐的中国经济史教材[①]。事后，据有关负责人告知，专家们和领导人之所以看中它，原因有三个。第一，它以马克思主义为指导思想，观点鲜明。第二，它把中国近代经济史写到了1949年，离现实很近，能与现代经济建设相衔接。第三，内容比较全面、系统，有一些其他教材所没有的内容（如太平天国经济、资本原始积累等等）。

这本《讲义》出版后，在国内，立即被一些高等学校的教师采用，对这些学校中国近代经济史课程的开设和教学质量的提高做出了贡献。在国外，日本的几所大学在1960年即用它作为研究中国经济与中国历史的研究生教材。1972年译成日文出版（后来又重印）。美国的斯坦福大学等在60年代将其列入研究中国近代社会的文献目录。1969年，檀香山东西文化中心的一些学者将其后半部分译成英文出版。它是我国第一部被国外翻译的以"中国近代经济史"为名的教材和学术著作[②]。日、美、苏联等国的一些学者在论著中征引该书的观点与

---

① 也是我校自编教材中的第一部公开出版的和第一部被国家教育部门向全国高校推荐的教材。
② 也是我校第一部被国外译成外文出版的学术著作。

资料。在台湾，秦孝仪主编的《中华民国经济发展史》的第一章，注明征引此书论点与资料共33处，占所征引的三分之一。一些学者认为，上述情况表明，该书为国内外同行专家认可，达到了20世纪50~70年代该领域国内国际最高水平，为马克思主义指导的中国近代经济史学科的建设奠立了初步基础，标志着中国近代经济史学科的建设进入了一个新阶段，也标志着中南财经大学经济史学科建设开始进入了全国前列。

从该《讲义》出版的1958年起，我将研究工作分为两个方面：一方面继续加强中国近代经济史学科的研究，密切关注这个学科新的进展，以便对《讲义》进行补充、修改。另一方面开始着手中华人民共和国经济史学科的建设。这里先说前一个方面。

对《讲义》，我于1961~1962年和1979~1980年进行过两次较大的修改，于1962年和1980年校内印行。这两次修改的重点，一是吸收新的科研成果，二是加强理论分析，三是删去大量引文，使篇幅由40多万字降至20多万字，简明扼要，颇受学生欢迎，它为武汉大学、复旦大学等多所高校采用。

这两次修改未动《讲义》的基本框架和基本论点。1981~1982年，改革开放的形势使我认识到，《讲义》的基本框架和基本论点的某些部分落后于新时代的要求，其中主要是受50~70年代"左"的思潮的影响（见《中国近代国民经济史教程，后记》）。此外，新时代的中心任务是实现现代化，中国经济史教学要为现实服务，也必须以现代化为主线。这使我下定决心，自己动手推翻自己建立的《讲义》中所体现的教材框架，另起炉灶，另立框架，另订主线，另邀合作者，重新编写一部新的中国近代经济史教材。

这项工作从1982年开始，1987年完成。书名为《中国近代国民经济史教程》。经过审定，国家教委将它列为全国高等学校文科推荐教材，于1988年由高等教育出版社出版。该书出版后，《光明日报》《财经科学》《中国社会经济史研究》《博览群书》《社会科学》（上海）《中国图书评论》《教材通讯》《广州日报》等报刊，先后发表同行专家的评论，认为它是最为系统、最为全面、最好的教材。1992年获全国普通高等学校第二届优秀教材一等奖（参评的中国经济史教材唯一获一等奖的）。它被许多高等学校采用。至1996年已重印了四次。据此可以认为，这本《教程》达到了20世纪80年代末期90年代前期中国近代经济史教材的新高度。

在 1996 年教育部"经济学、法学面向 21 世纪教学改革"招标活动中，我的"中国近现代经济史教学改革方案"中标。这项改革方案包括两部分内容：改革思路的报告；按此思路写成的教材。1997 年，教育部又将后者列为全国普通高等学校"九五"教材建设计划中的国家级重点教材。经过五年的努力，此教材已于 2002 年完成。经过专家评审与教育部教学改革领导小组批准，已于 2003 年由河南人民出版社出版。这部教材中包括中国近代经济史和中国现代经济史两个部分。

从 1958 年到现在，40 多年来，教育部向全国高校推荐使用的中国近代经济史教材，都是我主持或编写的。这是对我从事中国近代经济史学科建设和课程建设所付出劳动的肯定，也是我校在此学科领域长期保持优势的标志。我为此感到自豪。

（二）《中华人民共和国经济史讲义》和 5 卷本《中华人民共和国经济史》

1958 年，我向教研组的教师提出，对生产资料私有制的社会主义改造已基本完成，中国进入了社会主义经济形态的新阶段，新民主主义经济形态已成为历史，也就成为了经济史学的研究对象。为了使经济史的研究和教学与现实更紧密地衔接，从而能更好地为现实服务，有必要开展中华人民共和国经济史的研究和这门课程的建设。从该年开始，我们（周秀鸾、张郁兰、谭佩玉与我）分工协作，研究中华人民共和国经济史。经过两年的努力，于 1960 年写出《中华人民共和国经济史讲义（1949～1956 年）》，同年在本科生中进行讲授，把"中国近代经济史"课程改为"中国近现代经济史"。讲授中华人民共和国经济史，这在全国高校中是第一次。我们是这门学科最早的探路人。这次行动，是我的经济史研究要跟随历史前进主张的第一次实践。这种研究思路大胆地打破了史学界当代人不讲当代史的传统。这种思维的突破，为后来研究中华人民共和国经济史，并把中国近代经济史和中国现代经济史贯通起来，起到了先行作用。

我们四个人能在两年时间里写出《中华人民共和国经济史讲义》和进行课堂讲授的原因：一是这段历史时间短，才七年（1949～1956 年）。我们分工合作，用四个月的时间，便一页一页地查阅了几种主要报纸、期刊和相关文件。

二是我们都是这段历史的亲身经历者，对这段历史中的重大事件很熟悉。三是1951年从事中国合作社历史的研究以后，我学会了随时积累资料并注意分析经济现象。这种经历与工作方法是我后来从事中华人民共和国经济史研究工作的一大优势。

1978年底，中共十一届三中全会号召总结建国以来经济建设的历史经验。这与我建设中国经济史设想中的第二步正相符合，加上我院（湖北财经学院）洪德铭院长的鼓励与督促，我加紧建设中华人民共和国经济史学科的准备工作。经过三年的准备，从1982年开始，将主要精力投入中华人民共和国经济史的研究与组织工作中。1983年，组建了一个跨系、所、处、馆的课题组。经过20年的艰苦努力，取得了如下成果。

(1)《新中国经济文献索引1949～1982》，110万字。

(2) 五卷本《中华人民共和国经济专题大事记》：《中华人民共和国经济专题大事记1949～1966》（含第一卷和第二卷），《中华人民共和国经济专题大事记1967～1984》（含第三卷和第四卷），《中华人民共和国经济专题大事记1985～1991》（第五卷），共计190万字。

(3)《中华人民共和国经济专题资料长编1949～1956》，60万字。

(4) 中华人民共和国经济史专题研究论文，已发表50余篇，60余万字。

(5) 五卷本《中华人民共和国经济史》：《中华人民共和国经济史1949～1966》（含第一卷和第二卷），《中华人民共和国经济史1967～1984》（含第三卷和第四卷），《中华人民共和国经济史1985～1991》（第五卷），共计187万字。

(6)《毛泽东的经济思想》，34万字。

(7)《中华人民共和国经济史纲要1949～1984》，26万字。这是一本本科生教材。至今已印了四次。一些高等学校长期使用它。

这些成果为中华人民共和国经济史的建设奠定了初步基础。

在上述成果中，五卷本《中华人民共和国经济史》是最主要的一项。它的1～4卷于1989年出版后，经济学和历史学专家在《中国社会科学》《中国经济史研究》《中共党史研究》《人民日报》《经济日报》等十多家报刊上发表评论文章十多篇，认为它是反映新中国经济发展过程最系统、翔实的学术著作，实事求是地、比较全面和比较详尽地总结了建国以后经济工作的经验教训，具有重要的理论意义和现实意义，具有开拓性和奠基性。

该书出版后，1990~1991年获财政部系统高等学校优秀教材荣誉奖（高于一等奖）、湖北省社会科学优秀成果奖等6项奖励，1992年获第二届全国普通高等学校优秀教材全国优秀级奖（高于国家教委一等奖）。在这次评选中，我主编的《中国近代国民经济史教程》同时获一等奖，一个人同时得两项大奖，仅我一人。

该书1~4卷1989年出版，印数为4 140册。很快在市场上销售一空。1991年加印了3 090册，1992年又脱销。这部大型学术著作之所以很快脱销，国外购买较多是原因之一。在美国，一些大学图书馆和研究中国经济的学者收藏有这套著作。在德国，不仅一些著名大学的图书馆收藏该书，一些不甚出名的大学图书馆，如马克思的故乡特里尔大学的图书馆也有此书。在日本，不少大图书馆都藏有此书，许多研究中国经济与历史的专家也购买了该书。1996年，我率团访问了东京大学、神户大学和福岛大学，负责接待我们的田岛俊雄教授（东京大学）、加藤弘教授（神户大学）、藤村俊郎教授和饭岛充男教授（福岛大学），都买了该书。而翻译兼向导的营沼圭浦讲师（新潟大学）也收藏了该书。这种情况令我不胜惊喜。

在研究工作取得初步成果时，中南财经大学于1985年开始招收中华人民共和国经济史方向的研究生。第一批招收了七人。以后年年不断。至1998年我退休时，已毕业42人，约占全国这个方向毕业的研究生的90%。他们中的一部分人已组成这个学科的学术梯队。

一部多卷本中华人民共和国经济史著作出版和在高等学校开设中华人民共和国经济史课程、招收中华人民共和国经济史专业的研究生，标志着中华人民共和国经济史这门学科的正式诞生。

为了促进这个学科的建设和发展，1987年春，全国第一次中华人民共和国经济史学术研究会在我校召开，与会者来自17个省（市），共34人。

上述成果的取得，使我校成为全国研究"中华人民共和国经济史"的两个主要研究基地之一（另一个是中国社会科学院经济研究所）；在这个研究领域里，在全国高校中，我校处于最前列。这是我校能在1998年获得经济史博士点和经济史成为湖北省重点学科的主要原因。

（三）《中国近现代经济史》与12卷本《中国经济通史》

我在中国经济史学科建设上的第一个目标是想弄清楚中国经济是怎样发展

变化过来的，即求通：将中国古代经济史、中国近代经济史和中国现代经济史串通为一体。为了达到这个目标，我的第一步是建设中国近代经济史。第二步是将中国近代经济史和中国现代经济史串通起来。这就是上文提及的从1958年开始的研究中华人民共和国经济史，1960年开设"中国近现代经济史"课程，2003年出版《中国近现代经济史（1842~1991）》。后是国内第一部这个时限的专著性教材（2004年获河南省人民政府优秀图书一等奖）。第三步是将中国古代经济史与中国近现代经济史贯通起来。1985年，在中华人民共和国经济史学科建设走上正轨之后，我就抽出部分时间开始建设中国古代经济史，以便在打通中国近现代经济史的基础上，进一步将中国"近现代"和"古代"贯通起来，出版一部完整的中国经济通史。

在中国古代经济史方面，我的准备工作开始最早，也比较充分。我在1955~1956年写的研究生毕业论文是《两汉的商品生产与商业》（7万余字）。自那以后，一直关心古代经济史研究的进展情况。"文革"期间，利用自己可以支配的一切时间阅读二十四史中的《平准书》《食货志》《地理志》《货殖传》等与经济史有关的篇章，以及考古资料和相关论著。故"文革"结束后的头几年里，我发表的研究成果多数是利用考古成果写的关于古代经济史的论文。1996年出版的专著《楚国的货币》，是在这些成果的基础上写成的。

1985年以后，关于古代经济史建设工作是这样展开的：

（1）由我和西南财经大学李运元教授共同主编《中国古近代经济史论著目录索引》（120万字）[①]。这与我开展中华人民共和国经济史学科建设所采取的第一步完全相同。这是因为，这一工作能使我了解在将要研究的领域内，有哪些人研究过哪些问题，有哪些研究成果、争论问题与相关资料。这些都是研究工作前进一步的出发点。

（2）主编《中华人民共和国经济史词典》（126万字，湖北辞书出版社1990年出版）。这是我国第一部中国经济史词典（至今仍是唯一的一部），它的内容从远古到1949年，其中2/3属于古代。这部词典的断代以及每个断代中的分类，由我提出；每类中的词条，由我和该断代或该类的负责人共同设计，并由我最后确定。在我的设想中，这部词典应该包括生产、分配、交换、消费各个环节，

[①] 它主要是由西南财经大学刘方健教授搜集与编辑的，我校图书馆、经济系资料室的几位同志参加了补充、整理、校对。由两校共同印刷。

以及与经济密切相关的经济思想、经济政策等等方面的重要变化。通过它表达了我对一部中国古近代经济史著作框架的设计思想。该词典出版后，武汉大学彭雨新教授对我说："你主编的这部词典很完整，包括经济史的各个方面，可以作为中国古近代经济史来读。"该词典出版后，被国外的一些著名大学和研究机构收藏，上文提到的德国特里尔大学的图书馆里也有一本。

（3）主编《中国经济通史》。在上述工作的基础上，我从 1993 年开始中国经济通史的准备工作，包括组织班子，与作者交换观点，设计全书的结构等等。1996 年正式开展工作。37 位学者经过 6 年多的努力，撰写《中国经济通史》12 卷，846 多万字。湖南人民出版社 2002 年出版。该书是国家"九五"出版计划的重点图书。它是第一部从远古到 1991 年的、断代叙述的、全面系统的多卷本中国经济通史。2003 年获国家图书奖提名奖。2004 年获湖北省人民政府社会科学优秀成果一等奖。

这部书的出版，标志我基本完成了经济史学科建设的两大目标之一：叙述中国经济发展的全过程，使人们能从中了解中国经济是怎样演变过来的。

（四）《经济史学概论》与经济史通论

对叙述与分析经济发展过程的经济史来说，"通"包含三层含义：时间上通古今，空间上通全国（各民族地区），经济上通国民经济各部门。我主编的《中国经济通史》是按此要求编写的。对经济史学来说，"通"有另外的含义。经济史学有两个分支：经济史与经济史学概论。经济史又可分为叙述与分析经济发展过程的经济史与从经济发展过程中概括出发展特征、发展规律，抽象出经济学概念、范畴、理论的经济史通论。

在我的第一个目标基本完成以后，我将把主要精力集中于第二个目标：叙述经济史学是一门什么样的学问，写出一本《经济史学概论》。为此目标，我和周秀鸾教授已出版过一本小册子《社会科学研究工作程序》，发表了一些论文，写了《经济史学概论》书稿①。在走这一步的同时，依据中国经济发展的史实，做一些理论概括和理论抽象工作，写一点关于经济史通论的文章（已发表了几篇）。

---

① 中国社会科学出版社原定 1993 年出版该书稿，我因感到不成熟而未交稿。

如果时间允许，拟在《中国经济通史》的基础上，完全按照我的观点，写一本《中国经济通史简编》。它将是一部学术著作，也可作教材用。

学科建设与科学研究无终点。我尽自己绵薄之力，能做多少便做多少，直至生命之火熄灭，力争在这无穷的路上留下浅浅的脚印。

二、横向联合，主动协作

上述这些成果不是我一人之功，而是多位同行共同努力取得的。科学研究是群众性事业，一个学科的建设是该学科同行集体的事业。

中华人民共和国成立之后，经济恢复与经济建设成为中心任务，迫切需要了解中国国情与经济发展规律，借鉴以往经济工作的经验教训。1953年，高等教育部规定，所有高等学校的经济类专业都要开设中国经济史这门课程。建设中国经济史这门学科成为当务之急。但是，学科本身的基础很薄弱；中国经济史学科因其研究对象时间长，地域广，涉及面宽，事件纷繁复杂，资料分散，建设难度极大；各校从事这门课程的教学人员很少，单凭一个学校经济史教师的力量，无法将这门学科很快地建设起来。我认为，克服这个矛盾的办法，除了分步走外，就是开展各个高等学校国民经济史课程教师之间以及与本校各部门经济史教师之间的横向联合，集中力量，分工协作，在每一个时期完成一项任务，达到一个阶段性目标，逐步实现学科建设的总目标。

从20世纪50年代起，我就是按照自己的这种认识开展横向联合工作。这种横向联合包括两个层次：校际之间的和校内各院系之间的。

1. 校际之间的合作

（1）上文提及的我主持的第一部教材《中国近代国民经济史讲义》，就是校际横向合作的成果。1956~1957年，周秀鸾和我共同编写了该《讲义》。武汉大学彭雨新教授用它作教材，我便请他修改第一、八两讲。出版时，又请张郁兰讲师参加统稿。我在该书"前言"中写道："编这份讲义的几位同志都是中国人民大学毕业的研究生，学习期间，聆听了南开大学傅筑夫教授讲授的中国近代经济史和外国经济史两门课。本讲义接受了傅筑夫教授和人大国民经济史教研室的成果，在编写过程中引用了某些史料，谨向傅筑夫教授和人大国民经济史教研室致谢！"（因为傅筑夫教授在1957年被错划为右派分子，这段话中有关他的文字被审稿者删掉。）所以就实际而言，这本《讲义》集合了南开大学、中国人民大学、武汉大学和我校相关教师的劳动成果。

（2）上文提及的我主持的第二本中国近代经济史教材《中国近代国民经济史教程》的作者，是我邀请的中南财经大学、辽宁大学、西南财经大学、暨南大学、云南大学的12位经济史教授。这5所高等学校所在地域，包含东、西、南、北、中。初稿完成后，我又请武汉大学、西南财经大学、中国社会科学院、中国人民大学等单位的教授、研究员对该书提出修改意见。作者与提供意见者一共22人。这本书横向联合的范围比上一本更大。

我之所以约请这些教授，一是他们都从事中国近代经济史教学与科研工作多年，对中国近代经济的事实很熟悉。二是他们都编写过中国近代经济史教材，在这方面有经验。三是他们研究的专题，正是我设计的教程体系中的重要组成部分，由这些教授组成的编书组，可以实现优势互补。这是此教材出版后受到同行好评，并获得第二届全国高等学校优秀教材一等奖的原因之一。

（3）上文提及的我主编的《中国经济史词典》之所以成功，是由于组成了一个跨院校、跨校所、跨行业、跨地域的横向联合的作者队伍。他们来自中南财经大学、武汉大学、复旦大学、厦门大学、辽宁大学、南开大学、中山大学、西南财经大学、湖北大学、吉林大学、山西经济管理干部学院、暨南大学、中南民族学院、海军工程学院、华中师范大学、北京中国青年政治学院、哈尔滨师范大学、武汉水利电力学院、解放军经济学院、北京大学等20所高等院校，中国社会科学院经济研究所、民族研究所、吉林社会科学院日本研究所、黑龙江省民族研究所、吉林金融研究所、湖北省社会科学院经济研究所、湖北中国文化史研究所等8个社会科研院所，以及湖北省政府政策研究室、上海图书馆特藏部、长江航运局长航史编辑室、武汉市工商局、辽宁省档案馆、中国人民银行广东分行、上海川沙县志办公室等政府机关、企事业单位的干部，共计70人。其中教授、研究员17人，副教授、副研究员、副译审29人，讲师、助研、助译22人，主笔和博士研究生各一人（职称是该书编辑时的统计）。人员的选择是按词典设计的条目去物色的。例如，我认为一部中国经济史必须包括各少数民族经济史，故请中国社会科学院民族研究所的专家写这方面的条目。例如，中国经济史中包括货币史，一些钱币专家是业余爱好者，他们既不在高等学校，也不在科研院所，而在一些令人想不到的单位工作。例如，词典中有"轮船招商局"条目，长江航运局长江航运史编辑室有人长期研究它。"裕大华资本集团"由收集整理《裕大华资本集团史料》一书的武汉市工商局的同志执笔，自然是最合适的了。我的这种做法打破了常规，它的特点是不管系统、地区、唯专是用，取其专长，以求成果优秀。

（4）上文提及的我主编12卷本的《中国经济通史》，也是由我邀请中南财经政法大学、武汉大学、厦门大学、湖北大学、昆明市委党校、云南师范大学、中南民族学院、华中师范大学、中国人民大学和中国社会科学院经济研究所、湖北省社会科学院的37位教授、研究员组成的横向科研联合体。就作者所在的单位言，包括8所高等学校，2所社会科学院，一所党校。他们分别是各个断代经济史的专家，均有相关论著出版。这样的集体，能保证这套书的质量。

2. 校内跨院、系、所、处的向联合

上文提及的《中华人民共和国经济史》课题组，就是这样做的。

1983年，中华人民共和国经济史课题组成立。其成员最初有18人，1988年扩大到49人，到1999年，先后参加者达52人。他们来自本校经济学系、农业经济系、财政金融系、商业经济系、政治系、工业经济系、科研处、教务处和图书馆的教授、副教授、讲师。这种横向联合体，能充分利用中南财经大学经济学科门类齐全、有多种专门经济史教师的资源优势，加速中华人民共和国经济史学科建设的进程，保证多卷本《中华人民共和国经济史》的全面性。关于这个课题组，已有专题总结[1]，兹不赘述。

开展校内校外两个层次的横向联合与协作，发挥集体力量，以解决学科建设中所遇到的各种难题，加快学科建设的进程，提高学科教学的质量，这是我在中国经济史学科建设过程中的做法与经验。

在校外联合与校内联合这两个层次上，校外联合完成的项目多一些，我用的精力也多一些[2]。从这个意义上，我的科研舞台主要搭在校外。

经过经济史学科同行多年的集体努力，从全国来说，一个包括古代、近代和现代在内的完整的中国经济史学科已经建立起来（对这门学科的建设，同行

---

[1] 见《中华人民共和国经济史（1967~1984年）》附录二，第844~858页；《中华人民共和国经济史（1985~1991年）》后记，第655~658页。
[2] 这是因为经济史学科建设中的一些任务，校内缺乏可以承担它们的人才，如古代经济史方面的。

中许多学者作出的贡献比我大）。就中南财经政法大学来说，从开设中国古代、近代经济史，到增加中华人民共和国经济史，到可以开设中国经济通史。

在为中国经济史学科和中国经济史课程教材建设的 50 年的学术生涯中，我在横向联合方面花费的精力最多。回想起来，这个过程中有苦有甜，这种做法有得有失：对学科和课程建设来说，得之甚多；对个人的专题研究与专著写作来说，失之甚多。在这种横向联合过程中，我的体会是，必须主编负责与学术民主相统一。凡我主持的横向联合项目①，我都事先申明这种制度。这种横向联合，对主持者来说，在学术责任心和精神素质方面要求甚高。否则，所出成果质量不高；或别人不愿与你合作，或合作一次而无再次。

我走的这条学科建设之路，对其他学科、其他教师有无借鉴作用，不敢自是。

（本文原载于《经济与管理论丛》2004 年第 5 期。这是一份工作总结，2003 年教育部发文要求各院校总结学科建设的典型经验。中南财经政法大学有关领导将此任务交给赵德馨教授。该总结由学校呈送教育部。后续情况，不得而知。）

---

① 我从事的横向联合项目，没有一项是某级组织下达的任务，全系我的主动；没有一项是由某级组织组成或指定的班子，全系我的邀请。

第十部分
工作态度

赵德馨教授认为，研究中华人民共和国经济史，态度至关重要，应秉持以下两种态度：

一是无条件尊重历史。即，应始终坚持实事求是的宗旨，以详实可靠的史料为基础，如实反映新中国经济发展历程，并阐明自己的观点。如此才能总结出令读者信服且印象深刻的经验教训。

二是坚持探索论。即，应将中国社会主义建设的全过程，视为中国共产党和中国人民对中国式社会主义道路的探索过程，并力图站在新的认识高度，对新中国经济发展过程中重大的经济事件、经济理论和经济政策，逐一审视与评价。所谓站在新的认识高度，就是站在今天的认识水平上，即用中共十一届三中全会以来不断发展了的马克思主义、毛泽东思想、邓小平理论、"三个代表"重要思想、科学发展观、习近平新时代中国特色社会主义思想为指导，充分吸收国内外经济科学研究成果，特别是研究新中国经济发展过程的科研成果，以是否有利于社会生产力和社会主义市场经济的发展、是否适应社会主义初级阶段的客观要求为标准，来判断得失、衡量绩效，进而提出新的问题，得出新的结论。正是在探索论的意义上，赵德馨教授认为自己对中华人民共和国经济史的认识仍处于幼稚阶段。

此处收录了三篇相关文章。

《中华人民共和国经济史纲要》 后记

本书扼要地叙述了建国以来经济发展的过程，分析了各个阶段经济工作的经验教训，用确凿的历史事实说明，处在半殖民地半封建社会恶劣环境下的中国人民，在中国共产党的领导下，走新民主主义社会——社会主义社会道路，是一种最佳的选择；在中国，探索一条符合国情的社会主义经济发展的道路，不是一件容易的事情，已经为此而探索了几十年，有了重要的收获，也付出了巨大的代价；在1978年12月举行的中国共产党十一届三中全会上及会后，在正确的思想路线指引之下，总结经济建设的历史经验，吸收过去好的东西，摒弃坏的东西，中国经济建设出现了历史性的转折，1979年以后经济发展的事实，证明十一届三中全会路线正确。作者希望本书能在深入进行坚持四项基本原则、反对资产阶级自由化，坚持改革、开放、搞活的教育中，起到一份微薄的作用，成为进行这一教育的读物之一。

本书的初稿，曾在中南财经大学及其他院校用作"中华人民共和国经济史"课程的教材。几年来的教学实践表明，这门课对学生了解中国国情，学习经济理论与经济分析方法，掌握十亿中国人民用血汗换来的社会主义建设经验等方面，甚为有益。尤其在思想教育方面的作用较为显著。

一些编写地方志与《当代中国》的同志看过本书的初稿，认为对他们的工作颇有帮助。

本书初稿曾提交1986年12月举行的中华人民共和国经济史第二次学术讨论会。参加会议的国家计委经济研究所、财政部财政研究所和来自17个省市的高等院校、党校、社会科学院的教师与研究人员，参加编写地方志与《当代中国》的政府部门从事经济工作多年的同志。在会上，特别是在会下与会后的交谈中，提出了许多重要的意见。我们以充分吸取他们的意见的实际行动，来表达对他们的谢意。

本书的编写工作由赵德馨主持。实行主编负责制负责设计全书的框架。提出基本观点。在拟订写作提纲初稿时，苏少之、赵凌云参与了工作。各章均根据赵德馨的意见进行写作。最后，由赵德馨做了两次统一的修改。

本书的第一章、第六章第二节、第七章第三节，吸收了"中华人民共和国经济史课题组"的部分研究成果，即该课题组所写《中华人民共和国经济史》初稿中的观点。该课题组也是由赵德馨主持，有 30 多位教授、副教授、讲师（包括本书作者）组成的。由于本书要兼作教材用，在内容取舍上偏重点有所不同，两书完稿时间有先后，同时，各自的执笔人有个人写作的特色，从而也有不可避免的细微的差异。

参加本书写作的有：赵德馨（导言）、苏少之（第 1~7 章）、王斌（第 8~9 章）、吴有必（第 10~11 章）、陈俊东（12~13 章）、过文俊（第 14~15 章）、朱危安（第 16 章）、赵凌云（第 17~19 章）。

中华人民共和国经济史是一门处于诞生过程中的学科。我们的研究工作又受到许多限制，这使本书不可能不带有幼稚的特征。鲁迅说得好："至于幼稚，尤其没有什么可羞，正如孩子对于老人毫没什么可羞一样。幼稚是会生长、会成熟的，只不要衰落，腐败，就好。"希望本书能在读者的帮助下，在作者的不断修改过程中，随着这门学科的成熟而成熟。

"路漫漫其修远兮，吾将上下而求索！"

编者
1987 年 6 月 22 日

（本文原载于《中华人民共和国经济史纲要》，湖北人民出版社 1988 年版）

《中华人民共和国经济史（1967~1984年）》后记

本书是中南财经大学中华人民共和国经济史课题组集体研究的成果。课题组的工作，已经进行了五年，提前达到第一阶段的目标。我们正从各个角度对一些问题进行回顾与小结。其中，《中华人民共和国经济史课题组的成立与工作》和《中华人民共和国经济史研究方法中的几个问题》二文，对读者了解我们这个集体、我们的工作、我们的观点、我们的研究方法，从而了解本书，会有好处的，故附录在后。

此书之成，得到多方面的关心。除了导言中列举的应致谢者外，在这里，还要特别感谢中共湖北省委和湖北省人民政府，因为它们决定从1987年湖北省社会科学基金中，给予本课题以资助。这对我们是一种鼓励。

在四卷本《中华人民共和国经济专题大事记》和四卷本《中华人民共和国经济史》完成之日，作为这两套书的主编，我的心情是很复杂的，甜酸苦辣辛一齐涌向心头。在脑际里最活跃的，是高兴，是不安。

马克思形容学者面对着刚写成的论著的心情，"如刚分娩的母亲舔着自己的初生婴儿"。很可惜身为男性，我无法体验这到底是一种怎样的感受。我问做过妈妈的人们，她们的回答几乎是相同的：这是一种经过十月怀胎与临盆痛苦，感到完成人的一项天职之后，才能享受得到的却又用语言表达不出的滋味，一种人间最大的快慰，旁人是无法体验的。她们的话，使我佩服马克思观察的细腻。他作的比拟真是惟妙惟肖。

在我们的"主体工程"竣工之时，我为之距跃三百。欢欣之余，不安的心情偷偷袭来。每一个人的手指都有长有短。无论作何种努力，众手所成之书，质量不平衡，文风不统一，在所难免。五六年的时间，占了一个人生命旅程的很大一部分，然而，对于研究中华人民共和国经济发展旅程这样的大题目来说，又是很不够的。有一些资料，我们看不到；还有一些可以看到的资料，我们尚未阅读。我一再强调，对这两套书的要求，一是把发生的事逐项搞准确；二是把发展的过程反映出来，为理论的研究打好基础。我们尽可能地做到史论的完美结合，有理论的分析，有理论性的结论，观察有一定的深度，但不采取理论逻辑的体系，不以理论分析为重点。后者是另一套书的任务。作为这四卷书第一个从头到尾、逐字逐句予以推敲的读者，同时又是创作的参与者，我深知此书的不足与浅薄之处是很多的。我喜欢鲁迅说的这句话："初次出阵的时候，幼稚和浅薄都不要紧，然而也须不断的生长起来才好"。我以此自谅和自勉，并以此求得心理上的暂时平衡。

赵德馨
1988 年 6 月 8 日

（本文原载于《中华人民共和国经济史（1967~1984 年）》，河南人民出版社 1989 年版）

65 年的探索之路

中华人民共和国成立时，我十七八岁，进入懂事的成人阶段。1950 年到河南省办供销合作社，是参加新中国经济建设之始。1958 年将"中华人民共和国经济史"作为课题进行研究，追求对它的理性认识。我是中华人民共和国经济成长的亲历者、参与者和研究者。从切身感受、长期观察与系统研究所得到的认识是：从 1949 年至今的 65 年间，中国经济发生了剧变，剧变中有延续，剧变中有不变。延续与不变使历史发展是现出连贯性和整体性；剧变是使历史呈现出不同时期的差异性和发展的阶段性。

一、以探索为视角

对于怎样认识建国后 65 年来经济发展的连贯性与阶段性，视角极为重要。对同一事物，视角不同，看到的景象迥异。

我研究中华人民共和国经济史，自始就采取探索的视角，这包括两层含义。

第一，把中华人民共和国经济史看作一个探索的过程。从中华人民共和国成立以来，"我们在探索中前进"。自 1949 年到 1987 年的"这 38 年，是探索的年代，变革的年代，胜利的年代。"① "社会主义在实践中，社会主义在创造中。在中国，是如此。在全世界，是如此。谁也不是神仙或上帝，谁也不可能事先拿出一个万无一失的详尽具体的建设社会主义的方案。各个社会主义国家都在探索。我们把建国后的各种主张、政策、实践，无论是成功了的，还是失败了的，都看成是出于探索的动机，是一种试验，一种探索的过程。从这个角度去认识，便好理解已经发生的事件，便知道缺点错误，包括些重大的失误，在这个意义上说，

---

① 赵德馨主编：《中华人民共和国经济史》，河南人民出版社 1989 年版，导言第 2 页，第 850 页。

是难以避免的，其经验是宝贵的。"① 社会主义在实践中，社会主义在创造中，社会主义在探索中，这是我对世界和中国社会主义事业的基本观点与观察视角。

第二，把我们对中华人民共和国经济史的研究看作一个探索的过程。把研究过程看作探索过程，这本是研究者的应有的态度。我在这里之所以强调这一点，则与研究中华人民共和国经济史，乃当代人研究当代史这一特殊的研究主体和研究客体的关系有关。由于事件的历史沉淀时间短暂，当代人对当代事的认识，有其特有的局限性，因而必须认识其探索性质。探索的视角是由中华人民共和国经济史的本质决定的。它有利于思想解放，有利于对研究的结论保持清醒的态度。1987 年 6 月 22 日，我用屈原的"路漫漫其修远兮，吾将上下而求索！"作为《中华人民共和国经济史纲要》"后记"的结束语②，既表达我对中华人民共和国经济历史进程求索性质的认识，也表达我选择求索的视角和对中华人民共和国经济史长期求索的愿望。对于我的中华人民共和国经济史研究来说，探索是一种视角，一种方法，也是一种理论。

对上述两个层次的探索，董志凯研究员用"对探索史的探索"七个字予以概括③，极其简练，极为精确。黄希源教授认为这是用探索作中华人民共和国经济史的主题，"由于主题明确，对史料的取舍和剪裁，就有了一个统一的尺度"④。赵凌云认为"这无疑抓住了新中国经济史的主线，而且有助于寻找今后进一步探索的历史坐标与历史启示。"⑤ 同行的肯定，使我自那以后，一直坚持以探索的视角看新中国的经济演变。

二、探索的连贯性

（一）65 年间，求索的主体与基本政治制度是相同的

从 1949～2013 年的 65 年间，求索的主体是中国共产党领导下的中国人民。

---

① 赵德馨主编：《中华人民共和国经济史》，河南人民出版社 1989 年版，导言第 2 页，第 850 页。
② 赵德馨主编：《中华人民共和国经济史纲要》，湖北人民出版社 1988 年版，第 386 页。
③ 董志凯：《比较全面的新中国经济史》，载《中共党史研究》1991 年第 5 期。
④ 黄希源：《"惩前毖后"是治史的崇高目的—〈中华人民共和国经济史纲领要〉读后》，载《中南财经大学学报》1988 年第 5 期。
⑤ 赵凌云：《"历史思索时代"结晶—〈中华人民共和国经济史〉读后》，载《江汉论坛》1991 年第 3 期。

"中国人民"和"中国共产党"中具体成员是有变化的，按 20 年为一代计，已经换了三代人。按 30 年为一代计，已经换了两代人。无论换了几代人，求索的主体仍然是中国人民和中国共产党。

在这 65 年间，中国共产党一直是执政党，这一点非常重要。因为，中国共产党是一个有严密组织的、实行民主集中制的政党。在中国，全国各级立法机构，从全国人民代表大会到基层人民代表大会；全国各级行政机构，从国务院到村委会；全国各级政治协商机构，从全国政协到县区政协；全国的军队，从中央军委、国防委员会到连队，都是在中国共产党领导下开展工作的。这种领导体制和政治体制使中国共产党的主张能很快地在全国贯彻执行。65 年来，这种领导体制和政治制度是一贯的。

（二）65 年间，国营经济决定中国经济发展方向的地位与作用没有变

中华人民共和国成立以来，在经济领域，有几项根本性的制度是前后一贯的。第一，山川海洋、矿藏等主要经济资源为国家所有。第二，国家掌管海关与对外经济交往的决策权。第三，国家依法拥有对生产要素和各经济部门、行业的调剂或调控，计划或规划权。第四，银行、交通（铁路、公路、航空、海运）、通信、重工业、军工、航天、水电等国民经济命脉行业与其中的大企业，由国家掌握。国营经济在国民经济中占领导或主导地位。由于经济领域的这几项根本性制度和上文所说基本政治制度，使国营经济在国民经济中占的比重无论多少，它都决定中国经济发展的方向。这种情况决定了新民主主义经济形态虽与社会主义经济形态不同，但它们同属于社会主义经济体系，从而也决定了 1953 年至 1956 年间，从前一种经济形态向后一种经济形态转变可以是和平的和渐进的。1956 年之后，中国都是社会主义经济制度。

（三）65 年间，求索的目标与探索走自己的路是一贯的

建国以后探索的总题目是中国社会主义道路，包括社会主义改造的道路与社会主义建设的道路。社会主义改造的成功，是在毛泽东领导下实现的，他为中国的社会主义改造，找到一条快捷之路。中国社会主义建设之路，也是在他领导之下开始探索的。这种探索一直延续到今天。

对于建国以后探索中国社会主义建设道路的历程，1982 年 9 月 1 日，邓小

平在《中国共产党第十次全国代表大会开幕词》中作过精辟的论证："把马克思主义的普遍真理同我国的具体实际结合起来,走自己的道路,建设有中国特色的社会主义,这就是我们总结长期历史经验得出的基本结论。"① 邓小平强调的是"长期历史经验"。所谓"长期",是指中国共产党领导中国人民从事社会主义建设以来的全过程,而不限于1979年至1982年这三四年的时间。邓小平的话,是对历史事实的正确概括。

在我们开始社会主义改造和建设时,自己没有经验,而苏联已是社会主义国家。那时,提出"向苏联学习",是可以理解的。在学习苏联的过程中,中国人通过交往,发现苏联模式本身并不那么美好,又在实践中,发现苏联模式与中国的情况并不相符,很不适用。在20世纪50年代中期,毛泽东首先提出,在社会主义建设问题上,我们要独立自主、自力更生,突破苏联模式,走自己的道路,寻找一条适合中国国情的路。

1984年10月26日,邓小平在接见外宾时说："我们取得的成就,如果有一点经验的话,那就是这几年来重申了毛泽东同志提倡的实事求是的原则。中国革命的成功,是毛泽东同志把马克思列宁主义同中国的实际相结合,走自己的路。现在中国搞建设,也要把马克思列宁主义同中国的实际相结合,走自己的路。"② 对于"走自己的道路"的提出,邓小平不仅与建国后从事社会主义建设的"长期历史经验"相联系,而且与建国前的革命进程相联系,与提出"走自己的道路"的指导思想相联系,与毛泽东的主张和功绩相联系,这是符合事实的结论。

我认为,从探索适合中国国情的经济发展道路来说,1949年以来的65年来是一个一脉相承的整体。中国特色社会主义道路是几代人探索的成果。

(四) 65年间,指导探索的是同一理论

在实践中运用苏联模式,也就必须学习苏联的相关理论。1953年,我到中国人民大学当研究生,有一门基础理论课是政治经济学,教材是苏联专家写的,也就是苏联的政治经济学。另一门基础理论课叫"马列主义基础",教材是《联共(布)党史教程》。必读书全是马恩列斯的著作,没有中国的。那时是用苏联

---

① 《邓小平文选》第3卷,人民出版社1993年版,第300页。
② 《邓小平文选》第3卷,人民出版社1993年版,第3页。

人的理论来指导中国人的实践。自从毛泽东提出中国要"走自己的道路",这就要求有走自己道路的理论作指导。这种理论只能从实践中来,而中国以前没有这种实践。在中国建设社会主义,而且是走自己的道路,这是前无古人的事业。中国共产党人和中国的广大学者,为寻求和建设这种理论,做了长期的、艰辛的和前后相承的探索。就内涵而言,这种探索集中在"什么是社会主义、怎样建设社会主义"这个根本问题上。就过程而言,这种探索从20世纪50年代起一直延续到今天。1987年4月30日,邓小平说:"从一九四九年建国到现在三十八年,这中间我们又确实有不少失误。我们建设社会主义的方向是完全正确的,但什么叫社会主义,怎样建设社会主义,还在摸索之中。"[1] 自那之后,直到十八大,党的几次代表大会的报告,在总结理论成就的同时,强调了党的理论基础即指导思想的继承性和继续探索的任务。65年来理论的继承性和连贯性,可从两个层次来说明。

第一层次是处于指导地位的根本性理论。"马克思、恩格斯创立了唯物主义和历史唯物主义的思想路线,毛泽东同志用中国语言概括为'实事求是'四个大字。实事求是,一切从实际出发,理论联系实际,坚持实践是检验真理的标准,这就是我们党的思想路线。"[2] 在这个层次上,65年是一贯的。

第二层次是具体的理论。对现在为人们熟知的每一种重大理论稍加梳理,便能发现它们如同黄河和长江,各有其长远的源头与曲折的路径。具体情况有三种:(1)从20世纪50年代或20世纪60年代提出后,一直被沿用、延续,没有大的变动。诸如,社会主义社会基本矛盾的理论(含由此理论导出的要对不符合生产力发展水平的生产关系进行改革、对不符合生产关系发展水平的上层建筑进行改革的理论);两类(敌我,人民内部)矛盾和要正确处理人民内部矛盾的理论等等。(2)由提出理论观点、命题或概念发展为理论。诸如,20世纪60年代初,毛泽东提出社会主义社会有多个发展阶段,中国现阶段生产力水平低,是社会主义不发达阶段或社会主义初级阶段的论断。20世纪70年代末之后发展为系统的社会主义初级阶段理论。(3)从20世纪50年代到20世纪70年代,领导人和学者们在不同时期提出不同的理论观点,或有过争论,或在实践中被证明的某种理论正确,某种理论错误。这种情况为1978年之后创立新理论

---

[1] 《邓小平文选》第3卷,人民出版社1993年版,第95页。
[2] 《邓小平文选》第2卷,人民出版社1993年版,第278页。

提供了思想资源和实践依据。此类实例甚多。关于社会主义阶段商品生产、商品交换和价值法则理论，是其中的典型之一。

从上述两个层次的分析中可以看出，毛泽东的经济思想和邓小平的经济思想，在本质上是一个统一的科学体系，二者在基本方面是相同的，在许多具体方面是相通的。邓小平的经济理论是对毛泽东新民主主义经济理论的继承和发展。中国特色社会主义理论是几代人智慧创新的结晶。

（五）65年间，生产力是前后延续的

生产力是全部历史的基础。每一代人所得到的生产力都是前一代已经取得的，这"就形成人们历史中的联系，就形成人类的历史。"① 生产力发展的一贯性是历史发展延续性的本质。建国后，中国社会生产力发展的现代化的方向未变。1950年至1978年间，虽然两度受到挫折，有过几次负增长，但算总账，还有CDP年平均增长6.5%的速度；建成了独立的比较完整的工业体系和国民经济体系。在工业化征途中取得巨大进展，奠定了中国工业化的初步基础；取得了核爆炸试验成功等高精尖技术的突破。中国人民在这27年间辛勤劳动的成果，为以后的高速发展奠定了物质基础。今天的中国经济，是65年来几代人连续努力创造的成就。

三、探索的阶段性

中华人民共和国经济是在量变与质变的互动中前进的。从一种质进入另一种质，就呈现出发展的阶段性。社会发展进程中有一些过渡型社会。过渡型社会的特点在于变化多。中华人民共和国历史上的新民主主义社会和社会主义初级阶段社会，都属于过渡型社会。这是讲的社会发展阶段的客观属性。在主观方面，我们采取探索的态度。所谓探索，就是这试探、那试探，试探的效果好，就是经验，就坚持下去；试探的效果不好，就是教训，就放弃，另试一种办法，另找一条路去走，这就是"摸着石头过河"。建国初期，我们想搞社会主义，自

---

① 恩格斯：《反杜林论》，引自《马克思恩格斯选集》第3卷，第154页。

己没经验，苏联说他建成了，就试着学苏联的办法。试了几年之后，发现了这种办法不行，于是自己来创造。提出建设社会主义总路线，搞"大跃进"和人民公社。试了几年，这种办法也不行。于是再试其他办法。那时实行学苏联，搞"大跃进"和人民公社，其初衷，绝不是想使经济垮台，人民挨饿。但这种试探，也带来多变。正是社会发展阶段的客观属性和我们不能不采取的探索方法，使建国65年来经济发展形成的特点之一，是变化种类多，变的速度快，变的程度剧烈。

社会是一个极其复杂的多面体。它的各个方面变化的速度和程度并不总是同步的，有快有慢，有早有迟。人们依据社会或其中某个方面变化的阶段，对其进行分期时，首先要明确分期的对象是社会的整体，还是其中的经济，其中的政治等等。其次是要依据对象的特征明确分期的标准。最后是要依据分期的标准明确分期的标志。标准和标志可以是单一的，也可能是一个包含多个层次的体系。若是后者，则必须分清层次，抓住主要的。

中华人民共和国经济史是国民经济史。国民经济史分期的对象是国民经济，分期的标准是国民经济的重大变化。中华人民共和国成立以来的65年间，国民经济的重大变化表现在多个方面、多个层次上。其中主要是三个：社会经济形态；经济体制；经济增长。现简述如下。

第一，社会经济形态的变化，即生产资料所有制或经济成分的种类与结构变化。建国初期，中国是新民主主义社会经济形态，经过1953年到1956年对生产资料私有制的社会主义改造，新民主主义社会经济形态过渡到社会主义社会经济形态——确切地说，是社会主义初级阶段社会经济形态，这是65年间最大的一次社会经济形态转变。在此期间，生产资料所有制种类和结构发生了建国以后、也是两千多年来的一次最大转变，即从私有制为主转变为公有制为主。1952年，在整个国民收入中，国营经济、合作社经济和公私合营经济所占的比重为21.3%，1956年上升到92.9%。1949年至1956年，中国是新民主主义社会经济形态和新民主主义社会。1957年以后，中国是社会主义社会经济形态和社会主义社会。1956年和1957年，是中华人民共和国史上界碑性的年份。

顺便指出，在建国前后，中国共产党再三强调，新中国是新民主主义社会的国家。在制订《共同纲领》时，中国共产党领导人反复说明为什么不要将

"社会主义"这四个字写入其中。后来，个别领导人在文章里说中国的社会主义社会是从 1949 年开始，一度引起文字表述上的混乱。1981 年，在讨论《关于建国以来党的若干历史问题的决议》过程中，经过认真的查检，发现除这个领导人的这篇文章外，这个提法不见于党的正式文件中。这个决议重申建国初期中国是新民主主义性质的社会。现在，有少数人似乎淡忘了（也可能是为了行文或说话的方便）1956 年前后发生的这次大变化，一谈到"中国的社会主义"，就说是"从建国开始的"，"从 1949 年以来的"。这种笔误或口误需要纠正。

第二，经济体制的变化，即调配生产要素的手段与机制结构的变化。调配生产要素的手段有计划与市场两种。中国经济的体制结构，1949 年以后至 1956 年，是在多种生产资料所有制并存、其中私有制占多数基础上的市场经济，同时在可以实行计划的经济部门与企业（主要是国营经济部门与企业）实行计划指导。1953 年开始实行第一个五年计划（它在 1955 年制订完成，1956 年便提前完成）。该年才在各级政府部门与大型国有企业里设立计划机构。1949 年至 1956 年是一种市场经济加计划的体制。1957 年至 1978 年，在单一的公有制基础上实行全面的计划经济，但市场仍存在，并对部分企业（主要是集体所有制企业）和人民生活起重要作用。这是一种计划经济加市场的体制。1979 年开始实行以市场为导向的经济体制改革，现在已初步建立起市场经济，但仍实行五年计划或规划。计划仍起重要作用，这是一种市场经济加计划的体制。1957 年至 1978 年间实行过几次经济体制改革。1979 年开始的这次经济体制改革，与 1978 年前的那几次经济体制改革的重大区别有二：（1）1978 年前的那几次，改革限制在计划经济体制框架之内，目的和后果是巩固计划经济体制 1979 年开始的这次经济体制改革，以计划经济体制为改革目标，目的和后果是建立市场经济。（2）1978 年前的那几次，没有引起生产资料所有制或经济成分种类与结构的变化。1979 年开始的这次经济体制改革，却引起生产资料所有制和经济成分种类与结构的重大变化，1979 年前的单一公有制已变成现在的多种（公有制的和私有制的、个体劳动制的与雇佣劳动制的、境内资本制的与境外资本制的、单一制的与混合制的，如此等等）生产资料所有制或经济成分。在这个意义上，这次改革的后果已含有社会经济形态变革的性质。所以，1956 年和 1979 年，无论是在经济体制变化的层次上，还是在社会经济形态变革的层次上，都是界碑性的年份。

第三，经济增长的变化。对于建国后经济增长的变化，邓小平多次作过既简练又准确的表述。1988年，他说："我们建国三十九年，头八年好，后十年也好，当中那些年受到'左'"的干扰，情况不大好"①。他说的"建国后的头八年"，也就是"从1949年到1957年上半年，我们的发展是健康的，政策是恰当的。"② 从建国到社会主义改造完成，"事情做得非常好。1957年开始有一点问题了"。"从1957年起，我们生产力的发展非常缓慢。"③ 他说的"当中那些年""不大好"的情况是："中国社会从1958年到1978年二十年时间，实际上处于停滞和徘徊的状态，国家的经济和人民的生活没有得到多大的发展和提高。"④ 他说的"后十年"，指的是1979年到他谈话的1988年。现在，人所共见的事实是，从1979年到今天，情况一直是"也好"。邓小平将建国后的发展概括为"好"（或"非常好"）、"不大好"（"或处于停滞和徘徊的状态"）、"也好"三个阶段。速度、波动、质量、绩效和协调程度，是经济增长表现的五个重要侧面。我对1950年以后有关这五个重要方面的统计数据做过一次分析，发现：（1）在速度上，1950年至1956年是快速增长，1957年至1978年是慢速增长，1979年以后又是快速增长。（2）在波动状况上，1950年至1956年的是高位—平缓，1957年至1978年是低位—大起大落，1979年以后又是高位—平缓。（3）在质量上，1950年至1956年是高，1957年至1978年是低，1979年以后又是高。（4）在绩效上，1950年至1956年是好，1957年至1978年是不好，1979年以后又是好。绩效主要表现在人民生活水平的提高上。在这三个时期，人民生活水平提高速度表现为"快—慢—快"。（5）在协调程度上，1950年至1956年是比较协调，1957年至1978年是严重不协调，1979年以后又是比较协调⑤。

中华人民共和国建立以来65年间的经济发展，概括地说，在社会经济形态层面上发生了一次重大变化，从1956年之前是新民主主义社会经济形态，变为1957年以后是社会主义（初级阶段）社会经济形态。在经济体制

---

① 《邓小平文选》第3卷，人民出版社1993年版，第260页。
② 同上注。
③ 同上注，第253页。
④ 同上注，第136～137页。
⑤ 赵德馨：《之路及其理论结晶》，载《中南财经大学学报》1999年第6期。赵德馨：《中国经济50年展的路径、阶段与基本经验》，载《当代中国史研究》1999年第5、6期合刊。

层面上发生了两次大的变化。第一次是从 1956 年之前的新民主主义市场经济加计划的体制，变为 1957 年之后的社会主义计划经济加市场的体制。第二次是 1979 年开始的将计划经济加市场的体制，改革为社会主义市场经济加计划的体制。在经济增长层面上，也发生了两次大的变化。第一次是从 1949 年至 1956 年的"好"，变为 1957 年至 1978 年的"不大好"，第二次是从 1979 年开始的，将"不大好"变为"也好"。据此可见，1956~1957 年和 1978~1979 年是发生变化的转折时间，是国民经济部分质变的拐点。国民经济的发展由此呈现出三个阶段。这三个阶段虽有区别，但它们经历的 65 年间的探索，是同一个主体在同一种政治制度框架下进行的，探索的经济制度属于同一体系，探索的道路是一贯的，指导探索的是同一种理论，生产力的发展是前后衔接的。所有这些，决定了 65 年间的经济发展，相同之处是其本质的一面。

（本文原载于《中国经济史研究》2013 年第 3 期）

另有关于"工作态度"的如下文献供读者参阅：

1. 赵德馨：《在历史、理论、现实的结合上回答时代的呼唤》，载《湖北社会科学》1997 年第 4 期。
2. 赵德馨：《社会科学研究工作程序与规范》第八章"研究者的素养"，湖北人民出版社 2016 年版。

附 录

中华人民共和国经济史学科的开创者

苏少之　杨祖义[①]

经济史是中南财经政法大学历史悠久、梯队完整、实力雄厚，在国内领先且享有国际声誉的优势学科。1953 年 8 月，高等教育部发出通知，要求全国高等学校的财经院系开设中国经济史课程。原中南财经学院派出张郁兰、谭佩玉、赵德馨 3 位老师到中国人民大学经济史专业研究生班深造。三年后毕业时，周秀鸾老师也调入学校。这批学成归来的新锐，为学校经济史学科的兴起奠定了坚实的基础。从 20 世纪 50 年代至今，学校经济史学科从创建到初步发展，从"反右"与"文革"期间的衰落到改革开放后的迅速发展和繁荣，凝聚了众多学者艰辛的努力和无懈的追求，赵德馨教授是学校经济史学科建设与发展的一个引领和代表人物。从组织编写《中国近代国民经济史讲义》到出版多卷本《中华人民共和国经济史》，从 50 年代在《历史研究》发表有关历史分期的新观点到 90 年代提出"沉淀论"与"跟随论"的经济史学研究方法论，赵德馨教授对学校经济史学科的创建、发展发挥了重要的作用。他是中南财经政法大学经济史学术阵营的领军人物，是引领学科不断向前发展的一面旗帜。在他年晋八秩之庆时，中南财经政法大学经济史研究中心决定编辑、出版《赵德馨与中国经济史学》，这不但是对赵教授个人从事经济史学科研究 60 周年的一个庆祝，更是激励学校经济史学科永远向前发展的宝贵精神财富。

与共和国同成长的第一代经济史学家

早在延安时期，毛泽东同志就强调干部应该学习中国经济史，了解本国经

---

① 作者均为中南财经政法大学经济史研究中心教授。

济情况。新中国成立后，顺应时代发展需要，高等财经院校中开始普遍开设经济史课程。这急需大批经济史专业教师。根据周恩来总理的指示，高等教育部要求全国高等学校选派教师参加中国人民大学经济史专业研究生班学习深造。原中南财经学院派出赵德馨等3位老师。该班共16名学员，后来大都成为了经济史领域一流的学者，他们是新中国自己培养的第一代经济史学家。赵德馨教授则是这一群体中的杰出代表。

师从名师、青年立志

赵德馨在中国人民大学当研究生时，师从著名经济史、历史学家傅筑夫、尚钺教授。这三年求学经历对赵德馨教授经济史学研究学术生涯影响甚大。尚钺教授在课堂上谈到中国史学科的发展现状时，曾义愤填膺地说：日本人宣称研究中国史的中心在日本，一些人跑到日本去学中国史，这是中国史学工作者的一种耻辱。他听后十分激动，立下志愿，要为改变这种状况而努力。中国人民大学经济史专业研究生班学员有留美归来的副教授，名牌大学的讲师，赵德馨自感基础不如，唯有苦读方可赶上一步。他在北京学习三年，寒暑假不回家，不度假，实际比别人多学习九个月，三年成了四学年。成为同届五百多名研究生中唯一的六个学期各门学科成绩全优、德智体全面发展的研究生，毕业时得到吴玉章校长颁发的奖状和奖品。从那时起，他就决心以经济史为志业，想在一生中对两个问题有所认识：经济史是门怎样的学科；中国经济是怎样发展起来的。

求"通"成一家之言

求"通"是赵德馨教授经济史学研究的重要特色与理念，围绕经济史学研究对象：经济、时间与空间三要素求"通"，其成果构成独特体系，成一家之言。

赵德馨教授经济史学研究的一个重要特点是时间上求"通"。研究成果上至先秦，下至20世纪90年代，这在当今中国经济史学界是不多的。

关于中国古代经济史的研究，他主编了中国第一部《中国经济史辞典》，其中关于古代部分的条目占十分之六七，一些条目是他写的，另一些条目是由他修改或审定的，表达了他对中国古代经济史上重要问题、重要制度、重要措施、重要人物的观点。他发表有关先秦货币论文六篇，在此基础上撰写了《楚国的货币》，该书是我国第一部全面研究楚国货币的专著，不仅资料翔实，而且结合中国古代货币发展的历史，提出了关于货币理论的许多新见解。赵德馨教授对古代经济史研究的重点和突出贡献是汉代经济史，目的是解决中国古代经济史中争论的重大问题，即中国奴隶制经济形态与封建经济形态的分期问题。关于中国近代经济史，赵德馨教授对中国近代经济形态的特点和阶段、中国经济现代化的起步、洋务运动、太平天国的经济政策等诸多专题都有系统的研究。关于中国现代经济史，赵德馨教授则是中华人民共和国经济史学科的开创者、奠基人，标志性成果是多卷本《中华人民共和国经济史》。2002年，赵德馨教授主编的《中国经济通史》出版，该书贯通中国古代、近代和当代，共十卷12本。

赵德馨教授经济史学研究的另一个重要特点是空间上求"通"。在空间上，其研究成果包括少数民族地区在内的全国各地的经济。他认为中华人民共和国经济史研究对象的地理界限，是中华人民共和国政府已经实现管辖的地区。他还主张写出包括台湾、港澳等地区经济发展在内的中国现代经济史。

赵德馨教授经济史学研究第三个重要特点是经济上求"通"。他强调把中国经济作为一个整体进行研究，重视研究国民经济中生产、交换、分配、消费四个环节的特点和作用，特别是对消费环节的研究。他认为，对国民经济的各个环节、侧面的研究为研究整体服务，对局部的研究为研究全局服务，对微观、中观的研究为研究宏观服务，从而得出对国民经济总体特征的认识。他研究的这些特点集中体现在由他主持编写的专著和教材中，代表性教材成果主要是1958年高等教育出版社出版的《中国近代国民经济史讲义》，以社会经济形态的变化为基本线索，反映中国近代国民经济发展与变化的总体进程。该书出版后，先后被翻译成日文、英文，成为美国、日本研究中国近代经济史的重要参考书和部分高校的教材。1988年由高等教育出版社出版的《中国近代国民经济史教程》，以生产力和生产关系的矛盾运动为中心，分析中国近代社会经济形态的演变过程，代表性专著则是多卷本《中华人民共和国经济史》和十卷本《中国经济通史》。

赵德馨教授的"通"还表现在对各种理论博采兼收。在马克思唯物史观的指导下，把中国与西方的研究方法相结合，把经济学、历史学、地理学、社会学、人口学、古文字学、考古学和民族学等学科的思维方式与方法相结合，融会贯通地运用到经济史研究之中。既坚持马克思主义，又反对教条主义。

在长达60年的学术生涯中，赵德馨教授成果累累，赢得学界的广泛尊敬。西南财经大学教授李运元著专文称赵德馨教授为"一位难得的通古今之变的经济史学工作者"，中国社会科学院经济研究所李根蟠研究员称赵德馨教授为"经济史坛一通才"。

史论结合，致力创建"中国经济发展学"

中国是一个发展中的社会主义大国。谋求经济发展，是中国面临的一项长期任务。借鉴现有各种经济理论，从经济发展的角度对中国经济问题进行研究，系统地总结中国经济发展的特点和规律，对于推动中国经济发展是十分必要的。中国需要一门"中国经济发展学"，赵德馨教授是创建中国经济发展学的倡导者和先行者。

赵德馨教授在深入研究经济史实的基础上，对中国各个历史发展阶段经济生活演变特点作出新的概括，抽象出新的发展模式、经济学范畴与理论，扫除中国经济学界一些死守僵化教条的沉闷局面与食洋不化虚假繁荣的泡沫，为创造中国经济发展学，特别是建立中国特色社会主义经济理论体系，作出了特殊贡献。他在中国经济发展学方面的研究成果，包括对中国古代、近代、现代经济发展特点与规律的概括，如经济现代化两个主要层次、市场化是工业化和经济现代化的基础与前提理论，过渡性社会经济形态理论，互补理论，"之"字路理论，这些真知灼见早已引起经济史学界和理论经济学界的广泛关注。赵德馨教授自认为他在经济史论方面的研究还是初步的，勉励我们这些学生和他的学术团队成员要不断努力，为经济史学和中国特色的经济学发展与创新奉献力量。

经济史学界的将帅之才，倾力建设学术团队和培养学术生力军

中国社会科学院经济研究所研究员、《中国经济史研究》前主编李根蟠，2004年在《中南财经政法大学学报》第4期著专文说："在经济史学界，有些人很能钻研，成果累累，但拙于学术上的组织协调；另一些人长于组织协调，而独自研究的能力相对欠缺，或者从事组织工作的同时，难以兼顾自身的研究。赵德馨教授既是出色的研究者，又是出色的组织者。在学术组织方面他具有将帅之才，善于提出任务，指出方向并组织实施。他领导的学术群体已经取得丰硕的成果，成为经济史研究的重镇。"

赵德馨教授的导师傅筑夫先生谈到学术研究中集体合作的重要性时曾与他交心："有些事情，现在看来，非集体力量不能完成。过去，人们做学问，都是单干的多。一个人的力量有限，一些大项目，或是无人干，或是未干成。"赵德馨教授深以为然，身体力行。1983年，学校党委研究决定，在全校范围内建立由赵德馨教授负责，跨系、跨专业的中华人民共和国经济史课题组，充分利用学校经济学科门类齐全、有多种专门经济史教师的资源优势，加速了中华人民共和国经济史学科建设的进程。在中华人民共和国经济史课题组的纽带作用下，不少课题组成员成为科研、教学骨干，有的还成为各部门或专门经济史领域的知名专家。

赵德馨教授和校外经济史学界同行开展合作，始于1958年编写《中国近代国民经济史讲义》。20世纪80年代以后，学术合作的规模更大，档次更高。赵德馨教授联合校外力量进行的重大项目有：《中国近代国民经济史教程》《中国经济史辞典》《中国经济通史》《张之洞全集》。通过开展与全国学术界的横向联合与协作，一方面发挥集体力量，解决学科建设中所遇到的各种难题，做到了多出成果，出好成果，切实保证了科研著述的一流水平。另一方面是更有力地推动了学科建设、学术团队建设，带出了大批学术生力军，促进了学科特色以及新的学派的形成。

中华人民共和国经济史学科的开创者、奠基人

中华人民共和国经济史是1958年开始建设的新兴的经济史分支学科。在这门学科的教学与研究方面，中南财经政法大学处于领先地位，赵德馨教授是该学科的开创者、奠基人。

第一个在高校开设"中华人民共和国经济史"课程

1958年，赵德馨教授与他的三位同事，编写了第一本中华人民共和国经济史教学大纲和讲义，并在中南财经学院所有开设经济史的年级讲授。跨度是1949~1956年。与"中国近代经济史"一起，课程名称为"中国近现代经济史"，实际上内容包括"中国近代经济史"和"中华人民共和国经济史"两门课程。20世纪80年代，他组织编写了第一本《中华人民共和国经济史教学参考资料》。近60年来，中南财经政法大学一直站在中华人民共和国经济史学科领域的最前沿。随着中华人民共和国经济发展的历程，这门课程的内容在不断延伸，开设这门课程的高校也越来越多，而赵德馨教授在这一学科领域所做的贡献是开拓性的。

编著并出版高质量本科生教材

20世纪80年代，赵德馨教授组织编写了《中华人民共和国经济史纲要》，这是国内较早正式出版的本科生教材。1997年，他承接国家教委下达的面向21世纪中国经济史教学改革教材《中国近现代经济史》，则是以现代化为主线，阐述中国近现代国民经济发展过程。《中国近现代经济史》是国家级重点教材。这套教材，赵教授花了很多心血，并将自己的研究成果融入其中。一些院校细心的教授发现此书有赵教授的真知灼见，学术性很强，便将它列为经济史专业研

究生的必读书目。

编写《经济史学概论》教学大纲，探索研究生课程体系建设

20世纪80年代初，研究生学位培养教育逐步恢复正常，各个专业研究生的课程设置急需重建、补充与完善。1985年，赵德馨教授开始招收中华人民共和国经济史方向硕士研究生，在全国高校中是较早的。同年，他撰写了《经济史学概论大纲》，并开始讲授"社会科学研究工作程序"课程。《经济史学概论》主要研究什么是经济史学和怎样研究经济史学。它是经济史专业的一门基础理论课，在研究生课程体系中十分重要。赵德馨教授有关研究生课程体系建设的实践与探索在全国的同行中也是较早的。1989年，《中华人民共和国经济史》（1~4卷）出版后，即成为中华人民共和国经济史专业研究生专业教材。赵德馨教授带领的中国经济史研究生导师组，培养了近40名中华人民共和国经济史研究方向的研究生，人数之多，居全国之首。多篇硕士论文在《中国经济史研究》等国家级刊物发表。不少毕业生成为该学科科研、教学骨干，有的成为有影响的专家。

编写第一本关于中华人民共和国经济问题的论著目录索引

"研究必须搜集丰富的资料，分析它的不同发展形态，并探寻出各种形态的内部联系。不先完成这种工作，便不能对现实运动有适当的说明。"搜集资料是科研工作的基础，是一项繁重而且琐碎的事。赵德馨教授组织编写的120万字的《当代中国经济论著目录索引》，收入了1949~1982年所有论述中华人民共和国经济的著述与资料目录。赵德馨教授组织开展的这项工作（苏少之、赵凌云、王秀兰是主要成员）不但为他所带领的中华人民共和国经济史课题组的研究打下了扎实的基础，而且为后来的研究者提供了一条捷径。尽管该目录为内部印刷，但已被许多科研单位收藏，作为重要参考文献。

举办了第一次湖北省、全国"中华人民共和国经济史学术研讨会"

1984年10月湖北省中国经济史研究会成立，赵德馨教授任会长。1985年10月上旬，赵德馨教授主持召开湖北省中华人民共和国经济史讨论会，共50多人参加了会议。与会者就建设中华人民共和国经济史这门学科的有关问题以及30多年来，特别是50年代国民经济发展中的一些重大问题展开了讨论。1986年12月，中国经济史学会成立，赵德馨教授任中国现代经济史分会副会长。1987年3月，赵德馨教授在武汉主持召开了中华人民共和国经济史学术研讨会。17个省市的有关学者参加了会议，国家计委的5位同志到会并做了一系列报告。这次会议是中华人民共和国经济史的一次启蒙活动。赵德馨教授把《中华人民共和国经济史纲要》书稿提交会议讨论。会后，中华人民共和国经济史的研究与教学工作在各地迅速展开。一些高校纷纷开设了中华人民共和国经济史课程。通过这次会议可以看出，对于中华人民共和国经济史的研究优势已经转移到高校中来了。

主编了第一部多卷本的《中华人民共和国经济史》

1983年，学校党委决定建立由赵德馨教授负责，跨系、跨专业的中华人民共和国经济史课题组，并将中华人民共和国经济史研究作为全校的重点课题。课题组成立之初，成员仅有10人。1988年扩大到46人，到1999年，先后参加者达52人。这种横向联合体，充分利用了学校经济学科门类齐全、有多种专门经济史教师的资源优势，加速了中华人民共和国经济史学科建设的进程，保证了多卷本的《中华人民共和国经济史》的质量和顺利出版。1989年，《中华人民共和国经济史》（1~4卷）出版后，经济学和历史学专家认为它实事求是地、比较全面和比较详尽地总结了建国以后经济工作的经验教训，具有重要的理论意义和现实意义。1990~1991年，该书获财政部系统高等学校优秀教材荣誉奖（高于一等奖）、湖北省社会科学优秀成果奖等6项奖励。1992年获国家教委第二届全国普通高等学校优秀教材全国优秀奖（高于一等奖）。美、德、日、俄等国一些著名的大学图书馆和研究中国经济与历史的学者均收藏了这套著作。1999年，《中华人民共和国经济史》（5卷）出版。一部多卷本著作的出版、一门同名课程的开设以及同名专业研究生的招收，标志着中华人民共和国经济史这门学科的正式诞生。

形成中华人民共和国经济史著述的范式

多卷本《中华人民共和国经济史》的出版，对于学科建设具有开拓性和奠基性的意义。它形成了中华人民共和国经济史著述的范式。第一，中华人民共和国经济演变的历史起点研究使得对于中国现代化历程的阶段性与路径依赖分析既透彻又合乎国情。第二，重视经济指导思想变化对国民经济发展的影响。《中华人民共和国经济史》（1~5卷）每一卷都单独设有专门章节分析中国共产党与中国政府经济工作中指导思想层面的变化。第三，多视角、全方位考察影响中国经济发展的因素，人口、资源与环境等诸多因素对于中国经济发展的影响在每一卷的叙述与分析中都很好地体现出来。第四，把人民生活作为衡量经济发展绩效的主要标志，每一卷都有专章分析人民生活的水平。赵德馨教授编著多卷本《中华人民共和国经济史》形成的独特著述范式，很好地指导了随后陆续展开的中华人民共和国经济史学研究工作，其影响一直延续到今天。

主编了第一部专题性的《中华人民共和国经济专题大事记》

赵德馨教授主编的《中华人民共和国经济专题大事记》，每个部分都出自《中华人民共和国经济史》负责各卷各专题研究者之手。他们除个别人是讲师、硕士外，其余的皆是教授、副教授。在各种已问世的大事记中，有如此高水平的编写者队伍，可谓罕见。该大事记以专题为经，以时序为纬，体裁新颖。它包括工业、农业、交通运输业、建筑业、商业、金融业、财政等国民经济各个部门，少数民族、三线建设等各类地区，经济工作指导思想、经济政策、经济计划、人民生活状况等各个方面，以及影响经济发展的经济理论、科学技术、教育、文化、人口等各种因素。涵盖领域之广泛，资料选择之严格（力求第一手资料），专题剪裁之精当（力求简明扼要，每条记事不超过 300 字），为同行所称道。

第一次将中华人民共和国经济史的内容纳入工具书中

赵德馨教授主编的《财经大辞典·经济史卷》（1990 年 12 月），首次在工具辞书中纳入了中华人民共和国经济史的内容。与此同时出版的《中国大百科全书·经济史卷》，中国经济史的内容到 1949 年为止。

第一个比较全面论证了有关中华人民共和国经济史学科建设的基本问题：理论、对象、方法、功能与分期，指导学科科学发展

从 1958 年开创中华人民共和国经济史学科开始，赵德馨教授就对中华人民共和国经济史学科建设的基本问题进行了比较全面的论证。为了统一认识，他将这些论证形成书面文字，并先后公之于世。在中华人民共和国经济史课题组成立之初，赵德馨教授提出要"站在今天的认识高度上"去考察历史。他强调把马克思主义与中国实际结合，用中国共产党人在领导中国革命和社会主义建设实践中不断发展了的马克思主义指导中华人民共和国经济史研究，这从根本上解决了中华人民共和国经济史学科建设中的指导思想问题。对于研究中华人民共和国经济史的意义，赵德馨教授则从保留信史、教育功能、经济史与经济理论的有机结合、总结历史经验工作以指导现实工作等四个层面给予充分阐述。

赵德馨指出，中华人民共和国经济史与其他经济史分支学科一样，研究对象包括"经济、时间、空间"三个要素，但又有其特殊性。以时间而言，它有一个下限问题。对此，赵德馨教授提出"跟随论与沉淀论"。一方面，他主张经济史的研究应跟随历史前进。另一方面，他认为，作为经济史学的研究对象，

比现实要"慢半拍",必须要沉淀一段时间。在关于经济史与经济现实的分界上,赵德馨教授指出:"在绝对时间的意义上,凡是已经过去的,昨天的经济活动,都已成为不可改变的经济史了。但并不是所有客观的经济史都是经济史学的对象。当某一经济事物尚处在发展之中,即目前的阶段尚未结束时,人们不可能根据实践的效果,对它作出历史性的结论与评价。这样的经济事物或其发展阶段,不属于经济史学的研究对象。作为中华人民共和国经济史学的研究对象来说,必须是作为一个整体的国民经济运动过程中已经结束的阶段。"这即为他的"沉淀论"。他主编的多卷本《中华人民共和国经济史》是跟随论与沉淀论相统一的典型案例。

在空间上,赵德馨教授提出要区分"中华人民共和国经济史"与"中国现代经济史"。1957年和1960年,赵德馨教授先后发表《对中国近代史分期的意见》与《关于中国近代国民经济史的分期问题》两篇论文,引起学界的广泛关注。他打破学术界以1919年为界划分中国近代史和中国现代史、中国近代国民经济史和中国现代经济史的观点,提出以1949年作为中国现代史、中国现代经济史、中华人民共和国经济史研究的起点。围绕中华人民共和国经济史分期的标准、阶段等问题,他发表了一系列有影响的观点。赵德馨教授认为经济史的分期标准是由经济史学科的研究对象决定的。中华人民共和国经济史属于国民经济史。国民经济史的研究对象是生产力与生产关系的矛盾与统一的过程。中华人民共和国经济史的分期标准是生产力与生产关系发展变化的重要表现,即国民经济变化的重要表现。赵德馨教授在1986年发表的《中华人民共和国经济史的分期》一文中,将1949~1984年分为4个阶段。中华人民共和国经济史专家董志凯研究员在《读赵德馨主编的中华人民共和国经济史》一文中写道:"这部史书以时序为经,经济要事和部门经济为纬,将1949~1984年的经济史分成了4段,即1949~1956年为第一卷,1957~1966年为第二卷,1967~1976年为第三卷,1977~1984年为第四卷,全书123万字。这种分期基本反映了新中国成立以来经历的几个比较大的历史阶段,特别是政治领域和经济关系的重大变化,确是一种很有见地的分期方式"。《中华人民共和国经济史》(4卷本)出版后,在20世纪90年代,赵德馨教授根据中国改革开放实践进程,以社会经济形态演变为标准,将中华人民共和国经济史分为1949~1956年、1957~1978年、1979年以后三个阶段。这种对分期问题认识的深化与理论的发展集中体现在其主编的《中国经济通史》（第十卷）和专著《中国近现代经济史》两部著作中。

1982年，赵德馨教授给政治经济学专业学生讲授《社会科学研究工作程序》课程，1984年开始给中华人民共和国经济史专业硕士研究生讲授该课程，这在全国高校中是最早的。他认为，研究一个社会问题，在工作程序上，一般可分为选题、研究前人成果、学习理论、搜集文献资料、实地调查、整理资料、分析综合、撰写论著等八个步骤。20世纪80年代初，中华人民共和国经济史开始创建之初，赵德馨教授注重学科建设中的方法问题，1988年，在《正确处理六种关系——研究中华人民共和国经济史的方法》一文中，他提出要"正确处理六种关系"。这些观点的提出，有力地推动了中华人民共和国经济史学科的建设与发展。

赵德馨教授有关中华人民共和国经济史学科建设中理论、对象、方法、功能与分期等重大问题的分析与探讨，不仅使得学校中华人民共和国经济史学科在全国处于领先地位，而且对指导经济史学科向前发展有着重大理论意义。这正是他作为学科开创者、奠基人的独特贡献。

矢志学科自觉性，后学者的精神领袖

1953年，二十出头的赵德馨教授在中国人民大学立下志愿，"要让中国成为中国经济史研究的中心"。将近60年过去了，当年的青春学子已银发盈颠，年至八旬，但他始终未忘当年的誓言，毫不懈怠地坚持研究中国经济史。自1952年至2010年，完成论著282项（本、卷、篇），总共获得国家及省部级奖48项。其中著作类42种，达4 100万字（含主编著作）。其中，1998年退休后至2010年11年间获得并完成国家级项目3个，分别是：国家清史工程文献项目1个（《张之洞全集》）；国家级重点教材和面向21世纪教材工程1项（《中国近现代经济史》）；国家"九五"出版计划重点图书1项（《中国经济通史》）。出版独著、合著著作共5本，自撰134万字。发表论文等60篇，50万字。出版经济史学论文选集1本，62万字。被国外译成英文版专著1本，31万字。《中国社会科学》英文版发表论文一篇。这些数字生动反映了赵德馨教授科研成果之丰硕，品位之高端，社会影响之巨大。无论是从学术质量的创新还是成果的规模，都树起了一座新的高峰。这些研究成果,深入、系统地回答了先生青年时代立定的目标:中国经济是怎样发展和走过来的;中国经济史是一门怎样的科学。

这一切的背后,是赵德馨教授对经济史学科的热爱与执著,是他数十年如一日的投入付出。他不但获得了他的学生们、中青年后辈的敬佩,被尊为"良师益友""治学风范""后学楷模",更得到了同辈以至师辈、经济史学界德高望重的耆宿的推赞和高评。

赵德馨教授在《中华人民共和国经济史》(第5卷)一书的后记中这样写道,"《中华人民共和国经济史》一定会随着中华人民共和国经济的历史前进而不停步。苏少之、赵凌云等我的学生以及他们的学生一定会长期地跟随下去。这样,中华人民共和国万岁——这是我的祝愿,《中华人民共和国经济史》也会跟着万岁——这是我的期望。"这是先生一辈子矢志学科自觉性的真情表白!他是我们后学者永远的精神领袖,中南财经政法大学经济史学科会沿着他开创的道路不断向前发展!

2011 年 10 月

[本文原为屈演文、苏少之编《赵德馨与中国经济史学》(经济科学出版社2011年版)代前言二]

致 谢

  本书是在中南财经政法大学经济史研究中心张连辉副教授协助下编辑完成的。在编辑出版过程中，中南财经政法大学发展规划部刘伟老师和经济学院黎天亚老师做了大量联络工作，经济史专业博士研究生李胜利、李进纬和硕士研究生赵松林、陈慧颖、张桂英、伊又东做了大量文献搜集整理工作。中南财经政法大学提供了出版经费。在此，一并致以诚挚的谢意！

图书在版编目（CIP）数据

跟随历史前进：赵德馨与中华人民共和国经济史学/赵德馨著. —北京：经济科学出版社，2019.12

（中南财经政法大学"双一流"建设文库）

ISBN 978-7-5218-1171-1

Ⅰ.①跟⋯ Ⅱ.①赵⋯ Ⅲ.①中国经济史-现代-文集 Ⅳ.①F129.7-53

中国版本图书馆 CIP 数据核字（2019）第 292290 号

责任编辑：孙丽丽　撒晓宇
责任校对：王肖楠
版式设计：陈宇琰
责任印制：李　鹏　范　艳

跟随历史前进
——赵德馨与中华人民共和国经济史学

赵德馨　著

经济科学出版社出版、发行　新华书店经销
社址：北京市海淀区阜成路甲 28 号　邮编：100142
总编部电话：010-88191217　发行部电话：010-88191522
网址：www.esp.com.cn
电子邮件：esp@esp.com.cn
天猫网店：经济科学出版社旗舰店
网址：http://jjkxcbs.tmall.com
北京季蜂印刷有限公司印装
787×1092　16 开　31.25 印张　500000 字
2019 年 12 月第 1 版　2019 年 12 月第 1 次印刷
ISBN 978-7-5218-1171-1　定价：118.00 元
（图书出现印装问题，本社负责调换。电话：010-88191510）
（版权所有　侵权必究　打击盗版　举报热线：010-88191661
QQ：2242791300　营销中心电话：010-88191537
电子邮箱：dbts@esp.com.cn）